KRÖNERS TASCHENAUSGABE BAND 168

Inhalt

Shang Yang und der ›Legalismus‹ waren desavouiert – und blieben es über 2000 Jahre lang. Ungeachtet der Regierungspraxis im chinesischen Kaiserreich wurden sie aus dem offiziellen Diskurs verdrängt. »Seit den Han«, polemisierte der große Literat Su Dongpo (1037–1101), »haben sich Gelehrte geschämt, über Shang Yang zu sprechen.« Er und andere ›Legalisten‹ dienten allenfalls als abschreckende Beispiele für verfehlte Prinzipien:

> Betrachtet man solche Denker wie Guan Zhong, so kann man erkennen, wie beschränkt naheliegender Erfolg und kleinlicher Nutzen sind; und betrachtet man solche Denker wie Shang Yang und Han Fei, so kann man erkennen, wie falsch Unbarmherzigkeit und Herzlosigkeit sind. (*Siku quanshu zongmu tiyao*, »Fajia lei«)

Wie kein zweiter Text stand das *Shangjun shu* für all das, was konfuzianische Denker aus ihrem kulturellen Erbe verbannen wollten. Ihnen galt Shang Yang als skrupelloser Machtpolitiker und Vordenker eines autoritären Überwachungsstaates, der seine Herrschaft durch Krieg und repressive Gesetze sichert. Shang Yangs amoralisches Kalkül der Macht, die Militarisierung und Verbauerung des Volkes, Zersetzung familiärer Bande und die unerbittliche Logik der Gesetze: All das schien unvereinbar mit der Erzählung vom chinesischen Humanismus, der die ›Regierung durch Menschen‹ einer ›Regierung durch Gesetze‹ vorziehe.

Es nimmt nicht wunder, dass chinesische Gelehrte der Kaiserzeit, die immer auch Teil des politischen Systems waren, sich kaum mit den *Schriften des Fürsten von Shang* befassten. Gedruckt wurden sie erst in der Yuan-Zeit (1279–1368), kommentiert gar erst gegen Ende der Kaiserzeit. Aber auch ihre akademischen Nachfolger, die Sinologen, haben diesen Klassiker fast vollständig ignoriert. Eine englische Übersetzung (Duyvendak 1928), eine russische (Perelomov 1968), eine französische (Lévi 1981) und zwei japanische (Yoshinami 1992, Moriya 1995) sowie wenige Monographien (z.B. Kroker 1951, Vandermeersch 1965, Zhang Linxiang 2008):

Viel mehr hat die Forschung, abgesehen von kleineren Aufsätzen, in einem Jahrhundert nicht produziert.[1]

Doch nicht nur in der Auswahl ihrer Gegenstände ist die Forschung der Tradition erstaunlich nahe geblieben, sie hat auch traditionelle Begriffe bereitwillig übernommen: vorwissenschaftliche Begriffe, polemische zumal, die häufig einem politischen Kontext entstammen. Das gilt für die oft anachronistische Rede von ›Staaten‹, ›Ämtern‹, ›Bürokratien‹ oder ›Gesetzen‹ ebenso wie für die Ehrfurcht vor dem ›konfuzianischen‹ Gutmenschentum und die Abscheu vor der amoralischen Grausamkeit des ›Legalismus‹. Selbst nüchterne Wissenschaftler haben Han Fei ein »fehlgeleitetes Genie« (F. Mote) und Shang Yang gar ein »böses Genie« (M.E. Lewis) gescholten.

Solche vorgeprägten Deutungsmuster haben wissenschaftliche Anschlussmöglichkeiten blockiert: Sinologen verschleiern sie Zusammenhänge, die Historiker und Sozialwissenschaftler in anderen Kontexten beschrieben haben, Nicht-Sinologen verbauen sie die Erkenntnis, dass das Alte China keine esoterische Welt *sui generis* war, sondern Formen geschaffen hat, die den unseren vergleichbar sind und sich mit dem Vokabular der historischen und Sozialwissenschaften beschreiben lassen. Die *Schriften des Fürsten von Shang* sind auch ein Stiefkind der Wissenschaft.

Dieses Buch will das *Shangjun shu* wieder in sein Recht setzen: als Schlüsseltext einer Lehre, die nicht von gewissenlosen Schurken ersonnen wurde, sondern von überaus *rationalen* Denkern, die den Gedanken der Staatsräson und die Logik der Politik konsequent zu Ende gedacht haben. Denn sobald man die Lehre des *Shangjun shu* einmal nicht mit den wertenden Kategorien der Tradition beschreibt, sondern auf wissenschaftliche Begriffe bringt, erscheint das Buch in deutlich anderem Licht.

Schon der Begriff ›Legalismus‹ – auch ›Legismus‹ oder ›Rechtsschule‹ –, unter dem die Lehren von Shang Yang und anderen subsumiert werden, ist höchst problematisch. Er ist eine Übersetzung des Begriffs *fajia*, der vor mehr als zwei

Jahrtausenden von einem Hofastrologen (!) der Dynastie Han, Sima Tan (gest. 110 v. Chr.), geprägt wurde. Sima Tan hatte erstmals versucht, die Denker des chinesischen Altertums in ›Schulen‹ einzuteilen: die Yin-Yang-Schule, Konfuzianer, Mohisten, Logiker, Daoisten und eben *fajia*. Unter Sinologen gilt seit Langem als ausgemacht, dass der Ausdruck ›Legalismus‹ kaum angemessen sei, da die Übersetzung ›Gesetz‹ oder ›Recht‹ dem Begriff *fa* keineswegs gerecht werde. Tatsächlich erstreckt dessen Bedeutungsspanne sich viel weiter: ›Richtlinie‹, ›Norm‹, ›Weise‹, ›Modell‹, ›Vorbild‹, ›System‹, ›Methode‹, ›Regeln‹ und einige andere Aspekte gehören dazu.[2]

In keinem Fall steht der Begriff *fa* für den Eigensinn eines Rechtssystems, das in sämtlichen Lebensbereichen die erste und letzte Instanz bildet. Genau das aber suggeriert der Begriff ›Legalismus‹: die Überzeugung vom Eigenwert des Rechts, der alle anderen Interessen überwiege. ›Legalismus‹ im außersinologischen Sinne meint eine Sichtweise, die rechtliche Logik auf alle sozialen Bereiche anwenden und deren Probleme – moralische, politische, wirtschaftliche – *juristisch* lösen will.[3] Nichts wäre irreführender, als dies von den Lehren des *Shangjun shu* zu behaupten. Denn nicht das Recht, sondern die *Politik* steht im Mittelpunkt seiner Lehre. In den vermutlich ältesten Teilen des *Shangjun shu* ist von *fa* kaum die Rede; dort geht es schlicht um die militärischen und ökonomischen Grundlagen eines starken Staates. Erst in späteren Schichten des Textes gewinnen Normen und Gesetze an Bedeutung – aber nicht als Selbstzweck, sondern stets im Dienste der Politik: als Mittel zur Durchsetzung staatlicher Macht. Nicht auf der Autonomie der Gesetze gründet also die Lehre des *Shangjun shu*, sondern auf der Autonomie der *Politik*.

Die folgenden Ausführungen verzichten daher auf den Begriff ›Legalismus‹. Statt weiter an einer vorwissenschaftlichen Kategorie zu laborieren, soll diese durch einen wissenschaftlichen Begriff ersetzt werden, der den Primat der Politik ausdrückt: den des *Politischen Realismus*. Der Politische Realismus wird in der westlichen Tradition oft auf

Thukydides zurückgeführt, vor allem jedoch auf Niccolò Machiavelli (1469–1527), den »Begründer der Emanzipation der Politik von der Moral« und »Erfinder der Politik pur« (Ottmann 2006, 11). Konsequenter als frühere Denker hat Machiavelli den amoralischen Charakter staatlicher Politik betont: Der Staat schaffe sein eigenes Recht, unbeeinflusst durch moralische Normen. Ebendiese Eigenlogik der Politik hat Hans Morgenthau im 20. Jahrhundert als zentrales Charakteristikum des Politischen Realismus bestimmt: Dieser »differenziert Politik als autonome Handlungssphäre von anderen Sphären wie Wirtschaft, Ethik, Ästhetik oder Religion« (Morgenthau 1978, 5). Weder Moral noch Ideologie sind demnach entscheidend in der Politik, sondern staatliche Interessen, die mit *Macht* durchgesetzt werden.

Die Assoziation ist nicht neu. Bereits mehrere Autoren haben den Politischen Realismus mit den *Schriften des Fürsten von Shang* verglichen.[4] Tatsächlich liegen die Parallelen auf der Hand: Wie Machiavelli geht das *Shangjun shu* von der Idee der *Staatsräson* aus, d.h. vom Vorrang der Staatsinteressen vor allen anderen Interessen. Der Staatsräson sind alle Lehren des *Shangjun shu* untergeordnet. Es geht um die Rechtfertigung des Staates und darum, die Institutionen für seine Machtentfaltung zu gestalten. Dem Interesse des Staates aber dienen weder »Menschlichkeit, Lauterkeit, Eloquenz und Klugheit« (SJS 3.5) noch andere Tugenden: »Moralische Prinzipien können nicht auf die Handlungen von Staaten angewendet werden«, wie Morgenthau festgestellt hat. Genauso sahen es die Realisten des Alten China: Vor dem Hintergrund allgegenwärtiger Gewalt könne Sicherheit nicht durch Gutmenschentum und *personal rule* geschaffen werden, sondern nur durch Institutionen, das heißt *Ent*personalisierung; nicht durch Vermeidung von Krieg, sondern nur *durch* Krieg könne man Frieden schaffen; und nicht der Abbau staatlicher Institutionen sei die Lösung, sondern im Gegenteil: Aufbau und Stärkung des Staates, denn nur so lasse sich Gewalt einhegen. »War made the state« (Tilly 1975, 73), das wussten auch die Denker des Alten China.

Einleitung

Die *Schriften des Fürsten von Shang* (chin. *Shangjun shu*) sind ein Schlüsseltext der chinesischen Tradition. Kaum eine Lehre hat das Staatsdenken in China tiefer und nachhaltiger geprägt als der Politische Realismus dieses Buches. Vor mehr als 2000 Jahren geschrieben, trägt es frappierend moderne Gedanken zur Rationalisierung der politischen Ordnung vor. Seine zentrale Idee der Staatsräson sowie die Mittel ihrer Durchsetzung – zentrale Gesetzgebung, Bürokratie, Militarisierung, Kontrolle des Volkes und planmäßige Ausbeutung wirtschaftlicher Ressourcen – haben China als Einheitsreich begründet und bis ins 20. Jahrhundert bestimmt.

Der Mann, der dem Buch seinen Namen gab, Shang Yang, gilt als Architekt des Kaiserreiches. Er lebte in der Epoche der ›Kämpfenden Staaten‹ (453–221 v. Chr.), einer Zeit verheerender Kriege, aber auch einer nie dagewesenen geistigen Vielfalt, in der die Grundgedanken chinesischer Philosophie formuliert wurden. Denker unterschiedlichster Couleur reisten damals durch die Fürstentümer der Nordchinesischen Ebene und stellten grundsätzliche Überlegungen zur Ordnung von Welt und Gesellschaft an: Mohisten, Daoisten, Konfuzianer, Agronomen, Logiker, Yin/Yang-Meister, Hedonisten und die sogenannten ›Legalisten‹, zu denen auch Shang Yang zählte.

Gongsun Yang, wie er damals noch hieß, wurde ca. 390 v. Chr. im kleinen Fürstentum Wey geboren, reiste aber schon als junger Mann nach Qin, in den äußersten Westen der chinesischen Welt (s. Karte, S. XVIII). Dort erlebte er einen kometenhaften Aufstieg: Er wurde Berater des Herzogs Xiao (reg. 361–338 v. Chr.), avancierte zum höchsten Beamten am Hofe und wurde schließlich zum landsässigen ›Fürsten‹ des Lehens Shang ernannt. Dank seiner rigiden Politik der

Zentralisierung »wurde das Gebiet im Krieg vergrößert und der Staat im Frieden reich. Qin hatte keinen ebenbürtigen Gegner im Reich« (ZGC 5.17). Shang Yang, so blieb er der Nachwelt bekannt, war der politisch erfolgreichste Denker des klassischen China.

Schriften mit Shang Yangs ›Gesetzen‹ waren damals angeblich »in jedem Haushalt vorhanden« (HFei 49). Was diese ›Gesetze‹ ursprünglich besagten, wissen wir nicht. Der überlieferte Text des *Shangjun shu* ist wohl nicht aus Shang Yangs und gewiss nicht aus *einer* Hand. Dennoch bezeugen seine 24 Kapitel – sie heißen »Ackerbau und Krieg«, »Worte vereinheitlichen«, »Gesetze aufstellen«, »Regeln der Kriegsführung«, »Belohnungen und Strafen« u.ä. – besser als jeder andere Text die Lehre, deren politische Umsetzung zur Reichseinigung führte. Mehr noch: Nicht nur die Herrscher von Qin, sondern *alle* Dynastien der nächsten zwei Jahrtausende errichteten ihre Herrschaft auf einem System, dessen Grundlagen in den *Schriften des Fürsten von Shang* beschrieben werden. »Außen konfuzianisch, innen legalistisch« (*wairu neifa*): Das war und ist China. ›Reichtum und Stärke‹ (*fuqiang*) sowie ›Regierung durch Gesetze‹ (*fazhi*) blieben bis in die Gegenwart Leitlinien chinesischer Politik; Staatspräsident Xi Jinping zitiert das *Shangjun shu* noch heute.

Dennoch blieben die *Schriften des Fürsten von Shang* stets ein Stiefkind der chinesischen Tradition. Shang Yangs Erfolg war zugleich sein Verderben: Sobald sein Gönner, Herzog Xiao, verstorben war, fiel er in Ungnade und wurde 338 v. Chr. grausam hingerichtet. Schwerer noch als sein physischer Tod wog die Verdammnis, die postum über ihn kam. Die Qin hatten, gestützt auf seine Lehre von der Staatsräson, das Reich in blutigen Kriegen geeint – doch schon nach 15 Jahren wieder verloren. Ihre Nachfolger ließen kein gutes Haar an Qin und den Grundsätzen seiner Politik:

> Der Fürst von Shang hat gegen Riten und Anstand verstoßen, die Prinzipien menschlicher Beziehungen verworfen und seine ganze Gesinnung auf Expansion und Raub gerichtet, ... so dass die Sitten der Qin mit jedem Tag verfielen. (XS 3)

Shangjun shu

Schriften des Fürsten von Shang

*

Übersetzt und kommentiert
von
Kai Vogelsang

ALFRED KRÖNER VERLAG STUTTGART

Shangjun shu
Schriften des Fürsten von Shang
Übersetzt und kommentiert von Kai Vogelsang
Stuttgart: Kröner 2017
(Kröners Taschenausgabe; Band 168)
ISBN: 978-3-520-16801-6

Gesamtherstellung: Friedrich Pustet Regensburg

Staaten geht es in erster Linie um Macht. Erst die Macht aber, das lernen wir von Thomas Hobbes, schafft das Gesetz, nicht umgekehrt. Gesetze sind mithin nicht der Kern der Lehren des *Shangjun shu*, sie sind ein untergeordnetes – wiewohl wichtiges – Hilfsmittel der Politik. Nur Gesetze können die Befriedung der Gesellschaft verbürgen, und diese wiederum ist die Voraussetzung für den Erfolg in der zwischenstaatlichen Politik. Die Realisten wussten, wie Hobbes, dass die Menschen in ihrem Handeln durch Vorlieben und Abneigungen geleitet werden (SJS 9.5). Deshalb müssen sie durch Strafen und Belohnungen zu den beiden entscheidenden Tätigkeiten im Dienste der Macht gezwungen werden: Ackerbau und Kriegsdienst (SJS 3).

Der Staat musste in der Lage sein, seinen Willen nach innen mit der Androhung von Strafen durchzusetzen, und er musste nach außen zum Krieg gerüstet sein. Beides war, wohlgemerkt, kein destruktiver Selbstzweck, wie Kritiker des chinesischen Realismus suggerieren, im Gegenteil: Aus der Militärtheorie war bekannt, dass es »das allerbeste ist, ein feindliches Heer zu unterwerfen, ohne Krieg zu führen« (Sun 3). Es geht im *Shangjun shu* denn auch darum, »durch Krieg den Krieg abzuschaffen, … durch Töten das Töten abzuschaffen, … und durch Strafen die Strafen abzuschaffen« (18.1 u.ö.). *Si vis pacem, para bellum*: Das ist das Credo der Realisten.

Im Folgenden wird daher vom ›Politischen Realismus‹ die Rede sein: nicht von der ›Schule‹ – eine solche, mit einem Gründer, zentralen Texten und organisierten Strukturen, gab es nicht –, sondern vom *Diskurs* des Politischen Realismus. Gemeint ist ein kommunikativer Zusammenhang, dessen Themen und Argumente in unterschiedlichen Texten erscheinen, bald bewusst zitierend, bald eigenwillig ausgeformt und oft verbunden mit Bezügen zu anderen ›Schulen‹ der chinesischen Philosophie. Zum Diskurs des Politischen Realismus tragen vor allem natürlich die Texte bei, die traditionell den *fajia* zugerechnet werden: *Guanzi*, ein sehr heterogenes Textkonvolut, das im Staat Qi kompiliert wurde; *Han*

Feizi, die Schriften des Han Fei (ca. 280–230 v. Chr.) aus dem späten 3. Jahrhundert v. Chr., *Lüshi chunqiu*, eine enzyklopädische Textsammlung, die dem Minister Lü Buwei (ca. 290–235 v. Chr.) aus Qin zugeschrieben wird; die fragmentarisch überlieferten Schriften des Shen Buhai (ca. 395–337 v. Chr.) und Shen Dao (ca. 345–284 v. Chr.); und das *Shangjun shu*, das auf verschiedene Autoren aus Qin zurückgehen dürfte. Darüber hinaus aber haben viele andere zu diesem Diskurs beigetragen: die Anhänger des Mo Di etwa, deren Lehren im *Mozi* überliefert sind; die ›Konfuzianer‹ Mengzi und Xunzi (mit ihren gleichnamigen Texten), Letzterer nicht zufällig ein Lehrer von Han Fei; der Urtext des Daoismus, *Laozi*; und nicht zuletzt militärstrategische Werke wie *Sunzi*, *Wuzi* und *Weiliao zi*, die in vielerlei Hinsicht als Stichwortgeber der Politik wirkten.[5]

Die Rede vom Diskurs des Politischen Realismus bedeutet nicht nur eine Umstellung von vorwissenschaftlichen auf wissenschaftliche Begriffe, sondern auch einen Perspektivwechsel. Die Vorstellung einer ›Schule‹ hatte nahegelegt, den Fokus auf den vermeintlichen Gründer, zumindest die prominenteste Figur dieser ›Schule‹ zu legen: kein Buch über das *Shangjun shu* ohne eine Biographie Shang Yangs! Die Unterstellung, dass die Lehren des Politischen Realismus sich individuell zurechnen ließen, hat es zugleich erleichtert, diese aus der Tradition auszuklammern: Wenn nur das ›böse Genie‹, Shang Yang, und sein Werk aus dem kulturellen Erbe verbannt wurden, war dieses vom Anruch der Machtpolitik reingewaschen.

In Wirklichkeit ist das *Shangjun shu* nicht etwa ein isolierter Außenseiter, der negative Gegenentwurf zum *common sense* der chinesischen politischen Philosophie. Der Politische Realismus ist tief in der chinesischen Tradition verwurzelt. Die meisten seiner Vorschläge waren keineswegs neu, sie spitzten lediglich Gedanken zu, die auch bei den Daoisten, den Mohisten, bei Militärtheoretikern und Konfuzianern formuliert wurden. Dabei haben die Autoren des *Shangjun shu* die menschliche Natur nüchterner eingeschätzt und die

Paradoxie der Macht klarer erkannt als alle konfuzianischen ›Weisen‹. Sie haben das Interesse des Staates konsequent ausformuliert, die Mechanismen der Herrschaft sowie ihre ökonomischen Grundlagen durchdacht und deutlicher als alle anderen Schulen auf die Bedeutung staatlicher Institutionen hingewiesen. Auf diese Weise wuchs der Politische Realismus mit der chinesischen Tradition und prägte – allen Diffamierungen zum Trotz – politische Theorie und Praxis in der gesamten Kaiserzeit.

Um all das recht zu verstehen, bedarf es eines ebenso realistischen Blicks auf die Geschichte des Alten China: eines Blicks, der sich nicht durch die Klischees der traditionellen Geschichtsschreibung ablenken lässt. Denn allzu leicht suggeriert die Rede von ›Dynastien‹ geordnete Staatlichkeit, erweckt der Diskurs von Bildung, Menschlichkeit und Riten den Eindruck eines wohlanständigen, kultivierten Reiches: ein Hintergrund, vor dem die Lehren des *Shangjun shu* wohl barbarisch erscheinen mögen. In Wirklichkeit aber dürften im chinesischen Altertum viel ursprünglichere Verhältnisse geherrscht haben. Schon die Rede vom ›Staat‹ ist höchst problematisch, zumal sie bisweilen schon auf die frühesten Dynastien angewendet wird. Denn die Herrschaftsgebilde dieser Dynastien – der Shang (17. Jh.? – 11. Jh. v. Chr.) und der Westlichen Zhou (11. Jh. – 771 v. Chr.) – lassen sich trotz ihrer Paläste, ihrer spektakulären Bronzekunst und ihrer gewaltigen Herrschergräber kaum als ›Staaten‹ bezeichnen. Weder besaßen sie staatliche Institutionen wie Gesetze, Steuern, Bürokratie, stehendes Heer noch ein Gewaltmonopol oder auch nur eine ausdifferenzierte Sphäre der Politik. Ethnologisch betrachtet, muss man die Shang und Zhou vielmehr als ›Häuptlingstümer‹ bezeichnen: als politische Einheiten, die auf hierarchisch geordneten, ›konischen‹ Clans beruhten, an deren Spitze jeweils das Oberhaupt der prestigeträchtigsten Sippe stand. Während ihm der Ahnenkult oblag, bewahrten die einzelnen Sippen politische, militärische und rechtliche Autonomie: Die Regeln der einzelnen Sippen waren das ›Gesetz‹ – doch ihr Geltungsbereich reichte nicht über die Sippe hinaus. Obwohl die Herrscher der Shang und Zhou meist als ›Könige‹ bezeichnet werden, sollte man sie sich besser als Oberhäuptlinge vorstellen. Sie regierten keineswegs zentral über ein ›Reich‹, sondern übten allenfalls Suzeränität über andere regionale Häuptlinge aus, welche ihre Oberhoheit zwar formal anerkannten, ansonsten aber autonom walteten.

Es gab im Alten China, mindestens bis zum 7. Jahrhundert v. Chr., keinen Staat. Vielmehr war die Gesellschaft *segmentär* strukturiert; die politische Landkarte war – ähnlich wie die des mittelalterlichen Europa – ein Flickenteppich aus unzähligen kleinen Fürstentümern, welche ihrerseits zerfielen in Machtbereiche lokaler Sippen, die ihre Pfründe autonom verwalteten. In diesem Gemenge partikularer Herrschaften, die einander belauerten oder bekämpften, gab es keine übergeordnete Instanz, welche die »feudale Anarchie« (O. Hintze) hätte kontrollieren können.

Der Aufbau staatlicher Institutionen lässt sich erst seit der Chunqiu-Zeit (722–453 v. Chr.) beobachten, als die regionalen Herrschaften Nordchinas expandierten und in zunehmende Konkurrenz zueinander gerieten. In diesen Jahrhunderten wurden allmählich Steuern und schriftliche Gesetze eingeführt, bürokratische Verwaltung entwickelte sich, eine Revolution des Militärwesens fand statt, und die Häuptlinge, die in der West-Zhou-Zeit noch *primus inter pares* gewesen waren, stiegen auf zu Herrschern, die nicht mehr ihresgleichen hatten. Jetzt entwickelte sich eine Vorstellung von Politik als eigenständiger Sphäre, mit dem Staat als zentraler Organisationsform, welche die Handlungsoptionen der Politik entscheidend steigerte. Dieser Prozess des *state building* bildet den Bezugsrahmen des Politischen Realismus. Wenn das *Shangjun shu* für den Aufbau eines starken Staates plädiert, dann nicht, um eine repressive Zwingherrschaft zu schaffen, sondern um das Problem der ›feudalen Anarchie‹ zu lösen.

Staatenlosigkeit bedeutete: Es gab kein Monopol legitimer Gewalt, keine Beschränkung der Gewalt auf eine Instanz, den Staat. Vielmehr war *schrankenlose* Gewalt das Signum der Zeit. Das ›Goldene Zeitalter‹ der frühen Zhou, die Epoche des Konfuzius und das Klassische Zeitalter der ›Hundert Schulen‹ der Philosophie: Das Jahrtausend, in dem die Fundamente chinesischer Kultur gelegt wurden, war geprägt von unvorstellbarer Brutalität. Die traditionelle Geschichtsschreibung hat diese Gewalt weitgehend verschwiegen. Anstelle von Kriegsgemetzeln berichtet sie vornehmlich von Gesprächen zwischen Herrschern und Beratern; statt sich in blutigen Details zu ergehen, fasst sie Mord und Totschlag meist summarisch zusammen. Sie vermittelt das Bild eines zwar unruhigen, aber zivilisierten und zutiefst sittsamen Zeitalters. Auch die moderne Forschung hebt vor allem auf die ›rituelle Ordnung‹ des Alten China ab, vor deren Hintergrund das Problem der Gewalt marginal erscheint. Gewalt sei schließlich ›sanktioniert‹ – geheiligt! – und rituell sublimiert gewesen:

> Sicher, es gibt Zusammenstöße zwischen verfeindeten Clans, Rache, Morde, aber die Kämpfe haben einen ritualisierten Aspekt … Man tötet einander, schlachtet einander ab, kocht einander in Kesseln und pökelt einander – aber man tut es *rituell*.[6]

Nur aus dem Ohrensessel eines Philologen lassen sich derlei Grausamkeiten rituell verklären. Tatsächlich dürfte die Erfahrung von Konflikt und Gewalt im Alten China zutiefst verstörend gewesen sein. Gewalt war im Leben aller Schichten keineswegs marginal, sondern zentral. Sie bildete den Hintergrund für alle sozialen Formen und politischen Theorien des klassischen Zeitalters. Wenn das *Shangjun shu* auf ein staatliches Gewaltmonopol und harten Strafen bestand, dann nicht, um eine ruchlose Despotie zu errichten, sondern um die grassierende Gewalt zu beenden.

Die folgende Darstellung will diese Zusammenhänge aufzeigen. Sie beginnt mit einer Geschichte des Alten China unter dem dominanten Aspekt der *Gewalt*, um daraus einige Grundzüge der Lehren des Politischen Realismus zu entwickeln. Beides bildet den Hintergrund dafür, die *Schriften des Fürsten von Shang*, dieses Stiefkind der Tradition, angemessen zu verstehen.

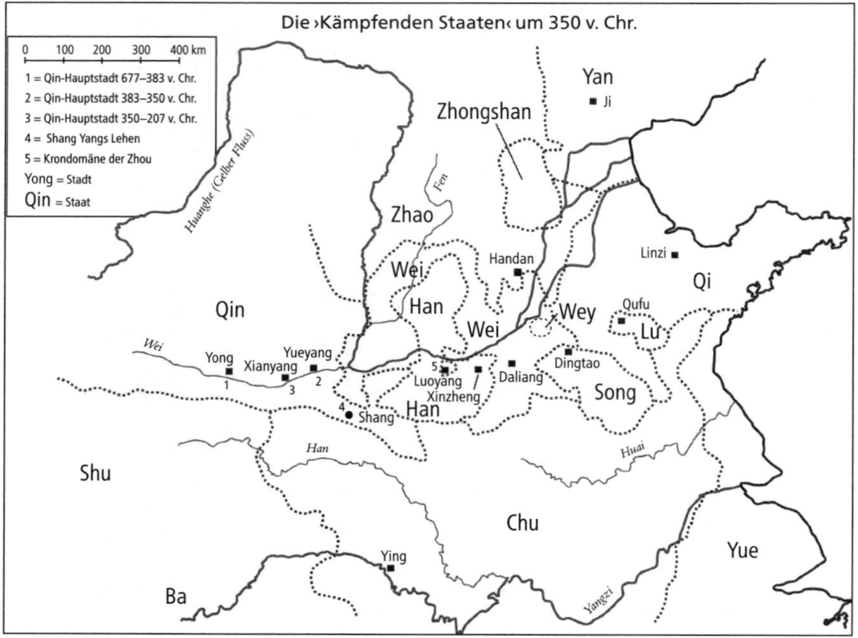
Die ›Kämpfenden Staaten‹ um 350 v. Chr.
0 100 200 300 400 km
1 = Qin-Hauptstadt 677–383 v. Chr.
2 = Qin-Hauptstadt 383–350 v. Chr.
3 = Qin-Hauptstadt 350–207 v. Chr.
4 = Shang Yangs Lehen
5 = Krondomäne der Zhou
Yong = Stadt
Qin = Staat
Huanghe (Gelber Fluss)
Yan
Ji
Zhongshan
Zhao
Fen
Wei
Han
Handan
Wei
Wey
Qi
Linzi
Qufu
Lu
Qin
Wei
Yong
Xianyang
Yueyang
Luoyang
Xinzheng
Daliang
Dingtao
Song
Han
Shang
Shu
Han
Huai
Chu
Yue
Ying
Ba
Yangzi

EINFÜHRUNG

Das Alte China: Eine Geschichte der Gewalt

Bei dieser großen Furcht, welche die Menschen allgemein
gegeneinander hegen, können sie sich nicht besser sichern,
als dadurch, daß einer dem andern zuvorkommt
oder so lange fortfährt, durch List und Gewalt
sich alle anderen zu unterwerfen, als noch andere da sind,
vor denen er sich zu fürchten hat.

THOMAS HOBBES, *Leviathan* I, 13

In einem Land von 10.000 Streitwagen ist es stets
eine Familie von 1000 Streitwagen, die den Fürsten mordet;
und in einem Land von 1000 Streitwagen ist es stets
eine Familie von 100 Streitwagen, die den Fürsten mordet. …
Wo man Anstand hintanstellt und den Nutzen vorzieht,
da wird unersättlich geraubt.

Mengzi 1A1

Fast zwei Jahrtausende und ein ganzer Kontinent trennen Thomas Hobbes (1588–1679) und Mencius (ca. 372–289 v. Chr.), und dennoch drücken ihre Worte eine ähnliche Erfahrung aus. Als Hobbes den Naturzustand des Menschen als »Krieg aller gegen alle« beschrieb, war der Eindruck des Englischen Bürgerkriegs noch frisch, die ›feudale Anarchie‹ des europäischen Mittelalters mit seinen Bauernkriegen und Hexenverfolgungen, den Fehden des Adels und der alltäglichen Gewalt des Pöbels kaum überwunden. Noch im 16. Jahrhundert konkurrierten rund 500 mehr oder weniger autonome politische Verbände miteinander; Europa glich

> einem politisch führungslosen Verbundsystem partikularer Gewalten, in welchem sich jeder Graf, Baron, Herzog, Fürst – sei es weltlicher oder geistlicher – de facto als *souverain en sa terre* versteht – jederzeit bereit, seine von ihm selbst definierte ›Gerechtigkeit‹ mit den Mitteln der ›rechten Gewalt‹ auch durchzusetzen. (Wimmer 1996, 327)

Der »Krieg aller gegen alle« war eine reale Bedrohung. Was Hobbes als »tausendfaches Elend« beschreibt, als »Furcht, gemordet zu werden, stündliche Gefahr, ein einsames, kümmerliches, rohes und kurz dauerndes Leben« (*Leviathan* I, 13), lag nicht weit unter der Oberfläche einer Gesellschaft, der es erst allmählich gelang, das Gewaltniveau spürbar zu senken.

Ganz ähnlich muss Mencius die Welt gesehen haben. Er lebte in einer Epoche, die bezeichnenderweise Zeit der ›Kämpfenden Staaten‹ (Zhanguo, 453–221 v. Chr.) genannt wird, in einer Zeit, zu der es ›China‹ eigentlich noch gar nicht gab. Damals existierten in der Nordchinesischen Ebene sowie am Yangzi eine Reihe eigenständiger Herrschaften, die untereinander diplomatische Kontakte pflegten, Handel trieben – und erbitterte Kriege führten: Eroberungskriege unter Aufbietung aller Ressourcen, in denen Massenheere von Hunderttausenden Infanteristen sich in ausgedehnten Feldzügen aufrieben, ganze Landstriche verwüsteten, Städte aushungerten und Gefangene zu Zehntausenden niedermetzelten. Und Mencius blickte zurück auf Jahrhunderte, die ihm als eine Zeit der »Irrlehren und Gewalttaten« erschienen, in der »Untertanen ihre Fürsten mordeten und Söhne ihre Väter« (Meng 3B9). Wohin er sich wandte, sah er Gewalt.

Die Erfahrung von Gewalt war so prägend, dass Chinas klassische Denker darin die Triebfeder der Geschichte schlechthin erkannten. Nachdem Shennong, der mythische Herrscher und Begründer der Landwirtschaft, gestorben war, so heißt es im *Shangjun shu*,

> bezwangen die Starken die Schwachen, und die Vielen vergewaltigten die Wenigen. Daher schuf Huangdi Standesregeln für Fürst und Minister, Obrigkeit und Untertanen, Sitten für Väter und Söhne sowie ältere und jüngere Geschwister und

> den Bund von Ehemann, Ehefrau, Gatte und Gemahlin. Im Inneren wurden Messer und Sägen verwendet und nach außen Rüstungen und Waffen: Denn die Zeiten hatten sich geändert. … Daher: ›Wenn man durch Krieg den Krieg abschaffen kann, ist selbst Krieg zulässig; wenn man durch Töten das Töten abschaffen kann, ist selbst Töten zulässig; und wenn man durch Strafen die Strafen abschaffen kann, sind selbst schwere Strafen zulässig.‹ (SJS 18.1)

Die paradoxen Lehren der *Schriften des Fürsten von Shang* – »mit Krieg den Krieg abschaffen«, »durch Strafen die Strafen abschaffen« – lassen sich nur vor dem Hintergrund der Geschichte des Alten China verstehen: einer Geschichte der Gewalt.

Shang und Zhou: Menschenopfer und Barbarenkämpfe

Viel wussten Shang Yang und seine Zeitgenossen nicht von ihrer Geschichte. Von der ersten historisch fassbaren Dynastie, den Shang (17. Jh.? – 11. Jh. v. Chr), hatten sie nur anekdotenhafte Kenntnisse. Ein tugendhafter Herrscher soll sie gegründet haben, nachdem er den verkommenen letzten Herrscher der Dynastie Xia gestürzt hatte. Doch auch die Shang konnten ihre Tugenden über die Jahrhunderte nicht bewahren. Ihr letzter Herrscher, Zhouxin, soll eine sadistische Bestie gewesen sein, die Menschen über glühende Kohlen in den Tod gehen, protestierenden Würdenträgern bei lebendigem Leibe das Herz herausschneiden und den Sohn des ›Königs‹ Wen von Zhou schlachten ließ, um dessen Vater das Fleisch in einer Suppe vorzusetzen.

Heute wissen wir, wie harmlos diese Vorstellung war: Denn nicht nur der letzte Herrscher dieser Dynastie war ein Menschenfresser. Einen Begriff vom ›Menschen‹, der den eigenen Clan transzendierte, dürfte keiner der Shang-Herrscher gehabt haben. Die Shang waren ein Häuptlingstum, dessen Grenzen durch die Zugehörigkeit zum eigenen Clan definiert waren. Jenseits des Clans dürfte ›Menschheit‹ für die Shang aufgehört haben – und damit auch jegliche moralische Verpflichtung. Archäologen haben an den Stätten der Shang Hekatomben von verstümmelten Leichen gefunden, eingemauert in den Fundamenten von Tempeln oder als Beigabe in den Gräbern von Herrscherinnen und Herrschern. Allein die Knocheninschriften, die im frühen 20. Jahrhundert gefunden wurden, verzeichnen rund 13.000 Menschenopfer: Kriegsgefangene meist, welche die Shang ihren Göttern als Opfer vorsetzten. Auch wenn wir für die Frühzeit der Dynastie keine vergleichbaren Zeugnisse haben: Die Shang dürften von Beginn an ebenso blutrünstig regiert haben wie andere vorstaatliche Regime dieser Welt. Die Theorie vom ›dynastischen Zyklus‹, nach der am Anfang einer Dynastie jeweils gütige Gründerväter standen und lediglich die letzten Herrscher ruchlos und brutal waren, ist eine fromme Mär.

Das gilt auch für die Geschichte der folgenden Dynastie, der Zhou. Deren wohlweiser Gründer, König Wu, soll im 11. Jahrhundert v. Chr. den bösen letzten Shang-König in einer dramatischen Schlacht besiegt und die Herrschaft in der Nordchinesischen Ebene errungen haben. Die frühen Zhou-Könige, Ikonen der konfuzianischen Staatslehre, hätten daraufhin angeblich die Grundlagen für eine ›menschliche Regierung‹ in der Nordchinesischen Ebene gelegt. Doch auch sie dürften keineswegs so humanitär gewesen sein, wie es die spätere Tradition ihnen nachsagte. Es gibt durchaus andere Darstellungen: Als König Wu, der ›Kriegerische‹, die Dynastie Shang in der Schlacht von Muye (ca. 1050 v. Chr.) besiegte, »floss das Blut in solchen Strömen, dass Stößel darauf schwammen und auf tausend Meilen die Erde sich rot färbte« (LH 7.25). König Wu »erschoss daraufhin die hundert bösen Minister« der Shang, »köpfte und opferte sechzig Prinzen und Zeremonienmeister und köpfte vierzig Familienoberhäupter und Zeremonienmeister«, während die Schädel des letzten Shang-Königs und seiner Frauen zur Schau gestellt wurden. In weiteren Feldzügen gegen »feindselige Länder«, die den Zhou weiter Widerstand leisteten, wurden

177.779 abgeschnittene Ohren gezählt – Nachweis getöteter Feinde – und 310.230 Gefangene gemacht, die wahrscheinlich den Ahnen als Blutopfer dargebracht wurden (YZS 40). Die Zhou eroberten das Reich keineswegs »mit den Waffen der Menschlichkeit und des Anstands«, sondern mit dem Schwert – und dass ihre »Klingen dabei nicht blutig wurden« (Xun 15), ist ein Mythos.[1]

Trotz ihrer militärischen Überlegenheit waren die Zhou außerstande, die besiegten Gebiete zentral zu regieren. Einen ›Staat‹ im Sinne einer übermächtigen Zentralgewalt, die ihr Gebiet dauerhaft und flächendeckend beherrscht, hat es auch unter den Zhou nicht gegeben. Stattdessen sollen die frühen Zhou-Herrscher, wie so viele militante Eroberer der Weltgeschichte, ein dezentrales, quasi feudales System errichtet haben. Sie belehnten Verwandte und Verbündete mit Fürstentümern, in denen diese ihrerseits patrimonial herrschten: Während die Zhou sich bald wieder in ihr Stammgebiet am Wei-Fluss, im heutigen Shaanxi, zurückzogen, regierten jene als autonome Lokalfürsten in der Nordchinesische Ebene. Doch auch diese partikularen Fürstentümer darf man sich nicht etwa als Staaten vorstellen, die ein Gebiet durchweg beherrschten. Wahrscheinlich waren sie nicht mehr als kleine Garnisonsstädte: Inseln partikularer Macht inmitten von weiten herrschaftsfreien Räumen, in denen indigene Bevölkerungsgruppen weitgehend unbehelligt vom System der Zhou lebten.

Zahlreiche Feldzüge, welche die Zhou in den folgenden Jahrhunderten gegen diese Völker führten, belegen, dass selbst der Anspruch auf eingeschränkte Oberhoheit von Beginn an auf Widerstand stieß. Lange Inschriften in Ritualgefäßen aus Bronze zeugen von diesen Kampagnen. So wurden im Kampf gegen die Truppen der Hu »hundert Köpfe abgeschnitten, zwei Führer ergriffen sowie Waffen erbeutet: Schilde, Speere, Hellebarden, Bögen, Köcher, Pfeile, Rüstungen und Helme, insgesamt 135 Stücke, und 114 Männer gefangen genommen« (MWX 176). Noch erfolgreicher war eine Schlacht gegen die Guifang, ein Volk im Norden der Zhou:

> ›Wir haben drei ihrer Führer ergriffen, über 4800 Ohren abgeschnitten, 13.081 Männer gefangen genommen, … Pferde, 30 Kampfwagen, 355 Ochsen und 28 Schafe.‹ … Die Führer wurden geköpft … Die Männer und die abgeschnittenen Ohren wurden durch das Tor hereingebracht zum westlichen Gang, wo sie in einem Feueropfer den Zhou dargebracht wurden. (MWX 63)[2]

Solche Berichte machen deutlich, worum es sich bei diesen Schlachten handelte: nicht um Eroberungskriege, auch nicht um ›gerechte‹ Straffeldzüge zur Befriedung unbotmäßiger Vasallen, wie es die spätere Tradition behauptete, sondern um *Raubzüge*. Es hatte sich wenig geändert seit den Zeiten der Shang. Auch die ›Kriege‹ der Zhou unterschieden sich kaum von Jagden, bei denen Güter und Angehörige des gegnerischen Volks erbeutet wurden, um sie den Ahnen zu opfern. Solche Beutezüge dürften für die Zhou ein wichtiges Mittel zum Erwerb von Gütern gewesen sein; und wie die Shang vor ihnen, dürften sie ihren Gegnern auch die Frauen geraubt haben. Der Fall von König You (reg. ca. 781–771 v. Chr.) ist zur *cause célèbre* geworden. Er hatte die Bao angegriffen und eine Prinzessin, Bao Si, von ihnen heimgeführt, die er zu seiner Hauptfrau machte. Aufgrund ihrer Launen, so heißt es, habe er sich dann dazu hinreißen lassen, seine Verteidigungstruppen grundlos zu alarmieren, so dass sie 771 v. Chr. bei einem tatsächlichen Angriff auf die Hauptstadt schließlich nicht mehr zu mobilisieren gewesen seien: Er bedeutete das Ende der West-Zhou (GY 7; SJ 4 u. 5).

Chunqiu: Raubzüge und Ehrenmorde

Was auch immer die Zhou-Herrscher an Autorität hatten ausüben können, ging nach 771 v. Chr. verloren. Chunqiu, ›Frühling und Herbst‹, wird die Zeit von 722 bis 453 v. Chr. genannt, aber mit dem klangvollen Namen verbindet sich vor allem die Vorstellung von Niedertracht und Anarchie. An die Stelle eines Systems, das zumindest den Anspruch auf Suzeränität hatte, trat ein Zustand, in dem größere und kleinere Fürsten der Nordchinesischen Ebene autonom über ihre Gebiete herrschten; wo zuvor die Inklusionshierarchie der Zhou die Verhältnisse geregelt hatte, fehlte jetzt eine höhere Ordnungsebene. Die Partikularfürsten folgten nurmehr ihren eigenen Regeln – mit fatalen Folgen, wie die spätere Geschichtsschreibung feststellte:

> Die Lehnsfürsten stritten gewaltsam, Würdenträger monopolisierten ihre Staaten und Dienstherren ihre Städte, ohne sich nach Bestimmungen zu richten oder die Riten des Königs Wen zur Norm zu nehmen. Die Lehnsfürsten wurden abtrünnig und leisteten dem Himmelssohn weder Tribut noch Aufwartung. Untertanen mordeten ihre Fürsten, Söhne mordeten ihre Väter, und Nebensöhne töteten die Erbfolger. … Die Starken unterdrückten die Schwachen, die Vielen vergewaltigten die Wenigen, die Reichen geboten über die Armen, so dass des Stehlens und Einverleibens kein Ende war. (CCFL 6)

Die moderne Forschung hat die politischen Verhältnisse der Chunqiu-Zeit bisweilen als *multi-state system* beschrieben. Aber ›Staaten‹, die den Namen verdienen, gab es noch immer nicht. Herrschaft war nach wie vor stark personalisiert, staatliche Institutionen – bürokratische Verwaltung, Rechtswesen, Steuern oder stehende Heere – existierten allenfalls in rudimentärer Form, und ein Monopol legitimer Gewalt konnte keiner der Partikularfürsten durchsetzen. Die Fürstentümer der Chunqiu-Zeit unterschieden sich kaum von denen der West-Zhou: Sie waren Verwandtschaftsverbände, die sich über gemeinsame Vorfahren definierten und durch Riten und periodische Ahnenopfer integriert wurden. Im Inneren bestanden sie aus einer Vielzahl autarker Domänen, die von Angehörigen der Herrschersippe oder anderen Adelsfamilien eigenmächtig regiert wurden: »no state, only estates«.[3] Der Flickenteppich aus kleinen und kleinsten Herrschaften im Alten China wies frappierende Ähnlichkeiten zum Europa des Spätmittelalters auf: Wie in Europa herrschte fast permanent Krieg; und hier wie dort gab es kein Kontrollzentrum, das die Konfliktparteien hätte bändigen können.

Weder konnten die Fürstentümer ihr eigenes Gebiet durchherrschen, noch existierte eine übergeordnete Instanz, die das Konzert der Mächte zu leiten imstande gewesen wäre. Auch wenn die Herrscher der Chunqiu-Zeit untereinander geregelten diplomatischen Verkehr, Heiratsbeziehungen und – eine besondere Form der Sicherheitspolitik – den Austausch von Geiseln pflegten, bekämpften sie sich erbittert. Sie führten Raubzüge gegeneinander, die sich von denen der West-Zhou kaum unterschieden. Das Fürstentum Zheng etwa fiel gleich zu Beginn der Chunqiu-Zeit mehrmals in die Krondomäne ein und raubte den Zhou ihre Ernte (Zuo 1.3); bei anderer Gelegenheit, in einer Schlacht gegen Song, erbeutete es 460 Streitwagen, 250 Gefangene und 100 abgeschnittene Ohren (Zuo 7.2). Obwohl die Geschichtsschreibung von ›Hegemonen‹ – den Fürstentümern Qi, Jin und einigen anderen – spricht, die seit dem 7. Jahrhundert als *primus inter pares* zwischen den Häuptern der Sippen vermittelt hätten, ließen die Kämpfe in dieser Zeit nie nach.

Nach wie vor nahmen die Fürsten der Chunqiu-Zeit Nachbarvölkern oder den eigenen Untertanen ihre Frauen, und Grausamkeiten gegen das eigene Volk gehörten zum Alltag. Herzog Ling von Jin etwa, der 620–607 v. Chr. regierte,

> schoss von seiner Terrasse herab auf das Volk und ergötzte sich daran, wie sie den Geschossen auswichen. Als sein Koch einmal Bärentatzen nicht gar zubereitete, tötete er ihn, legte den Leichnam in einen Korb und ließ ihn von Frauen durch den Hof tragen. (Zuo 7.2)

Der Despot wurde kurz darauf von einem seiner Hofleute ermordet. Die Anekdote ist nur ein Beispiel für die Spiralen der Gewalt, die herrschaftliche Willkür oft nach sich zog. Während der Chunqiu-Zeit sollen 36 Fürsten ermordet worden sein, 162 Staaten wurden vernichtet, »und unzählig waren die Lehensfürsten, die flohen und ihre Heimat nicht bewahren konnten« (SJ 130). Die personalisierte Herrschaftsstruktur, in der potentiell jeder Sohn die Herrscherfolge antreten konnte, führte allenthalben zu Nachfolgestreitigkeiten und Herrschermorden: »Nicht einmal die Hälfte der Herrscher starb eines natürlichen Todes« (HFei 17). Persönliche Feindschaften konnten ganze Sippen ausrotten und Staaten in den Krieg stürzen: Die Mutter eines Thronfolgers hasst diesen – angeblich, weil er eine Steißgeburt war – und zettelt einen regelrechten Bürgerkrieg an, um ihren Zweitgeborenen auf den Thron zu bringen (Zuo 1.1); ein Wagenlenker erhält vor einer Schlacht nicht seine Portion vom Schafsgulasch und lenkt am Tag darauf Wagen und Armee in den Untergang (Zuo 7.2); zwei Beamte, die einen Rivalen ausschalten wollen, brennen sein gesamtes Anwesen ab, morden sämtliche Angehörigen – und werden im Gegenzug selbst getötet, ihre Sippen ausgerottet (Zuo 10.27).

Stolz, Zorn und Rache sind die Motive dieser Geschichten. Wie in der ständischen Gesellschaft des europäischen Mittelalters war *Ehre* ein prägendes Phänomen der Zeit: Die »Zumutung einer spezifisch gearteten Lebensführung« (Max Weber) fand ihren Ausdruck zum einen in den Riten, einem Grundpfeiler der konfuzianischen Lehre, zum anderen in Empfindlichkeit und Ehrpusselei. Vielleicht war der Kodex der Ehre schon die Abwehrreaktion einer untergehenden Adelsschicht, die sich auf der einen Seite von zunehmender Machtkonzentration der Landesfürsten, auf der anderen Seite von der Herausforderung aufstrebender Schichten bedroht sah. Mag sein, dass gerade der drohende Verlust der sozialen Stellung die Adligen ihre Ansprüche umso vehementer verteidigen ließ, so dass jedes Scheltwort, jede ehrabschneidige Geste die Gewalt eskalieren lassen konnte: »Die Scham aufgrund einer kleinen Schande führte zu großem Hass« (SY 10), »persönlicher Groll brachte einem Staat den Untergang und einem Volk den Tod« (Zuo 7.2).

Vor allem die Ehre der Familie musste verteidigt werden, denn »mit dem Feind des Vaters lebt man nicht unter einem Himmel, beim Feind der Brüder hält man seine Waffe nicht zurück, und mit dem Feind eines Gefährten lebt man nicht im selben Land« (Li 1). Nichts verdeutlicht die Abwesenheit eines Staates mit zentraler Gesetzgebung besser als das Recht auf *Blutrache*, das im Alten China galt (und bis in die Kaiserzeit ausgeübt wurde): »Wenn jemand eines anderen Vater tötet, wird dieser wiederum seinen Vater töten, und wenn jemand eines anderen Bruder tötet, wird dieser wiederum seinen Bruder töten« (Meng 7B7).[4] Gewalt war *Privatsache*. Sie ging allein die beteiligten Gruppen an: »Wenn in der Nachbarschaft eine Schlägerei ausbricht und man läuft mit aufgelöstem Haar und loser Kappe hin, um zu schlichten, ist das töricht« (Meng 4B29).

Nicht konfuzianische Moral prägte die Chunqiu-Zeit, sondern Standesehre und Kriegerethos – was Niedertracht und Meuchelmord keineswegs ausschloss. »Bedenkenlos Köpfe abzuschlagen, Bäuche aufzuschlitzen, Gebeine verbleichen zu lassen und in Strömen von Blut zu waten: das sind Tapferkeit und Kühnheit eines Kriegers« (SY 11). Nicht Gesetze gaben die Leitlinien des Handelns vor, sondern Familienbande oder die Treue zu einem Herrn, für den man in den Tod ging. Wer diese Treue brach, musste die Strafe der Geister gewärtigen: »Wer gegen diesen Bundesschwur verstößt, den mögen die erleuchteten Geister hinrichten und seine Truppen stürzen, so dass kein Segen auf sein Land kommt noch auf seine Nachfahren, ob jung oder alt« (Zuo 5.28). Solche Treueschwüre sind nicht nur aus der Literatur bekannt, Hunderte von ihnen, verewigt auf Stein- und Jadeplatten, sind auch archäologisch gefunden worden: »Wenn ich, Hu, es wagen sollte, mich nicht mit Leib und Herz für meinen Herrn einzusetzen,« heißt es da zum Beispiel, »wenn ich mich nicht an den Bundesschwur halte und meine Treue versage, mögen die Ahnen unserer Herrscher mich entlarven und möge meine gesamte Familie untergehen.«

Zhanguo: Die Verstaatlichung der Gewalt

Am Kodex der Ehre änderte sich in den folgenden Jahrhunderten wenig. Auch in der Zeit der ›Kämpfenden Staaten‹ lesen wir von Ehrenhändeln und ausufernder Gewalt.

Dienstleute schneiden sich für ihren Herrn die Kehle durch; gedungene Mörder erstechen Fürsten, um die Schande ihres Auftraggebers zu tilgen; Adlige trinken aus den Schädeln ihrer getöteten Feinde; rachsüchtige Ehrenmänner peitschen die exhumierten Gebeine ihrer Widersacher aus.

Das war nicht das China der feinsinnigen Gelehrten, auch nicht das der kühlen Bürokraten – die ›Kämpfenden Staaten‹ waren eine Welt der Treueschwüre und Rachemorde, ein Theater der Leidenschaft voller Gefühlsduselei und besinnungsloser Gewalt. Das *Shiji*, Chinas erste Universalgeschichte, widmet ein ganzes Kapitel sogenannten »Attentätern«, die Ehrenmorde begingen und dabei meist auch ihr eigenes Leben hingaben: Männern wie Nie Zheng, der im Auftrag eines Ministers aus Han dessen politischen Gegner bei einer Hofkonferenz erdolchte und mit lautem Geschrei mehrere Dutzend Anwesende tötete, bevor er »sich das Gesicht häutete, die Augen ausstach und seinen Bauch aufschlitzte, so dass die Eingeweide herausquollen« (ZGC 27.22, SJ 86).

So außergewöhnlich dieser Blutrausch in seinen Details sein mag, so alltäglich war der Mechanismus der Rache, der ihm zugrunde lag. Spiralen der Gewalt waren weder ungewöhnlich, noch galten sie als schändlich. Mencius' berühmte Klage, dass »Untertanen ihre Fürsten mordeten und Söhne ihre Väter« (vgl. S. 2), bezieht sich keineswegs auf Mord im Allgemeinen; treulos und verdammenswert seien lediglich Untergebene in Familien- oder Treueverhältnissen, die ihre Oberen mordeten. Der Mord am Mörder eines Verwandten oder Gönners hingegen galt im Empfinden der Zeit als ehrenhaft. Er war nicht zu verurteilen, sondern zu erwarten – denn wie hätten, mangels staatlicher Strafverfolgung, solche Fälle behandelt werden sollen, wenn nicht in Selbstjustiz?

Auch im Alten China war Gewalt eine »Jedermanns-Ressource« (H. Popitz), die prinzipiell jedem zur Verfügung stand: dem einfachen Volk in seinen alltäglichen Schlägereien und Stechereien, denn »mit Todesverachtung Gewalt auszuüben, das ist der Mut der gemeinen Leute« (Xun 4); den Armen und Verzweifelten, die zu Räubern wurden und

»den Menschen Pferde und Rinder vertrieben und ihnen die Frauen und Töchter wegnahmen« (Zhuang 29); und despotischen Herrschern, die ihren Sadismus an den Untertanen ausließen, indem sie »die Rücken der Buckligen aufschnitten und den Klumpfüßigen die Beine brachen« (ZGC 32.8). – Auch wenn viele dieser Anekdoten für sich genommen fiktiv sein dürften, muss ihre Plausibilität doch auf der realen Erfahrung von Gewalt beruht haben, die den Alltag im Alten China prägte: nicht nur in ›sanktionierter‹ oder ›ritualisierter‹ Form, sondern auch willkürlich und zügellos. Noch immer wurden Kriege aufgrund persönlicher Ressentiments, um Rache und Vergeltung geführt. Die Rachgier Goujians, des Herrschers von Yue (reg. 496–464), ist geradezu sprichwörtlich geworden: Nachdem er in Wu unter erniedrigenden Bedingungen gefangen gehalten worden war, schwor er Vergeltung, »schlief auf Reisig und trank Galle« (vgl. SJ 41), um Jahre später Genugtuung zu erlangen: Drei Jahre lang belagerte er die Hauptstadt von Wu, bevor er sie 473 v. Chr. eroberte und den König von Wu in den Tod trieb.

In der Rache des Goujian, einem der berühmtesten Motive der chinesischen Literatur, verdichten sich noch einmal die Werte der Adelsgesellschaft; doch zugleich zeigen sich darin schon die Zeichen einer neuen Zeit. Denn Goujians Feldzug war nicht blindwütig oder impulsiv, sondern wohlkalkuliert: Hatte er in früheren Jahren noch Suizidkommandos in den Kampf gegen Wu geschickt, die sich »mit Gebrüll selbst die Kehle durchschnitten« (SJ 41), so war der nächste Krieg rational geplant. Ein Jahrzehnt lang, heißt es, habe Goujian zunächst Wirtschaftsreformen in Yue durchgeführt: »Der Staat war reich und die Soldaten wohlbesoldet, so dass sie gegen Pfeile und Steine anrannten wie Dürstende zum Trunk: Daraufhin übte er Vergeltung am starken Wu« (SJ 129). Zudem beschränkte sich die »Vergeltung« nicht auf persönliche Rache, Plünderung oder Frauenraub, sondern Yue besetzte das Land und löschte den Staat Wu vollständig aus. Dieser Krieg hatte eine neue Qualität.

Inmitten der ›feudalen Anarchie‹ der Chunqiu- und Zhanguo-Zeit hatte eine langsame, aber radikale Veränderung begonnen. Der fast permanente Kriegszustand zwischen den Fürstentümern hatte die Handlungsmöglichkeiten der alten Ordnung überfordert; zunehmende Urbanisierung – ummauerte Inseln der Sicherheit, bevölkert durch die Ströme der Kriegsflüchtlinge – hatte Zentren sozialer Komplexität entstehen lassen, die rationale Ordnungen erforderten; technischer Fortschritt und ein starkes Bevölkerungswachstum stellten neue Anforderungen an politische Organisation. Spätestens in der Zhanguo-Zeit hatte sich die Einsicht durchgesetzt, dass nur eine zentrale Entscheidungsinstanz in der Lage sei, politisches Handeln effektiv zu koordinieren. Die Antwort auf die Frage, »Wie kann das Reich befriedet werden?«, konnte nur lauten: »Durch Einheit« (Meng 1A6). Das ›Reich‹ (*tianxia*) meinte dabei die Gesamtheit aller Herrschaftsgebiete von Nordchina bis südlich des Yangzi, die einst unter der Suzeränität der Zhou versammelt gewesen waren. Die Frage nach seiner Einigung war nichts anderes als die Frage nach dem *Staat*.

Wenn man der Überlieferung glaubt, hatte *state building* schon Jahrhunderte zuvor begonnen. Ab dem 7. Jahrhundert v. Chr., so berichten die frühesten chinesischen Geschichtswerke, bildeten sich in verschiedenen Fürstentümern staatliche Institutionen heraus: Steuern, Gesetze, Bürokratie und Massenheere. In Qi, dem mächtigen Staat im Nordosten der Nordchinesischen Ebene, soll der Minister Guan Zhong (gest. 645 v.Chr.) umfassende Reformen im Sinne eines Zentralstaats durchgeführt haben. Er habe das Land einheitlich in Bezirke eingeteilt, die von zentral bestallten Beamten verwaltet worden seien, habe Agrarsteuern auf Grundlage von Bodenqualitäten erhoben und staatliche Monopole auf Salz, Eisen und Münzen eingeführt. In Qi scheint der Prototyp eines rationalen Regierungssystems entstanden zu sein, das die Ressourcen des Landes planmäßig und bürokratisch organisiert zur Stärkung des Zentralstaats ausbeutete. Es war kein Zufall, dass Qi zur Hegemonialmacht aufstieg, die jahrzehntelang unter den Mächten Nordchinas herausragte.

Qis Beispiel machte Schule: Auch im Alten China entstand der Staat nicht im Singular, sondern im Plural. In den alten Fürstentümern Lu und Zheng wurden 594 v. Chr. bzw. 543 v. Chr. Agrarsteuern eingeführt, um die landwirtschaftliche Produktion gezielt abzuschöpfen. Aus Zheng ist überliefert, dass der Minister Zichan (gest. 522 v. Chr.) im Jahre 536 v. Chr. Strafgesetze in Bronze gießen ließ, einige Jahre später folgte Jin dem Beispiel, und in Jins Nachfolgestaat Wei soll ein gewisser Li Kui (455–395 v. Chr.) ein umfassendes Gesetzeswerk mit dem Titel *Fajing – Leitfaden der Gesetze* – geschaffen haben. Li Kui soll auch der Architekt einer großen Reform in Wei gewesen sein, die durch planmäßige Nutzung des Ackerlandes und Versorgung der (Stadt-)Bevölkerung die ökonomischen Grundlagen des Staates sichern sollte – ähnlich, wie Goujian es in Yue getan haben soll. In Chu schließlich soll Wu Qi (gest. 381 v. Chr.) radikale Reformen durchgesetzt haben, indem er Gesetzestexte veröffentlichen ließ, das Militär stärkte und die Privilegien des Erbadels beschnitt, um politische Macht zu zentralisieren. – Die Beispiele von Qi, Lu, Zheng, Jin, Wei, Chu und Yue verdeutlichen, dass staatliche Strukturen im Alten China parallel entstanden: Die Konkurrenz der Herrschaften führte zu einer Konvergenz ihrer Systeme. Und während sich die großen und kleinen Partikularfürsten der Nordchinesischen Ebene noch gegenseitig zerfleischten, bildete sich allenthalben eine politische Organisationsform heraus, die sie alle unterwerfen sollte.

Dieser Prozess, der vor allem aus literarischen Zeugnissen bekannt ist, findet eine bemerkenswerte Bestätigung durch archäologische Funde. Etwa seit dem 7. Jahrhundert v. Chr. wurden die Gräber von Herrschern immer gigantischer, verschwenderisch ausgestattet mit besonderen Bronzesätzen und symbolisch überwölbt von großen Hügeln. Das Grab eines unbekannten Qin-Herrschers aus dem 7. Jahrhundert v. Chr., das in Dabuzishan (Gansu) gefunden wurde, ist 115 m lang und 15 m tief, weit größer als die Gräber der Shang-Herrscher; ein anderes Qin-Grab aus Nanzihui (Shaanxi), das dem Herzog Jing (reg. 577–537 v. Chr.) zugeordnet wird, übertrifft das noch bei Weitem: Es ist 300 m lang und 24 m tief. Selbst das Grab des Herrschers von Zhongshan (4. Jh. v. Chr.), eines unbedeutenden kleinen Fürstentums im Norden, war 110 m lang, enthielt mehr als 19.000 Grabbeigaben und war mit einem Tempelhügel von 90 × 100 m Grundfläche überwölbt. Ähnliche Grabhügel aus den Fürstentümern Qi, Zhao, Wei, Chu, Yan und Han überragen bis heute weithin sichtbar die Nordchinesische Ebene. Die Nekropole des Ersten Kaisers von China, eine 8 km^2 große Anlage mit Palästen, Tempeln, vielen Nebengräbern und der weltbekannten Terracotta-Armee, deren Grabhügel nach zwei Jahrtausenden noch 50 m hoch ist, bildete den Höhepunkt einer jahrhundertelangen Entwicklung, im Zuge derer der Herrscher buchstäblich über alle Welt erhoben wurde. Die Fürsten, die in Dabuzishan, Nanzihui und anderen Riesengräbern bestattet wurden, waren nicht länger *primi inter pares*, sondern Souveräne, die nicht mehr ihresgleichen hatten.[5] Denn während die Herrschergräber ins Gigantische wuchsen, wurden gleichzeitig die Gräber des niedrigen Adels immer kleiner und bescheidener ausgestattet, so dass sie schließlich kaum noch von den Gräbern einfacher Leute zu unterscheiden waren. Aus einer vielstufigen Hierarchie mit fein differenzierten Adelsrängen wurde eine zweistufige, die nurmehr einen Unterschied kannte: den zwischen Herrschern und Beherrschten. Die Grabanlagen der Chunqiu- und Zhanguo-Zeit verdeutlichen ein Machtgefälle, das die politische Spitze eindeutig vom gesellschaftlichen Umfeld differenzierte. Sie verdeutlichen die Entstehung des Staates.

Der neuartige Herrschaftsanspruch, der mit der Entstehung von Staaten einherging, zeigt sich am deutlichsten in der Änderung des Kriegswesens. Zunehmend wurden Schlachten jetzt nicht mehr um Beute, Frauen oder Vergeltung geschlagen; nicht persönliche Gelüste waren der primäre Kriegsgrund, sondern territoriale Ansprüche: Nicht mehr Adlige kämpften gegeneinander, sondern Staaten. An die Stelle der Raubzüge zurückliegender Jahrhunderte traten Eroberungskriege, die auf die Vernichtung des Gegners und Besetzung seines Landes angelegt waren: Der Untergang von Wu, 473 v. Chr., war das erste Beispiel dafür. Zeitgenossen nahmen den Unterschied zwischen Raubzügen und Eroberungskriegen deutlich wahr. So erläuterte Fan Ju, eine Berater des Königs von Qin, seinem Herrscher:

> Man kann Menschen angreifen, oder man kann Territorium angreifen. Als der Markgraf Rang [von Qin] Wei zehnmal angriff, ohne ihm Schaden zuzufügen, lag das nicht daran, dass Qin schwach und Wei stark war, sondern daran, dass er das Territorium angegriffen hat. An dem Territorium aber hängt der Herrscher über die Menschen sehr – und für den Herrscher über die Menschen gehen seine Diener freudig in den Tod. … Darum konnte Qin es auch in zehn Angriffen nicht besiegen. (ZGC 5.11)

Kriege um Land, so die Erkenntnis, sind ungleich aufwendiger, langwieriger und schwieriger zu führen als Feldzüge ›gegen Menschen‹. Fan Ju vermochte das seinem Herrscher nur in Begriffen menschlicher Leidenschaft zu erklären, aber die Gründe liegen in der Eigenlogik des Krieges: Wo es um die Eroberung und dauerhafte Besetzung von Land geht, reichen überfallartige Aktionen mit Stoßtrupps nicht mehr aus. Während die Kämpfe der Chunqiu-Zeit nicht länger als eine Jahreszeit gewährt, ja oft nur aus einem Waffengang bestanden hatten (nach dem die Truppen zu erschöpft und zerschlagen gewesen waren, um weiterzukämpfen), mussten sich Eroberer der Zhanguo-Zeit darauf einrichten, »hundert Tage in der Fremde« zu verbringen (SJS 15.4). Jetzt begannen die Staaten der Nordchinesischen Ebene, Mauern zu bauen, um Landesgrenzen und Städte zu schützen. Zum prägenden Element der neuen Kriege wurden monate-, oft jahrelange Belagerungen von befestigten Städten: Denn nur, wer die Städte einnahm, vermochte ein Gebiet langfristig zu kontrollieren. Militärische Gewalt konnte sich nicht mehr auf kurze Eruptionen beschränken, sondern musste auf Dauer gestellt werden: eine Umstellung, die – ähnlich wie die ›militärische Revolution‹ im Europa der frühen Neuzeit – die

Kriegführung völlig veränderte. Jetzt entstand in China ein professionell organisiertes Militärwesen.[6]

Zunächst waren weitaus größere und ganz anders strukturierte Armeen notwendig als zuvor. So, wie in Europa die mittelalterlichen ›Gewalthaufen‹ durch Heere von Zehn- oder gar Hunderttausenden Infanteristen in Linienformation ersetzt wurden, kamen in China ab dem 6. Jahrhundert v. Chr. zunehmend Fußsoldaten zum Einsatz. Zugleich wuchsen die Armeen zu nie gesehener Größe an: Anstelle von Streitwagenformationen mit einigen Tausend Mann zogen nun Heere von Hunderttausenden gepanzerten Infanteristen in den Krieg. Der Staat Han soll in der Zhanguo-Zeit 300.000 Soldaten unter Waffen gehabt haben, Wei rund 400.000, Qin und Chu jeweils eine Million. Auch wenn in Schlachten meist kleinere Einheiten zum Einsatz kamen, bekamen Kriege jetzt unverkennbar eine neue Qualität.

Nicht mehr adlige Krieger, Spezialisten für den Kampf im Streitwagen, bildeten den Kern dieser Armeen, sondern ›Landsknechte mit Pike‹, wie sie in Europa hießen: Bauernsöhne, bewaffnet mit Bögen, Lanzen und Eisenschwertern. Im 4. Jahrhundert v. Chr. führten Qin und andere Staaten die allgemeine Wehrpflicht ein: Männer zwischen 20 und 60 Jahren (in Städten) bzw. 15 und 65 Jahren (auf dem Land) sollen in der Zhanguo-Zeit zum Kriegsdienst verpflichtet worden sein, auch Frauen, Alte und Jugendliche wurden im Kampf eingesetzt (Kolb 1991, 203). Die Milizheere wurden ergänzt durch Elitetruppen, die schwere Lederrüstungen trugen und mit Schwertern, Hellebarden sowie formidablen Armbrüsten bewaffnet waren. Die Terracotta-Armee des Ersten Kaisers von China, die ab 1974 bei Xi'an ausgegraben wurde, gibt noch heute einen Eindruck von Ausrüstung und taktischer Formation solcher Elitetruppen.

Die Kriegsführung wurde in jeder Hinsicht modernisiert und professionalisiert. Die Führung der Massenarmeen oblag jetzt Berufsoffizieren – keinen Hitzköpfen, die sich um persönlicher Rache willen mit Todesverachtung in den Kampf stürzten, sondern kaltblütigen Spezialisten ihres Fachs. »Wer sich aufs Kriegswesen versteht, gerät nicht in Zorn« hieß es jetzt (Lao 68). Im *Sunzi* wird es explizit als Gefahr für einen Feldherren benannt, »erregt und hastig zu sein, denn dann kann er provoziert werden« (Sun 8):

> Ein Herrscher darf seine Armee nicht im Zorn aufbieten, ein General darf nicht wütend in die Schlacht ziehen. Sie handeln, wenn es vorteilhaft ist, und halten inne, wenn es nicht vorteilhaft ist: Denn Zorn kann wieder zu Frohsinn werden und Wut wieder zu Freude – aber ein untergegangener Staat wird nicht wieder existieren und die Toten nicht wieder leben. (Sun 12)

Das Offizierskorps der Zhanguo-Zeit war leidenschaftslos und diszipliniert – und eben diese Disziplin forderte es auch von seinen Truppen ein. Dazu gehörte, dass Übergriffe auf die Zivilbevölkerung untersagt wurden: »Das Heer hat keine botmäßigen Städte anzugreifen und keine unschuldigen Menschen zu töten: Denn anderer Menschen Eltern und Brüder zu töten, ihre Güter auszubeuten und ihre Kinder zu versklaven, ist Banditentum« (WLZ 8). Das neue Militär habe die Aufgabe, »Gewalt zu verhindern und Schaden auszuräumen, nicht etwa zu rauben und plündern« (Xun 15). Aus Plünderern und Mordbrennern sollten disziplinierte Rädchen einer Kriegsmaschinerie werden.[7]

Zur Festigung der Disziplin dienten Drill, Exerzieren und ein Militärrecht mit drakonischen Strafen für Fahnenflucht oder Ungehorsam. Eine Anekdote um Sun Wu, einen General und Militärtheoretiker der späten Chunqiu-Zeit, veranschaulicht die Eigenlogik des Militärs: Als der König von Wu ihn fragte, ob er seine Drillmethoden auch an Frauen demonstrieren könne, ließ er 180 Palastdamen Aufstellung nehmen und ernannte die beiden Lieblingsfrauen des Königs zu Gruppenführern. Als die Damen auf einen Befehl zum Rechtswenden hin in Kichern ausbrachen, sagte Sun Wu: »Wenn die Befehle klar sind und nicht befolgt werden, liegt die Schuld bei den Gruppenführern« – und ließ, obwohl der König entsetzt Einhalt gebot, die zwei Frauen köpfen (SJ 65).

Das Militär behauptete seine Autonomie gegenüber der Politik. Es ersetzte den Ehrenkodex des Adels durch eine militärische Professionsethik mit spezifischen Verhaltensvorschriften. Davon zeugen auch militärtheoretische Werke wie der eben zitierte *Sunzi* und einige andere: Die Kriegsführung schuf ihre eigenen Regeln. Selbst der Herrscher hatte sich herauszuhalten, denn sein Eingreifen konnte fatal sein: etwa, wenn er den Vormarsch oder Rückzug befahl, obwohl dies unmöglich war, wenn er sich in die Kommandostrukturen einmischte, ohne die Gegebenheiten zu kennen, oder wenn er Aufgaben vergab, ohne die Kompetenzen zu kennen (Sun 3). In solchen und ähnlichen Fällen heißt es explizit, dass Generäle »die Befehle des Herrschers nicht zu akzeptieren« hatten (Xun 15).

Auch in seinen technischen Grundlagen erreichte das Militärwesen ein neues Niveau: Im Gegenzug zum Bau von Mauern wurden Techniken zu ihrer Überwindung, wie Leitern, fahrbare Türme oder Untertunnelungen, entwickelt. Die Einführung des Eisengusses erlaubte die Herstellung von mehr als einen Meter langen Schwertern, die zur Hauptwaffe der Masseninfanterie wurden; hochpräzise bronzene Abzugsmechanismen machten die Armbrust zu einer Waffe, der kaum etwas widerstehen konnte; und eine verbesserte Hellebarde, mit der geschlagen und gestoßen werden konnte, wurde zur dominierenden Schockwaffe im Nahkampf. Hochqualifizierte Handwerker und Spezialisten für militärische Anlagen – die Mohisten etwa sollen sich besonders auf Verteidigungsanlagen verstanden haben – begleiteten den Fortschritt der Militärtechnologie in allen Bereichen.

Weil Feldzüge und Belagerungen von Städten sich über Jahre hinzogen, wurde die wirtschaftliche Grundlage des Militärs immer wichtiger; der Krieg erforderte den Einsatz aller Ressourcen. Damit wurde die *Logistik* – die Kunst, Armeen, so groß wie Städte, über Hunderte Kilometer zu bewegen und zu versorgen – zu einem entscheidenden Problem. Soldaten konnten nur Proviant für wenige Tage tragen – wenn ein schneller Sieg nicht möglich sei, sei es daher ratsam, »sich vom Feind zu ernähren« (Sun 2). Auch wenn es den Feldherren jetzt vor allem darum gehen musste, heiles Land zu erobern (Sun 3), dürften Raub und Mordbrennerei nach wie vor zum Alltag des Militärs gehört haben. Wo geregelter Nachschub nicht möglich war, blieb den Soldaten nichts anderes übrig als ›Kontributionen‹ zu erzwingen oder das Land zu plündern, durch das sie zogen.

> Wenn sie die Grenzen eines Staates überschritten haben, mähen sie das Korn nieder, fällen Bäume, schleifen Stadtmauern und verschütten Gräben; sie rauben und töten die Opfertiere, brandschatzen die Ahnentempel, massakrieren das Volk, bringen Alte und Schwache um und schleppen alle Wertgegenstände davon. (Mo 7.28)

Das Leid der Zivilbevölkerung, die von marodierenden Truppen und Mordbrennern heimgesucht wurde, lässt sich nur erahnen. Die Professionalisierung des Krieges hatte ihm nichts von seinem Schrecken genommen, im Gegenteil: Wenn eine militärtheoretische Schrift mahnt, »wo das Heer hinkommt, soll es keine Bäume fällen, nicht in Häuser eindringen, kein Getreide stehlen, Vieh schlachten oder Vorräte verbrennen« (Wu 5.11), ist das wohl ein Hinweis darauf, was üblicherweise geschah. Und obwohl die Theoretiker wussten, dass es am besten ist, einen Gegner ohne Kampf zu bezwingen (Sun 3), übertraf der Blutzoll der Zhanguo-Zeit alles, was China bis dahin erlebt hatte. Mehr als 150 große Schlachten wurden in dieser Zeit geschlagen, es herrschte fast permanent Krieg: »kein [Staat von] 10.000 Streitwagen, der nicht Krieg führt, und kein [Staat von] von 1.000 Streitwagen, der sich nicht verteidigt« (SJS 7.3). Die Opfer dieser Kriege rechneten nach Zehntausenden. In der Schlacht zwischen Qin und Chu, 312 v. Chr., fielen 80.000 Köpfe; als Qin 293 v. Chr. Han und Wei angriff, fielen 240.000 Köpfe; im Krieg mit Zhao, 260 v. Chr., ließ Qin erst 20.000 von dessen Soldaten im Huanghe ertränken, als die Armee von Zhao kapituliert hatte, ließ der Kommandeur der Qin alle 400.000 Mann massakrieren (SJ 73). Die Toten füllten Felder und Städte (Meng 4A14).

Selbst wenn diese Zahlen übertrieben erscheinen: Gegen die Kriege der Zhanguo-Zeit waren frühere Schlachten harmlose Scharmützel. Mit ihnen erreichte das Niveau der Gewalt im Alten China seinen Höhepunkt.

Politischer Realismus im Alten China

Die Umwälzungen in der Zeit der ›Kämpfenden Staaten‹ waren epochal. Während Vernichtungskriege das Land verheerten, änderten sich soziales Gefüge und Formen politischer Organisation grundlegend. Diese Umbrüche gingen mit einer geistigen Bewegung einher, im Zuge derer alle Werte umgewertet wurden: Die Zhanguo-Zeit war zugleich die klassische Epoche der chinesischen Philosophie. Jetzt entstanden ›Hundert Schulen‹ des Denkens, die auf unterschiedliche Weise versuchten, Sinn zu stiften in einer Welt, die aus den Fugen geraten schien. Denker wie Mo Di, Mencius, Xun Kuang, Shang Yang, Zhuang Zhou, Zou Yan und viele andere reisten durch die chinesische Staatenwelt und dienten ihre Lehren zur Ordnung von Welt und Gesellschaft verschiedenen Fürsten an.

Manche dieser fahrenden Gelehrten dürften sich persönlich begegnet sein. An den Fürstenhöfen von Qi, Wei, Lu und einigen anderen Herrschaften entstanden damals regelrechte akademische Zentren, in denen diese Reisenden empfangen wurden. Andere nahmen sich durch ihre Schriften gegenseitig wahr: Denn die Zeit der ›Kämpfenden Staaten‹ erlebte auch eine nie dagewesene Verbreitung von Manuskripten. Die neue Mobilität von Menschen und Gedanken führte die Diversität und Wandelbarkeit von Wissensbeständen deutlich vor Augen. »Die Zeiten hatten sich geändert«: Dieser schlichte Satz des *Shangjun shu* (18.1) markiert gleichsam den Ausgangspunkt der chinesischen Philosophie. Soziale Umwälzungen und die Verbreitung der Schrift hatten chinesischen Denkern die unerbittliche Historizität des Seins voll bewusst gemacht. Die Einsicht ließ sich nicht mehr abweisen, dass jede Ordnung *kontingent* sei, dass sie immer auch anders ausfallen könne. Soziale Ordnung war nicht selbstverständlich, sondern musste bedacht, geplant, geschaffen werden – und drohte stets zurückzufallen in Anarchie.[8]

›Gewalt und Anarchie‹ (*baoluan*), die prägenden Erfahrungen der Zhanguo-Zeit, bildeten das Hintergrundrauschen aller wohlklingenden Lehren der chinesischen Klassiker. Gewalt drohte immer und überall. Sie schien geradezu ein Teil der menschlichen Natur zu sein: »Lässt der Mensch seiner Natur die Zügel schießen, lässt er seinen natürlichen Trieben freien Lauf, dann kommt es unvermeidlich zu Streit und Raub … und schließlich zu offener Gewalttätigkeit« (Xun 23, Üb. Köster).

Gewalt wurde in den Texten der Zhanguo-Zeit keineswegs ›rituell‹ verbrämt, sondern als akutes *Problem* erkannt. Auch im Alten China brauchte der Alltag vor allem Sicherheit. Die Menschen mussten in Frieden leben können, ohne die Angst, jederzeit von Plünderern und Mordbrennern heimgesucht zu werden. Denn »wenn es im Land viele Verbrechen gibt, dann können die Reichen ihre Güter nicht bewahren und die Armen können ihrem Gewerbe nicht nachgehen: Die Felder werden brachliegen, und der Staat verarmt« (SJS 6.9). Das Problem ließ sich schlichtweg nicht ignorieren: Gewalt zerstörte eine dauerhafte Strukturbildung in allen Bereichen des Lebens, sie war der Inbegriff der Anarchie.[9]

Daher musste es das vornehmste Ziel gesellschaftlicher Ordnung sein, »Brutalität und Grausamkeit zu unterbinden« (Guan 31). ›Frieden im Reich‹ (*tianxia ping*) ist das Ideal, das implizit oder explizit hinter Chinas klassischen Texten steht: Es ging um die Pazifizierung der Gesellschaft. Dieser Gedanke, der sich in vielen Texten der Zeit – mohistischen, daoistischen, konfuzianischen – findet, wird auch im *Shangjun shu* mehrmals ausgedrückt. Ausgehend von der Beobachtung, dass einst »die Starken die Schwachen bezwangen und die Vielen die Wenigen vergewaltigten« (vgl. S. 2), bieten diese Passagen regelrechte Sozialgeschichten im Wechselspiel von Anarchie und Strukturbildung:

> Als Himmel und Erde entstanden, wurde das Volk geboren. In jener Zeit kannten die Leute ihre Mutter, aber nicht ihren Vater, und ihr Weg war es, Nähe zu den Nahestehenden zu wahren und sich um das Eigene zu sorgen. Durch die Nähe zu den Nahestehenden entstanden Partikularismen und durch die Sorge um das Eigene Abgrenzungen. Als das Volk zahlreicher

> wurde und auf seinen Partikularismen und Abgrenzungen beharrte, entstand Anarchie. In jener Zeit strebte das Volk nach Überlegenheit und stritt gewalttätig. Das Streben nach Überlegenheit führte zu Disputen, gewalttätiger Streit führte zu Anklagen. Wenn auf Anklagen nicht gerichtet wurde, konnte keiner seinem Naturell entsprechen. Daher setzten die Würdigen Mittler und Richter ein, setzten Unparteilichkeit durch, und das Volk erfreute sich an Menschlichkeit. In jener Zeit wurde die Nähe zu den Nahestehenden aufgegeben, und die Hochachtung der Würdigen entstand.
>
> Nun ist es den Menschlichen ein Anliegen, sich um ihren Nutzen zu sorgen, und Würdige suchen Wege, sich gegenseitig zu übertreffen. Da das Volk zahlreich war, aber keine Bestimmungen hatte, kam es, nachdem sie lange Zeit Wege gesucht hatten, sich gegenseitig zu übertreffen, zu Anarchie. Daher übernahmen es die Weisen, hinsichtlich Grund und Boden, Hab und Gut sowie Mann und Frau Unterscheidungen zu schaffen. Nachdem die Unterscheidungen getroffen waren, ging es nicht mehr ohne Bestimmungen, daher wurden Verbote aufgestellt; nachdem die Verbote aufgestellt waren, ging es nicht ohne Leute, die sie durchsetzten, daher wurden Beamte eingesetzt; nachdem Beamte eingesetzt waren, ging es nicht mehr ohne jemanden, der sie einte, daher wurde ein Fürst eingesetzt. Als der Fürst eingesetzt war, wurde die Hochachtung der Würdigen aufgegeben, und dann entstand die Ehrfurcht vor den Ehrwürdigen. (SJS 7.1)

Heute würde man, gestützt auf die Ergebnisse der modernen Archäologie und Geschichtswissenschaft, wohl manches Detail anders beschreiben, aber die Grundzüge der Geschichte wären dieselben: Es geht um den historischen Strukturwandel von der segmentären Stammesgesellschaft (»Nähe zu den Nahestehenden«) über die stratifizierte Adelsgesellschaft (»Hochachtung der Würdigen«), die beide unter »Anarchie« litten, bis hin zum bürokratischen Absolutismus (»Ehrfurcht vor den Ehrwürdigen«) – kurz: Es geht um die Entstehung des *Staates*.

Damit sind die wesentlichen Elemente im Diskurs des Politischen Realismus benannt: die *Kontingenz* gesellschaftlicher

Ordnung, das Problem der anarchischen *Gewalt* und die Lösung des Problems durch den *Staat*. Ausgehend von diesen Punkten entwickelt das *Shangjun shu* ein kühl durchdachtes Programm des *state building*. Es beginnt, indem es die Autonomie der Politik feststellt, deren höchste Organisationsform der Staat sei, welcher sein Gewaltmonopol gegen alle Widerstände durchzusetzen habe: Das Prinzip der Staatsräson liegt allen Überlegungen des Politischen Realismus zugrunde. Sodann diskutiert es Normen und Gesetze als Institutionen des Staates, das Militär als seine maßgebliche Stütze, die ökonomischen Grundlagen eines starken Staates und die bürokratische Verwaltung als Kernstruktur des Staates.[10]

Die Entstehung der Politik

Die chinesischen Klassiker haben es meisterhaft verstanden, einschneidende Prozesse ihrer Geschichte, die sich über Jahrhunderte hinzogen, in wenigen dramatischen Szenen zu verdichten: den Niedergang der Zhou in der Anekdote um Bao Si (vgl. S. 6), den sozialen Wandel der Chunqiu-Zeit in der Biographie des Konfuzius, die Entstehung der Politik im ersten Kapitel des *Shangjun shu*.

Dort wird eine – gewiss fiktive – Diskussion am Hofe des Herzogs Xiao von Qin beschrieben, in der sich Shang Yang gegen zwei andere Berater durchsetzt. An ihrem Anfang steht die grundlegende Frage, auf die der Diskurs des Realismus fußt: die nach dem »rechten Weg, das Volk zu führen«. Mit dem Verb *shi* – ›führen‹ oder ›jemanden dazu bringen, dass er etwas tut‹ – ist genau das angesprochen, was Max Weber als ›Macht‹ definiert hat, nämlich »jede Chance, innerhalb einer sozialen Beziehung den eigenen Willen auch gegen Widerstreben durchzusetzen, gleichviel worauf diese Chance beruht« (Weber 1980, 28). Die Frage gilt also der Durchsetzung herrschaftlicher *Macht*. Darauf antwortet Shang Yang, es bedürfe einer »Änderung der Regeln« – womit die grundlegende Funktion der Politik benannt ist, nämlich die »Herstellung und Durchsetzung allgemeinverbindlicher Regelungen und Entscheidungen« (Patzelt 2013, 22).

Die Reichweite dieses Gedankens lässt sich kaum überschätzen: Er veränderte die Welt. Für traditionelle Denker des Alten China war ein solcher Gedanke ungeheuerlich. Die ›Regeln‹ (*fa*), das waren die ungeschriebenen Sitten und Observanzen der Ahnen: »Die weisen Könige und Herzöge, die zuerst belehnt wurden, vermachten den Nachkommen Regeln, auf dass sie nicht ins Unglück stürzten« (GY 4). Diese »Regeln« kamen einem Gewohnheitsrecht gleich, das in Verwandtschaftslinien vererbt wurde; in einer segmentären Gesellschaft verkörperten sie die Autonomie der einzelnen Sippen, begründeten ihre Identität und zugleich ihre Legitimität, die sich aus ebendiesem Herkommen ableitete.[11] In dieser – buchstäblich – herkömmlichen Bedeutung benutzt der konservative Berater von Herzog Xiao das Wort, wenn er mahnt, dass »der Kluge regiert, ohne die Regeln zu verändern« (SJS 1.3). Die Behauptung, dass die Observanzen der Alten, die aus unvordenklichen Zeiten stammten, nicht etwa ewig gültig seien, sondern zeitgebunden und veränderlich, muss ihm als Zumutung erschienen sein; und vollends pietätlos Shang Yangs Aufforderung, überkommene Normen nicht einfach hinzunehmen und zu befolgen, sondern bewusst neu zu schaffen. Die tradierten Regeln zu *ändern*, war in der Adelsgesellschaft des Alten China undenkbar. Sie anzutasten hätte nicht nur geheißen, mit allen Auffassungen von Tradition zu brechen, sondern die Axt an die Wurzeln der eigenen Identität zu legen.[12]

Die Diskussion um die ›Änderung der Regeln‹ war keine einfache *querelle* zwischen Konservativen und Progressiven, die Kluft ging wesentlich tiefer; es ging auch nicht um Shang Yangs Politik, sondern um *die Politik selbst*. Die Einsicht in die Historizität und Kontingenz jeder Ordnung erforderte nicht bloß neue politische Entscheidungen – sie brachte die Politik als eigenständige Sphäre überhaupt erst hervor. »Die Zeiten hatten sich geändert«: Dieser Satz – Ausgangspunkt der chinesischen Philosophie – markiert auch die Entstehung der

Politik im Alten China.[13] Denn weil die Zeiten sich änderten, »unterschieden sich auch die Wege, die eingeschlagen wurden« (SJS 7.1), d.h. der Herrscher konnte ihnen nicht einfach folgen – »nach welchem Herkommen sollte man sich also richten?«, fragt Shang Yang (SJS 1.4) –, sondern musste *entscheiden*, welchen Weg er wählte. Mit dem Gedanken der Kontingenz gewann das Problem kollektiv bindender Entscheidungen eine völlig neue Bedeutung. Wie in der griechischen Antike war es die »Entdeckung des Handelns, der Wahl und der Entscheidung«, welche »Politik im eigentlichen Sinne begründet[e]« (Ottmann 2001, 12f.).

Im alten Weltbild der ewiggültigen Normen standen alle gleichermaßen ›innerhalb des Rechts‹. Zwar gab es deutliche Rangunterschiede zwischen Eliten und dem Volk, aber jene waren ebenso wie dieses den tradierten Normen unterworfen, die indiskutabel feststanden. Im Rahmen dieser Normen standen auch Herrschern lediglich *rituelle* Handlungen an, »in denen nicht entschieden, sondern die Ordnung des Himmels und der Welt nur repräsentiert wird« (ebd., 13). Erst der Bruch im zeitlichen Kontinuum, den Shang Yang postuliert, bewirkte eine soziale Spaltung. Denn wenn Normen nicht mehr fraglos vorgegeben sind, müssen sie diskutiert, geändert, verfügt werden, mit anderen Worten: Eine *gesatzte Ordnung* muss geschaffen werden. Genau diesen historischen Wendepunkt markiert die Diskussion am Hofe des Herzogs von Qin.[14]

Mit der Idee des gesatzten Ordnung entstand ein Bereich »jenseits der Gesetze« (SJS 1.3), gleichsam *legibus solutus*, in dem Normen nicht befolgt, sondern geschaffen wurden: eine genuin *politische* Sphäre. Die Welt konnte gestaltet werden, behauptet Shang Yang, ja sie musste gestaltet werden; und diese Gestaltung der Welt konnte nun vom Herrscher eingefordert werden. Die Entscheidungskompetenz des Herrschers aber bedeutete zugleich, dass er »doch wohl nicht darauf Rücksicht nehmen [musste], ob alle Welt [ihn] kritisiert[e]« (SJS 1.2): Die Eigenständigkeit der politischen Sphäre – das ist der wesentliche Punkt – befreit sie zugleich von den Zumutungen anderer sozialer Kontexte. Der Herzog von Qin, eingedenk der Tradition, hatte sich noch gesorgt, dass gelehrte Berater ihn kritisieren und Adlige ihn verurteilen würden, wie sie frühere Gesetzgeber verurteilt hatten (vgl. S. 48). Aber diese Bedenken sind mit der Selbstbehauptung der Politik erledigt. Jetzt sind die Zuständigkeiten eindeutig verteilt: »Der Herrscher bringt die Gesetze hervor, die Beamten wahren die Gesetze, das Volk orientiert sich an den Gesetzen« (Guan 45). Keineswegs aber taugen die Menschen dazu, »dass man mit ihnen über Dinge diskutiert, die jenseits der Gesetze liegen« (SJS 1.3).

An diesem Punkt trennen sich die Wege der Chinesen und der Griechen. Während für beide gleichermaßen die »Entdeckung des Handelns, der Wahl und der Entscheidung« das Ausgangsproblem bildete, war die Lösung des Politischen Realismus konträr zur griechischen Demokratie: Er wählte nicht die gemeinsame Entscheidung, sondern das einseitige Dekret, nicht Vielfalt des Diskurses, sondern dessen radikale Beschränkung. Die Politik braucht sich um Volkes Stimme nicht zu kümmern, denn »die Weisheit des Volkes ist nicht zu gebrauchen, sie gleicht dem Verstand eines Kindes« (HFei 50). Shang Yang betont diesen Punkt mehrfach:

> ›Die Dummen sind selbst für vollendete Tatsachen blind, doch der Kluge erblickt sie schon, bevor sie aufkeimen.‹ Mit dem Volk kann man nicht gemeinsam die Anfänge bedenken, sondern sich nur über vollbrachte Leistungen freuen. … ›Wer sich mit der höchsten Tugend befasst, harmoniert nicht mit den Gemeinen, und wer große Leistungen vollbringt, berät sich nicht mit der Masse.‹ … Daher richtet sich der Weise, wenn er den Staat stärken kann, nicht nach dem Althergebrachten, und wenn er dem Volk nützen kann, folgt er nicht den Riten. (SJS 1.2)

Was Shang Yang hier so nachdrücklich reklamiert, ist nichts anderes als die Autonomie der Politik. Der Ratschlag, das Volk zu »verdummen«, der schon im *Laozi* steht, wird im *Shangjun shu* vielfach wiederholt, und konfuzianische Kritiker haben den Realisten genau das vorgeworfen: »Sie haben die Prinzipien der früheren Könige verworfen, die Worte der Hundert Schulen verbrannt, um die Schwarzköpfe zu verdummen« (XS 1). Aber »die Schwarzköpfe« – gemeint ist das Volk – zu verdummen heißt nichts anderes als sie beschränkt und damit unpolitisch zu halten. Der Ausschluss des »dummen, von Begierden getriebenen Volks« (SJS 2.12) ermöglicht die Selbstreferenz politischer Entscheidungen, mit anderen Worten: die Souveränität der Politik. Deren Ausweis ist die Gesetzgebungskompetenz: Der Herrscher erlässt Gesetze, ohne dass »das niedere Volk sie unten diskutiert« (SJS 26.5).

Das Paradox einer ausdifferenzierten Politik, die ihre Umwelt ausschließen, aber dennoch berücksichtigen muss, drückt die berühmte Metapher des *Laozi* aus: »Das Reich erkennen, ohne aus der Tür zu treten, und die Wege des Himmels erblicken, ohne aus dem Fenster zu spähen« (Lao 47). Der Herrscher habe sich, konkret und metaphorisch, von der Außenwelt abzugrenzen – gerade deshalb könne er diese souverän beherrschen. Umgekehrt hat die Außenwelt nichts mit der Politik zu schaffen, und ›private Urteile‹ (*siyi*) haben in der Politik nichts zu suchen. »Es ist dem Untertanen untersagt, den Maßstab seiner beschränkten Einsicht an die Handlungen der Obrigkeit anzulegen«: So hat auch Friedrich der Große die Ausdifferenzierung des politischen Systems auf den Punkt gebracht.

Genau dieses Verständnis für den Eigenwert des Politischen, darauf hat Hans Morgenthau hingewiesen, macht den Politischen Realismus aus: Daraus folgen die ›amoralischen‹ Lehren Machiavellis ebenso wie die des *Shangjun shu*. Sie sind amoralisch nicht obwohl, sondern gerade weil sie politische Lehren sind. Als solche dürfen sie nicht von Sitte, Moral, Tradition oder Religion geleitet sein, sondern sind allein dem Gedanken der Macht verpflichtet. »Wer Politik betreibt, erstrebt Macht« (Weber 2002, 514); um nichts anderes habe sich der Herrscher zu kümmern. Die Ausdifferenzierung der Politik bedeutet zum einen, dass nur der Herrscher für politische Entscheidungen zuständig ist, zum anderen, dass er *nur dafür* zuständig ist: Gute Herrscher regieren den Staat »einzig und allein dadurch, dass sie auf das Wesentliche achten« (SJS 3.6), betont das *Shangjun shu* mehrmals. Das Wesentliche ist die Macht. Der Politische Realismus mutet dem Herrscher keinerlei zeremonielle, religiöse oder moralische Anforderungen zu – seine einzige Aufgabe besteht darin, zu herrschen.

Darin liegt der grundlegende Unterschied zum Politikverständnis konfuzianischer Gelehrter, das eben nicht auf rein politischen Kriterien basierte, sondern auf moralischen.[15] Am deutlichsten hat Mengzi formuliert, dass es »doch einzig und allein auf Menschlichkeit und Anstand ankommt« (Meng 1A1). Ebenso deutlich beharrt der Politische Realismus darauf, dass Bildung und Moral überhaupt keine Rolle in der Politik spielen. Unverblümt schreibt Han Fei, »dass man mit Menschlichkeit, Anstand, Liebe und Güte nichts anfangen kann, während man mit strengen Strafen und schweren Bußen einen Staat regieren kann« (HFei 4.14). Ohne staatliche Institutionen und Gesetze könnten selbst große Herrscher wie Yao und Shun trotz ihrer Güte und Weisheit nicht regieren – oder geradezu: *wegen* ihrer Güte und Weisheit. »Wenn der Staat Gutes tut, werden Verbrechen zunehmen«, heißt es im *Shangjun shu* (4.1), denn »Gutes« – Gnade, Gefälligkeiten – entspricht nicht den Gesetzen: Es bedeutet Korruption. Das *Shangjun shu* macht deutlich, dass Bildung und Moral nicht nur irrelevant für die Politik sind, sondern sogar eine ernste Gefahr darstellen, wenn sie dort eine Rolle spielen:

> *Lieder, Dokumente,* Riten, Musik, Güte, Verfeinerung, Menschlichkeit, Lauterkeit, Eloquenz und Klugheit: Wenn es diese zehn Dinge im Staat gibt, dann kann die Obrigkeit niemanden in den Wehr- und Kriegsdienst führen. Wird ein Staat nach diesen zehn Dingen regiert, dann wird er, wenn der Feind anrückt, gewiss zerfallen, und wenn er nicht anrückt, verarmen. (SJS 3.5)

Was das *Shangjun shu* hier aufzählt, ist der Kanon konfuzianischer Werte: Die *Lieder* und *Dokumente* des Altertums waren die wichtigsten Bildungsgüter der Konfuzianer, Riten und

Musik die Mittel ihrer Selbstkultivierung und Werte wie »Güte« und »Menschlichkeit« die Grundlagen ihrer Moral. Doch Bildung, Kultivierung und Moral gehören nicht in den Diskurs des Politischen Realismus. Sie untergraben politische Ziele, denn mit ihnen »kann die Obrigkeit niemanden in den Wehr- und Kriegsdienst führen.« Wieder fällt hier das bezeichnende Wort *shi*, ›führen‹. Mit moralischen Werten kann der Herrscher den eigenen Willen nicht ›gegen Widerstreben durchsetzen‹ und das Volk dazu bringen, »zunächst die Dinge zu tun, die es verabscheut« (SJS 5.8), oder »sich am Krieg zu erfreuen« (SJS 18.3). Mit Moral, so das *Shangjun shu*, lässt sich keine Macht ausüben.

> ›Der Menschliche kann menschlich zu anderen sein, aber er kann andere nicht dazu bringen, menschlich zu sein; der Anständige kann andere lieben, aber er kann andere nicht dazu bringen, zu lieben.‹ Daher taugen Wissen, Menschlichkeit und Anstand nicht dazu, das Reich zu regieren. (SJS 18.8)

Konfuzianische Denker haben dem *Shangjun shu* die Ablehnung ihrer hehren Werte nie verziehen. Aber die Politischen Realisten lehnten Moral nicht aus Bosheit oder Niedertracht ab, sondern weil sie die Logik der Politik konsequent zu Ende dachten. Damit standen sie keineswegs außerhalb der chinesischen Tradition, denn die Prinzipien der Machtpolitik hatten in allen Fürstentümern der Zhanguo-Zeit gegenüber Religion, Moral und anderen Lehren an Einfluss gewonnen. Die Hauptwerke des Politischen Realismus haben diese Entwicklungen lediglich theoretisch reflektiert und zugespitzt.

Nicht zufällig hat der Politische Realismus vor allem den Grundbegriff der Politik differenziert entwickelt, die *Macht*. Wieder und wieder geht es im *Shangjun shu* darum, die Menschen dazu zu bringen, Dinge zu tun, die sie sonst nicht tun würden – und zwar dauerhaft. Um diese »Chance, … den eigenen Willen auch gegen Widerstreben durchzusetzen«, auf Dauer zu stellen, reicht persönliche Autorität nicht aus. Die *auctoritas* (chin. *quan* oder *wei*) mag unter Bedingungen der *personal rule*, wie die alte Ordnung sie kannte, entscheidend gewesen sein. Im Diskurs des Politischen Realismus wird sie zwar ausführlich gewürdigt, aber sie ist einer anderen Form der Macht nachgeordnet: der *potestas* oder ›Amtsmacht‹ (chin. *shi*). Beides zusammen, Autorität und Amtsmacht, »sind das, womit der Herrscher der Menschen über seine Minister und Untertanen bestimmt« (Guan 67), aber letztlich ist »das, wodurch ein Fürst der Menschen zum Fürsten wird, die Amtsmacht« (Guan 16).[16]

Das Wort *shi* stammt wohl ursprünglich aus dem militärischen Kontext, wo es die »Besetzung von Anhöhen« und »den damit verbundenen strategischen Vorteil« bezeichnet (Ames 1994, 67), übertragen also die hohe Position des Herrschers, seine hoheitliche Macht: »Amtsmacht ist das Gefährt des Fürsten und Autorität seine Peitsche« (DXi 1). Es geht dem Politischen Realismus vor allem um entpersonalisierte, *institutionalisierte* Macht: Nicht Menschen, sondern allein Institutionen können stabile, dauerhafte politische Ordnung garantieren. Egal ob Ikone der Menschlichkeit oder gewissenloser Schurke, entscheidend ist die Amtsmacht:

> Yao konnte als einfacher Mann nicht einmal über das Haus seines Nachbarn bestimmen, aber Jie konnte als Himmelssohn das ganze Reich in Anarchie stürzen. So betrachtet, reicht Tüchtigkeit nicht aus, um die Menge zu unterwerfen, aber eine Position der Amtsmacht reicht aus, um die Tüchtigen zu beugen. (Shen 12f.)

Die persönlichen Tugenden eines Herrschers – ob er früh aufsteht und sich spät schlafen legt, weise ist, aufbrausend oder dumm – spielen im Politischen Realismus keine Rolle. In diesen Überlegungen zeichnet sich, ohne dass der Gedanke voll ausformuliert wird, die Trennung von Amt und Person ab, vor allem aber die Trennung von Politik und Moral. Weisheit, Güte und andere Eigenschaften, die Menschen persönlich zugerechnet werden, sollen in der Politik keine Rolle spielen. Die chinesischen Realisten haben sich über die Fähigkeiten von Fürsten keine Illusionen gemacht: »Im Allgemeinen übertrifft ein Herrscher der Menschen andere weder an tugendhaftem Lebenswandel noch an Wissen, Mut oder Kraft« (SJS 18.6). Eben weil in der Politik mit »mittelmäßigen Herrschern« (SJS 25.1) zu rechnen ist, darf der Politische Realismus nicht auf ihre Fähigkeiten bauen. *Personal rule* ist ihm suspekt:

> Wenn ein Fürst der Menschen die Gesetze verwirft und persönlich herrscht, dann hängen Belohnungen und Strafen, Geben und Nehmen von der Gesinnung des Fürsten ab, ... dann wird es für identische Verdienste unterschiedliche Belohnungen geben, für identische Schuld unterschiedliche Bußen: Genau daraus resultiert Hass. (Shen 61f.)

Das Ideal des Politischen Realismus ist ein System, das nicht wegen, sondern *trotz* des Herrschers funktioniert, dem »ein Würdiger nichts hinzufügen und ein Unwürdiger nichts nehmen« kann (SJS 24.3); pointiert gesagt: ein System, in dem der *Mensch* keine Rolle spielt. Im Gegensatz zu den meisten anderen klassischen Texten verliert das *Shangjun shu* kaum ein Wort über Menschen und ihre individuellen Eigenschaften. Anders als bei Machiavelli, wo die *virtú* des Fürsten im Zentrum steht, geht es dem *Shangjun shu* um allgemeine Regeln, die unabhängig von der Person des Fürsten funktionieren. Die Lehren des Politischen Realismus erfordern nicht »einen Löwen von außerordentlicher Kühnheit und einen Fuchs von ungewöhnlicher Schlauheit« (*Fürst* XIX, 78), nicht einmal einen tugendhaften Fürsten, sondern nur einen ›mittelmäßigen‹. Daher spielen auch historische Exempla fast keine Rolle im *Shangjun shu*. Während Machiavelli nichts »höher schätzte als die Kenntnis der Taten großer Männer« (*Fürst*, 2), interessiert im *Shangjun shu* nicht das Individuelle, sondern das Allgemeine: das Gesetz. Die chinesische Tradition hat das auf eine bündige Formel gebracht, die den Politischen Realismus vom Konfuzianismus unterscheidet: Dieser stehe für »Herrschaft durch Menschen« (*renzhi*), jener für »Herrschaft durch Gesetze« (*fazhi*).

Auch in anderer Hinsicht ist der fast unvermeidliche Vergleich des *Shangjun shu* mit Machiavellis *Principe* irreführrend: Während der machiavellistische Begriff von ›Politik‹ mit Schlauheit, List und Intrigen assoziiert wird,[17] geht es im *Shangjun shu* gerade nicht um Hinterlist. Diese Art machiavellistischer Politik war im Alten China sattsam bekannt: Die historischen Anekdoten der Chunqiu- und Zhanguo-Zeit enthalten Hunderte Beispiele für solche Täuschungen, mit denen politische Gegner ausgeschaltet wurden. Die Heldenfigur dieser Zeit war der schlaue Berater, der durch Lügen und Lavieren seinem Herrn einen Vorteil verschaffte. Er (oder sie) brauchte als Pendant den ehrsüchtigen Adligen, den er mit einer bewussten Provokation oder einer lancierten Beleidigung bei der Ehre packen und zu unbedachten Reaktionen verleiten konnte. – Von alledem will das *Shangjun shu* nichts wissen. Es ersetzt den Kodex der Ehre durch rationales Machtkalkül. So wie die professionellen Kriegslehren der Zhanguo-Zeit nicht auf Täuschung basieren, sondern auf Methode, soll auch der Herrscher eben nicht »gegen Treue, Barmherzigkeit, Menschlichkeit und Religion verstoßen« (*Fürst* XVIII, 70) oder sein Wort brechen wie bei Machiavelli, sondern »zuverlässig« und berechenbar sein. Er soll nicht im Verborgenen intrigieren, sondern seine Regeln »klarstellen« (SJS 17.1 u.ö.), er soll streng, ja hart in seinen Maßnahmen sein, aber niemals »Unrecht zufügen«, wie Machiavelli es empfiehlt (*Fürst* III, 9). Das *Shangjun shu* ist hier klarer als *Der Fürst*: Wo Machiavellis Staatskunst bisweilen *un*moralisch ist, bleibt der Politische Realismus des *Shangjun shu* konsequent *a*moralisch. »Treue, Barmherzigkeit, Menschlichkeit und Religion« spielen in der Politik keine Rolle – der Herrscher *kann* deshalb gar nicht gegen sie verstoßen.

Aber auch mit dem aristotelischen Begriff von ›Politik‹ im Sinne einer freiheitlichen, gemeinschaftlichen und verfassungsmäßigen Ordnung hat der Politische Realismus offenkundig nichts gemein. Am deutlichsten wird dieser Kontrast vielleicht in der Einstellung zur Redekunst: Während im alten Griechenland die *polis* der Ort war, an dem der *logos* sich entfaltete, und die »Kunst des Politischen … wesentlich die der Handhabung der Sprache« bedeutete (Vernant 1982, 45), wird jede Form der Eloquenz im *Shangjun shu* geradezu verteufelt. Nichts schlimmer, als wenn »der Fürst durch Gerede verblendet, die Beamten durch Worte verwirrt« werden (SJS 3.6), denn »raffinierte Worte und eitle Reden« (SJS 3.1) führten den Staat in den Untergang. Daher müsse der Fürst »Gerede abschaffen und gestützt auf Gesetze regieren« (SJS 25.3). Die Eindeutigkeit des Gesetzes soll die Vielstimmigkeit politischer Rede zum Schweigen bringen. Es geht dem Politischen Realismus dezidiert nicht um die ›bürgerlichen Angelegenheiten‹ (*τὰ πολιτικά*), sondern um ›staatliche Angelegenheiten‹ (*guoshi*), nicht um das frei flottierende ›Politische‹, das Sache aller Bürger war, sondern um den Staat als höchste Organisationsform der Politik. ›Politisch‹ heißt im Diskurs des Politischen Realismus – und damit steht er vielmehr der Lehre Platos nahe – geradezu ›staatlich‹, an seinem Anfang steht die *Staatsräson.*[18] Deutlicher als andere ›Schulen‹ hat der Politische Realismus die Interessen des Staates ausformuliert, und das *Shangjun shu* hat die Staatsräson auf eine klassische Formel gebracht, die bis in die chinesische Gegenwart wirken sollte: »den Staat bereichern und das Militär stärken« (SJS 8.2). Wenn die Autoren des *Shangjun shu* Rationalisten waren, so stand an oberster Stelle für sie die *ratio politica* bzw. die *ratio status.*

Der Staat

Der Staat ist Ausgangspunkt und Ziel des Politischen Realismus. Seine Lösung für die grassierende Gewalt der Zhanguo-Zeit lag nicht in einem ›Prozess der Zivilisation‹, d.h. in Erziehung, Sittlichkeit und Kultivierung des Guten im Menschen, wie die Konfuzianer meinten, oder im Rückzug ins Landleben und Abbau staatlicher Institutionen, wie die Daoisten propagierten. ›Frieden im Reich‹ konnte im Diskurs des Politischen Realismus nichts anderes bedeuten als die Konzentration der Gewaltmittel in einer höchsten politischen Instanz. Nur der Staat konnte ein Land nach außen verteidigen und im Inneren befrieden, deshalb hatte die Staatsräson Vorrang vor allen anderen Interessen. Nicht zufällig gelten die oben (S. 14) genannten Pioniere des *state building* – Guan Zhong, Zichan, Li Kui, Wu Qi – als Ahnherren des Politischen Realismus in China. Sie repräsentieren einen Prozess, der sich in allen Fürstentümern des alten Zhou-›Reichs‹ vollzog: Rationalisierung von Herrschaft, Konzentration aller Macht in einer politischen Spitze und Schaffung staatlicher Institutionen.

Dabei rechtfertigten sie den Staat ganz ähnlich wie Hobbes: »Nichts nützt dem Volk im Reich mehr als Ordnung, und nichts ist gedeihlicher für die Ordnung als einen Fürsten einzusetzen« (SJS 7.6). Die Herausbildung einer Zentralgewalt, die als oberste politische Entscheidungsinstanz deutlich von untergeordneten Teilen der Gesellschaft abgehoben war, sollte der feudalen Anarchie ein Ende setzen. Schon im Altertum, spekuliert das *Shangjun shu*, »herrschte Anarchie, darum suchte das Volk eine Obrigkeit« (SJS 7.6). Wie sein modernes Pendant ging der Politische Realismus des Alten China davon aus, dass das Gegenteil von Anarchie nicht einfach Stabilität sei, sondern *Hierarchie* (Waltz 1979, 114–116). Nicht zufällig hat Sima Tan, der die ›Legalisten‹ als Erster beschrieb, genau diesen Punkt hervorgehoben: »ihre rigide Unterscheidung zwischen Fürst und Diener, Obrigkeit und Untertanen« (SJ 130). Gewiss, auch die Gesellschaft der West-Zhou- und Chunqiu-Zeit war hierarchisch gewesen. Aber ihre Ordnung war eine *Inklusionshierarchie*, die zwar einen ›König‹ kannte, aber den Regionalfürsten, die ihm rein formal ergeben waren, weitgehende politische Unabhhängigkeit beließ. Dem ›König‹ fiel lediglich anheim, zwischen ihren autonomen Entscheidungen zu vermitteln und die Einheit der politischen Ordnung zu verbürgen: Seine Rolle reduzierte sich weitgehend auf rituelle Funktionen. Dem Politischen Realismus geht es um eine neue Form von Hierarchie zwischen Herrschenden und Beherrschten, welche die politische Zentrale – den Staat – weitaus klarer hervorhebt als zuvor. In dieser *Strukturhierarchie* ist das Machtgefälle zwischen Staat und

Untertanen nicht mehr graduell, sondern absolut: Es belässt den einzelnen Segmenten keine Autonomie, delegiert Herrschaft nicht, sondern konzentriert alle Macht in der Zentrale.[19] Diese Strukturhierarchie basiert auf der »Monopolisierung und Reglementierung aller ›legitimen‹ Zwangsgewalt durch eine universalistische Zwangsanstalt, durch die Zersetzung aller partikulären … Zwangsgebilde« (Weber 1980, 198). Was Max Weber das »Monopol legitimer physischer Gewaltsamkeit« nennt, beschreibt der Politische Realismus als Staat, der sich gegen das Volk »durchsetzt« (SJS 5.1) und den Anspruch erhebt, allgemein verbindliche Entscheidungen flächendeckend, bis auf die untersten Ebenen durchzusetzen.

Erst diese zentralisierte Regierungsform lässt sich als ›staatlich‹ beschreiben; erst mit ihr entsteht auch die scharfe Unterscheidung zwischen ›Obrigkeit und Untertanen‹. Wieder und wieder wird die Bedeutung dieser Strukturhierarchie betont. »Wenn es keine Standesregeln für Obrigkeit und Untertanen gibt, herrscht Anarchie« (Guan 10) wie im Altertum, als die Menschen »in Horden zusammenlebten und einander mit Gewalt angriffen« (Guan 31); daher habe bereits »Huangdi Standesregeln für Fürst und Minister, Obrigkeit und Untertanen« geschaffen (SJS 18.1). Der Begriff *yi* bezeichnet im konfuzianischen Diskurs den ›Anstand‹, d.h. die Pflichten und das angemessene Verhalten innerhalb einer Verwandtschaftsgruppe. Im Diskurs des Politischen Realismus wird der Begriff auf das öffentliche Leben übertragen, wo ›Standesregeln‹ soziale Normen einer stratifizierten Gesellschaft meinen: »Wie können Menschen eine Gemeinschaft bilden? Durch Differenzierungen. Wie lassen sich Differenzierungen durchführen? Durch Standesregeln« (Xun 9). ›Differenzierungen‹, ›Standesregeln‹, ›Obrigkeit und Untertanen‹: Das sind Elemente einer Rhetorik, der es nicht bloß um eine Steigerung sozialer Stratifizierung geht, sondern um eine grundsätzlich neue Form der Herrschaft, in der sich »das Volk unterwirft und der Obrigkeit gehorcht« (SJS 10.5) – so wie sich ein Kind dem Familienoberhaupt zu unterwerfen hat. Nur durch dieses Machtgefälle zwischen Herrscher und Beherrschten könne die Gesellschaft befriedet werden.

Die Befriedung im Inneren wiederum war die Voraussetzung für militärische Stärke und die Selbstbehauptung im zwischenstaatlichen Raum:

> Allgemein gilt als Regel für die Kriegsführung, dass diese in der Übermacht der Regierung begründet sein muss: Denn dann streitet das Volk nicht; und wenn es nicht streitet, dann hat es keinen Anlass zu Eigensinn, sondern handelt im Sinne der Obrigkeit. Darum bringt ein souveräner Herrscher das Volk durch seine Regierung dazu, lokale Fehden zu scheuen und mutig im Kampf gegen Banditen zu sein. (SJS 10.1)

Die »Übermacht der Regierung« sorgt zum einen für innere Pazifizierung: Das Volk leistet der Obrigkeit keinen Widerstand und scheut vor den Fehden und Händeln des Alltags zurück. Zum anderen wird es »mutig im Kampf gegen Banditen«, d.h. äußere Feinde: Die Befriedung der Gesellschaft stärkt den Staat nach außen. Daher musste das Volk ebenso unterworfen werden wie ein feindliches Heer: »Wer einen starken Feind zu bezwingen vermochte, hat allemal zuerst sein Volk bezwungen« (SJS 18.2). Der Staat erhob Anspruch auf doppelte Souveränität: nach innen als höchste Entscheidungsinstanz und Garant des Friedens und nach außen im Sinne eines *ius belli*, das ihm erlaubte, »im gegebenen Fall kraft eigener Entscheidung den Feind zu bestimmen und ihn zu bekämpfen« (Schmitt 1963, 45).

Damit wurde auch die klare Unterscheidung zwischen innen und außen wichtig. Es dürfte kein Zufall sein, dass eine neue Bezeichnung für das Staatsgebiet – ›innerhalb der Grenzen‹ (*jingnei*) – zunächst fast ausschließlich in den Schriften des Politischen Realismus auftaucht. Der Ausdruck scheint einen gewandelten Begriff von Staatsgrenzen zu reflektieren, der schärfer als zuvor zwischen Einflussgebieten verschiedener Herrschaften trennt. Schon seit dem 6. Jahrhundert v. Chr. hatten die Fürstentümer der Nordchinesischen Ebene begonnen, ihre Besitzungen, die sich zunächst punktuell auf einzelne Städte und Garnisonen beschränkten, großflächig auszudehnen. Aus Stadtstaaten wurden allmählich Territorialstaaten, die, statt sich in diffusen Grenzregionen zu verläppern, durch lineare Staatsgrenzen definiert waren: Grenzen, die nicht etwa die Gebiete einzelner Städte oder Besitzungen von Adligen markierten, sondern die des Staates.[20] Der Staat erhob Anspruch auf Totalität: So, wie er das gesamte Volk erfassen und beherrschen wollte, umschloss er auch das Land vollständig: Alles ›innerhalb der Grenzen‹ wurde zum staatlichen Hoheitsgebiet, das die Ansprüche der Adelshäuser überlagerte.

Mit der Herausbildung des souveränen Staates entstand auch ein neuer Herrscherbegriff, der vor allem in Texten des Politischen Realismus ausformuliert wurde: der ›erleuchtete Herrscher‹ (*mingzhu*) bzw. ›erleuchtete Fürst‹ (*mingjun*). Das Wort wird oft allzu harmlos im Sinne von ›ruhmvoller‹ oder ›intelligenter Herrscher‹ verstanden, doch es impliziert viel mehr. Es meint hohes Ansehen (im Sinne des deutschen ›erlaucht‹) und geistige Klarheit: »›Erleuchtet‹ bedeutet, dass nichts dem Blick entgeht« (SJS 18.7). Aber auch der Herrscher selbst entgeht keinem Blick: Hell erleuchtet thront er über allen Untertanen und herrscht mit unparteilicher Gerechtigkeit. Die Lichtmetaphorik lässt das ›erleuchtete Charisma‹ (*mingde*) anklingen, das in Bronzeinschriften der West-Zhou und im *Buch der Dokumente* den Ahnen zugeschrieben wird; und sie evoziert die ›erleuchteten Geister‹ (*mingshen*), die in der Chunqiu-Zeit über die Einhaltung von Schwüren wachten (S. 10). Diese ›erleuchteten Geister‹ standen – Richter und Vollstrecker zugleich – als höchste Autorität über allen Beteiligten: Der Strahl ihrer Vergeltung traf alle, die gegen ihren Schwur verstießen.[21] Eben diese Rolle scheint der ›erleuchtete Fürst‹ anzunehmen: »So leuchtend und zuverlässig … wie Sonne und Mond« (SJS 9.5) durchdringt er das ganze Land, seine »klaren Gesetze« (*mingfa*) gelten gleichermaßen für alle. Der ›erleuchtete Fürst‹ ist der Zentralherrscher, der allen Partikularismen der Adelsgesellschaft enthoben ist.

Der Herrscher verkörperte den Staat – aber er *war* nicht der Staat, noch war dieser sein Patrimonium. Staat und Herrscher wurden im Politischen Realismus – wenn auch nicht immer sehr klar – unterschieden. Schon Guan Zhong, dem tatkräftigen Minister von Qi, wird diese Unterscheidung zugeschrieben. Er habe es abgelehnt, für den legitimen Thronfolger von Qi in den Tod zu gehen, heißt es, denn: »Wenn ich lebe, wird der Staat Qi profitieren, doch wenn ich sterbe, wird der Staat Qi nicht profitieren« (Guan 18). Nicht dem Fürsten und seiner Linie, sondern den »Altären der Erde und des Ackerbaus« (*sheji*) habe Guan Zhongs Treue gegolten. Bezeichnenderweise sind es eben nicht die Ahnentempel der Herrscher, auf die er sich beruft, sondern die Altäre der Domäne, mit anderen Worten: Symbole des *Staates*.[22] Eben deshalb war es möglich, dass Guan Zhong dem Herzog Huan diente, den er zuvor noch hatte umbringen wollen – und dass dieser seinen ehemaligen Attentäter einstellte (Guan 20). Was im Ehrenkodex des Adels noch völlig unerhört war, wurde im Interesse des Staates möglich.

Erstmals wird in dieser Überlieferung das Fürstentum Qi nicht als Patrimonium der Herrscherfamilie dargestellt, sondern als Abstraktum, das einen Eigenwert unabhängig von der Person des Fürsten besitzt. Wahrscheinlich ist diese Erzählung im 4. Jahrhundert v. Chr. entstanden, als die Tian-Familie in Qi die Herrschaft usurpierte. Die Tian waren Parvenüs, die sich nicht mehr traditional legitimieren konnten. Statt der Ahnenlinie machten sie den Staat zum Bezugspunkt ihrer Legitimation: Es ging ihnen darum, »den Staat Qi zu bewahren«, wie eine ihrer Inschriften es ausdrückt.[23] Der Staatsstreich der Tian war kein Einzelfall. Schon zuvor hatten in Lu die Familien der ›Drei Huan‹ die Herzöge entmachtet, und das Fürstentum Jin war im 5. Jahrhundert v. Chr. von mächtigen Familien in die Staaten Zhao, Han und Wei aufgeteilt worden. Solche Usurpationen der Macht hatten die Trennung von Herrscher und Staat unabweisbar vor Augen geführt: »Der Fürst eines Staates wird um des Staates willen eingesetzt, nicht der Staat um des Fürsten willen« (Shen 22).

In dem Maße, in dem der Staat eigenständige Konturen gewann, zeichnete sich auch ein klare Unterscheidung zwischen ›staatlichen‹ und ›privaten Interessen‹ ab. Die Staatsräson überragte alle anderen Rücksichten, partikulare Ziele hatten gegenüber allgemeinen zurückzustehen. In der segmentären Ordnung der Adelsgesellschaft, deren primärer Bezugspunkt die eigene Sippe war, hätte diese Vorstellung noch keinen Sinn ergeben: Da sorgten »die Würdenträger jeweils für ihr eigenes Haus, nicht für andere Häuser« (Mo 16), und waren darauf aus, »sich zu fördern, nicht aber, den Staat zu unterstützen« (HFei 6).[24] Kein Lehnsfürst dürfte das Interesse der Zhou-Könige über sein eigenes gestellt, kein Lokalherrscher das Wohl seiner Domäne zugunsten der des Landesherrschers vernachlässigt haben: Partikulare Interessen waren die *Regel* im Alten China. Erst mit einsetzender Staatenbildung dürften sie problematisch geworden sein. Dieses Problembewusstsein fand seinen ersten deutlichen Ausdruck in Mozis Lehre von der »allgemeinen Fürsorge« (*jian'ai*), in der es darum geht, »Partikulares durch Allgemeines zu ersetzen«, um »Nutzen für das Reich zu schaffen« (Mo 16). Dabei ging es nicht nur um die ethische Maxime, »den anderen wie sich selbst zu betrachten« (Mo 15), sondern auch und vor allem um die politische Ordnung. Es ist der *Herrscher*, der das Interesse der »Allgemeinheit« durchsetzt, indem er mit seiner »allgemeinen Fürsorge« alles überzieht, »so wie Sonne und Mond das Reich allgemein und unparteiisch bescheinen«:

Im Altertum, als die Könige Wen und Wu regierten, gaben sie allen zu gleichen Teilen, belohnten die Würdigen und bestraften die Gewalttäter, ohne jegliche Parteilichkeit für Verwandte, Schwäger oder Brüder: Derart war ihre Allgemeinheit (Mo 16).[25]

Was bei den Mohisten noch ›allgemein‹ (*jian*) und ›partikular‹ (*bie*) genannt wird, heißt im späteren Diskurs des Politischen Realismus ›öffentlich‹ (*gong*) und ›privat‹ (*si*). In aller Schärfe wird diese Differenz dort als Grundproblem gesellschaftlicher Ordnung herausgearbeitet. »Privater Blick blendet die Augen, privates Gehör betäubt die Ohren, private Gedanken verwirren das Herz«, heißt es in LSCC 12, und *Guanzi* bringt es auf den Punkt: »Alles Private stürzt das Reich in Anarchie« (Guan 37).[26]

Die scharfe Unterscheidung zwischen ›privat‹ und ›öffentlich‹ dürfte eng mit der Herausbildung des Staates zusammenhängen. Erst die Institutionen des Zentralstaates, die allen lokalen und familiären Bindungen enthoben waren, konnten sinnvoll als ›öffentlich‹ bezeichnet werden: Im Staat sind alle Partikularismen und Besonderheiten beseitigt, in ihm ist nichts mehr ›privat‹. Die politische Sphäre konnte sich nur in Abgrenzung zur ›privaten‹ Sphäre herausbilden, und mit dieser scharfen Abgrenzung ging ein ebenso scharfes Urteil einher: Das ›Private‹ war willkürlich, eigennützig, schlecht. Nur die ›öffentlichen‹ Dinge waren rechtlich und gut – womit allerdings nicht gemeint ist, dass sie transparent oder gemeinnützig seien. Im Diskurs des Politischen Realismus bildet der Begriff ›öffentlich‹ nicht das Gegenteil von ›geheim‹, und er zielt keineswegs auf Gemeinsinn, freie Rede, Gerechtigkeit oder allgemeines Wohl, sondern er meint den *Staat*.

Umgekehrt bedeutet ›privat‹ nicht einfach selbstsüchtig oder eigennützig, sondern es zielt konkret auf die Konkurrenten des Staates: die Adelshäuser.[27] Ähnlich wie im alten Griechenland und im Europa der frühen Neuzeit diente der Begriff ›Öffentlichkeit‹ der Abgrenzung von den partikularen Interessen der Adelsfamilien. Deren Angelegenheiten wurden jetzt polemisch als ›privat‹ entwertet – und damit *entpolitisiert*.[28] Alle persönlichen Belange mussten aus der Politik verbannt werden; Herrschaft musste unabhängig von ›Privatinteressen‹ und Verwandtschaftsbeziehungen gesichert werden: Denn »auf persönlichen Nutzen zu sinnen, widerspricht den Interessen des Staates« (SJS 3.3). Die Unterscheidung zwischen ›öffentlich‹ und ›privat‹ erweist sich als rhetorisches Mittel im Kampf des Zentralstaats gegen die Vorrechte der Adligen: Denn deren Treue zum eigenem Haus untergräbt allemal die Macht des Herrschers.

Die Ausschaltung des Adels war die wichtigste Voraussetzung für die Schaffung des Zentralstaats. Daher gebot der

Politische Realismus die Absorption von politischen Rechten, die vormals bei den Partikularherrschern lagen: Allgemeine Gesetze, die ohne Ansehen der Person galten, untergruben das Gewohnheitsrecht der Sippen; Amtsvergabe aufgrund persönlicher Leistungen schwächte die Prärogativen des Adels; die Ächtung von Prunk und demonstrativem Konsum beseitigte die äußeren Insignien der Elite; und gegenseitige soziale Kontrolle der Familien durchkreuzte Verwandtschaftsbindungen. Das gesellschaftliche Ideal des Politischen Realismus kennt weder Adelsränge noch Sippenverbände.[29] Stattdessen entwirft der *Guanzi* das Modell einer *ständisch* gegliederten Gesellschaft, die zwischen Dienstleuten, Bauern, Handwerkern und Händlern – nicht aber Adligen – unterscheidet (Guan 20): vier Stände, die alle segmentären Strukturen unterlaufen und theoretisch das gesamte Volk integrieren. Denn »das, was einen Staat zum Staat macht, ist der ›Volkskörper‹ (*minti*)« (Guan 31): Das Volk muss einen ›Körper‹ bilden, es darf nicht mehr zersplittert sein in die Domänen der Lokalherrscher.[30] Damit aber werden die Adligen ihrer Privilegien beraubt – sie bilden keinen eigenen Stand, sondern werden selbst Teil des Volkes.

Tatsächlich scheint das *Shangjun shu*, wenn es vom ›Volk‹ (*min*) spricht, meist den Adel zu meinen. Das Volk pflege »raffinierte Worte und eitle Reden«, heißt es da (SJS 3.1), gebe sich »müßigen Lehren und Frivolitäten« hin, begehre »Ansehen …, wenn es entwürdigt ist« (SJS 6.4), und finde nichts »mühsamer als der Ackerbau« (SJS 22.2), so dass es vom Staat ständig dazu angetrieben werden müsse: So beschreibt man keine Bauern. Die Autoren des *Shangjun shu* haben die Eliten im Auge, sprechen aber von einem undifferenzierten ›Volk‹ als homogener Verfügungsmasse des Staates. Darin liegt die rhetorische Vorwegnahme einer neuen Gesellschaftsordnung, die alle Distinktionen der Adelsgesellschaft nivellieren sollte, um stattdessen die eine, alles beherrschende Unterscheidung zwischen Herrscher und Untertanen zu stärken.

Normen und Gesetze

Die Ausschaltung des Adels war die wichtigste Voraussetzung für die Schaffung des Zentralstaats. Es dürfte sich daher lohnen, die Lehren des Politischen Realismus aus dieser Perspektive zu betrachten. Das gilt auch für den zentralen Begriff, der diesem Diskurs seinen chinesischen Namen gegeben hat, *fa*. Kaum ein anderer Begriff erscheint so schwer fassbar, wie dieser. ›Gesetz‹, ›Richtlinie‹, ›Norm‹, ›Weise‹, ›Modell‹, ›Vorbild‹, ›System‹, ›Methode‹ und ›Regel‹ sind geläufige Übersetzungen für dieses Wort. In seiner Bedeutungsvielfalt erinnert *fa* an das lateinische *ratio*, zu dessen Bedeutungen u.a. folgende zählen: »Berechnung, Verfahren, Maßregel, Methode, Weise, Einrichtung, Vernunft, Einsicht, Maß, Gesetzmäßigkeit, Gesetz, Regel, Ordnung, Methode, Grundsatz, Prinzip, Theorie, System.«[31] Tatsächlich deutet einiges darauf hin, dass die *Rationalität* das Wesen von *fa* ausmacht – und dass der Schlüssel zu seinem Verständnis in dem Gegensatz von ›öffentlich‹ und ›privat‹ zu suchen ist.

Der Begriff *fa* hat in der Zhanguo-Zeit einen entscheidenden Wandel durchgemacht. Im Diskurs des Politischen Realismus meint er nicht mehr, wie ehedem, die überkommenen ›Muster‹, ›Vorbilder‹ und ›Lebensregeln‹ der Sippen, die unveränderlich galten. Im Gegenteil: »*Fa* wandeln sich mit den Zeiten« (HFei 54). Damit wurde *fa* zum *politischen* Begriff: umstritten und entscheidungsbedürftig. Nicht zufällig steht eine Diskussion um die »Änderung der Regeln« am Anfang des *Shangjun shu*. Sie war ein Gebot der Staatsräson, denn um die Macht der Sippen zu brechen, genügte es nicht, einzelne Strafgesetze zu oktroyieren; die grundlegenden Normen mussten geändert werden, um den Partikularherrschern die Legitimität zu entziehen. In anderen Worten: Aus ›Regeln‹ mussten ›Gesetze‹ werden. Die staatlichen Gesetze sind daher »nicht Reaktion auf Normabweichungen, sondern sie schaffen überhaupt erst die Norm, die es vorher nicht gab« (Luhmann 1993, 257).

In seiner neuen Bedeutung steht *fa* in klassischen Texten, ebenso wie *gong*, häufig im Gegensatz zu ›privaten‹ Belangen. »Wenn Fürst und Minister die Gesetze [*fa*] ignorieren und auf Privaturteile [*si*] vertrauen, kommt es gewiss zu Anarchie« (SJS 14.1), »wo es wenig private Meinungen gibt, setzen sich öffentliche Gesetze durch« (LSCC 26.3), und ganz explizit: »In einem Staat, der den rechten Weg verfolgt, werden Gesetze aufgestellt, und es wird nicht nach privatem Gutdünken verfahren« (Shen 77). *Fa* scheint hier, genau wie *gong*, die Abstraktion von privaten Interessen zugunsten des staatlichen Universalismus zu meinen, die rationale Ordnung, die einen Sinnzusammenhang jenseits aller partikularen Perspektiven stiftet. *Fa* – Gesetze, Normen, Methoden – waren nur eine von vielen Objektivierungen und Abstraktionen wie Maße, Münzgeld, Steuern, Riten, Moral und andere, die sich in der Zhanguo-Zeit durchsetzten. Dieser Zusammenhang war den Zeitgenossen durchaus bewusst: »Längenmaße, Richtschnüre, Zirkel und Winkelmaß, Waagen, Hohlmaße und andere Maße: Die nennt man ›Normen‹ [*fa*]« (Guan 6). Der Zusammenhang zwischen rationaler Ordnung, zentraler Herrschaft und der Ausschaltung partikularer Macht wird im *Shenzi* auf den Punkt gebracht:

> Die größte Leistung von Gesetzen ist, dass sie das Verfolgen von Privatinteressen unterbinden; die größte Leistung des Fürsten ist, dass er Konflikte im Volk unterbindet. Wenn man nun Gesetze aufstellt und dennoch Privatinteressen verfolgt, so kommen Privatinteressen und Gesetze in Konflikt, und die Anarchie wäre schlimmer, als wenn es keine Gesetze gäbe. Wenn man einen Fürsten einsetzt und dennoch Würdigen Respekt zollt, so kommen Würdige und Fürst in Konflikt, und die Anarchie wäre schlimmer, als wenn es keinen Fürsten gäbe. (Shen 75)

»Privatinteressen« und »Würdige« stehen für die partikulare Herrschaft des Adels, unter der Ämter vererbt wurden und mächtige Familien aus ihren Pfründen erhebliche Macht ableiteten. Ebendiese patrimonialen Strukturen mussten im Sinne rationaler Ordnung überwunden werden, deren Inbegriff die *fa* sind. In einem Staat durfte es keine partikularen ›Regeln‹ geben; es durfte auch keine dieser traditionellen Regeln zur Allgemeinverbindlichkeit erhoben werden, denn damit wäre eine Sippe begünstigt worden. Der Staat war etwas *Neues*, er konnte nicht traditional legitimiert werden. Der Staat entsteht aus einem Traditionsbruch, und er forciert den Traditionsbruch, um zu bestehen. Aus Vorbildern wurden Vorschriften, aus überlieferten Regeln selbst geschaffenes, positives Recht: d.h. Recht, das nicht mehr ewiggültig war, sondern wandelbar. Die »Änderung der Regeln«, mit der das SJS beginnt, entspricht also der Positivierung des Rechts.[32]

Tatsächlich nimmt der Begriff *fa* im Diskurs des Politischen Realismus – wiewohl weiterhin auch im allgemeineren Sinne verwendet – eine speziell rechtliche Bedeutung an. Wie der Begriff *nomos* im alten Griechenland verengt er sich von einem allgemeinen Begriff für Regeln, der nicht nach rechtlichen oder moralischen Normen unterschied, zum Rechtsbegriff.[33] Wenn *Xunzi* spottet, die Politischen Realisten »halten die Gesetze (*fa*) hoch, haben aber keine Vorbilder (*fa*)« (Xun 6), spielt er mit ebendiesem Begriffswandel. Mit der Engführung des Begriffs wurde es möglich, zwischen sanktionsbewehrten Rechtsnormen und *moralischen* Normen zu unterscheiden: »Zu töten, hinzurichten, zu verbieten und zu bestrafen: Das nennt man ›Gesetz‹ [*fa*]« (Guan 36.1); wenn Herrscher »jemanden töten, liegt darin keine Gewalttat, und wenn sie jemanden belohnen, liegt darin keine Güte, denn die Gesetze des Staates sind klar« (SJS 17.5). Ebenso wie die Politik selbst, sind die Gesetze – ihr wichtiges Instrument – moralfrei: Sie folgen ihrer eigenen Logik.

Der Herrscher, als oberster Gesetzgeber, »bringt die Gesetze hervor« – aber *wie* er das tut, bleibt offen. Wieder und wieder betont das *Shangjun shu*, dass *fa* klar und verbindlich sein müssen, aber ihre Entstehung beschreibt es nicht. Sie bleibt das Arcanum der Politik. Zum einen mag das daran liegen, dass *fa mündlich* ausgemacht wurden, in direkter Interaktion zwischen dem Herrscher und seinen Beratern; die

Diskussion in Kapitel eins des *Shangjun shu* ist ein Beispiel dafür.[34] Erst die Ergebnisse wurden schriftlich fixiert: Sie erst waren klar und verbindlich. Zum anderen mag es daran liegen, dass sich allgemeine Prinzipien für die Schaffung von *fa* gar nicht angeben ließen, denn *fa* waren selbst allgemeine Prinzipien. Dass der Herrscher auch im Alten China keine spezifischen Gesetze für jeden Einzelfall erlassen konnte, liegt auf der Hand. *Fa* dürften allgemeine – und auch in diesem Sinne: abstrakte – Entscheidungs*prämissen* gewesen sein, ›Rechtsnormen‹, aufgrund derer die Verwaltung spezifische Entscheidungen traf. Ihre Konkretisierungen heißen im *Shangjun shu* »Verordnung« (*ling*) oder »Strafgesetz« (*xing*).[35] Kurz, *fa* waren »Normen, die das Normieren normieren« (Luhmann 2012, 91): Gerade dadurch konnten sie das Recht positivieren.

Wie revolutionär diese neue Gesetzgebung wirkte, zeigt ein Blick auf ältere ›Rechtsfälle‹, von denen schon Inschriften aus der West-Zhou-Zeit berichten: Investituren, aber auch Streitigkeiten, bei denen es meist um Landbesitz ging. Dort ist etwa verzeichnet, dass ein Würdenträger namens Qiu Wei bei fünf Fürsten gegen einen gewissen Li – wohl einen Regionalfürsten – »Anzeige« erstattete, weil dieser ihm fünf Felder schuldig sei. Daraufhin verhörte ein »Richter« – was der Titel bedeutet, ist ungewiss – den Li, und die Fürsten »trafen sodann eine Übereinkunft und ließen Li einen Eid leisten«. Schließlich trat Li dem Qiu Wei vier Felder ab, und dieser bedachte alle Beteiligten mit Geschenken und einem Bankett. In einem anderen Fall erstattete ein gewisser Gong von Cuo beim König Anzeige gegen einen niedrigen Adligen namens Mu, der ihm Felder genommen habe. Der König beauftragte einen Kanzlisten mit dem Fall, und dieser ließ Mu einen Eid schwören, die Felder und ihre Erträge zurückzugeben. In einem weiteren Fall wird einem gewissen Muniu in Anwesenheit des Königs vorgeworfen, einen Eid gebrochen und sich gegen einen Höherrangigen, Xun, vergangen zu haben: Er muss den Eid vor fünf Zeugen wiederholen und wird zu einer Bußzahlung sowie zu 500 Schlägen verurteilt.[36]

Die wenigen Details, die uns von solchen Rechtsfällen erhalten sind, sind aufschlussreich. Offensichtlich ging es vor allem um *Schlichtung*. Ein vermeintlich Geschädigter wendete sich an höher stehende Adlige, die den Fall wiederum delegierten: etwa an einen »Richter« (?) oder einen »Kanzlisten«. Eindeutige Zuständigkeiten gab es offenbar nicht, nichts deutet auf institutionalisierte Justiz oder verfahrensmäßige Routinen. Der Fall wurde, offenbar unter Beiziehung von Zeugen, entschieden und mit einem Eid besiegelt. Wie die Treueschwüre der Chunqiu-Zeit hatte er verbindliche Kraft: Das Wort eines ›Ehrenmannes‹ zählte, nicht abstraktes Recht. Offensichtlich wurden solche Verfahren *ad hoc et ad hominem* durchgeführt. Es kam auf den Einzelfall an, und das Ansehen der Person zählte: Wer genügend Zeugen aufbieten konnte, die für ihn eintraten, hatte die besten Argumente. Auch deutet nichts auf kodifiziertes Recht hin, auf das die »Richter« oder »Kanzlisten« Bezug genommen hätten; vielmehr war es in allen Fällen eine der *Streitparteien*, die den Fall schriftlich fixierte: Qiu Wei, Gong Cuo und Xun hielten ihre Fälle inschriftlich in Bronzegefäßen für die Ahnen fest, auf dass ihre »Kindeskinder und Enkelsenkel sie ewig werthalten und gebrauchen.« Die frühesten Rechtsfälle des Alten China wurden nicht gerichtlich dokumentiert, sondern privat, und zwar nicht als ›Recht‹, sondern zum Beweis von Besitzansprüchen.

Vielleicht erklärt sich daher die Empörung, die aufkam, als einige Jahrhunderte später erstmals ein Fürstentum amtlich Gesetze fixierte. 536 v. Chr., so wird überliefert, ließ Zheng ›Strafgesetze‹ (*xing*) in Bronze gießen. – Ein unerhörtes Ereignis! Ein Staatsmann aus Jin schickte daraufhin einen entrüsteten Brief an Zhengs Minister Zichan (gest. 522 v. Chr.):

> Anfangs hatte ich Hoffnung auf Euch gesetzt – das ist nun vorbei. Einst diskutierten die früheren Könige die Angelegenheiten, um sie zu entscheiden. Sie schufen keine Strafen und Gesetze, weil sie befürchteten, dass das Volk streitsüchtig werde. … Weiß das Volk, dass es Gesetze gibt, hat es keine Ehrfurcht gegenüber den Oberen, wird insgesamt streitsüchtig und versucht sein Glück, indem es sich auf die Schrift beruft: Dann

> kann man nichts mehr machen. … Warum sollte es also Gesetze geben? Sobald das Volk die Streitpunkte kennt, wird es um jedes Jota bis zum Letzten streiten: Chaotische Rechtsprozesse werden überhand nehmen und Bestechungen sich allenthalben verbreiten. Wird Zheng wohl am Ende Eurer Generation zerfallen? Ich habe gehört: ›Wenn ein Staat im Begriff ist unterzugehen, hat er immer viele Bestimmungen‹: Das dürfte auf Euch gemünzt sein. (Zuo 10.6)

Die Kritik ist raffiniert. Sie zielt darauf ab, dass Gesetze nicht nur für Konsens sorgen, sondern auch für *Dissens*: Eben dadurch, dass sie eine Norm schaffen, bringen sie auch Abweichungen von der Norm hervor. Ja, die Publikation von Gesetzen selbst ist die Abweichung von den ungeschriebenen Normen der Tradition: ein Symptom untergehender Staaten. Doch die spitzfindige Argumentation lenkt von den eigentlichen Motiven der Kritik ab. Denn tatsächlich war die Verschriftlichung des Rechts kein Symptom untergehender, sondern *aufgehender* Staaten. Unter der Leitung von Zichan war Zheng im 6. Jahrhundert zu einer Macht aufgestiegen, und ebenso wie andere Reformen der Zeit waren diese Gesetzestexte ein Element des *state building*.

Im Fürstentum Jin selbst, aus dem die Kritik kam, wurden 23 Jahre später ebenfalls Gesetzestexte in Erz gegossen – wofür Jin seinerseits von keinem Geringeren als Konfuzius kritisiert wurde:

> Jin wird wohl untergehen! Es hat seine Normen verloren. Jin sollte die Regeln und Normen bewahren, die [sein Gründer] Tang Shu erhalten hat, um sein Volk auszurichten. Die Minister und Würdenträger bewahrten sie gemäß ihrer Rangfolge, das Volk konnte durch sie den Ehrwürdigen Respekt zollen, und die Ehrwürdigen konnten durch sie ihre Pfründe bewahren. … Jetzt hat [Jin] die Normen verworfen und Dreifüße mit Strafgesetzen gegossen, und das Volk hat die Dreifüße besehen. Wie sollten sie dann den Ehrwürdigen Respekt zollen?! Wie sollten die Ehrwürdigen ihre Pfründe bewahren?! (Zuo 10.29)

Die Kritik des Konfuzius – dem diese Worte gewiss nur in den Mund gelegt wurden – lässt an Deutlichkeit nichts zu wünschen übrig: Es geht ihm darum, dass die »Ehrwürdigen« ihre Pfründe bewahren. Im alten System war ›Recht‹ die Prärogative der Partikularfürsten gewesen. Wie die oben genannten Inschriften hatte es die Privilegien des Adels garantiert. Die Adligen selbst hatten keine Gesetze geschaffen – sie *waren* das Gesetz, indem sie die Tradition der Familie verkörperten.

All das wird durch zentral verordnete und publizierte Gesetze untergraben: Sie objektivieren, was früher persönlich geregelt wurde, und machen öffentlich, was einst privat war. Das Recht gilt für jeden, und jeder kann sich dessen vergewissern. »Weiß das Volk, dass es Gesetze gibt, hat es keine Ehrfurcht gegenüber den Oberen«, denn publizierte Gesetze berauben den Adel seiner Autonomie.[37] Das ›Recht‹ des Adels hatte ungeschrieben und ungesprochen gegolten: Es stand, ganz wörtlich, nicht zur Debatte. Aber »sobald das Volk die Streitpunkte kennt, wird es um jedes Jota bis zum Letzten streiten« – »wie sollten sie dann den Ehrwürdigen Respekt zollen?«

Jetzt konnte in Rechtsdingen nicht mehr, wie in der alten Ordnung, *ad hoc et ad hominem* entschieden werden. Die ›Urteile‹ der West-Zhou-Zeit hatten noch Verträgen geglichen, die zwischen Streitparteien vereinbart wurden, und die Treueschwüre der Chunqiu-Zeit (vgl. S. 10) hatten strikt *ad personam* gegolten. Dagegen waren die neuen Gesetze einseitig erlassene, unpersönliche und nicht verhandelbare »Befehle für das Volk« (SJS 26.5). Sie bedurften keiner Schwüre, Schöffen oder anderer außerrechtlicher – und vor allem: an sozialen Status gebundener – Mittel mehr, um sich Geltung zu verschaffen.[38] Die schriftlich fixierten und publizierten Gesetze galten ohne Ansehen der Person, »ohne Rücksicht auf Ränge oder Stufen« (SJS 17.3), und waren *sine ira et studio* anzuwenden: »Nicht aufgrund von Freude zu belohnen und nicht aufgrund von Zorn zu bestrafen: Das nennt man Ordnung« (DXi 1). Die staatliche Rechtsprechung sollte ebenso professionell und leidenschaftslos funktionieren wie das Militär der Zhanguo-Zeit. Die Gesetzgebung, wie sie der Politische Realismus entwarf, implizierte erstmals eine Vorstellung von *Gerechtigkeit*, in der »Fremde und Fernstehende nicht vernachlässigt, Nahestehende und Verwandte nicht persönlich begünstigt werden« sollten (SJS 14.1). Gleiche Fälle sollten gleich entschieden werden, ohne Rücksicht auf Stand oder Verwandtschaft:

> Vom Premierminister und General bis hin zu Würdenträgern und einfachen Leuten soll jeder, der den Befehlen des Königs nicht folgt, gegen staatliche Verbote verstößt oder gegen die Bestimmungen der Obrigkeit rebelliert, ohne Pardon zum Tode verurteilt werden. (SJS 17.3)

Vor dem Gesetz des Herrschers sollten alle gleich sein – wenn auch gewiss nicht um der Gerechtigkeit willen, sondern aus politischen Gründen. Denn seine Unparteilichkeit enthob den Herrscher allen Zettelungen der Zeit, sie war die Voraussetzung seiner überragenden Stellung: »Weil der Berg Tai weder Hass noch Liebe kennt, konnte er zu seiner Höhe emporwachsen« (HFei 29). Zentral erlassene, öffentliche Gesetze nivellierten die Ränge der Adelsgesellschaft zugunsten der einen, alles beherrschenden Distinktion zwischen Herrscher und Untertanen.

Die Veröffentlichung von Gesetzestexten – wie auch immer sie konkret ausgesehen haben mag – war eine Revolution. Durch die Rechtsanmaßung des Herrschers wurden Gesetze politisch auch im Sinne von öffentlich und allgemein; sie wurden den partikularen Sphären des Adels entzogen und *verstaatlicht*. Damit wurden Gesetze auch zum Mittel der Politik: »Regierung durch Gesetze« (*fazhi*) wurde zum Charakteristikum des Politischen Realismus, denn Strafgesetze lieferten dem entstehenden Staat das Drohpotential, mit dem er sein Gewaltmonopol behaupten und neue Formen der Beherrschung durchsetzen konnte. Zentrale Gesetzgebung war ein entscheidender Schritt im *state building* der Chunqiu- und Zhanguo-Zeit. Indem er den Lokalfürsten das Recht auf Selbsthilfe und Selbstjustiz nahm, sorgte der Staat für innere Pazifizierung der Gesellschaft und politische Integration des Volkes.

Mit staatlicher Gesetzgebung hörten Streitigkeiten und Morde auf, Privatsache zu sein, sondern wurden zu öffentlichen Angelegenheiten, die prinzipiell alle angingen. Ehrenhändel sollten nicht mehr in Spiralen blutiger Vergeltung eskalieren: Sie sollten nicht mehr von den Konfliktparteien selbst, sondern von staatlichen Instanzen entschieden werden. Auch das härteste Gesetz war der *Vendetta gentilizia* vorzuziehen. Besser, einen Einzelnen für eine Ordnungswidrigkeit zu verstümmeln, als die Ausrottung ganzer Sippen zu riskieren. Leuten, die ihre Asche auf der Straße auskippten, werde zur Strafe die Hand abgehackt! Sogar Konfuzius soll das gebilligt haben, denn:

> Wer Asche auf der Straße auskippt, hüllt dabei andere in Staub, so dass diese erzürnen. Wenn sie erzürnt sind, kommt es zu Händeln, und im Zuge dieser Händel werden sich drei Generationen gegenseitig niedermachen. (HFei 30)

Die Verstaatlichung des Rechts erforderte die Umstellung von Akkusationsprozessen, bei denen es immer einen Kläger sowie Schöffen geben muss, zu Inquisitionsprozessen, bei denen die Justiz ›von Amts wegen‹ tätig wird und keine Mithilfe von Angehörigen der Streitparteien braucht.[39] Auch die Drohung, dass »erleuchtete Geister« Verstöße bestraften (vgl. S. 10), wurde nicht mehr gebraucht: Jetzt sorgte der ›erleuchtete Herrscher‹ – und das heißt: der Staat – für die Durchsetzung der Gesetze. Damit entstand für die staatliche Gerichtsbarkeit nicht nur die Möglichkeit, sondern die *Pflicht*, auf Anzeigen hin selbst tätig zu werden, denn wenn sie nicht reagierte, taten es die Sippen.

Mit der Monopolisierung der Gesetze hatte der Staat sich zugleich das Problem eingehandelt, diese Gesetze auch durchsetzen zu *müssen*. Wenn staatliche Gesetze als Drohpotential überzeugen sollen, müssen sie nicht nur publik und allgemeingültig sein, sondern auch »so zuverlässig … wie Sonne und Mond« (SJS 20.11) angewendet werden. Diese Erwartungssicherheit gehört zu den Grundpfeilern des Staates: »Es gibt drei Dinge, durch die der Staat regiert wird:

erstens Gesetze, zweitens Zuverlässigkeit, drittens Autorität« (SJS 14.1). Nur durch *Rechtssicherheit* konnte das Vertrauen der Untertanen in den Staat gewonnen werden. Diese Zuverlässigkeit zu demonstrieren, war die vornehmste Aufgabe des entstehenden Staates, wie eine Anekdote um Shang Yangs neue Verordnungen belegt:

> Als die Verordnungen vorlagen, aber noch nicht verkündet waren, fürchtete Shang Yang, dass das Volk ihnen nicht trauen würde. Daraufhin errichtete er beim Südtor der Hauptstadt einen drei Ruten [ca. 7 m] langen Pfahl und verkündete, dass derjenige aus dem Volk, der den Pfahl zum Nordtor versetzen könne, zehn Gulden erhalte. Das Volk misstraute ihm, und keiner wagte, den Pfahl zu versetzen. Daraufhin verkündete er: ›Wer ihn versetzen kann, erhält 50 Gulden.‹ Da fand sich ein Mann, der den Pfahl versetzte, und er erhielt prompt die 50 Gulden: So machte Shang Yang klar, dass er nicht log. Dann wurden die Verordnungen schließlich erlassen. (SJ 68)

Belohnungen mussten »hoch und zuverlässig« sein, »Strafen schwer und zwangsläufig« (SJS 14.1): Nur durch diese Erwartungssicherheit konnte der Staat auf Dauer verhindern, dass seine Untertanen sich an Sippenrecht hielten und Streitigkeiten privat regelten. Die Rechtssicherheit war ein Indiz staatlicher Stärke: Der Untertan sollte sich darauf verlassen können, dass ihn für jede Untat unerbittlich die vorgesehene Strafe des Souveräns ereilte.

Bei aller Rigidität erlaubte das zentralisierte Recht auch neue Differenzierungen, wie wir heute wissen. Die abstrakten Rechtsansprüche des Staates, frei von persönlichen Animositäten, machten es möglich, Körperstrafen durch Vermögensstrafen zu ersetzen: Gesetzestexte der Qin aus dem 3. Jahrhundert v. Chr., die 1975 in einem Grab in Shuihudi (Hubei) gefunden wurden, nennen zahlreiche Fälle, in denen straffällige Beamte zur Zahlung von einer oder mehreren Rüstungen oder Schilden verurteilt wurden. Auch Freiheitsstrafen in Form von Verbannung oder Zwangsarbeit waren im Qin-Recht überaus häufig. Dem Staat lag nicht prinzipiell an körperlicher Vergeltung, wie den Sippen; er übte kein

Racherecht aus, das für jeden Toten wieder einen Toten (und sei es einen Verwandten des Täters) forderte. Deshalb war es nun auch möglich, zwischen Mord, Totschlag und unabsichtlicher Tötung zu unterscheiden, wie Texte von Shuihudi zeigen, und die Intention im Strafmaß zu berücksichtigen: Es galt nicht mehr ›Auge um Auge, Zahn um Zahn‹, und selbst ein Mörder konnte unter Umständen der Todesstrafe entgehen.[40]

Staatliche Strafen müssen also keineswegs schwer sein. Dennoch wurde gerade das von vielen Denkern des Alten China gefordert. Im *Xunzi* etwa heißt es: »Wenn auf die schwersten Verbrechen nur die leichtesten Strafen folgen, dann erkennen gewöhnliche Menschen nicht, was schlecht ist: Nichts könnte größere Unordnung stiften« (Xun 18), und das *Shangjun shu* empfiehlt nachdrücklich, »Leichtes schwer« zu ahnden (4.8, 5.4). Das Buch selbst nennt keine konkreten Strafen, aber der Strafkatalog der Qin ist bekannt. Er sah verschiedene Bußen vor, Verbannung und Zwangsarbeit im Mauerbau, als Getreidedrescher oder Reisigsammler, vor allem aber peinliche Strafen: verschiedene Grade der Verstümmelung – vom Scheren des Bartes oder Kopfhaares über die Tätowierung des Gesichts und das Abschneiden der Nase bis hin zur Amputation eines Fußes und Kastration – und den Tod durch Köpfen, Vierteilen, Zersägen an der Hüfte, Ertränken oder – besonders unehrenhaft – das ›Wegwerfen auf dem Markt‹. Zudem galt für viele Vergehen die Kollektivhaftung, d.h. Verwandte bis in den 3. Grad – Eltern, Geschwister, Ehepartner und Kinder – wurden gleichermaßen bestraft: Ganze Familien konnten strafrechtlich ausgerottet werden.

Konfuzianische Gelehrte haben den Qin die Grausamkeit ihrer Strafen schwer angelastet – nicht ganz zu Recht. Denn die peinlichen Strafen waren keine Erfindung des Politischen Realismus; sie knüpften ohne Weiteres an die Grausamkeiten der Partikularfürsten an, die sie ersetzten: »Man tötet einander, schlachtet einander ab, kocht einander in Kesseln und pökelt einander – aber man tut es rituell …« Entehrende Strafen wie das Tätowieren oder das Abschneiden der Nase zielten noch auf den Ehrenkodex der Adelsgesellschaft, und auch Zwangsarbeit traf die Empfindlichkeiten der müßigen Klasse: »Schande und Entwürdigung, Anstrengung und Verdruss verabscheut das Volk« (SJS 6.9), deshalb sollten Strafen »abscheulich« sein. Das altchinesische Wort für ›hinrichten‹, *lu*, bedeutete wohl ganz wörtlich ›entehren‹. Auch die Sippenhaftung war ein direktes Erbe der Adelsgesellschaft, in der Rache nicht nur dem Täter galt, sondern oft seiner ganzen Verwandtschaft. Zudem haben auch spätere chinesische Herrscher, die sich konfuzianisch legitimierten, Körperstrafen nicht etwa abgeschafft, sondern sadistisch gesteigert. Die Grausamkeit des Strafvollzugs war keine Besonderheit des Politischen Realismus, sondern Teil der chinesischen Tradition.[41]

Wenn der ansonsten so anti-traditionale Politische Realismus an diese Tradition anknüpft, dann nicht, weil brutale Strafen eine theoretische Prämisse der Staatsräson sind; sie sind es nicht. Dass das *Shangjun shu* prinzipiell negative Sanktionen den positiven vorzieht und »auf neun Strafen eine Belohnung« empfiehlt (SJS 4.4, vgl. 5.7, 7.5), dürfte rein wirtschaftliche Gründe gehabt haben: Belohnungen sind teurer als Strafen. Im Gegensatz zu diesen, bei denen schon die Androhung effektiv ist, *müssen* Belohnungen vollzogen werden. Ein Staat der Zhanguo-Zeit konnte sich schlichtweg nicht leisten, viele Belohnungen – d.h. vor allem: Ämter – zu vergeben. Strafen hingegen konnten in der Form von Zwangsarbeit sogar ökonomischen Nutzen bringen. Dennoch beharrt das *Shangjun shu* darauf, Strafen sparsam anzuwenden (SJS 5.9; vgl. 5.4), ja sein Ziel ist es, »durch Strafen die Strafen abzuschaffen« (SJS 4.8, 5.4, 13.5, 18.1). Gewiss, der Staat musste über Sanktionsmittel als symbolisches Drohpotential verfügen, aber er sollte sie nicht *einsetzen* müssen – so wie ein Souverän »sein Militär parat hält, aber nicht zuschlägt« (Xun 15).

Strafen sind für den Machthaber eine unerwünschte Alternative: Wenn er auf sie zurückgreifen muss, bedeutet das, dass er seinen Willen nicht widerstandslos durchsetzen konnte. »Wenn viele Sanktionen verhängt werden, zeugt das von

Not – erst Gewalt auszuüben und dann seine Autorität über die Truppen durchsetzen zu wollen, ist äußerste Plumpheit« (Sun 9): Das wussten die Militärtheoretiker, und auch die Autoren des *Shangjun shu* haben es genau verstanden. Gewalt ist nicht dasselbe wie Macht: Jeder Einsatz von Gewalt reflektiert ein *Versagen* der Macht, er ist ein Zeichen der Schwäche – der Staat darf sich nicht zu viele davon erlauben.[42]

Während zahlreiche Strafen zu staatlicher Schwäche führen, lassen sich *schwere* Strafen als Folge staatlicher Schwäche erklären. Sie scheinen die Kompensation dafür gewesen zu sein, dass die Qin – ebenso wie ihre Nachfolger bis in die Moderne – ihre Gesetze kaum durchsetzen konnten: »Alle Staaten haben Gesetze – aber sie haben kein Gesetz, welches garantiert, dass die Gesetze immer durchgesetzt werden« (SJS 18.4). Tatsächlich scheint genau dort das entscheidende Problem gelegen zu haben. Der Brief eines Qin-Beamten, der ebenfalls in Shuihudi gefunden wurde, bezeugt, dass selbst am Vorabend der Reichseinigung die Gesetze der Qin nicht befolgt wurden:

> Heutzutage liegen die Gesetze und Verordnungen vollständig vor, aber keiner unter den Beamten und im Volk hält sich daran. Dem Volk, das nach lokalen Bräuchen lebt, ausschweifend und zügellos, gebieten sie keinen Einhalt: Sie verwerfen die klaren Gesetze des Herrschers. (SHD, »Yushu«)

Archäologische Funde deuten zudem an, dass auch die staatlichen Vorgaben für Gewichte, Hohlmaße und Münzen keineswegs immer getreu befolgt wurden. Allzu dürftig war die Infrastruktur und zu schwach die Institutionen, um zentrale Normen und Gesetze flächendeckend durchzusetzen: »Die Mittel des Staates, Dinge vom Volk einzufordern, sind gering, doch die Mittel des Volkes, den Forderungen zu entgehen, zahlreich« (SJS 6.8). Qin war, trotz aller theoretischen Staatskunst, ein schwacher Staat. Wahrscheinlich ist die Bemerkung des *Shangjun shu*, dass der Staat »Strafen verfügt, aber das Volk sich einen Spaß daraus macht« (SJS 6.9), nicht rein hypothetisch. Die Qin scheinen an einem strukturellen

›Vollzugsdefizit‹ gelitten zu haben, ähnlich wie die Staaten des frühneuzeitlichen Europa, die »einerseits zahlreiche Gesetze und Verordnungen erließen«, aber »andererseits diese nur partiell durchsetzten.«[43] Mit anderen Worten: Die meisten Delikte im Staat der Qin dürften *nicht* bestraft worden sein. Je schwächer aber die Durchsetzungskraft des Staates war, desto stärker musste die abschreckende Wirkung seiner Strafen sein: »Wenn das Volk auch ohne Strafen gut bleibt, so deshalb, weil die Strafen schwer sind« (SJS 18.4). Das »Theater des Schreckens« (R. v. Dülmen) musste lange nachwirken, um das Volk zu disziplinieren.

Militär

»Das Militärwesen ist die vornehmste Aufgabe des Staates«, lautet der erste Satz des *Sunzi*. Tatsächlich ist ein Staat ohne Militär nicht denkbar. Nur mit einem starken, professionell organisierten und dauerhaft kampfbereiten Heer lässt sich das Monopol legitimer Gewalt dauerhaft durchsetzen und der staatliche Anspruch auf doppelte Souveränität einlösen. »Den Staat bereichern und das Militär stärken« (SJS 8.2), lautet die Devise des Politischen Realismus: Beides hängt untrennbar miteinander zusammen.[44] Dieser Zusammenhang ist aus der europäischen Geschichte wohlbekannt: Die »Infanterie-Revolution« und andere Innovationen der Militärtechnik haben den spätmittelalterlichen Feudalismus zerstört und die Herausbildung moderner Staaten entscheidend gefördert. »War made the state«: Europäische Staaten entstanden zwischen 1550 und 1650 in erster Linie als militärische Apparate.[45]

Ebenso nahe lag es im China der Zhanguo-Zeit, den Krieg als ›Vater aller Dinge‹ anzusehen. Die militärische Revolution, die zur Entstehung von professionell geführten Massenheeren führte (vgl. S. 15ff.), wäre unmöglich gewesen ohne zentrale Organisation und eine Ressourcenbasis, wie nur Staaten sie bieten können. Auch im Alten China schuf Krieg den Staat, und wie in Europa entstand dieser als Kriegsmaschine.[46] Ebendiese Entwicklung reflektiert der Diskurs des Politischen Realismus: »Für das Ansehen des Fürsten und die Sicherheit des Staates ist nichts wichtiger als das Militär« (Guan 28). Die vermutlich frühesten Teile des *Shangjun shu* lassen überhaupt nur zwei Tätigkeiten des Volkes gelten: Ackerbau und Kriegsdienst. Für beides muss das Volk ständig mobilisiert werden. »Anti-Militarismus und Scheu vor dem Krieg« (SJS 13.3) sind die schlimmsten Laster, denn »wenn ein Staat keinen Krieg führt, obwohl er stark ist, wird sich Verderben im Inneren verbreiten« (SJS 4.3).

An solchen Formulierungen wird deutlich, warum Außenpolitik und Diplomatie keine Rolle im Politischen Realismus spielen; das *Shangjun shu* erwähnt beides mit keinem Wort. Die Pflege zwischenstaatlicher Beziehungen, Vermeidung von Konflikten und Friedenssicherung waren nicht sein Ziel; im Gegenteil: Krieg war nützlich, um die Kräfte des Volkes abzuleiten und »Verderben im Inneren« vorzubeugen. Das Militär erfüllte im Diskurs des Politischen Realismus denn auch keineswegs nur die Aufgabe, territoriale Integrität und Sicherheit vor äußerer Bedrohung zu gewährleisten; mindestens ebenso wichtig war es für die innere Sicherheit des Staates. Diese Funktion ergab sich zwangsläufig daraus, dass es in der Zhanguo-Zeit – ja, noch in der gesamten Kaiserzeit bis ins 20. Jahrhundert – keine *Polizei* gab, die organisatorisch vom Militär unterschieden gewesen wäre. Die Armee musste daher für beide Aufgaben herhalten:

> Einen gewalttätigen Staat muss man militärisch bestrafen, und verkommenes Volk muss man mit Strafgesetzen sanktionieren: Daher ist das Militär dafür zuständig, nach außen Gewalt zu bestrafen und im Inneren Vergehen zu sanktionieren. (Guan 28)

Daher muss der Staat, in der unsentimentalen Sprache des *Shangjun shu*, das Volk »bezwingen« wie er »einen starken Feind« bezwingt (18.2) – die Vokabel ist dieselbe. Doch das Militär diente dem Staat nicht durch bloße Gewalt; seine Organisationsform selbst stärkte staatliche Strukturen. Die

Massenheere der Zhanguo-Zeit rekrutierten sich nicht mehr aus den Kontingenten, die Adelshäuser ihnen zur Verfügung stellten, sondern basierten auf allgemeiner Wehrpflicht. Alle kampfestüchtigen Männer waren prinzipiell dem Staat zum Kriegsdienst verpflichtet – und damit dem Zugriff der Adligen entzogen. Es gab im zentralisierten Heer keine regionalen Truppen oder ›private Gefolgschaft‹ mehr (vgl. Anm. 27, S. 265), die Truppen schuldeten allein dem Staat Gefolgschaft.

Die Struktur des Militärs entsprach der Struktur des Staates, und sein Zugriff auf das ganze Volk diente zugleich der wichtigsten Aufgabe des *state building*: der Entmachtung des Adels. Zugleich dürfte das Militär der Einbindung des Adels in das neue System gedient haben, denn viele Offiziere der Qin kamen aus Adelsfamilien. Und wie im Europa der frühen Neuzeit die adligen ›Obristen‹ zu ›Obersten‹ in stehenden Heeren wurden, wurde der Adel über staatliche Ränge integriert, die für militärische Verdienste vergeben wurden. Nicht zufällig sind viele der Rangbezeichnungen, die Shang Yang in Qin eingeführt haben soll – *gongshi*, *dafu*, *gong dafu*, *guannei hou* u.a. –, an Adelstitel angelehnt. Auf diese Weise diente das Militär dazu, die Macht des Adels zu brechen und zugleich – im Dienste des Staates – zu erhalten.

Der Einfluss militärischer Logik auf den Politischen Realismus geht noch weiter: Er durchzieht seine Begriffe und Argumente auf allen Ebenen. Schon der zentrale Begriff *fa* verweist auf das Militärwesen: Denn in den Massenarmeen der Zhanguo-Zeit waren Regeln und sanktionsbewehrte Ordnung unentbehrlich, um die Soldaten zu disziplinieren. »Die Gesetze«, so *Sunzi*, »umfassen Einzelbestimmungen, die Prinzipien für Offiziere und die Kontrolle der Ressourcen« (Sun 1). Vielfach weisen militärtheoretische Schriften – die selbst oft *bingfa* heißen, das Wort für ›Gesetz‹, ›Regel‹, ›Norm‹ also schon im Titel tragen – darauf hin, dass Armeen siegen, »weil sie Gesetze haben« (WLZ 5), denn wenn die »gesetzlichen Verordnungen nicht klar sind, Belohnungen und Strafen nicht zuverlässig, … dann sind selbst eine Million

Mann nutzlos« (Wu 3). Politische Denker wiederum betonen, dass Gesetze das Volk für den Krieg disziplinieren: »Verlässliche Belohnungen und zwangsläufige Bußen, damit lässt sich wohl Krieg führen« (HFei 34). Militärtheoretiker erkennen es als Zeichen der Schwäche, wenn »gesetzliche Verordnungen nicht gefürchtet werden und der General nicht respektiert wird« (LT 3.12), Politische Realisten wissen: »Genießt der Fürst Ansehen, dann werden seine Verordnungen befolgt; ... sind die Gesetze und Bestimmungen klar, dann fürchtet das Volk die Strafen« (SJS 23.2). Im Militär sollten »gesetzliche Bestimmungen knapp sein und nicht ausufern« (Wu 4), ebenso wie in der Politik davor gewarnt wird, dass »Strafen ausufern« (SJS 6.9), und in jedem Fall sollten »gesetzliche Bestimmungen präzisiert, Belohnungen und Strafen klargestellt« werden (WLZ 4; vgl. HFei 6, SJS 17.1 u.ö.).

Die »theoretische Sympathie, die zwischen legalistischen Doktrinen und den Prinzipien militärischer Operationen besteht« (Ames 1994, 75), kommt nicht von ungefähr. Politik und Militär waren die ersten gesellschaftlichen Bereiche, die im Alten China eine strenge Eigenlogik entwickelten: Es nimmt nicht wunder, dass der Inbegriff einer rationalen Ordnung, die Gesetze, für beide gleichermaßen zentral waren. Doch die Co-Evolution von Militär und Politik zeigt sich auch an anderen Begriffen. So wird der ›General‹ im *Weiliao zi* als »Herrscher über die Zehntausend Dinge« beschrieben, der »keinen Einzelnen bevorzugt behandeln darf« (WLZ 9) – ebenso, wie »erleuchtete Fürsten und Weise nicht um eines einzigen Menschen willen die Gesetze« beugen (Guan 38). Dass der wichtige Begriff der ›Amtsmacht‹ (*shi*) aus dem für eine militärisch überlegene Stellung abgeleitet ist, wurde bereits erwähnt (S. 32); der Begriff für ›Regierung‹ (*zheng*) meint im militärischen Kontext so viel wie ›Formation‹ (Wu 5) oder ›Strategie‹ (Sun 3); und selbst der Begriff ›Volk‹ (*min*), der im Politischen Realismus allenthalben dem ›Staat‹ gegenübergestellt wird, ist aus dem Militär bekannt: Dort kann er die ›Truppen‹ bezeichnen (Zuo 5.27, Sun 9).[47]

Die strukturellen Parallelen zwischen Militär und Politik beschränken sich nicht auf Begriffe, sie wirken sich auf die gesamte Denkart des Politischen Realismus aus. Der grundlegende Gedanke, dass man mit der Zeit gehen müsse, um zu herrschen (SJS 1.4, 7.3) – eben der Gedanke, der Politik als autonome Sphäre und Positivierung des Rechts überhaupt ermöglicht hat –, entspricht militärischer Logik. An vielen Stellen betonen die Militärtheoretiker der Zhanguo-Zeit, dass die Armee »nicht an einer Methode [*shu*] festhalten« dürfe, sondern »sich mit den Zeiten wandeln und verändern« müsse (LT 3). Anpassung der Taktik an Gegner, Zeit und Umstände sei der Schlüssel zum Sieg, denn:

> Das Militär kennt keine konstante Machtstellung [*shi*], so wie das Wasser keine konstante Form kennt. Den Sieg zu erringen, indem man sich entsprechend dem Feind wandelt und anpasst: Das nennt man göttlich. (Sun 6)

Ob die Politik diese Gedanken vom Militär übernommen hat oder umgekehrt, lässt sich kaum feststellen. Beide Bereiche sind im Gleichschritt entstanden und haben dabei vergleichbare Charakteristika entwickelt. Dazu gehört die Disziplinierung der Truppen bzw. des Volkes, die systematische Anwendung von ›Belohnungen und Strafen‹ und das berüchtigte Prinzip kollektiver Verantwortung, bei dem das Volk in ›Fünfergruppen‹ von Familien eingeteilt wurde, die füreinander hafteten – so, wie im Krieg »jeweils fünf Männer in einem Fünfertrupp zusammengefasst« wurden (SJS 19.3), der für Vergehen jedes Einzelnen kollektiv bestraft wurde.[48]

Auch das rigorose Denken in Gegensätzen, das den Politischen Realismus kennzeichnet, atmet den Geist des Militärs. Wie der Krieg kennt das *Shangjun shu* nur ein Entweder-Oder: innen und außen, gut oder böse, Sieg oder Niederlage, Stärke oder Schwäche, Strafe oder Belohnung, Reichtum oder Armut – *tertium non datur.* Die begriffliche Ordnung des Politischen Realismus ist zutiefst antagonistisch, vermittelnde Zwischentöne sind ihr fremd: Wer nicht für uns ist, ist gegen uns!

Vor allem zwei Gegensätze, die das *Shangjun shu* aufbaut, sind bezeichnend: Krieg vs. nicht Krieg und Feind vs. wir.[49] Carl Schmitt hat den jeweils erstgenannten Begriff dieser Paare – ›Krieg‹ und ›Feind‹ – als konstitutiv für den Staat ausgemacht (vgl. S. 38). Der Grund dafür lässt sich am Beispiel des *Shangjun shu* demonstrieren. Denn der »Feind« (*di*) ist dort stets ein »ebenbürtiger« (genau das impliziert das Wort *di*) Gegner, d.h. ein Staat, nicht etwa ein Verbrecher oder anderer Akteur. Durch die Bestimmung des Feindes definiert der Staat seinesgleichen, das heißt: sich selbst. Folgerichtig definiert das *Shangjun shu* auch den Krieg nicht mehr als ›rechtmäßigen‹ (*zheng*) oder ›Straffeldzug‹ (*zhu*), das heißt als Ausweitung des Strafrechts auf andere Herrschaftsgebilde,[50] sondern als »äußere Angelegenheit« (SJS 22.1). ›Krieg‹ wird gegen ›Feinde‹ außerhalb der Staatsgrenzen geführt, auch durch diesen Begriff definiert der Staat sich selbst: »War made the state«.

Allenthalben verweist die politische Logik des Realismus auf die Logik des Militärs. Dazu passt, dass Shang Yang im Altertum als »trefflicher Heerführer« (Xun 15) galt und ihm auch eine militärtheoretische Schrift zugeschrieben wird, *Gongsun Yang* in 27 Kapiteln (HS 30), die aber früh verloren ging. So eng scheint der Zusammenhang zwischen Militärtheorie und der Lehre des *Shangjun shu*, dass manche Wissenschaftler die drei militärischen Kapitel (SJS 10–12) als die älteste Schicht des Werkes betrachten. Angesichts dessen sind die militärischen Ratschläge, welche die übrigen Teile des *Shangjun shu* verkünden, erstaunlich simpel: »Wenn Kriegsdienst geleistet und das Militär eingesetzt wird, bedeutet das Stärke (SJS 4.1)«; »ist das Volk tapfer, so siegt man im Krieg« (SJS 18.3); »führt man es mit Belohnungen in den Krieg, so spottet es des Todes« (SJS 20.7). Strategie, Bewaffnung und Professionalisierung der Armee bleiben seltsam unterbelichtet, weder Mauern noch Armbrüste werden erwähnt, und die Kavallerie – die wichtigste Waffe bei den Eroberungen der Qin – wird nur einmal *en passant* genannt (SJS 15.4). Stattdessen diskutiert das *Shangjun shu* in epischer Breite das System der Beförderungen, z.B.:

> Wer den Kopf eines [Feindes mit] Rang erbeuten kann, wird mit Beförderung um einen Rang sowie Feldern von einem *qing* und Anwesen von neun *mu* belohnt; ihm wird einmalig ein Diener gewährt, und er darf einen militärischen Offiziersgrad einnehmen. (SJS 19.6)

Wer zuerst voranstürmt, wird befördert, wer zurückbleibt, degradiert, und wenn »einer nicht bereit ist, in den Tod zu gehen, wird [er vor] tausend Menschen gevierteilt«. Die Generäle sollen indes das Geschehen von einer »hölzernen Plattform … zusammen mit dem Staatlichen Oberaufseher und den Königlichen Zensoren« beobachten (SJS 19.9). Diese merkwürdig bürokratische Beschreibung militärischer Operationen, bei denen die Kommandeure mehr als Buchhalter denn als Strategen erscheinen, erinnert an Polybios' Beschreibung der Römischen Kriegsverfassung. Nach eingehender Schilderung der militärischer Auszeichnungen und Prügelstrafen folgert er:

> Bei der eifrigen Sorgfalt, welche die Römer sowohl der Belohnung als auch der Bestrafung der Soldaten im Feld widmen, erklärt es sich leicht, wenn ihre kriegerischen Unternehmungen glücklich für sie endeten (*Historien* 6.39, 386)

Dennoch ist es schwer vorstellbar, wie die Qin auf diese Weise auch nur eine einzige Schlacht gewonnen haben sollen. Soldaten, die wild begeistert anstürmen, dabei Köpfe aufklauben und abzählen, Generäle, die sich aufs Protokollieren beschränken und dabei zivile Bürokraten an ihrer Seite dulden: All das widerspricht der Professionalität, Disziplin und Autonomie, die das Militär der Zhanguo-Zeit entwickelt hatte. Das *Shangjun shu* reduziert alle revolutionären Entwicklungen des Militärwesens auf die Formel: »Ränge und Einkünfte sind das Wesentliche im Militär« (SJS 9.2). Diese Darstellung ist nicht von militärischem Kalkül geprägt, sondern von der Logik der Bürokratie. Mag sein, dass sich Shang Yang in anderem Kontext differenzierter zu militärischer Strategie geäußert hat; die Autoren des *Shangjun shu* aber waren nicht in erster Linie militärische Denker, sondern politische. Selbst im Krieg ging es ihnen darum, die zentralstaatliche Ordnung im Volk in Form von ›Rängen und Einkünften‹ durchzusetzen und damit die Geltungsansprüche der alten Elite zu überlagern.

Wirtschaft

Kein Staat kann ohne eine gesicherte Ressourcenbasis existieren. Vormodernen Staaten verursachte vor allem die Kriegsführung astronomische Kosten, die ohne systematische und dauerhafte Ausbeutung wirtschaftlicher Ressourcen unmöglich zu bestreiten waren. Im Europa der frühen Neuzeit wurden zwei Drittel des Budgets, in Kriegszeiten bis zu 90%, allein für Kriegszwecke ausgegeben (Wimmer 2000, 323). Auch wenn für das Alte China keine annähernd genauen Zahlen vorliegen, dürfte die Situation kaum anders gewesen sein. Ein Heer von Tausenden Gespannen und Hunderttausend Soldaten auf Hunderte Kilometer Entfernung mit Material und Lebensmitteln zu beliefern, kostete nach Berechnungen von Militärstrategen 1000 Gulden pro Tag (Sun 2) – eine enorme Belastung für das Volk:

> Wenn die Männer den Ruf zum Krieg hören, dann spenden sie ihren Privatbesitz, um die Armee zu bereichern, spenden Speise und Trank, um die Todgeweihten zu versorgen, zerschlagen ihre Wagen zu Feuerholz, schlachten Rinder, um die Krieger zu bewirten … So gibt das Volk mehr aus, als es in zehn Ernten erwerben kann. (ZGC 12.1)

Schon früh erkannten chinesische Denker, dass mit solchen *ad-hoc*-Aktionen kein Staat zu machen sei. Um ein professionelles Militär dauerhaft zu versorgen, reichte es nicht aus, für Feldzüge spontan Holz zu spalten und Vieh zu schlachten. Was der Staat brauchte, waren *Steuern*. Bezeichnenderweise ging die Entstehung von Staaten im Alten China mit der Einführung von Steuern einher: Guan Zhong soll sie schon im 7. Jahrhundert v. Chr. in Qi erhoben haben, andere Staaten folgten – oft als Reaktion auf militärische Bedrohung – im 6. Jahrhundert, und Li Kui soll in Wei die planmäßige Nutzung wirtschaftlicher Ressourcen eingeführt haben (vgl. S. 13f.).[51] Diese Ereignisse sind schon von der Geschichtsschreibung des Altertums genau vermerkt worden, denn sie waren – wie die Veröffentlichung von Gesetzen – etwas völlig Neues. Abgaben (*fu*), Hilfsleistungen (*zhu*) und Tribute (*gong*) hatte es auch im alten System gegeben; aber inwiefern diese verbindlich waren und systematisch erhoben wurden, bleibt unklar. Wahrscheinlich bewahrten sie stets den Charakter freiwilliger Gaben, verbunden mit der Erwartung unmittelbarer Gegenleistungen. Jedenfalls blieben die Fürstentümer der alten Ordnung offenbar auf Raubzüge angewiesen, um ihre Bedürfnisse zu decken. Steuern hingegen sind etwas ganz anderes als Abgaben und Tribute, nämlich »einseitig verfügte, rechtlich geregelte Verpflichtungen zu bestimmten, regelmäßig zu entrichtenden Abgaben, ohne dass damit die Erwartung bestimmter Gegenleistungen verbunden werden dürfte« (Wimmer 1996, 228).

So, wie die vermeintlich grausamen Strafgesetze des Staates eine Verbesserung gegenüber fürstlicher Willkür waren, dürften auch Steuern – späterhin der Inbegriff obrigkeitlicher Bedrückung – zunächst ein Fortschritt gewesen sein. Steuern werden nicht *ad hoc* eingezogen, um Feldzüge oder die Prunksucht des Fürsten zu finanzieren,[52] sondern regelmäßig. Sie sind berechenbar, bieten also Planungssicherheit. Zudem gewähren sie – theoretisch – Sicherheit vor herrschaftlicher Willkür, denn wo besteuert wird, wird immerhin nicht mehr geplündert. Schließlich wird mit ihnen die Sicherheit des Alltags erkauft, die der Staat durch sein Gewaltmonopol verbürgt. In alledem setzen Steuern den Staat in direkte Beziehung zu seinen Untertanen. Wo vordem die Adelshäuser für Abgaben an den Fürsten zuständig waren, die sie wiederum von ›ihren‹ Bauern eintrieben, greift der Staat jetzt unmittelbar auf das Volk zu. So, wie staatliche Gesetze die politische Macht des Adels brechen und ein zentralisiertes Militärwesen sein Gewaltpotential aushöhlt, untergraben staatliche Steuern die wirtschaftliche Basis des Adels. Sie erfüllen damit eine wesentliche Aufgabe des *state building*.

Die Politischen Realisten des Alten China, Theoretiker des Staates, haben früh erkannt, dass nicht nur militärische Stärke, sondern auch wirtschaftliche Produktivität, Nutzung natürlicher Ressourcen und die Größe des Volkes staatliche Macht fördern. Im *Guanzi* wird die wirtschaftliche Basis des Staates in acht Kapiteln diskutiert, das *Lüshi chunqiu* widmet ein Kapitel der »Förderung des Ackerbaus«, und auch das *Shangjun shu* kennt die wirtschaftlichen Grundlagen der Macht: »Hat ein Staat wenige Güter, zerfällt er; hat er viele Güter, ist er stark« (SJS 4.1). Die Bedeutung der Landwirtschaft ist ein beherrschendes Thema des Buches. Die erste Verordnung des Herzogs Xiao, die es notiert, lautet, »Brachland zu erschließen« (SJS 1.5), das zweite Kapitel ist ausschließlich der Frage gewidmet, wie Brachland erschlossen werden könne, und immer wieder betont es: »Ein Staat gedeiht durch Ackerbau und Krieg« (SJS 3.1).

Fast penetrant beharrt das *Shangjun shu* auf der Bedeutung des Ackerbaus: Mehr als 150mal kommt das Wort *nong*, ›Ackerbau‹, in dem Text vor.[53] Der Herrscher müsse das Volk dazu bringen, »Tag und Nacht dem Ackerbau nachzugehen« (SJS 8.1); zugleich müsse der Staat eine systematische Peuplierungs-Politik betreiben, d.h. »Volk anwerben« (Kap. 15), um weiteren Boden urbar zu machen: Je größer die Ackerfläche und je zahlreicher das Volk, desto solider die wirtschaftliche Grundlage des Staates. Shennong, der mythische ›Göttliche Ackermann‹, ist eine von wenigen Gestalten, die als Vorbild anerkannt werden, denn er herrschte »souverän über das Reich, indem er das Pflügen lehrte« (SJS 6.6, 7.2). Dazu passt, dass ein alter (und früh verschollener) landwirtschaftlicher Text mit ebendiesem Titel, *Shennong*, mit den »Theorien von Li Kui und dem Herzog von Shang« assoziiert wird (HS 30).

Doch wie schon im Falle der Militärtheorie überrascht die Dürftigkeit der ökonomischen Gedanken im *Shangjun shu*. Das Volk soll sich »um den Ackerbau bemühen, ohne zu faulenzen« (SJS 2.3): Darauf lässt sich die Argumentation im Wesentlichen reduzieren. Darüber hinaus beschränkt sich der Text darauf, Sparsamkeit zu empfehlen und vor »Ausschweifungen« zu warnen, denn »Reichtum bedeutet viele Einnahmen zu haben und wenige Ausgaben« (SJS 18.7). Der Frage, wie die Ernte als Steuer einzuziehen sei, widmet der Text kein Wort; auch Anbautechniken, Verteilung von Saatgut, Lagerung und Transport von sowie Handel mit Getreide werden an keiner Stelle angesprochen. Die neuen Agrartechniken der Zhanguo-Zeit – der Eisenpflug, das Kummetgeschirr für Ochsen, Bewässerungstechniken, organische Dünger usw. – sind im *Shangjun shu* kein Thema: Es ignoriert die landwirtschaftliche Revolution der Zhanguo-Zeit ebenso wie die militärische Revolution.

Ebenso wenig wird die Rolle des Staates als Fiskus oder Wirtschaftsakteur diskutiert, der durch Ankauf von Getreide, Verteilung von Geräten, Einrichtung von Getreidespeichern und andere Maßnahmen regulierend wirkt. Staatliche Monopole auf Salz, Eisen oder Alkohol, wie sie Guan Zhong angeblich schon im 7. Jahrhundert v. Chr. eingerichtet hatte, der Einsatz von Sklaven oder Strafarbeitern in der Wirtschaft: All das scheint den Autoren des *Shangjun shu* nicht der Rede wert. Es geht um das stupide Ackern und sonst nichts. Shang Yang werden einschneidende wirtschaftliche Reformen zugeschrieben: »Der Fürst von Shang«, heißt es,

> eichte für Herzog Xiao die Gewichte und Waagbalken, korrigierte die Maße, passte die Gewichte an, löste die Feldbegrenzungen auf und wies das Volk an, zu ackern und Kriegsdienst zu leisten: So wurde das Gebiet im Krieg vergrößert und der Staat im Frieden reich. Qin hatte keinen ebenbürtigen Gegner im Reich. (ZGC 5.17)

Doch die Vereinheitlichung der Maße und Gewichte wird im *Shangjun shu* allenfalls angedeutet, und die große Bodenreform – Umstellung der Feldmaße und Einführung von privatem Landbesitz – wird mit keinem Wort erwähnt. Auch die Besteuerung des Handels – sei es durch Zölle, Marktabgaben o.Ä. – spielt im *Shangjun shu* keine Rolle für die Staatseinnahmen. Bezeichnenderweise werden »hohe Abgaben« auf den Handel nur als Instrument erwähnt, um das Volk von »Handeln und Hökern, Geschick und Kunstfertigkeit« abzuschrecken, damit es sich »den Erträgen des Bodens« widme (SJS 22.2). Das *Shangjun shu* lässt partout nichts anderes gelten als den Ackerbau; jedweder Handel und sogar das Handwerk werden verteufelt. Diese anti-merkantile Haltung ist selbst im Kontext der agrarischen Gesellschaft des Alten China außergewöhnlich. Wenn es dem Politischen Realismus darum geht, »den Staat zu bereichern und das Militär zu stärken«, wie lässt sich diese eklatante Missachtung aller Vorteile erklären, die Handel und Handwerk für eine Volkswirtschaft bieten?

Nichts im *Shangjun shu* ist unpolitisch. Seine Ausführungen zu Rechtsnormen entspringen ebenso wenig juristischen Interessen, wie die Lehren zum Kriegsdienst der militärischen Eigenlogik folgen, und auch die Wirtschaft interessiert nicht als Selbstzweck, sondern nur im Dienste der Politik. So lässt sich in allen wirtschaftlichen Maßnahmen, die das *Shangjun shu* anführt, ein unmittelbarer politischer Effekt erkennen. Am offenkundigsten zeigt sich das in der Sparsamkeit der Lebensführung, die das *Shangjun shu* dem Volk allenthalben verordnet. »Bestimmungen für Kleidung … und Maße für Speisen« (SJS 18.7) dienen nicht einfach der Einsparung von Ressourcen; bei Luxusverboten geht es immer auch um soziale Ordnung: darum, die Zurschaustellung von Reichtum und die Hybris des Adels zu unterbinden,[54] ständische Unterschiede zu nivellieren und letztlich: staatliche Herrschaft durchzusetzen. Xun Kuang, der im 3. Jahrhundert v. Chr. den Staat Qin besucht hatte, sah dort den Effekt dieser Politik:

> Die Hundert Sippen leben schlicht, ihre Musik ist nicht dekadent, ihre Kleidung nicht aufreizend, und sie sind folgsam, voll des tiefen Respekts vor den Amtsträgern: Das ist ein Volk vom alten Schlag! (Xun 16)

Ähnlich ist es mit anderen Maßnahmen. Die Erschließung von Brachland heißt immer auch: Erschließung herrschaftsfreier Räume (Stumpfeldt 2011, 247), in denen der Staat nicht mit alteingesessenen Adelsfamilien konkurrieren muss, sondern direkt durchherrschen kann. Die Praxis war wohlbekannt: Seit dem 7. Jahrhundert v. Chr. hatten Regionalfürsten begonnen, neu eroberte Gebiete zentraler Verwaltung zu unterstellen.[55] Die so geschaffenen ›Kommandanturen und Kreise‹ (*junxian*) wurden zum Inbegriff zentralstaatlicher Ordnung: Auch darum dürfte es bei der Erschließung von Brachland gegangen sein. Dasselbe gilt für die Förderung der Landwirtschaft im Allgemeinen. Denn das Volk zum Ackerbau zu treiben heißt immer auch: es zu verbauern, willenlos und leicht kontrollierbar zu machen. »Wenn es sich an den Ackerbau hält, dann bleibt es simpel; und wenn es simpel bleibt, dann respektiert es die Anweisungen«, heißt es im *Shangjun shu* (6.3), und in aller Deutlichkeit formuliert das *Lüshi chunqiu*:

> Dass das Volk ackert, geschieht nicht allein um der Bodenerträge willen – wichtiger noch ist die Gesinnung. Wenn das Volk ackert, dann bleibt es simpel, und wenn es simpel bleibt, ist es leicht dienstbar zu machen; wenn es leicht dienstbar zu machen ist, dann sind die Grenzen sicher und die Position des Herrschers wird geachtet. (LSCC 26.3)

Auch die Landwirtschaft wird vor allem unter dem Gesichtspunkt der Machterhaltung behandelt: Produktivität ist dabei ein willkommenes Korrelat, aber keineswegs der wesentliche Punkt. Ebenso dürfte sich die Position des *Shangjun shu* zu Handel und Handwerk erklären: Beide Bereiche mögen volkswirtschaftlich notwendig, ja profitabel sein – aber politisch sind sie gefährlich. Denn »der Handelsgeist, der mit dem Krieg nicht zusammen bestehen kann« (Kant 1998, 227), führt zu Frieden: Handel beruht auf Kooperation, einem Prinzip, das der antagonistischen Denkungsart des Politischen Realismus zuwiderläuft, er vertritt ein Wertesystem, das der politischen Logik Konkurrenz macht: Das kann der

Staat nicht dulden. Vor allem aber betraf der Handel in der Zhanguo-Zeit hauptsächlich Luxusartikel. Im Rahmen der aristokratischen ›Prestige-Ökonomie‹, in der wertvolle Güter vor allem Macht und Ansehen ihrer Besitzer steigern sollten, diente Handel den Bedürfnissen ebenjener Elite, die der Politische Realismus abschaffen wollte. Das dürfte der entscheidende Punkt gewesen sein: Wirtschaftlich mag der Handel noch so einträglich sein – insofern er den politischen Gegner stärkt, ist er des Teufels. Dieselben Argumente dürften auf handwerkliche Tätigkeiten zutreffen (SJS 3.2 u.ö.), die in Form von Kunsthandwerk der Prachtentfaltung des Adels dienten. In beiden Fällen wird die ökonomische Vernunft übertrumpft vom politischen Imperativ, der zuallererst die Ausschaltung des Adels und die Nivellierung des Volkes zugunsten des übermächtigen Staates gebietet. Auch die wirtschaftlichen Lehren des Politischen Realismus finden ihre Grenzen in der Staatsräson.

Bürokratie

Zentrale Herrschaft, wie sie der Politische Realismus fordert, kann nicht anders als bürokratisch sein.[56] Um partikulare Machthaber zu überwinden, müssen Ansprüche, die auf Verwandtschaftsstrukturen und persönlichen Bindungen beruhen, durch abstrakte Normen ersetzt werden, die ohne Ansehen der Person gelten. Die Einschränkung patrimonialer Willkür erfordert routinemäßige Formalisierung von Entscheidungen, wie sie nur eine institutionalisierte Verwaltung leisten kann. Rationale Staatsführung braucht Stetigkeit und Erwartbarkeit: durch allgemein verbindliche Gesetze, eine ständig kampfbereite Armee, regelmäßige Steuern und vor allem durch kontinuierlichen Amtsbetrieb der Bürokratie. Ohne sie ließe sich kein Recht durchsetzen, und auch ein professionelles Militär ließe sich nicht aufbauen ohne einen Verwaltungsapparat, der die wehrfähige Bevölkerung registriert, Rekruten aushebt, logistische Aufgaben übernimmt und Steuern eintreibt. Ähnlich wie im Europa der frühen Neuzeit ging die ›militärische Revolution‹ des Alten China mit einer ›bürokratischen Revolution‹ einher. Militär und Verwaltung entstanden gemeinsam mit dem Staat, und ihre strukturellen Gemeinsamkeiten – hierarchische Organisation, Dienstvorschriften, weisungsgebundenes Handeln, definierte Zuständigkeiten, Formalisierung, Terminierungen usw. – sind unübersehbar.[57]

Bürokratische Verwaltung begleitet die Entstehung des Staates nicht zufällig, sondern macht recht eigentlich sein Wesen aus. Auch der Diskurs des Politischen Realismus, vor allem im *Shangjun shu*, ist zutiefst bürokratisch: penibel, trocken und humorlos. Alles Individuelle und Spontane ist ihm fremd, er will die Welt einer fraglosen Ordnung unterwerfen, die für alle Eventualitäten Vorschriften und Kontrollmöglichkeiten parat hat. Schon sein wichtigster Grundbegriff, *fa*, atmet den Geist der Bürokratie: der Rationalität und Normierung. Charakteristisch ist ihm das Streben nach Einheitlichkeit. Das Volk soll »einheitlich ausgerichtet« werden (SJS 3.3), und Privilegien sollen »einer Quelle entstammen, dann herrscht Einheitlichkeit« (SJS 3.2), kurz: Es geht darum, dass »die Obrigkeit Einheitlichkeit schafft« (SJS 3.4). Das *Shangjun shu* gleicht sprachlich und inhaltlich in großen Teilen selbst einer Verwaltungsvorschrift; man nehme die folgende Passage über den Aufbau des Staates:

> Beim Aufbau eines Staates müssen Bestimmungen und Maße zeitgemäß sein, Verwaltungsregeln sind sorgsam zu behandeln, Staatsangelegenheiten zu beachten und die Grundlagen der Aufgaben zu erfassen. Sind Bestimmungen und Maße zeitgemäß, dann lassen sich die Gebräuche des Landes umformen, und das Volk folgt den Bestimmungen; sind Verwaltungsregeln klar, dann gibt es keine Korruption unter den Beamten. Werden die Staatsangelegenheiten einheitlich behandelt, dann wird das Volk seinen Verwendungen entsprechen. Werden die Grundlagen der Aufgaben erfasst, so genießt das Volk den Ackerbau und erfreut sich am Kriegsdienst. (SJS 8.1)

In mehrerer Hinsicht dient die Bürokratie dem vornehmsten Ziel des *state building*, der Ausschaltung des Adels: indem ihre Bestimmungen »die Gebräuche des Landes umformen«, d.h. alle Partikularismen überlagern, indem sie direkt auf das Volk angewendet wird, unter Umgehung der Eliten, und schließlich: indem sie ihre Mitarbeiter nach eigenen Regeln rekrutiert, d.h. ohne Ansehen der Herkunft. Ämter, die in den Jahrhunderten zuvor als Patrimonium innerhalb von Adelsfamilien vererbt wurden,[58] sollten nun nach rationalen Kriterien besetzt werden: Der Staat »belohnt Leistungen der Menschen, um sie mit Aufgaben zu betrauen« (SJS 6.9). Dieser Gedanke muss revolutionär gewesen sein: dass soziale Positionen durch Leistung verändert werden könnten, war in einer segmentären Gesellschaft, in der sozialer Status qua Geburt zugeschrieben wird, unvorstellbar gewesen. Erst die soziale Mobilität des späten Altertums machte diesen Gedanken plausibel. Schon im *Mozi* werden Politik und Verwaltung nicht als angewandtes Gutmenschentum verstanden, sondern als Beruf. Wie für ein Handwerk seien dafür nicht allgemeine Tugenden oder noble Abstammung nötig, sondern spezifische Fähigkeiten:

> Wenn man einen zeitgenössischen Ehrenmann zum Aufseher über einen einzigen Hund oder ein einziges Schwein machte, würde er ablehnen, wenn er es nicht könnte. Wenn man ihn aber zum Kanzler eines ganzen Staates machte, würde er es tun, auch wenn er es nicht könnte. Ist das nicht widersinnig?! (Mo 12.47)

In einer differenzierten Gesellschaft, in der sich spezialisierte Handwerke herausgebildet hatten, konnte es auch für einen Beamtenposten nicht ausreichen, ein »Ehrenmann« zu sein. Weder Bildung noch Moral waren zureichende Qualifikationen und am allerwenigsten Adel. »Männer für Mühen und Verdienste zu befördern, bedeutet Stärke«, schreibt das *Shangjun shu* (4.2), dagegen seien »private Zugänge« zu öffentlichen Ämtern zu blockieren (SJS 8.1). Indem sie die Prärogativen des Adels untergräbt, fördert die Bürokratie den Elitenwandel, der konstitutiv für die Durchsetzung staatlicher Macht ist: Die neuen Beamten sollten nicht mehr klientelistischen Netzwerken oder Familien verpflichtet sein, sondern direkt dem Staat. Bürokratische Ämter waren für den Staat »eine friedliche Form der Präsentation und Ausübung von Macht« (Luhmann 2000, 91).

Nur einer musste sich nicht durch Leistung qualifizieren: der Herrscher. Diese Ausnahmestellung der politischen Spitze ist ein Indiz der Differenzierung von Politik und Verwaltung. Denn schon früh entwickelte die Bürokratie ihre spezifische Eigenlogik, die mit der Macht in Konflikt geraten konnte. Der Politische Realismus hat die funktionale Differenzierung von Politik und Bürokratie klar definiert: »Der Herrscher bringt die Gesetze hervor, die Beamten wahren die Gesetze, das Volk orientiert sich an den Gesetzen«, heißt es im *Guanzi* (45) und ähnlich im *Shenzi*:

> Dem Gesetz nach Kräften zu dienen, obliegt den Hundert Sippen; die Gesetze bis in den Tod zu wahren, obliegt den Amtsträgern; und die Gesetze prinzipientreu zu verändern, obliegt dem Fürsten. (Shen 78)

Der Unterschied zwischen Staatsleitung – dem Fürsten (und seinen Beratern)[59] – und der Verwaltung ist deutlich. Nur die Staatsleitung betreibt Politik im engeren Sinne: Sie gibt und verändert die Rechtsnormen, die der Verwaltung als Prämissen für ihre Entscheidungen dienen (vgl. S. 46). Die Unterscheidung ist elementar für die Lehre des Politischen Realismus. Sie ergibt sich zwangsläufig aus der Differenzierung der Politik: »Ein Amt zu bekleiden und die Gesetze zu wahren« ist etwas anderes, als Dinge zu diskutieren, »die jenseits der Gesetze liegen« (SJS 1.3). Dadurch, dass die Politik die Umwelt ausschließt, differenziert sie sich von der Verwaltung, mehr noch: Dadurch bringt sie Verwaltung allererst hervor. Die Entscheidungskapazitäten der Staatsleitung sind viel zu gering, um mehr als allgemeine Entscheidungen treffen zu können; für deren Operationalisierung im Alltagsgeschäft braucht sie die Bürokratie. Wie weit die Kluft ist, die den Herrscher von den Routinen der Verwaltung trennt, verdeutlicht eine Anekdote im *Han Feizi*:

> König Zhao von Wei … sagte zum Fürsten Mengchang: ›Ich möchte an den Geschäften der Beamten teilhaben‹, worauf dieser antwortete: ›Wenn Ihr, mein König, an den Geschäften der Beamten teilhaben möchtet, dann versucht Euch doch einmal in der Lektüre der Gesetze [*fa*].‹ König Zhao las ein gutes Dutzend Bambusstreifen mit Gesetzen – und schlief ein. Daraufhin sagte er: ›Ich kann diese Gesetze nicht lesen.‹ (HFei 32)

Politik geschah mündlich – am Hofe wurde »über die Regierung gesprochen« (SJS 3.6) –, Verwaltung dagegen schriftlich. Mit dem Medienwechsel verließen die ›Gesetze‹ zugleich den Kompetenzbereich der Politik: Jetzt waren es die Beamten, die sie kontrollierten, während der Herrscher sie nicht einmal lesen konnte. Dennoch war er gehalten, sich tunlichst nach ihnen zu richten, wie das *Shangjun shu* zumindest an einer Stelle fordert: »Auf Worte, die nicht den Gesetzen entsprechen, hört er nicht. Verhalten, das nicht den Gesetzen entspricht, schätzt er nicht hoch; Aufgaben, die nicht den Gesetzen entsprechen, führt er nicht aus« (SJS 23.5). Eine Tyrannis, die dem Herrscher unbeschränkte Gewalt einräumte, hatten die Autoren des *Shangjun shu* gewiss nicht im Sinn. Manche Quellen behaupten sogar, Shang Yangs »Gesetze erstreckten sich auch auf den Kronprinzen«, und jener habe für das Fehlverhalten des Kronprinzen dessen Tutor die Nase amputieren lassen (ZGC 3.1, SJ 68). Doch wie weit geltendes Recht die Willkür des Herrschers auch eingeschränkt haben mag: Einen Rechtsstaat hat der Politische Realismus nie entworfen. Es ging ihm nicht um ›rule of law‹, unter der »die Regierung in all ihren Handlungen durch Regeln gebunden ist, die im Vorhinein festgelegt und verkündet worden sind« (Hayek 1944, 80), sondern stets um ›rule *by* law‹. In der Lehre des Politischen Realismus »setzen sich die Gesetze gegen das Volk durch« (SJS 5.2). Recht blieb stets ein Instrument der Politik: Eben das ist der Unterschied zum ›Legalismus‹.

Gerade die Aufgabenteilung zwischen Politik und Verwaltung diente der Machterhaltung des Staates. Zum einen sorgt die Politik dafür, dass die Verwaltung legitimiert ist: Diese muss die Grundlagen ihres eigenen Handelns nicht reflektieren, sondern kann sich stets auf die Entscheidungen des Herrschers berufen. Umgekehrt legitimiert erst die Verwaltung den Herrscher. Die Autoren des Politischen Realismus haben diesen Punkt besonders betont: Wieder und wieder heben sie hervor, dass der Herrscher ›angesehen‹ (*zun*) sein müsse, und Shang Yangs Politik wurde ausdrücklich als Verdienst angerechnet, dass »der Herrscher durch sie angesehen und sicher« war (HFei 13). Tatsächlich war dies ein Grundproblem für die neuen Herrscher der Zhanguo-Zeit. Die Fürsten des alten Adels hatten qua Geburt eine unanfechtbare Legitimation besessen: Ihre Ahnen hatten das Herrschaftsmandat von den Zhou-Königen persönlich erhalten und es ungebrochen in ihrer Familie vererbt. Viele Herrscher der Zhanguo-Zeit hingegen waren Usurpatoren, die sich weder durch Tradition noch durch Abstammung legitimieren konnten. Stattdessen genügte ihnen die bloße Geltung ihrer Verordnungen als Legitimation;[60] ihre Herrschaft rechtfertigte sich selbst:

> Haben die Verordnungen Gewicht, so genießt der Fürst Ansehen, und genießt der Fürst Ansehen, so ist der Staat sicher. … Daher beruht die Sicherheit des Staates auf dem Ansehen des Fürsten, das Ansehen des Fürsten beruht auf der Durchführung seiner Verordnungen, und die Durchführung seiner Verordnungen beruht auf strengen Bußen. (Guan 15)

Die herrscherlich legitimierte Bürokratie legitimiert den Herrscher, indem sie die »Durchführung seiner Verordnungen« besorgt – und zwar unabhängig von der Leistung des Herrschers. Das ist die Pointe des Politischen Realismus: Auch »ein mittelmäßiger Herrscher« konnte die Funktion der Staatsleitung übernehmen, denn die Verwaltung würde seine Fehler kompensieren (vgl. S. 33).

Doch die Differenzierung von Politik und Verwaltung hatte ihren Preis. Nicht nur König Zhao von Wei bereiteten die zunehmende Autonomie und Komplexität der Bürokratie Schwierigkeiten, auch die Autoren des *Shangjun shu* kannten die Folgeprobleme der Bürokratisierung. Deshalb war es ihnen so wichtig, »dass korrupte Beamte nicht dazu kommen, sich am Volk privat zu bereichern« (SJS 2.1), und dass »keine Korruption unter den Beamten« herrscht (SJS 8.1). Mit der Bürokratie war zugleich auch die Korruption entstanden. Die Objektivierung von Leistungskriterien sowie die Trennung von Amt und Person hatten den Unterschied von ›privat‹ und ›öffentlich‹ verschärft. Während in patrimonialen Verhältnissen die Selbstbereicherung im Amt selbstverständlich gewesen war, galt nunmehr alles, was dem ›persönlichen‹ Vorteil diente, als Korruption. Und die einzige Lösung für dieses Problem war: mehr Bürokratie. Das Machtdifferential zwischen Herrscher und Beherrschten schloss externe Kontrollmöglichkeiten aus: »Die Überlegenheit der herrschenden Klasse darf nicht angetastet werden. Die einzige zulässige Kontrolle der Herrenklasse ist deshalb die Selbstkontrolle« (Popper 1992, 63). Doch damit war das Problem keineswegs gelöst:

> Nun setzt man Stellvertreter und Kontrolleure ein mit dem Ziel, Selbstbereicherung zu verhindern, aber die Stellvertreter und Kontrolleure wollen sich ebenso selbst bereichern – wie sollten sie einander davon abhalten? (SJS 24.2)

Zusätzliche Kontrollen und Revisionen vergrößerten nur den Apparat. Auch dem Politischen Realismus war das »Proliferationsgesetz« der Bürokratie (Parkinson) bekannt. Das *Shangjun shu* warnt dringend davor, dass Verwaltung und »Dienstaufgaben täglich weiter ausufern« (SJS 9.6). Die Folge sei nichts anderes als Anarchie, denn »in einem anarchischen Staat … vertraut man auf eine Vielzahl von Beamten und eine Menge von Amtmännern« (SJS 24.2). Die Formel »Große Verwaltung, kleiner Staat; kleine Verwaltung, großer Staat« (SJS 4.2, 20.9) bringt das Dilemma auf den Punkt: Der Staat braucht die Bürokratie, um seine Herrschaft durchzusetzen, doch zu viel Bürokratie führt zu Herrschaftslosigkeit.

Herlee Creel hat darauf hingewiesen, dass Kontrolle der Verwaltung mindestens ebenso wichtig für den Politischen Realismus gewesen sei wie die Herrschaft durch Gesetze. ›Leistung und Titel‹, *xingming*, war die Bezeichnung für die »Technik, mit der der Herrscher seine Regierung fest unter Kontrolle halten konnte«, indem er lediglich prüfte, ob die Leistung eines Beamten mit den geforderten Aufgaben übereinstimmte: »Wenn *xing* und *ming* korrespondieren, ist er der Mann für den Posten« (Creel 1970, 104). Wie man sich das in der Praxis vorstellte, verdeutlicht eine Anekdote aus dem *Han Feizi*:

> Einst war der Markgraf Zhao von Han betrunken eingeschlafen. Sein Kappenwart sah, dass er fror, und legte ihm Kleider über. Wieder erwacht, fragte der Markgraf erfreut seine Entourage: ›Wer hat mir die Kleider übergelegt?‹ Sie antworteten: ›Der Kappenwart.‹ Daraufhin bestrafte der Fürst sowohl den Kleiderwart als auch den Kappenwart: jenen, weil er seine Aufgaben versäumt hatte, und diesen, weil er seine Kompetenzen überschritten hatte. (HFei 7)

So anschaulich diese Anekdote ist, dürfte doch kein Herrscher ein solches Kontrollsystem persönlich bewältigt haben. Auch diese Verfahren mussten formalisiert werden, sie brauchten Dienstvorschriften, wie sie im *Shangjun shu* beschrieben werden: Beamte, die Verordnungen in ihrem Zuständigkeitsbereich vernachlässigen, sollen gemäß ebendiesen Verordnungen bestraft werden; und »wer es wagt, die gesetzlichen Verordnungen zu verändern, indem er nur ein einziges Zeichen – oder mehr – tilgt oder hinzufügt, werde ohne Pardon mit dem Tode bestraft« (SJS 26.2). Diese Passagen machen deutlich, dass solche Kontrollen nur möglich wurden durch eine aufgeblähte Bürokratie, deren »Dienstaufgaben täglich weiter ausufern« (SJS 9.6). Penible Dienstvorschriften der Qin, die archäologisch gefunden wurden, bestätigen den Eindruck einer Bürokratie, deren vornehmste Aufgabe es war, sich selbst zu kontrollieren.[61] Wie die Generäle auf ihrer hölzernen Plattform, waren höhere Beamte vor allem damit beschäftigt, »Leistung und Titel« der Untergebenen zu überwachen.

Die Ironie der Geschichte: So raffiniert ihre internen Prüfverfahren auch waren – beim Volk, dort, wo sie eigentlich gefragt waren, hörten die Kontrollmöglichkeiten der Bürokratie auf. »In einem geordneten Staat ist es wichtig, dass auf unterer Ebene entschieden wird« (SJS 5.9) – das war den Politischen Realisten klar. Doch so sehr die Bürokratie der Qin und ihrer Nachfolger auch anwuchs, reichte sie nie aus, um Verwaltung auf lokaler Ebene effektiv durchzusetzen. Stattdessen musste das Volk sich selbst kontrollieren. Die Mohisten hatten vorgeschlagen, das Problem zu lösen, indem man »die Herren der Adelsfamilien dazu bringt, die Prinzipien ihrer Familien so zu organisieren, dass sie mit denen des Landesherren übereinstimmen«; Wohltäter sollten gemeldet, Übeltäter denunziert werden (Mo 13).[62] Shang Yang wird nachgesagt, dieses System in Qin perfektioniert zu haben:

> Als Gongsun Yang Qin regierte, schuf er ein System der Denunzierung und gegenseitigen Verantwortung sowie der Rechenschaft für Leistungen, in dem Zehner- und Fünfergruppen gemeinsam für Verbrechen einstanden, Belohnungen hoch und zuverlässig, Strafen schwer und zwangsläufig waren. (HFei 43)

Dieses »System der Denunzierung und gegenseitigen Verantwortung« ist dem Politischen Realismus als besondere Perfidie angelastet worden, seien dadurch doch »die Prinzipien menschlicher Beziehungen verworfen« worden (XS 3).[63] Doch auch dieses System dürfte – genau wie die schweren Strafen – weniger in Niedertracht begründet sein als in staatlicher Schwäche. Die Qin konnten es sich schlicht nicht leisten, eine ausreichend große – und auskömmlich bezahlte – Bürokratie aufzubauen, um bis auf lokale Ebene durchzuherrschen.[64] Von einer Polizei-Ordnung, die sich von der Justiz unterschied und für Sicherheit und ein wohlgeordnetes Gemeinwesen sorgte, konnte noch zwei Jahrtausende lang nicht die Rede sein. Stattdessen mussten diese obrigkeitlichen Aufgaben der Bevölkerung überlassen werden, und das hieß: den lokalen Eliten.

Damit war der Politische Realismus an seinen Ausgangspunkt zurückgekehrt. Sein Grundproblem bestand darin, die Autonomie lokaler Eliten zu brechen, um zentrale Herrschaft durchzusetzen. Doch trotz zentraler Gesetzgebung, professionellen Militärwesens, staatlicher Intervention in die Wirtschaft und einer ausgeprägten Bürokratie ließ sich partikulare Gegenmacht nie vollständig ausschalten. Mit der Bürokratie war zudem eine neue Mittelschicht erwachsen, die zwischen Herrscher und Volk ihre Autonomie behauptete: Statt zentrale Macht zu fördern, »wird der Fürst geschwächt und die Minister werden gestärkt« (SJS 25.2). Die Bürokratie, ursprünglich geschaffen, um »Gewalt und Anarchie« zu beenden, drohte ihrerseits wieder in die Anarchie zu führen: Sie wurde zu dem Problem, dessen Lösung sie sein sollte. Das letzte Kapitel des *Shangjun shu*, das sich selbst wie eine Verwaltungsvorschrift liest, liefert beredtes Zeugnis von dieser Entwicklung. Dort wird beschrieben, wie Amtsmissbrauch dadurch verhindert wird, dass die Untertanen über die Gesetze aufgeklärt werden:

> Wenn ein Amtmann jemanden aus dem Volk nicht dem Gesetz entsprechend behandelt, dann wendet dieser sich an den Gesetzesbeamten, der ihm sodann über das gesetzliche Urteil Auskunft erteilt. Sodann teilt die Person dem Amtmann die Worte des Gesetzesbeamten korrekt mit. Wenn der Amtmann weiß, dass es so ist, wird er es nicht wagen, das Volk entgegen den Gesetzen zu behandeln, und das Volk wird nicht wagen, gegen das Gesetz zu verstoßen. (26.4)

Die Publikation von Gesetzen hatte einst dazu gedient, die Willkür der Aristokratie einzuschränken (S. 49) – jetzt diente sie zur Kontrolle der Bürokratie. Nicht die Aristokratie, sondern die Bürokratie zu bändigen, war fortan die größte Sorge chinesischer Herrscher – und sollte es bis zum Ende des Kaiserreiches bleiben. Es ist gewiss kein Zufall, dass das *Shangjun shu* just mit diesem Thema schließt: Mit ihm war der Politische Realismus an sein logisches Ende gekommen.

Zu Geschichte und Struktur des *Shangjun shu*

Die *Schriften des Fürsten von Shang* sind mehr als 2000 Jahre alt. Man muss sich das klarmachen, um die Distanz zu ermessen, die – zeitlich, kulturell, sprachlich – zwischen uns und diesen Texten liegt: Sie stammen aus einer anderen Welt. Ihre Ursprünge liegen, wie die vieler chinesischer Klassiker, völlig im Dunkeln. Die Biographie Shang Yangs gibt keinerlei Hinweis darauf, dass er selbst Texte verfasst hat, und nach allem, was wir über seine Zeit wissen, ist das auch höchst unwahrscheinlich: Denn zu seinen Lebzeiten, im 4. Jahrhundert v. Chr., dürfte die chinesische Manuskriptkultur noch in ihren Anfängen gesteckt haben. Aus früheren Jahrhunderten sind nur inschriftliche Zeugnisse bekannt, kurze Texte auf Knochen, Bronze oder Stein, und erst allmählich begannen die Chinesen, längere Texte auf Bambusstreifen zu schreiben. Der früheste mögliche Hinweis auf Texte von Shang Yang stammt denn auch erst aus dem späten 3. Jahrhundert v. Chr. Im *Han Feizi* heißt es: »Heute redet alles Volk innerhalb des Staatsgebiets von der Regierung, und in jedem Haushalt sind die ›Gesetze‹ von Guan [Zhong] und Shang [Yang] vorhanden« (HFei 49). Ob es sich bei diesen »Gesetzen« (*fa*) um Vorformen des *Shangjun shu* handelt, ist unklar. Etwas konkretere Hinweise liefert der Historiker Sima Qian, der im frühen 1. Jahrhundert v. Chr. angab, die Schriften »Öffnen der Blockaden« (*kaisai*) sowie »Pflügen und Kriegsdienst« (*gengzhan*) des Fürsten von Shang gelesen zu haben: Gemeint sind wahrscheinlich Kap. 7 und 3 des überlieferten *Shangjun shu*. Ob Sima Qian noch weitere ›Schriften‹ oder gar das ganze Werk vorgelegen hat, lässt sich nicht sagen.

Erst die Bibliographie der kaiserlichen Bibliothek aus dem 1. Jahrhundert n. Chr. – fast ein halbes Jahrtausend nach den Lebzeiten von Shang Yang! – nennt einen Text, der sich hinlänglich plausibel mit dem *Shangjun shu* identifizieren lässt: »*Shangjun* in 29 Kapiteln, Kategorie *fajia*«. Darüber hinaus nennt die Bibliographie zwei weitere Titel, die mit Shang Yang in Verbindung gebracht werden:

– *Gongsun Yang*, 27 Kapitel, Kategorie »Militär« (*bing*)

– *Shennong*, 20 Kapitel, welches der Kommentar mit den »Theorien von Li Kui und dem Herzog von Shang« assoziiert (HS 30).

Diese beiden Texte sind nicht überliefert. Ob und inwieweit Teile von ihnen in das überlieferte *Shangjun shu* eingeflossen sind, ist nicht bekannt. Jedenfalls scheint dieses auch in den nächsten Jahrhunderten 29 Kapitel gehabt zu haben. Im bibliographischen Kapitel des *Suishu* aus dem Jahr 636 wird dann ein »*Shangjun shu*, fünf Bände, verfasst von Wey Yang, dem Kanzler von Qin«, genannt: Damit ist erstmals die Einteilung in fünf Bände[65] bezeugt, die noch heute gängig ist. Welche *Kapitel* das *Shangjun shu* im 7. Jahrhundert enthielt, ist allerdings unklar. Eine Anthologie aus der gleichen Zeit, das *Qunshu zhiyao*, zitiert ein Kapitel mit dem Titel »Sechs Gesetze« (*liufa*), das im *textus receptus* nicht erscheint; und in den folgenden Jahrhunderten sind drei Kapitel völlig verloren gegangen, von zwei weiteren – Nr. 16 und 21 – blieben nur die Namen erhalten. Die früheste bekannte Druckausgabe stammt erst aus der Yuan-Zeit (1279–1368), sie umfasste nur mehr 24 Kapitel (sowie die Titel der zwei weiteren). Erst seit dieser Zeit scheint der Text einigermaßen stabil überliefert worden zu sein.[66]

Gravierende Probleme bleiben bestehen. Es gibt keinen frühen Kommentar zum *Shangjun shu*: keine Arbeit, die den Text strukturiert, interpungiert oder mit Glossen versehen und ihn auf diese Weise gesichert hätte. Er ist mit allen Narben der handschriftlichen Überlieferung auf uns gekommen: mit Fehlschreibungen, Auslassungen, Transpositionen und anderen Verderbnissen, die das Verständnis erschweren. Schon Huang Zhen (1213–81) wunderte sich: Shang Yang sei »doch wohl ein talentierter Rechtsbeamter gewesen, da sollten seine Schriften nicht so wirr sein« (zit. nach Zhang Jue 2012, 394). Erst im 18. Jahrhundert – gut 2000 Jahre nach seiner Entstehung – besorgte Yan Kejun (1762–1843) die erste kritische Edition des Textes. Seine Kommentare sind späterhin durch eine Reihe von Gelehrten – darunter Sun Xingyan (1753–1818), Yu Yue (1821–1907), Sun Yirang (1848–1908), Gao Heng (1900–86), Jiang Lihong und Zhang Jue – ergänzt worden. Heute liegen eine Reihe von wissenschaftlichen Ausgaben vor, von denen vier hervorzuheben sind:

Shangjun shu zhuyi 商君書注譯, hg. von Gao Heng 高亨, Beijing 2011.
Shangjun shu zhuizhi 商君書錐指, hg. von Jiang Lihong 蔣禮鴻, Beijing 1996.
Shôkunsho kenkyû 商君書研究, hg. von Yoshinami Takashi 好並隆司, Hiroshima 1992.
Shangjun shu jiaoshu 商君書校疏, hg. von Zhang Jue 張覺, Beijing 2012.

Sowohl durch ihre editorische Arbeit als auch durch ihre philologischen Kommentare haben diese Gelehrten viele dunkle Stellen aufgehellt. Aber zahlreiche Widersprüche in Textgestalt und Kommentaren zeigen zugleich, wie problematisch der Text des *Shangjun shu* nach wie vor ist.

Viele dieser Probleme liegen schon in der Struktur des Textes begründet. Denn wie fast alle altchinesischen Texte sind auch die *Schriften des Fürsten von Shang* kein homogenes Werk aus einer Hand, sondern ein vielschichtig zusammengefügter Text. Kaum ein Werk der alten Literatur dürfte aus dem Pinsel des Mannes stammen, mit dessen Namen es verbunden wird, und auch Shang Yang diente wohl nur als Namenspatron, dessen Ruf dem Werk Bedeutung verleihen sollte.[67] Tatsächlich ist das *Shangjun shu* – wie praktisch alle anderen Bücher der Zeit – eine Textsammlung, die in einem anonymen Prozess der ›kreativen Überlieferung‹ über Jahrzehnte oder Jahrhunderte angewachsen ist. Man darf annehmen, dass dies wesentlich im Staat Qin geschah, auch wenn nur wenige Kapitel (Kap. 1, 15, 20.11, 26.4) eindeutige Hinweise darauf geben, andere (z. B. Kap. 12) eher einen anderen Hintergrund nahelegen und manche erst nach dem Untergang von Qin entstanden sein mögen.

An vielen Stellen sieht man dem Buch diese Schichten an, die sich, wie die Jahresringe eines Baumes, um einen unscheinbaren Kern gelagert haben: kommentierende Kapitel wie Nr. 20, Rahmenerzählungen wie Kapitel 1 und 26 und manche andere Kapitel, deren sprachliche und inhaltliche Eigenheiten auf ein späteres Entstehungsdatum deuten. Doch auch an kleineren literarischen Einheiten zeigt sich das Wachstum des Textes: Manchmal sind es einzelne Sätze, die aus dem Zusammenhang fallen, manche Passagen scheinen als Kommentare eingefügt worden zu sein, und manchen Kapiteln wurden ganze Abschnitte angehängt. Auch wenn sich eine ›Schule‹ des Politischen Realismus historisch kaum nachweisen lässt, ist offensichtlich, dass das *Shangjun shu* im Laufe seiner Überlieferung nicht einfach abgeschrieben, sondern ergänzt, kommentiert und bearbeitet wurde. Die *Schriften des Fürsten von Shang* sind in Wirklichkeit das Produkt einer Vielzahl anonymer Autoren und Redaktoren.

Diese Vielschichtigkeit ist der Forschung schon früh aufgefallen, und mehrere Wissenschaftler haben versucht, die Kapitel des *Shangjun shu* zeitlich einzuordnen. J.J.L. Duyvendak hat bereits 1928 eine erste Einschätzung vorgelegt, Zheng Liangshu hat später versucht, die Kapitel in fünf genau datierte Perioden zwischen 361 v. Chr. (Beginn der Herrschaft von Herzog Xiao) und 210 v. Chr. (Ende der Qin-Dynastie) einzuordnen, Yoshinami Takashi hat Zhengs Systematik eine eigene gegenübergestellt, und den jüngsten Versuch einer Datierung hat Yuri Pines unternommen.[68] Die folgende Tabelle (S. 84) gibt einen groben Eindruck von diesen vier Vorschlägen im Vergleich.

Auch wenn diese Darstellung nicht zu genau genommen werden sollte – Duyvendaks Angaben sind undatiert, Pines etwa nennt oft nur einen *terminus post quem* bzw. breitere Datierungen –, deutet sie doch an, wie problematisch solche Datierungsversuche sind. Über die frühe Datierung der Kapitel 3, 10, 11, 12 und 19 herrscht weitgehend Konsens (bei

Periode*	Duyvendak	Zheng Liangshu	Yoshinami	Pines
1 (361–338)	(2), (3), 4, 5, 10, 11, 12, 13, 19, (20)	1, 2, 10, 11, 12, 19	10, 11, 12	2, 3?, 4?, 6?, 7?, 12
2 (337–318)	7, 8	6, 3, 14	3, 19	1?, 5?, 8?, 10, 11, 13, 19?, (20)?
3 (317–247)	6, 9, 14	4, 5, 15, 20, 22	22	9, 17
4 (246–221)	1, 15, 17, 20.11 23, 24, 25, 26	7, 8, 9, 13, 17, 18, 25	9, 25, 6, 15, 14, 8, 20, 5, 4, 17, 2, 18, 7, 23	15, 26
5 (221–210)		23, 24, 26	13, 24	

* Datierungen nach Zheng Liangshu, sie beziehen sich nicht auf die anderen Autoren.

Kapitel 2 weicht Yoshinami deutlich ab), ebenso über die späte Datierung des letzten Kapitels, 26, aber in vielen anderen Fällen fallen die Einschätzungen widersprüchlich aus. Der Sinologie fehlen bislang noch die Mittel, um solche Datierungen – und seien es relative – zuverlässig vorzunehmen.

Ein grundsätzliches Problem liegt darin, dass *Kapitel* meist keine angemessene Basis der Datierung bieten, da sie selbst heterogen sind. Die meisten klassischen chinesischen Texte sind keineswegs literarisch durchkomponierte Werke, sondern tragen noch deutliche Spuren der Mündlichkeit, aus der sie einst hervorgegangen sind. Sie enthalten viele gereimte Passagen, Listen, Parallelismen, Redundanzen und andere mnemotechnische Mittel, und ihre Grundbausteine sind oft recht kurze literarische Einheiten: prägnante Sentenzen und Versatzstücke, an die sich mitunter Kommentarschichten lagern. Solche Versatzstücke prägen viele Texte der Zhanguo-Zeit. Wir finden sie in den kanonischen Dokumenten des *Shangshu*, den *Urteilen und Aussprüchen* des Konfuzius, bei den Mohisten und Daoisten, in Anekdotensammlungen und historischen Werken. Oft tauchen sie mehrmals auf, im gleichen Buch oder in verschiedenen: Sie offenbaren ein Geflecht intertextueller Bezüge, das zeigt, wie eng selbst die Texte verschiedener ›Schulen‹ miteinander zusammenhängen. Dabei lässt sich kaum je feststellen, welche Version die Vorlage für eine andere war – oder ob das Original schon lange verloren ist. Der ›Sitz im Leben‹, d.h. der ursprüngliche Kontext dieser Versatzstücke – Lehrgespräche? Hofdebatten? Zeremonien? – ist uns unbekannt.[69]

Über 60 solcher literarischen Einheiten, die an mehr als 130 Stellen erscheinen, finden sich auch im *Shangjun shu*. Große Teile der Kapitel 3, 4, 5 und 13 sind regelrechte Flickenteppiche solcher Versatzstücke. In vielen Fällen erscheint es kaum sinnvoll, die Kapitel zu datieren, sondern es sind die Versatzstücke bzw. die Textschichten, die datiert werden müssten: Damit würde das Bild noch weitaus komplizierter.

Auch das inhaltliche Verständnis des Textes wird durch die Vielzahl der Versatzstücke erschwert, die – ihrem Ursprungskontext entwendet – für sich genommen oft rätselhaft erscheinen:

> Von einem Staat, der Stärke liebt, lässt sich sagen, dass er ›mit Schwerem angreift‹ – und wer mit Schwerem angreift, wird gewiss gedeihen. Von einem, der Eloquenz liebt, lässt sich sagen, dass er ›mit Leichtem angreift‹: Und wer mit Leichtem angreift, ist gewiss gefährdet. (SJS 3.5)

Erst Parallelüberlieferungen oder Kommentare bringen bisweilen Licht in solche dunklen Aussprüche. So bietet etwa Kapitel 20 Kommentare zu vielen Versatzstücken von Kapitel 4, die ohne jene oft schwer verständlich wären. Das heißt jedoch nicht, dass diese Kommentare uns das ›richtige‹ Verständnis dieser Versatzstücke bieten. Sie belegen nur, wie früh das *Shangjun shu* schon als problematisch und erklärungsbedürftig empfunden wurde.[70] Wie die Kommentare späterer Gelehrter sind auch diese textinternen Kommentare Interpretationen, die in ihrem eigenen Kontext verstanden werden müssen. Letztlich müsste jede Textschicht des *Shangjun shu* zunächst analysiert und für sich genommen interpretiert werden – ein Ziel, von dem die Forschung indes noch weit entfernt ist.

Übersetzung und Kommentaranlage

Die vorliegende Übersetzung des *Shangjun shu* richtet sich nicht nur an Sinologen, sondern gleichermaßen auch an ein allgemein gebildetes Publikum. Sie verzichtet daher auf viele philologische Details, die den Text überfrachtet hätten. Vor allem die umfangreichen Diskussionen über Schreibvarianten, Konjekturen, Emendationen und andere Fragen zur Textgestalt wurden weitgehend ausgeklammert. Diese – meist ohnehin nur Spezialisten verständlichen – Argumente sind in den oben genannten chinesischen Ausgaben hinlänglich dokumentiert; sie müssen hier nicht wiederholt werden. Da eine historisch-kritische Ausgabe nicht vorliegt und nach Lage der Dinge auch nicht zu erhoffen ist,[71] folgt die Übersetzung in der Regel stillschweigend der Edition von Zhang Jue 2012 (nicht aber seiner Übersetzung ins moderne Hochchinesisch); lediglich besonders große Eingriffe in den Text wie Emendationen oder Transpositionen ganzer Sätze werden im Kommentar vermerkt.

Immerhin sei an dieser Stelle ein Eindruck von den Schwierigkeiten vermittelt, vor die sich ein Übersetzer des *Shangjun shu* gestellt sieht. Gleich der allererste Satz liefert dafür reiche Illustration; er lautet:

	孝	公	平	畫
heutige Aussprache:	Xiao	gong	ping	hua
Wort für Wort:	Xiao	Herzog	eben/ebnen	Plan/planen[72]

Die ersten beiden Zeichen, das Subjekt des Satzes, sind klar: Gemeint ist Herzog Xiao. Doch das Prädikat ist rätselhaft. Der Ausdruck *ping hua* ist ein *hapax legomenon*, er ist nur an dieser einen Stelle belegt. Solche *hapax legomena*, die im *Shangjun shu* recht häufig vorkommen, sind schwer zu interpretieren. In diesem Fall lässt sich nicht einmal sagen, ob *ping* das prädikative Verb ist und *hua* Objekt, also etwa ›ebnete Pläne‹, oder ob *hua* das prädikative Verb ist und *ping* adverbial dazu steht, also etwa ›plante ebenmäßig‹. Beide Lösungen erscheinen unbefriedigend. Doch es kommt eine weitere Möglichkeit hinzu: Das Zeichen 平 könnte eine orthographische Variante von 評 sein, welches ebenfalls *ping* ausgesprochen wird und ›erörtern‹ bedeutet, also: ›Herzog Xiao erörterte seine Pläne‹. Auch mit solchen orthographischen Varianten, die in der Zhanguo-Zeit üblich waren, ist immer zu rechnen: Sie erweitern das Spektrum der Verständnismöglichkeiten beträchtlich. Schließlich kommt im vorliegenden Satz noch ein weiterer Aspekt hinzu: Er hat eine Parallele in einer Anekdote aus dem *Zhanguo ce* (19.4), welche auch sonst sehr viele Formulierungen enthält, die (fast) identisch im ersten Kapitel des *Shangjun shu* vorkommen. Dort lautet der erste Satz folgendermaßen:

武	靈	王	平	晝	間	居
Wu	Ling	wang	ping	zhou	xian	ju
Wu	Ling	König	eben	Tag	müßig	sitzen

Der interessante Punkt ist: Hier steht nicht 平畫, wie im *Shangjun shu*, sondern 平晝 (das zweite Zeichen unterscheidet sich durch einen Strich), was ›am hellichten Tag‹ bedeutet. Sollte im *Shangjun shu* ein Schreibfehler vorliegen? Und sollte der prädikative Ausdruck *xian ju*, ›saß müßig da‹, weggefallen, der Satz also syntaktisch unvollständig sein? Mit all diesen Möglichkeiten ist zu rechnen, sie kommen im *Shangjun shu* nicht selten vor. *Hapax legomena*, orthographische Varianten, Schreibfehler, Auslassungen, Dopplungen, Transpositionen, Verstöße gegen die klassische Grammatik, unklare Satzgrenzen, völlig verderbte Stellen: Der Text des *Shangjun shu* steckt voller Probleme.

Nicht nur die schlechte Überlieferung macht die Übersetzung des *Shangjun shu* zu einer bisweilen unerquicklichen Übung, sondern auch seine Sprache selbst. Der Text ist sprachlich völlig schmucklos. Sein Vokabular sowie seine

Stilmittel sind begrenzt und repetitiv. Sein bürokratisch-trockener Stil, voller Redundanzen und umständlicher Konstruktionen, liest sich streckenweise wie eine Dienstvorschrift. Die numerische Diktion – »sechs Parasiten«, »sechs Laster«, »vier Schwierigkeiten« usw. – und die oft verquaste Syntax erinnern an die Amts- und Propagandasprache der VR China. Kaum eine überraschende Metapher oder Anekdote lockert die Darstellung auf, keine *human interest story* nimmt den Leser ein: denn nicht Menschen sind das Thema des Textes, sondern Regeln und Institutionen. Selbst historische Exempla, die Machiavellis *Principe* so reich würzen, fehlen fast völlig, denn für den Politischen Realismus gibt es aus der Geschichte nichts zu lernen.

Kurz, das *Shangjun shu* ist kein schöner Text. – Aber genau das will er auch nicht sein. Der Kanzleistil ist die passende Ausdrucksform einer Lehre, die spitzfindigen Debatten, Schönrednern und Scharlatanen misstraut, die nicht auf die Kraft der Überredung setzt, sondern auf die kühle Logik des Arguments. Die *Deduktion* – ›wenn … dann‹ –, oft in langen Kettenargumenten ausgebreitet, ist ihre primäre gedankliche Bewegung. Sie entspricht dem Geist der Gesetze, aus denen, einmal gesetzt, zwingend die Strafen folgen. Neben deduktiv voranschreitenden Passagen stehen andere, die lediglich Versatzstücke abrupt aneinanderreihen, ohne ein Argument systematisch zu entwickeln: Zettelkästen des Politischen Realismus, dessen Einträge komplexe Inhalte in lakonischen Aussagen verdichten.

Die vorliegende Übersetzung versucht, all diese Härten abmildern; das *Shangjun shu* mutet dem Leser ohnedies einiges zu. Es geht ihr nicht in erster Linie darum, im Sinne einer ›wirkungsäquivalenten‹ Übertragung den hölzernen Stil oder die schlechte Überlieferung des Textes zu vermitteln, sondern darum, seine inhaltlichen Aussagen verständlich zu machen. Zu diesem Zweck werden bisweilen

- nominale Formulierungen in verbale umgewandelt;
- passive Sätze in aktive umgewandelt;

- die Reihenfolge der Glieder nominaler Syntagmata nach Wohlklang umgestellt;
- gleiche Lexeme nicht ›konkordant‹, sondern in unterschiedlichem Kontext unterschiedlich übersetzt;
- häufige Initialpartikeln wie ›nun‹, ›daher‹, ›im Allgemeinen‹ und Adverbien wie ›gewiss‹ fortgelassen;
- wiederholte Nomina durch Pronomen ersetzt, um Redundanzen zu vermeiden, und umgekehrt Pronomina durch Nomen ersetzt, wo dies der Klarheit dient;
- ausgelassene Objekte o.a. Satzteile ergänzt;
- offensichtliche syntaktische Fehler verbessert;
- andere syntaktische Verschiebungen vorgenommen: In jedem Fall hat die Idiomatizität des Deutschen Vorrang vor inhaltlich-lexikalischer Exaktheit.

Auch in anderer Hinsicht muss ein Übersetzer ordnend eingreifen: in die Struktur des Textes. In seinen frühesten Formen ist das *Shangjun shu* wahrscheinlich in *scriptio continua* aufgeschrieben worden, d.h. Zeichen an Zeichen, ohne Interpunktion, Absätze oder andere strukturierende Elemente. Lediglich die Kapitel dürften als eigenständige Texteinheiten getrennt worden sein. Doch die Binnenstruktur des Textes ist viel kleinteiliger: Innerhalb der Kapitel sind Sinnabschnitte zu unterscheiden, verschiedene kleine Versatzstücke stehen nebeneinander, manchmal scheinen gar einzelne Sätze eigenständigen Charakter zu haben.[73] Die vorliegende Übersetzung versucht, diese Strukturen wiederzugeben, indem sie

- die Kapitel zusätzlich in nummerierte *Abschnitte* einteilt, die in der Regel einem inhaltlichen Zusammenhang entsprechen;
- innerhalb dieser Abschnitte rhetorische Strukturen oder kleinere Sinneinheiten durch Absätze kenntlich macht;
- Versatzstücke mit einfachen ›umgekehrten Guillemets‹ markiert und zugleich die Parallelstellen in anderen Texten und Kapiteln (nicht aber solche im selben Kapitel) im Außensteg angibt.

Am Anfang jedes Kapitels wird dessen Struktur überblicksartig dargestellt. Dabei werden nicht nur die einzelnen Abschnitte mit einigen Stichworten charakterisiert, sondern auch – wo immer die Analyse dies nahelegt – Teile eines Kapitels, die verschiedenen Textschichten anzugehören scheinen, durch Großbuchstaben unterschieden. Auf diese Teile wird dann in der Form »Kapitel 6A«, »6B« usw. verwiesen.

Doch selbst derart geglättet und zugerichtet bereitet das *Shangjun shu* dem Verständnis noch erhebliche Schwierigkeiten: Es ist entschieden kommentarbedürftig. Obwohl chinesische Gelehrte seit Yan Kejun den Text philologisch zergliedert und mit Kommentaren überhäuft haben, sind wesentliche Fragen unbeantwortet geblieben. Denn die chinesische Kommentartradition hat sich zum einen auf rein philologische Probleme konzentriert und diese zum anderen, typischerweise, mit Blick auf einzelne Wörter oder Sätze diskutiert.[74] Dabei sind größere Zusammenhänge meist aus dem Blick geraten: Kapitelstrukturen, Parallelen zu anderen Texten sowie subtilere intertextuelle Verweise, Brüche und Widersprüche, begriffliche Zusammenhänge und die Einordnung von Einzelaussagen in ein gedankliches System.

Der vorliegende Kommentar ist bewusst anders angelegt. Er verzichtet weitgehend auf die Diskussion philologischer Details und legt das Hauptgewicht stattdessen auf Aspekte, die in der chinesischen Kommentartradition zu kurz kommen. Auf diese Weise will er deutschsprachigen Lesern das Verständnis des Textes aus kulturellem und historischem Abstand ermöglichen.

– Jedem Kapitel steht ein *Überblickskommentar* voran, der Aufbau, Inhalt, übergreifende Strukturen und Stellung des Kapitels im Gesamtwerk darlegt. Argumentative Muster werden erläutert und in die Lehren des Politischen Realismus eingeordnet: nicht allein, um Kohärenz zu stiften, sondern in vielen Fällen auch, um Spannungen und Widersprüche in diesem Diskurs aufzuzeigen. Der Überblickskommentar diskutiert auch die Integrität jedes Kapitels und weist etwaige Brüche zwischen verschiedenen Textschichten nach.

– Die *Stellenkommentare* erläutern zunächst Personennamen, geographische Namen, Sachen und andere erklärungsbedürftige Realien. Diese Kommentare haben keinen enzyklopädischen Anspruch, sondern dienen lediglich dem Verständnis des Textes: Die Dinge werden nicht um ihrer selbst willen erläutert, sondern unter dem Aspekt, der sich aus dem Textzusammenhang ergibt. Auch die Lehren und Begriffe des Politischen Realismus werden in den Stellenkommentaren in ihren Zusammenhang eingebettet. Dazu wird regelmäßig auf die Darstellung in der Einleitung verwiesen, so dass Überblick und Einzelstellen sich gegenseitig ergänzen. Zudem geben die Stellenkommentare Hinweise auf intertextuelle Zusammenhänge: Zitate, Anspielungen, Topoi und Parallelen innerhalb des SJS oder in anderen klassischen Werken. Oft haben solche Parallelen den Charakter von Kommentaren: Sie bieten Erklärungen für Stellen, die für sich genommen bisweilen kaum zu verstehen sind. Auch wenn solche Kommentare immer schon Interpretationen sind, die keineswegs der intendierten Bedeutung entsprechen müssen, bleibt der heutige Leser auf sie angewiesen. Zudem eröffnet der Nachweis solcher intertextuellen Strukturen nicht nur Perspektiven der Deutung; er macht auch deutlich, dass das SJS eben nicht ein Werk *sui generis* ist, sondern vielfältig und unlösbar in die chinesische Tradition eingebunden. Schließlich weist der Kommentar bei besonders vertrackten Passagen darauf hin, wie unsicher das Verständnis dieser Stellen ist: »Damit niemand denke, eine ihm unverständliche Sache sei in Wahrheit so einfach, daß für halbwegs verständige Leute gar keine Lesehilfe nötig wäre, werden auch diejenigen Stellen angemerkt, die der Kommentator durchaus als erläuterungsbedürftig verstand, aber selber nicht zu erklären wußte« (Schöne 1994, Bd. 2, 143).

Shangjun shu

Schriften des Fürsten von Shang

1. Änderung der Regeln

Struktur	Parallelen
1.1 Exposition: Herzog Xiao erörtert Pläne	ZGC 19.4, XX 9, SJ 5
1.2 Dialog: Herzog Xiao und Gongsun Yang	ZGC 19.4, XX 9, SJ 68
1.3 Dialog: Gan Long und Gongsun Yang	ZGC 19.4, XX 9, SJ 68, HNZ 13
1.4 Dialog: Du Zhi und Gongsun Yang	ZGC 19.4, 19.7, XX 9, SJ 68
1.5 Entscheidung des Herzogs	XX 9, SY 16

Überblick

Das erste Kapitel nimmt eine Sonderstellung im *Shangjun shu* ein. Es bildet, zusammen mit dem letzten Kapitel, eine Rahmenerzählung für Shang Yangs *Schriften*. Ebenso wie das letzte, dürfte dieses Kapitel der Textsammlung in einer späten Redaktion vorangestellt worden sein. Es stellt den Ausgangspunkt von Shang Yangs Reformen in Qin dar. Nachdem das Land im 5. Jahrhundert v. Chr. unter schwachen Herrschern und Aufständen gelitten hatte, hatte Herzog Xian (reg. 384–362 v. Chr.) eine Reihe von grundlegenden Reformen zur Stärkung des Zentralstaates durchgesetzt, darunter die Registrierung von Haushalten in Fünfergruppen und die Gründung zentral verwalteter Landkreise. Systematisches *state building* hatte also bereits vor Shang Yang begonnen. Dennoch schreibt die Tradition ihm diesen Umbau meist allein zu. In Qin, so beschreibt es *Han Feizi*,

> verwarfen Fürsten und Minister die Gesetze und verfolgten Privatinteressen, worauf der Staat in Anarchie verfiel, das Militär geschwächt und der Herrscher erniedrigt war. Daraufhin überzeugte der Fürst von Shang den Herzog Xiao von Qin, die Regeln zu ändern, Gewohnheiten abzuwandeln und so öffentliche Prinzipien klarzustellen. (HFei 14)

Im dritten Jahr des Herzogs Xiao, 359 v. Chr., soll eine entscheidende Diskussion am Hof von Qin stattgefunden haben, in deren Verlauf Shang Yang die Grundlinien seiner Politik durchsetzte. In der Darstellung des *Shiji*

> überredete Wey Yang den Herzog Xiao, die Regeln zu ändern und Strafgesetze zu erlassen sowie Bußen und Belohnungen, um im Inneren den Ackerbau zu fördern und nach Außen zum todesmutigen Kriegsdienst anzuspornen. Der Herzog billigte das. Gan Long und Du Zhi waren zwar anderer Meinung und stritten mit ihm darum, doch schließlich wurden Yangs Gesetze angewandt. (SJ 5)

Ebendiese Debatte wird in Kapitel eins beschrieben. Im Gegensatz zu der Darstellung in *Shiji* werden dabei jedoch keine konkreten Themen wie Strafgesetze, Bußen, Belohnungen oder Ackerbau angesprochen, sondern es geht darum, ob eine »Änderung der Regeln« (*bianfa*) *überhaupt* zulässig sei (vgl. S. 25 ff.). Herzog Xiao hat »bereits den festen Entschluss gefasst, die Regeln zu ändern« (1.2), fürchtet aber die Kritik der Eliten in seinem Land. Diese werden durch Gan Long und Du Zhi repräsentiert, offenbar adlige Berater des Herzogs, die geänderte, d.h. absichtlich neu geschaffene ›Regeln‹ rundweg ablehnen. Sie stehen für die ewig Gestrigen, die sich darauf berufen, dass die Dinge schon immer so waren und »der Kluge regiert, ohne die Regeln zu ändern« (1.3).

Diesem Verweis auf die Tradition setzt Shang Yang das Argument entgegen, dass es ›die‹ Tradition nicht gebe: »Frühere Zeiten hatten nicht dieselben Lehren – nach welchem Herkommen sollte man sich also richten?« (1.4) Damit begründet er die Autonomie der Politik, die sich nach keinen äußeren Vorgaben mehr richtet. Der zentral regierte Staat folgt nur seiner eigenen Logik. Er transzendiert alle historischen und regionalen Eigenheiten, in ihm kann es keine partikularen ›Regeln‹ geben, sondern nur allgemeine *Gesetze*. Mit der »Änderung der Regeln« wandelt sich zugleich der Begriff *fa* selbst: Aus einem Begriff für das Gewohnheitsrecht der Sippen wurde ein Begriff für gesetztes Recht des Staates.

Der begrifflichen Engführung von *fa* entspricht die Abgrenzung der Politik, die in der Debatte vollzogen wird. Sie beginnt mit dem Grundproblem der Politik, dem Umgang mit Dissens: Der Herzog fürchtet, »dass alle Welt mich kritisieren wird«; und sie löst dieses Problem durch die radikale Beschränkung politischer Mitsprache: »Mit dem Volk kann man nicht gemeinsam die Anfänge bedenken, sondern sich nur über vollbrachte Leistungen freuen« (1.2). Der Herrscher allein hat politische Entscheidungen zu treffen: Damit sind alle partikularen Ansprüche auf Mit- oder Selbstbestimmung zurückgewiesen. Gan Long und Du Zhi treten ab.

Das erste Kapitel steckt die Prämissen des gesamten Buches ab: Staatsräson, Positivität des Rechts, Autonomie der Politik. Darüber hinaus nennt es keine konkreten Details der Staatsführung, es weiß noch nichts von Schriftlichkeit und den Folgeproblemen der bürokratischen Verwaltung, die in den letzten Kapiteln beschrieben werden. All das vermittelt den Eindruck der Ursprünglichkeit, und einige Wissenschaftler datieren dieses Kapitel denn auch auf die Zeit um 359 v. Chr. (vgl. Zhang Linxiang 2008, 68f.). Doch es bleiben erhebliche Zweifel. Denn die Diskussion wird nicht nur fast identisch in der Han-zeitlichen Anekdotensammlung *Xinxu* wiedergegeben und zu großen Teilen im *Shiji* zitiert, sondern – eine frappierende Parallele – auch in der Textsammlung *Pläne der Kämpfenden Staaten*, *Zhanguo ce*. Dort wird eine Debatte am Hof des Königs Wuling von Zhao aus dem Jahr 307 v. Chr. – eine andere Zeit, ein anderer Staat und andere beteiligte Personen – wiedergegeben, in der es ebenfalls um eine grundlegende Neuerung geht, nämlich die Einführung ›barbarischer‹ Reiterhosen. Viele Passagen der beiden Debatten sind exakt wortgleich: literarische Versatzstücke offenbar, die historischen Personen in den Mund gelegt wurden. Im Fall von Gan Long und Du Zhi dürften diese historischen Personen zudem nicht einmal Zeitgenossen Shang Yangs gewesen sein (Qian Mu 1985 3.73, 227): Sie sind *Typen*, die fast durchweg in *Allgemeinplätzen* sprechen. Die Parallelen sind so zahlreich und zugleich fragmentarisch – oft betreffen sie nur Teilsätze oder gar einzelne Wendungen –, dass hier darauf verzichtet wird, sie einzeln in Marginalnotizen nachzuweisen.

Doch vielleicht sah das erste Kapitel des *Shangjun shu* einmal ganz anders aus. Das *Qunshu zhiyao*, eine Sammlung von Exzerpten klassischer Literatur aus dem Jahr 631 n. Chr., führt als erstes von drei Exzerpten des *Shangjun shu* einen kurzen Text mit dem Titel »Sechs Gesetze« (*liufa*) an, der wie folgt lautet:

> ›Die früheren Könige stellten, jeder seiner Zeit entsprechend, Gesetze auf‹ [vgl. 1.4], ermaßen die Aufgaben und bestimmten die Dienste. Wenn Gesetze ihren Zeiten angemessen sind, dann herrscht Ordnung, und wenn die Dienste zu den Aufgaben passen, dann gibt es Erfolg. Daher führen zeitgemäße Gesetze zu Ordnung, und angemessene Dienste führen zum Erfolg.
>
> Heute haben sich die Zeiten gewandelt, aber die Gesetze sind unverändert; die Aufgaben haben gewechselt, aber die Dienste sind noch immer die althergebrachten: Also stehen die Gesetze im Gegensatz zu den Zeiten, und die Dienste weichen von den Aufgaben ab.
>
> Daher nimmt die Anarchie zu, obwohl Gesetze aufgestellt sind, und die Dienste werden vernachlässigt, obwohl die Aufgaben erfüllt werden. ›Daher richtet sich ein Weiser bei der Regierung des Staates weder nach dem Althergebrachten, noch folgt er dem Status quo‹ [vgl. 7.3, 8.3]. Er hat Erfolg, indem er den Zeiten entspricht, und vermag auch Schwierigkeiten zu entkommen.
>
> Heute hat das Volk seine Gewohnheiten verändert, aber die Gesetze werden nicht gewechselt, die Machtverhältnisse im Staat haben sich geändert, aber die Aufgaben sind noch immer die althergebrachten. Nun verbürgen Gesetze die Ordnung des Volkes, und in den Aufgaben liegt die Funktion der Dienste. Wenn der Staat mit seinen Gesetzen fehlgeht, gerät er in Gefahr, wenn die Dienste ihre Funktion verfehlen, werden sie nicht vollendet. Dass Gesetze nicht ihren Zeiten entsprochen und Dienste nicht zu ihren Funktionen gepasst haben und man dennoch nicht in Gefahr geraten ist: Das hat es noch nie gegeben. (QSZY 36)

Die Passage behandelt dasselbe Thema wie Kapitel eins, die Anpassung der Gesetze an die Zeiten, und ihr erster Satz taucht fast wortgleich in 1.4 auf. Vielleicht ist der Ausdruck ›Gesetze aufstellen‹ (*lifa*), der darin auftaucht, sogar der eigentliche Titel dieses Stücks: ein Incipit, das wesentlich mehr Sinn ergäbe als ›Sechs Gesetze‹, die nirgendwo vorkommen (tatsächlich ist das Schriftzeichen für ›sechs‹ dem oberen Teil des Zeichens für ›aufstellen‹ kalligraphisch sehr ähnlich – ein Kopierfehler ist durchaus denkbar). Womöglich lautete der Titel des ersten Kapitels – zumindest in einer Fassung – einmal ›Gesetze aufstellen‹ – und vielleicht enthielt es gar kein Streitgespräch zwischen Shang Yang, Gan Long und Du Zhi.

Wie dem auch sei: Selbst wenn die Debatte am Hof von Herzog Xiao kaum historisch sein dürfte, ist sie ein literarisches Meisterstück. Besser als jedes historische Dokument verdichtet sie die revolutionäre Wirkung des Politischen Realismus, die sich über lange Zeiträume entfaltet hatte, in einer einzigen Szene. Damit legt das erste Kapitel die Grundlage für alle folgenden.

1.1

Herzog Xiao erörterte seine Pläne.[1] Die drei Würdenträger Gongsun Yang,[2] Gan Long und Du Zhi[3] assistierten dem Fürsten. Sie bedachten, wie die Aufgaben der Zeit sich wandelten, diskutierten die Grundlagen, um Regeln richtigzustellen, und suchten den rechten Weg, das Volk zu führen.[4]

1.2

Der Fürst sprach: »Bei der Thronbesteigung nicht die Altäre der Domäne zu vergessen: Das ist der rechte Weg eines Fürsten.[5] Beim Durchsetzen der Regeln den Herrscher zu erleuchten: Das ist das rechte Vorgehen der Minister.[6] Nun will ich die Regeln ändern, um zu regieren, und die Riten abwandeln, um die Hundert Sippen anzuweisen[7] – doch ich fürchte, dass alle Welt mich kritisieren wird.«[8]

Gongsun Yang sprach: »Ich, Euer Untertan, habe gehört: Wer bei seinen Handlungen zaudert, wird nichts vollbringen, und wer bei seinen Aufgaben zaudert, wird keine Leistungen erbringen. Ihr, mein Fürst, habt bereits den festen Entschluss gefasst, die Regeln zu ändern: Da solltet ihr doch wohl nicht darauf Rücksicht nehmen, ob alle Welt euch kritisiert.[9]

Außerdem: Wer durch seine Taten andere überragt, wird gewiss von den Zeitgenossen schlechtgemacht; und wer eigenständige Gedanken hegt, wird vom Volk missachtet. Ein Wort besagt: ›Die Dummen sind selbst für vollendete Tatsachen blind, doch der Kluge erblickt sie schon, bevor sie aufkeimen.‹ Mit dem Volk kann man nicht gemeinsam die Anfänge bedenken, sondern sich nur über vollbrachte Leistungen freuen.[10]

Eine Regel des Guo Yan besagt: ›Wer sich mit der höchsten Tugend befasst, harmoniert nicht mit den Gemeinen, und wer große Leistungen vollbringt, berät sich nicht mit der Masse.‹[11] Durch Gesetze sorgt man für das Volk; durch Riten bringt man die Aufgaben voran.[12] Daher richtet sich der Weise, wenn er den Staat stärken kann, nicht nach dem Althergebrachten, und wenn er dem Volk nützen kann, folgt er nicht den Riten.«[13] Herzog Xiao sprach: »Ausgezeichnet.«[14]

1.3

Gan Long sprach: »Das stimmt nicht. Ich, Euer Untertan, habe gehört: Der Weise leitet an, ohne das Volk umzuformen, und der Kluge regiert, ohne die Regeln zu ändern. Wo in Übereinstimmung mit dem Volk angeleitet wird, werden mühelos Leistungen vollbracht. Wo entsprechend der Regeln regiert wird, sind die Amtleute routiniert, und das Volk ist zufrieden.[15] Wenn Ihr jetzt die Regeln ändert und nicht dem Herkommen des Staates Qin folgt, wenn Ihr die Riten abwandelt, um das Volk anzuweisen, so fürchte ich, dass das Reich Euch, mein Fürst, kritisieren wird: Möget Ihr es Euch reiflich überlegen.«[16]

Gongsun Yang sprach: »Was Ihr da sagt, mein Herr, ist Allerweltsgerede. Gewöhnliche Menschen geben sich mit althergebrachten Gewohnheiten zufrieden, und Gelehrte versenken sich in das, was sie gehört haben.[17] Beide mögen dazu taugen, ein Amt zu bekleiden und die Gesetze zu wahren – aber keineswegs dazu, dass man mit ihnen über Dinge diskutiert, die jenseits der Gesetze liegen.[18]

Die Drei Dynastien herrschten souverän, obwohl sie nicht denselben Prinzipien folgten, und die Fünf Hegemonen hatten die Vorherrschaft, obwohl sie nicht dieselben Gesetze hatten.[19] Daher schafft der Kluge Gesetze, und der Dumme wird von ihnen bestimmt. Der Würdige wandelt die Riten ab, der Unwürdige ist ihnen verhaftet. Menschen, die den Riten verhaftet sind, sind es nicht wert, dass man mit ihnen über öffentliche Angelegenheiten spricht, und Menschen, die von Gesetzen bestimmt werden, sind es nicht wert, dass man mit ihnen über Änderungen spricht. Zaudert nicht länger, mein Fürst!«[20]

1.4

Du Zhi sprach: »Ich, Euer Untertan, habe gehört: ›Wenn sich der Nutzen nicht verhundertfacht, ändere man nicht die Regeln, und wenn die Leistung sich nicht verzehnfacht, wechsle man nicht die Geräte.[21] Ich habe gehört, dass, wer sich nach dem Herkommen richtet, keine Fehler macht, und wer den Riten folgt, nicht irrt. Bedenkt das wohl, mein Fürst!«

Gongsun Yang sprach: »Frühere Zeiten hatten nicht dieselben Lehren – nach welchem Herkommen sollte man sich also richten?[22] Die Gottesherrscher und Könige haben sich nicht aufeinander bezogen – welchen Riten sollte man also folgen? Fuxi und Shennong haben angeleitet, ohne zu richten;[23] Huangdi,[24] Yao und Shun[25] haben gerichtet, ohne zu zürnen. Erst Wen und Wu stellten, jeder seiner Zeit entsprechend, Gesetze auf und bestimmten gemäß den Aufgaben Riten.[26] Riten und Gesetze wurden entsprechend den Zeiten festgelegt; Bestimmungen und Anordnungen richteten sich jeweils danach, was angemessen war. Waffen, Rüstungen und Geräte standen bereit, um ihre jeweilige Funktion zu erfüllen.

Ich meine daher: Es gibt nicht ein einziges Prinzip, um die Welt zu regieren, und um den Staat zu voranzubringen, muss es nicht das Althergebrachte sein. Tang und Wu herrschten souverän, ohne dass sie dem Herkommen gefolgt wären; und die Shang und Xia stürzten, ohne dass sie die Riten geändert hätten.[27] Daher ist die Abkehr vom Herkommen nicht unbedingt falsch und das Befolgen der Riten nicht immer richtig. Zaudert nicht länger, mein Fürst!«

1.5

Herzog Xiao sprach: »Vortrefflich! Ich habe gehört: In ärmlichen Gassen herrscht viel Misstrauen, und beschränkte Gelehrte disputieren viel.[28] Worüber Dumme lachen, bekümmern sich die Klugen; und worüber Narren sich freuen, trauern die Würdigen. Mögen sie doch der Zeit verhaftet bleiben und kritisieren – ich werde nicht länger zaudern.« Daraufhin erließ er die Verordnung, Brachland zu erschließen.[29]

2. Verordnung zur Landerschließung

Struktur		Parallelen
2.1	Verwaltung nicht aufschieben	
2.2	Einheitliche Abgaben	
2.3	Vergabe von Ämtern und Rängen	
2.4	Steuern und Arbeitsdienst	Guan 48
2.5	Handelsverbote	
2.6	Klänge und Kleidung limitieren	
2.7	Lohnarbeit verbieten	Guan 48
2.8	Gasthäuser abschaffen	Guan 48
2.9	Berge und Sümpfe verwalten	Guan 48
2.10	Alkohol und Fleisch verteuern	
2.11	Schwere Kollektivstrafen	
2.12	Reiseverbot	Guan 48
2.13	Arbeitsdienst für Nachgeborene	
2.14	Gegen Bildung und Müßiggang	
2.15	Armeemärkte	
2.16	Einheitliche Lokalverwaltung	
2.17	Handel besteuern	
2.18	Händler belasten, Bauern entlasten	
2.19	Verbot, Wagen zu mieten	
2.20	Kein Schutz für Verbrecher	

Überblick

Kapitel zwei schließt – trotz des letzten Satzes in 1.5 – in keiner Weise an Kapitel eins an: Weder wird der Fürst angesprochen, noch ist von ›Regeln‹ oder anderen politischen Grundsatzfragen die Rede. Das Kapitel ist nicht in Dialogform geschrieben, sondern besteht aus zwanzig kurzen Traktaten, in denen es um Maßnahmen geht, das Volk zum Ackerbau, speziell: zur Erschließung von Brachland zu bringen. Die Einführung des eisernen Pflugs und die Nutzung von

Zugochsen ab dem 7. Jahrhundert v. Chr. hatten die Möglichkeiten der Landwirtschaft in Nordchina enorm erweitert. Wo steinerne und hölzerne Werkzeuge Ackerbau lediglich in kleinen Gebieten ermöglicht hatten, konnten jetzt weitaus größere Flächen unter den Pflug genommen werden. Die Erschließung der weiten Lössgebiete im Staate Qin bot zugleich eine wichtige Grundlage für die Festigung staatlicher Macht. ›Brachland‹ bedeutete in der Zhanguo-Zeit immer auch *herrschaftsfreie* Räume: Seine Erschließung verbreiterte nicht nur die wirtschaftliche, sondern auch die politische Basis des Staates.

Trotz des Titels gibt dieses Kapitel keine ›Verordnung‹ wieder. Es handelt sich überhaupt nicht um eine Verwaltungsschrift, sondern um einen politischen Text. Vielleicht waren die Abschnitte dieses Kapitels ursprünglich Beiträge zu einer Hofdebatte; in ihrer überlieferten Form bilden sie jedoch eine scheinbar ungeordnete Reihung verschiedener Maßnahmen, die – ohne Verbindung untereinander – in Form von Kettenargumenten vorgestellt werden. Die typische Struktur dieser Argumente ist:

Veranlasst A, dann B und C;
  wenn B, dann D;
    wenn D, dann E;
  wenn C, dann F;
    wenn F, dann G;
      wenn D, E, F und G, dann H;
        wenn H, dann I;
          wenn I, dann J;
            wenn J, dann wird das Brachland gewiss erschlossen.

Jeder Abschnitt endet mit dem gleichen Satz. In seiner Repetitivität wirkt das Kapitel primitiv in der doppelten Bedeutung des Wortes: Denn so dürftig seine Sentenzen daherkommen, so ursprünglich mögen sie sein. Einiges deutet darauf hin, dass es eines der frühesten Kapitel des SJS ist:

die Erwähnung der »Würdenträger und Familienhäupter« (2.7, vgl. 2.14) etwa, Vertreter der alten Adelsgesellschaft, die an keiner anderen Stelle des Buches mehr erwähnt werden, und die Warnung vor Privilegien für »nachgeborene Söhne« Adliger (2.13) oder Angehörige von Händlern (2.18). All das sind Hinweise auf Probleme, die mit den Reformen Shang Yangs beseitigt wurden (Pines 2014, 8ff.). Das Kapitel mag auf eine Zeit zurückgehen, in der diese Reformen noch nicht durchgesetzt waren und in der es in Qin noch viel Brachland zu erschließen gab.

Doch es geht keineswegs nur um Landwirtschaft, ja diese scheint nur vordergründig das Thema zu sein. Denn mit jeder Maßnahme zur Landerschließung werden zugleich soziale Gruppen ins Visier genommen, die dem Staat gefährlich werden könnten: korrupte Beamte, Händler, Gelehrte und Vaganten, Adlige und ihre Söhne sowie andere ›Kostgänger‹. Das Korrelat der Landerschließung ist, dass sie alle staatlicher Kontrolle unterworfen werden. Ein Großteil der Vorschläge dieses Kapitels dient der *Immobilisierung* des Volks, denn alles »lose« (2.4) und vagabundierende Volk ist dem Staat suspekt: »Außenkontakte« sollen unterbunden (2.3), »Klänge und Kleidung« nicht verbreitet (2.6) und Gasthäuser ›abgeschafft werden‹ (2.8), so dass ›das Volk nicht eigenmächtig umherzieht‹ (2.12); weder die Söhne der Adligen (2.13) noch die »hohen Minister und Würdenträger des Staates« sollen sich »herumtreiben«, so dass dem Volk »nirgends Wandel zu Ohren oder fremde Weisen vor Augen« (2.14) kommen: Jede Ahnung davon, dass die Dinge auch *anders* sein könnten als der Staat sie verordnet, soll unterbunden werden. Der Politische Realismus, der aus dem Gedanken der Kontingenz geboren wurde, tut alles dafür, diese Kontingenz wieder einzuschränken.

Bei alledem scheint das Kapitel *sui generis* zu sein. Es enthält keine Versatzstücke, die auch an anderer Stelle im SJS erscheinen, und nur eine wörtliche Parallele mit dem *Guanzi*. Im Vergleich mit den Kapiteln 3, 6 und 15, die ebenfalls landwirtschaftliche Themen behandeln, wirkt es wenig differenziert. Das Kapitel ist stellenweise schwer verständlich, es enthält viele *hapax legomena*, bisweilen scheinen Sätze durcheinander oder Kommentare versehentlich in den Text geraten zu sein. Yuri Pines nennt es »the dullest and least sophisticated chapter in the entire book«: Mag sein, dass es eine frühe, wenig ausgereifte Stufe des Politischen Realismus reflektiert.

2.1

Schiebt[1] die Verwaltung[2] nicht auf, so dass korrupte Beamte nicht dazu kommen, sich am Volk privat zu bereichern,[3] und die Beamten sich im Dienst nicht gegenseitig aufhalten: Dann bleiben freie Tage für den Ackerbau. Wenn korrupte Beamte nicht dazu kommen, sich privat am Volk zu bereichern, dann wird der Ackerbau keinen Schaden nehmen. Wenn der Ackerbau keinen Schaden nimmt und freie Tage dafür bleiben, dann wird das Brachland gewiss erschlossen.

2.2

Besteuert Getreide nach dem Maß, so dass die Abgaben einheitlich sind und das Volk ausgeglichen ist![4] Sind die Abgaben einheitlich, dann sind sie verlässlich, und sind sie verlässlich, dann wagen die Beamten keine Korruption. Ist das Volk ausgeglichen, dann ist es bedachtsam, und ist es bedachtsam, dann wird es schwer zu ändern sein.[5] Sind die Abgaben verlässlich und wagen die Beamten keine Korruption, ist das Volk bedachtsam und schwer zu ändern, dann machen die Untergebenen die Obrigkeit nicht schlecht, und die Mittleren[6] wollen den Beamten nicht übel. Machen die Untergebenen die Obrigkeit nicht schlecht und wollen die Mittleren den Beamten nicht übel, dann wird sich das arbeitsfähige Volk unbeirrt im Ackerbau verausgaben. Wenn sich das arbeitsfähige Volk unbeirrt im Ackerbau verausgabt, dann wird das Jungvolk unermüdlich von ihm lernen, und wenn das Jungvolk unermüdlich von ihm lernt, dann wird das Brachland gewiss erschlossen.

2.3
Vergebt Ämter und Ränge nicht aufgrund von äußeren Einflüssen: Dann wird das Volk die Gelehrsamkeit verachten und zudem den Ackerbau nicht verschmähen.[7] Wenn das Volk die Gelehrsamkeit verachtet, dann verdummt es, und wenn es verdummt, dann wird es keine Außenkontakte haben, und wenn es keine Außenkontakte hat, dann wird es sich um den Ackerbau bemühen, ohne zu faulenzen.[8] Wenn das Volk aber den Ackerbau nicht verschmäht, so wird der Staat sicher und ungefährdet sein.[9] Ist der Staat sicher und ungefährdet, und bemüht sich das Volk um den Ackerbau, ohne zu faulenzen, dann wird das Brachland gewiss erschlossen.

2.4
Wo Gehälter fett sind, Steuereinnahmen reichlich und die Kostgänger zahlreich, nimmt der Ackerbau Schaden.[10] Wenn aber nach Zahl der Kostgänger besteuert und schwerer Arbeitsdienst gefordert wird, ›dann wird Guan 48
das liederliche, lose und faule Volk sich nirgends mehr ernähren können. Wenn es sich nirgends mehr durchfressen kann, dann wird es gewiss ackern;‹[11] und wenn es ackert, dann wird das Brachland gewiss erschlossen.

2.5
Verbietet Händlern, anzukaufen, und Bauern, zu verkaufen! Wenn Bauern nichts verkaufen können, dann verausgaben sich selbst die Faulen und Unnützen unter ihnen.[12] Wenn Händler nichts ankaufen können, haben sie auch in Jahren der Fülle keine zusätzliche Freude; und wenn sie in Jahren der Fülle keine zusätzliche Freude haben, dann machen sie in Hungerjahren keinen Profit; wenn sie keinen Profit machen, dann verzagen die Händler; und wenn sie verzagen, werden sie sich wünschen, Ackerbau zu betreiben.[13] Wenn die Faulen und Unnützen sich verausgaben und die Händler sich wünschen, Ackerbau zu betreiben, dann wird das Brachland gewiss erschlossen.

2.6

Wenn sich Klänge und Kleidung nicht über die Landkreise verbreiten, dann wird das Volk bei der Arbeit nicht auf diese blicken und in der Muße nicht nach jenen horchen.[14] Wenn sie in der Muße nicht nach Klängen horchen, dann wird ihr Temperament nicht ausschweifend; wenn sie bei der Arbeit nicht auf Kleidung blicken, so wird ihr Sinn nur auf eines gerichtet sein. Wenn ihr Sinn nur auf eines gerichtet und ihr Temperament nicht ausschweifend ist, dann wird das Brachland gewiss erschlossen.

2.7

Wenn sie keine Lohnarbeiter anstellen können, dann können Würdenträger und Familienhäupter sich keine Villen bauen oder herrichten, und ihre behüteten Kinder können sich nicht faul durchfressen.[15] Wenn faules
Guan 48 Volk nicht tatenlos bleiben kann ›und Lohnarbeiter sich nicht ernähren können, dann werden sie gewiss ackern.‹ Wenn Würdenträger und Familienhäupter sich keine Villen bauen oder herrichten, dann leidet der Ackerbau keinen Schaden; und wenn behütete Kinder sich nicht faul durchfressen können und faules Volk nicht tatenlos bleiben kann, dann liegen die angestammten Felder nicht brach. Wenn der Ackerbau keinen Schaden leidet und die Bauern mehr ackern, dann wird das Brachland gewiss erschlossen.

2.8

Schafft Gasthäuser ab,[16] so dass tückisches, betrügerisches, verschlagenes und intrigantes Volk, das die Bauern ver-
Guan 48 wirrt, nicht reisen kann! ›Wenn das Volk in den Gasthäusern sich nicht ernähren kann, dann wird es gewiss ackern;‹ und wenn es ackert, dann wird das Brachland gewiss erschlossen.

2.9

Verwaltet Berge und Sümpfe einheitlich, so dass faules und gieriges Volk, das den Ackerbau scheut, sich nicht
Guan 48 mehr ernähren kann;[17] ›und wenn es sich nicht mehr

ernähren kann, dann wird es gewiss ackern;‹ und wenn es ackert, dann wird das Brachland gewiss erschlossen.

2.10

Hebt die Preise für Alkohol und Fleisch durch Erhöhung der Steuern, so dass sie auf das Zehnfache ihres Reinwertes ansteigen: Dann werden die Händler und Höker weniger, die Bauern können sich nicht an Besäufnissen erfreuen und die hohen Beamten nicht an eitler Völlerei.[18] Werden die Händler und Höker weniger, dann verschwendet die Obrigkeit kein Getreide; kann das Volk sich nicht an Besäufnissen erfreuen, dann wird der Ackerbau nicht vernachlässigt. Betreiben die hohen Beamten keine eitle Völlerei, dann werden die Staatsangelegenheiten nicht aufgehalten und der Herrscher trifft keine verfehlten Maßnahmen. Wenn die Obrigkeit kein Getreide verschwendet und das Volk den Ackerbau nicht vernachlässigt, dann wird das Brachland gewiss erschlossen.

2.11

Verhängt schwere Strafen und weist Schuld kollektiv zu,[19] so dass beschränkte Hitzköpfe nicht streiten, trotzige Starrköpfe keine Klage führen,[20] träge Faulpelze nicht herumschweifen, Verschwender nicht aufleben, raffinierte Schmeichler und übel Gesonnene niemanden betrügen! Wenn diese fünf Arten Volks nicht mehr innerhalb der Grenzen leben,[21] dann wird das Brachland gewiss erschlossen.

2.12

Verbietet dem Volk, eigenmächtig umherzuziehen, so dass es einfältig und dumm bleibt![22] ›Wenn das Volk, das Guan 48
die Bauern irreführt, sich nicht mehr ernähren kann, wird es gewiss ackern.‹ Wenn das dumme, von Begierden getriebene Volk eines Sinnes ist, dann kommen die Bauern gewiss zur Ruhe. Wenn die Bauern zur Ruhe kommen und das Volk einfältig und dumm ist, dann wird das Brachland gewiss erschlossen.

2.13

Erlasst die allgemeine Verordnung, dass nachgeborene Söhne Arbeitsdienst zu leisten haben,[23] lasst sie nach Seniorität zum Dienst einziehen und erhöht die Anforderungen für Dienstbefreiung! Wenn den Kornzuteilern verordnet wird, die Lebensmittel gleichmäßig zu verwalten,[24] wenn sie dem Arbeitsdienst nicht entkommen können und auch nicht mit Gewissheit ein hohes Amt erlangen, dann werden nachgeborene Söhne sich nicht herumtreiben, um sich zu verdingen; und wenn nachgeborene Söhne sich nicht herumtreiben, um sich zu verdingen, dann werden sie gewiss ackern; und wenn sie ackern, dann wird das Brachland gewiss erschlossen.

2.14

Die hohen Minister und Würdenträger des Staates sollen weder breite Bildung, Eloquenz und Klugheit oder Müßiggang pflegen[25] noch sich in den Landkreisen herumtreiben, so dass den Bauern nirgends Wandel zu Ohren oder fremde Weisen vor Augen kommen. Wenn den Bauern nirgends Wandel zu Ohren oder fremde Weisen vor Augen kommen, dann haben die klugen Bauern keinen Anlass, ihre angestammte Tätigkeit zu verlassen,[26] und dumme Bauern werden unwissend bleiben und Gelehrsamkeit nicht leiden können. Wenn dumme Bauern unwissend bleiben und Gelehrsamkeit nicht leiden können, dann werden sie sich beim Ackerbau abrackern, und wenn kluge Bauern keinen Anlass haben, ihre angestammte Tätigkeit zu verlassen, dann wird das Brachland gewiss erschlossen.

2.15

Verordnet, dass auf den Armeemärkten[27] keine Frauen seien, und weist die Händler an, so dass jeder sich mit Schild und Waffen versorgen kann, auf dass man die Armee aufblühen sehe![28] Verbietet zudem privates Verschieben von Getreide auf den Armeemärkten, so dass betrügerische Absichten keine Deckung finden, Getreideschmuggler nichts privat lagern können und leichtfertiges, faules Volk sich nicht auf den Märkten der Armee herumtreibt! Wenn Getreidediebe keinen Absatz finden, Getreidelieferanten keine Privatgeschäfte machen und leichtfertiges, faules Volk sich nicht auf den Märkten der Armee herumtreibt, dann schlagen die Bauern nicht über die Stränge, das staatliche Korn wird nicht erschöpft, und dann wird das Brachland gewiss erschlossen.

2.16

Gestaltet die Verwaltung sämtlicher Landkreise einheitlich, so dass Abweichler nicht wagen, die Bestimmungen zu verändern, und solche, die wegen Verfehlungen entlassen werden, ihre Handlungen nicht verbergen können.[29] Wenn verfehlte Handlungen nicht verborgen werden, dann wird es unter den Beamten keine korrupten Menschen geben. Wenn Abweichler nichts vertuschen und Amtsnachfolger nichts verändern können, dann wird der Amtsklüngel abnehmen und das Volk nicht belästigt. Wenn es unter den Beamten keine Korruption gibt, wird auch das Volk nicht abschweifen, und wenn das Volk nicht abschweift, dann nehmen ihre Gewerbe keinen Schaden. Wenn der Amtsklüngel abnimmt, dann ufern die Abgaben nicht aus, und wenn das Volk nicht belästigt wird, dann bleiben viele Tage für den Ackerbau. Wenn viele Tage für den Ackerbau bleiben, die Abgaben nicht ausufern und die Gewerbe keinen Schaden nehmen, dann wird das Brachland gewiss erschlossen.

2.17

Erhöht die Steuern an Pässen und auf Märkten, dann werden die Bauern den Handel scheuen und die Händler zweifeln und Hemmungen haben.[30] Wenn die Bauern den Handel scheuen und die Händler zweifeln und Hemmungen haben, dann wird das Brachland gewiss erschlossen.

2.18

Zieht die Händler aufgrund der Zahl ihrer Angehörigen zum Dienst ein und befehlt ihnen, ihre Holzfäller, Wagenlenker, Arbeiter und Diener namentlich zu registrieren, so dass die Bauern entlastet und die Händler belastet werden! Wenn die Bauern entlastet sind, dann werden die guten Felder nicht brach liegen; und wenn die Händler belastet werden, dann wird die Sitte des gegenseitigen Beschenkens sich nicht über alle Landkreise ausbreiten: Dann werden die Bauern keinen Hunger leiden und es wird nicht geprotzt.[31] Wenn die Bauern keinen Hunger leiden und auch nicht geprotzt wird, dann werden die öffentlichen Angelegenheiten geschwind erledigt und private Verrichtungen nicht brach liegen: Dann wird sich der Ackerbau gewiss durchsetzen. Wenn der Ackerbau sich durchsetzt, dann wird das Brachland gewiss erschlossen.

2.19

Verbietet, dass bei der Beförderung von Getreide Wagen angemietet und auf der Rückfahrt vermietet werden![32] Die Wagen und Zugochsen sowie das Ladegewicht hat den nominellen Angaben zu entsprechen. Auf diese Weise werden die Leute schnell hinfahren und eilig zurückkommen: Dann werden die Geschäfte dem Ackerbau nicht schaden. Wenn die Geschäfte dem Ackerbau nicht schaden, dann wird das Brachland gewiss erschlossen.

2.20

Wenn es nicht erlaubt ist, für Verbrecher bei Amtleuten Fürbitte einzulegen und sie mit Nahrung zu versorgen, dann haben Bösewichter keine Schutzherren.[33] Haben Bösewichter keine Schutzherren, dann gibt es keinen Anreiz für Übeltaten. Gibt es keinen Anreiz für Übeltaten, dann finden Bösewichter keinen Halt; finden Bösewichter keinen Halt, dann leiden die Bauern keinen Schaden; leiden die Bauern keinen Schaden, dann wird das Brachland gewiss erschlossen.

3. Ackerbau und Krieg

Struktur		Parallelen
A	3.1 Problem: raffinierte Worte	
	3.2 Lösung: eine Quelle für Ämter und Ränge	
B	3.3 Problem: Sophisterei	HFei 14
	3.4 Lösung: klare Amtsregeln	
C	3.5 Problem: Literatur und Moral	4.3, 4.11, 5.1, 5.3, 13.3, 13.4, HFei 53
	3.6 Lösung: Ackerbau und Kriegsdienst	13.6, 17.5, 23.4
	3.7 Lösung: Einheit und Zusammenhalt	4.5
	3.8 Lösung: das Wesentliche erfassen	
	3.9 Problem: Schönredner	

Überblick

Das Kapitel knüpft auf den ersten Blick an das Thema von Kapitel zwei – den Ackerbau – an, ist aber sprachlich und inhaltlich differenzierter. Wie dieses bevorzugt es konditionale Satzgefüge (›wenn … dann‹), stellt diesen allgemeinen Regeln jedoch konkrete Beobachtungen gegenüber (›Heute aber …‹). Der Titel ist ein Incipit, d.h. er nimmt die Anfangsworte des Kapitels auf; ebenso wie in Kapitel zwei geht es neben »Ackerbau und Krieg« noch um andere Dinge. Das Kapitel fordert dazu auf, alle Gewerbe bis auf Ackerbau und Krieg zu unterbinden: Nur durch letztere sollen Ämter und Ränge zu erlangen sein. Deutlicher noch als in Kapitel zwei werden Raffinesse, geschickte Worte und Bildung als Hauptgefahr für die Staatsaufgaben benannt: Sie untergraben die einheitliche Ausrichtung auf Ackerbau und Krieg. Der zentrale Begriff dieses Kapitels ist die *Vereinheitlichung* bzw. *Eindeutigkeit* (*yi*): Es soll »*eine* Quelle für Ämter und Ränge« geben (3.2), die Obrigkeit soll »Einheitlichkeit« schaffen (3.4) und das Volk »im Ackerbau vereint« (3.8) sein. Es geht um »Monodoxie«, wie Jochen Kandel (1985) es genannt hat, d.h.

die Reduktion sozialer Vielfalt auf eine gültige Lehre, oder – die Assoziation ist unvermeidlich – um die ›Gleichschaltung‹ aller Bereiche der Gesellschaft. Vereinheitlichung aber bedeutet *Zwang*. Indem der Herrscher »Einheitlichkeit schafft und [das Volk] im Ackerbau zusammenhält« (3.9), nimmt er ihm alle alternativen Handlungsmöglichkeiten zugunsten der einen, ungeliebten, die ihm »Mühsal« bereitet (6.5): Der Staat des Politischen Realismus bildet eine »universalistische Zwangsanstalt« (Weber 1980, 198).

Trotz dieser einheitlichen Thematik erscheint das Kapitel heterogen. Mindestens drei Teile lassen sich unterscheiden:

Teil A (3.1 und 3.2), in dem es um Kriterien für die Ämtervergabe geht: Nicht »raffinierte Worte und eitle Reden«, sondern Ackerbau und Kriegsdienst sollen die »*eine* Quelle für Ämter und Ränge« sein.

Teil B (3.3 und 3.4), der das Thema von A abwandelt: Anschaulich schildert dieser Teil die Gefahren von »raffinierten Worten und Sophisterei« sowie des Studiums der »*Lieder* und *Dokumente*«, um dann eindeutige »Verwaltungsgesetze« und »Stetigkeit« der Amtsgeschäfte zu empfehlen. Dem »Eigennutz« stehen »Ansehen des Herrschers« und »Sicherheit des Staates« gegenüber.

Teil C (3.5–3.9), in dem nicht von Ämtern die Rede ist. Absatz 3.5 – eine Collage aus Versatzstücken – beginnt mit der Aufzählung von zehn Inbegriffen von Bildung und Moral, die dem Staat schaden. Jetzt wird konkret der *Krieg* als Bedrohung identifiziert: Im »Ernstfall«, »wenn der Feind anrückt« und »Landesfürsten seine Schwächen angreifen«, wird sich das Vertrauen auf »Eloquenz« und »Gelehrsamkeit« rächen. Deshalb schaffen »Weise« bzw. »erleuchtete Fürsten« – diese idealen Herrscher tauchen nur in C auf – Einheitlichkeit, d.h. sie zwingen das Volk in den Ackerbau.

Dieses Kapitel dürfte eines von den zweien sein, die Sima Qian gelesen hat (er nennt es »Pflügen und Kriegsdienst«, »Gengzhan«) und von denen er sagt, sie »entsprechen seinen [Shang Yangs] Taten: Dass er schließlich einen üblen Ruf in Qin erhielt, hatte wohl seinen Grund« (SJ 68). Insofern der üble Ruf auf Shang Yangs harschen Gesetzen beruht, mag das verwundern. Denn das Kapitel handelt überhaupt nicht von Strafgesetzen als Instrumenten zur Durchsetzung von Herrschaft, im Gegenteil: Wenn »das Wesentliche beim Regieren des Volks« erfasst wird, bedarf es »keiner Strafen und Bußen, damit das Volk [für den Herrscher] in den Tod geht« (3.8).

Eine deutsche Übersetzung dieses Kapitels hat Kandel 1985 vorgelegt.

3.1

Ein Herrscher der Menschen[1] spornt sein Volk durch Ämter und Ränge an; und ein Staat gedeiht durch Ackerbau und Krieg.[2]

Heute aber strebt das Volk nicht etwa durch Ackerbau oder Kriegsdienst Ämter und Ränge an, sondern durch raffinierte Worte und eitle Reden: Das bedeutet Belastung für das Volk.[3] Wenn aber das Volk belastet ist, dann ist der Staat kraftlos; und wenn er kraftlos ist, wird er gewiss zerfallen.[4]

3.2

Ein guter Staatsführer[5] weist sein Volk so an, dass alle sich auf *eine* Quelle für Ämter und Ränge konzentrieren. Daher sollten Ämter und Ränge durch nichts als Ackerbau und Kriegsdienst zu erlangen sein. Wenn der Staat Geschwätz abschafft, dann bleibt das Volk schlicht. Wenn das Volk schlicht bleibt, dann wird es nicht ausschweifend.[6]

Wenn das Volk sieht, dass der Nutzen der Obrigkeit einer Quelle entstammt, dann herrscht Einheitlichkeit.[7] Wenn Einheitlichkeit herrscht, dann wird das Volk sein Gewerbe nicht vernachlässigen. Wenn das Volk sein Gewerbe nicht vernachlässigt, dann wird es viel Kraft haben, und hat es viel Kraft, dann wird der Staat stark.[8]

Heute aber sagt sich das Volk innerhalb der Grenzen: »Ämter und Ränge lassen sich auch ohne Ackerbau und

Kriegsdienst erlangen.« So kommen die Mächtigen alle dazu, ihr Gewerbe zu wechseln, und sie bemühen sich, die *Lieder* und *Dokumente* zu lernen, um äußeren Einfluss zu verfolgen.[9] Im besten Fall können sie Ruhm erlangen, mindestens aber Ämter und Ränge; und selbst die Geringsten befassen sich mit Handel oder Kunsthandwerk:[10] alles, um Ackerbau und Kriegsdienst zu vermeiden. Wenn all das der Fall ist, ist es eine Gefahr für den Staat, und wenn das Volk sich das zur Anweisung nimmt, wird der Staat gewiss zerfallen.

3.3

Ein guter Staatsführer ist nicht nachlässig im Ackerbau, selbst wenn die Lagerhäuser und Speicher gefüllt sind; und er ist nicht ausschweifend in der Rede, auch wenn sein Land groß ist und sein Volk zahlreich: Auf diese Weise bleibt das Volk schlicht und einheitlich ausgerichtet.[11] Ist das Volk schlicht und einheitlich ausgerichtet, dann können Ämter und Ränge nicht durch Raffinesse erlangt werden. Können sie nicht durch Raffinesse erlangt werden, dann kommt es nicht zu Betrug. Kommt es nicht zu Betrug, dann ist der Herrscher unbeirrt.

Heute aber sieht das Volk innerhalb der Grenzen ebenso wie diejenigen, die Ämter und Ränge bekleiden, dass man bei Hofe mit raffinierten Worten und Sophisterei Ämter und Ränge erlangen kann: Darum lassen sich Ämter und Ränge nicht verstetigen.[12] Aus diesem Grund umschmeicheln die Leute den Herrscher, wenn sie vor ihn treten, doch wenn sie sich zurückziehen, sinnen sie darauf, ihren Eigennutz zu verwirklichen,[13] und veräußern Einfluss an Untergebene.[14]

Nun, den Herrscher zu umschmeicheln und auf persönlichen Nutzen zu sinnen, widerspricht den Interessen des Staates[15] – wenn es dennoch geschieht, dann der Ränge und Einkünfte wegen. Wer Einfluss an Untergebene veräußert, ist kein treuer Minister – wenn es dennoch geschieht, dann aus Gier nach Gütern.

›Folglich sagen sich alle niederen Beamten, die auf Beförderung hoffen: »Es bedarf nur vieler Güter, dann kann man hohe Ämter erwarten«, oder: »Wenn wir Beförderung erwarten, ohne den Oberen mit Gütern zu dienen, wäre das, als wolle man mit einer Katze eine Maus ködern – völlig hoffnungslos! Wenn wir den Oberen aber mit Aufrichtigkeit dienen und dafür Beförderung erwarten, wäre das, als klammere man sich an einen zerrissenen Strick, um auf einen krummen Baum zu steigen – noch hoffnungsloser!« Wenn wir aber auf diese zwei Weisen keine Beförderungen erreichen können, was bleibt uns anderes, als die Massen unten zu aktivieren, ihnen Güter zu nehmen, um damit den Oberen zu dienen und auf diese Weise Beförderung anzustreben?!‹[16] HFei 14

Die Hundert Sippen[17] sagen sich: »Wir ackern emsig, füllen zunächst die öffentlichen Speicher und versorgen unsere Verwandten mit dem Rest; wir ziehen für die Oberen unter Einsatz unseres Lebens in den Krieg und kämpfen für das Ansehen des Herrschers und die Sicherheit des Staates.[18] Wenn aber die Speicher leer sind, der Herrscher ohne Ansehen und die Familie arm, dann ist es besser, ein Amt anzustreben.«[19]

Dann tun sich Verwandte und Nahestehende zusammen, um etwas anderes zu ersinnen. Die Mächtigen werden sich bemühen, die *Lieder* und *Dokumente* zu lernen, um äußeren Einfluss zu verfolgen; und selbst die Geringsten befassen sich mit Handel oder Kunsthandwerk: alles, um Ackerbau und Kriegsdienst zu vermeiden. Wenn das Volk sich das als Anweisung nimmt, wie sollte dann das Getreide nicht weniger und die Armee nicht schwächer werden?!

3.4

Ein guter Staatsführer sorgt dafür, dass die Verwaltungsgesetze klar sind und verlässt sich nicht auf Wissen und Überlegungen.[20] Wenn die Obrigkeit Einheitlichkeit schafft, dann wird das Volk sein Gewerbe nicht vernachlässigen,[21] und die Kräfte des Staates werden gebündelt. Staaten, deren Kräfte gebündelt sind, sind stark; Staaten, die Geschwätz lieben, zerfallen.

Daher heißt es: Wenn es unter tausend Menschen, die ackern und Kriegsdienst leisten, nur einen einzigen gibt, der es mit *Liedern* und *Dokumenten*, Eloquenz und Klugheit hält, dann werden die tausend Menschen allesamt Ackerbau und Kriegsdienst vernachlässigen; und wenn es unter hundert Menschen, die ackern und Kriegsdienst leisten, nur einen einzigen Kunsthandwerker gibt, dann werden alle Menschen Ackerbau und Kriegsdienst vernachlässigen. Der Staat aber verdankt Ackerbau und Kriegsdienst seine Sicherheit, und der Fürst verdankt Ackerbau und Kriegsdienst sein Ansehen.[22]

Wenn das Volk weder ackert noch Kriegsdienst leistet, so liegt es daran, dass die Obrigkeit Reden liebt und die Ämter der Stetigkeit ermangeln. Verstetigt man die Ämter, so wird der Staat geordnet, vereinheitlicht man die Aufgaben, so wird der Staat reich.[23] Ordnung und Reichtum des Staates: Darin besteht das Prinzip des Souveräns.[24] Daher heißt es: Das Prinzip des Souveräns besteht in nichts anderem als darin, persönlich Einheitlichkeit zu schaffen.

Heute aber stellt die Obrigkeit Menschen aufgrund von Fähigkeiten und Klugheit an, so dass kluge Menschen die Vorlieben und Abneigungen des Herrschers beobachten und die Beamten dazu bringen, die Dinge so einzurichten, dass sie nach dem Herzen des Herrschers geraten. Deshalb haben die Ämter keine Stetigkeit, der Staat verfällt in Anarchie und Uneinigkeit, Sophisten sind … und gesetzlos.[25] Wie sollte es unter diesen Umständen anders kommen, als dass die Bürden für das Volk zunehmen und der Boden brach liegt?!

3·5

4.3, 5.1 ›*Lieder*, *Dokumente*, Riten, Musik, Güte, Verfeinerung,
13.3 Menschlichkeit, Lauterkeit, Eloquenz und Klugheit:
Wenn es diese zehn Dinge im Staat gibt, dann kann die

Obrigkeit niemanden in den Wehr- und Kriegsdienst führen.‹[26]

›Wird ein Staat nach diesen zehn Dingen regiert, dann 4.3, 4.11,
wird er, wenn der Feind anrückt, gewiss zerfallen, und 13.4,
wenn er nicht anrückt, verarmen. Wenn ein Staat die- HFei 53
se zehn Dinge aber abschafft, wird der Feind gar nicht wagen anzurücken – und selbst wenn er es täte, würde er gewiss zurückgeschlagen; wenn der Staat Truppen zum Angriff aufbietet, wird er gewiss Land erobern, und wenn er es ruhen lässt und nicht angreift, wird er gewiss reich.‹[27]

›Von einem Staat, der Stärke liebt, lässt sich sagen, dass 4.3, 5.3,
er »mit Schwerem angreift« – und wer mit Schwerem 13.4,
angreift, wird gewiss gedeihen. Von einem, der Eloquenz HFei 53
liebt, lässt sich sagen, dass er »mit Leichtem angreift«: und wer mit Leichtem angreift, ist gewiss gefährdet.‹[28]

3.6

›Daher können Weise und erleuchtete Fürsten[29] die Zehntausend Dinge zwar keineswegs vollständig ausloten, aber sie erkennen das Wesentliche in den Dingen. Daher regieren sie den Staat einzig und allein dadurch, dass sie auf das Wesentliche achten.‹[30] 13.6, 17.5

Heute aber haben diejenigen, die den Staat führen, oft keinen Sinn für das Wesentliche. Wenn am Hofe über die Regierung gesprochen wird, dann verworren und im Bestreben, einander zu widerlegen. Auf diese Weise wird der Fürst durch Gerede verblendet, die Beamten durch Worte verwirrt und das Volk zu faul zum Ackern.

Daher passt sich das Volk innerhalb der Grenzen an, so dass es Eloquenz liebt und sich an Gelehrsamkeit erfreut, sich mit Handeln und Hökern beschäftigt, Kunsthandwerk übt, aber Ackerbau und Kriegsdienst vermeidet: Auf diese Weise ist der Untergang des Staates nicht mehr fern.[31]

Wenn es für den Staat zum Ernstfall kommt, wird das gelehrte Volk die Gesetze scheuen, die Händler werden sich geschickt anpassen, und die Kunsthandwerker im

Volk werden nicht dienstbar sein: Daher wird der Staat leicht zu zerstören sein.

23.4 ›Wenn es weniger Ackerbauern gibt, aber immer mehr vagabundierende Kostgänger,‹[32] dann verarmt der Staat und gerät in Gefahr. Wenn nun Heuschrecken, Raupen und Pflanzenläuse,[33] die im Frühling geboren werden und im Herbst sterben, auch nur ein einziges Mal auftauchen, wird es dem Volk mehrere Jahre an Nahrungsmitteln mangeln.

Wenn aber nur ein einziger Mann ackert und hundert Menschen sich davon ernähren, dann sind sie wie eine große Plage von Heuschrecken, Raupen und Pflanzenläusen.[34] Selbst wenn es von den *Liedern* und *Dokumenten* in jeder Gemeinde ein Bündel und in jedem Haushalt eine Rolle gäbe, hätte das gleichwohl keinerlei Nutzen für die Regierung: Das ist nicht die richtige Methode, um die Gefahr abzuwenden. Daher wendeten die früheren Könige sie durch Ackerbau und Kriegsdienst ab.

Daher heißt es: Wo hundert Mann ackern und einer müßig ist, ist man souverän; wo zehn Mann ackern und einer müßig ist, ist man stark; und wo eine Hälfte ackert und die andere Hälfte müßig ist, ist man gefährdet.[35]

Daher ist es beim Regieren eines Staates wünschenswert, dass das Volk Ackerbau betreibe.[36] Wenn im Staat kein Ackerbau betrieben wird, dann kann er sich im Machtkampf mit den Landesfürsten[37] nicht halten, denn die Stärke seiner Bevölkerung wird nicht ausreichen. Daher werden die Landesfürsten seine Schwächen angreifen und seinen Verfall ausnutzen: Wenn aber das Land erobert wird und zerfällt, ohne dass sich Widerstand regt, ist es für alles zu spät.

3.7

Der Weise erkennt das Wesentliche bei der Regierung des Staates: Darum ordnet er an, dass das Volk seinen Sinn auf den Ackerbau richte.[38]

Wenn es seinen Sinn auf den Ackerbau richtet, bleibt das Volk schlicht und kann dirigiert werden; sind die

Leute treuherzig, dann sind sie leicht zu führen; sind sie zuverlässig, dann taugen sie zu Wehr- und Kriegsdienst; sind sie einheitlich ausgerichtet, dann gibt es wenig Betrug und sie wertschätzen ihren Wohnort;[39] sind sie einheitlich ausgerichtet, dann können sie aufgrund von Belohnungen und Strafen angetrieben werden; sind sie einheitlich ausgerichtet, dann können sie auswärtig eingesetzt werden.

Wenn das Volk sich der Obrigkeit verbunden fühlt und für die Bestimmungen zu sterben bereit ist, dann deshalb, weil sie von morgens bis abends dem Ackerbau nachgehen. Wenn das Volk nicht zu gebrauchen ist, dann deshalb, weil es sieht, dass schönrednerische Vagabunden[40] im Dienst am Fürsten zu Ansehen kommen, dass Händler und Höker ihre Familien reich machen können und dass Kunsthandwerker sich die Mäuler zu füllen vermögen.

Wenn das Volk sieht, dass diese drei Dinge bequem und profitabel sind, dann werden sie den Ackerbau meiden. Wenn die Leute den Ackerbau meiden, dann werden sie ihren Wohnort geringschätzen, und wenn sie ihren Wohnort geringschätzen, dann werden sie nicht für die Obrigkeit Wehr- und Kriegsdienst leisten.[41]

Beim Regieren eines Staates ist generell zu befürchten, dass das Volk auseinanderstrebt und nicht zusammenzuhalten ist.[42] Darum schafft der Weise Einheitlichkeit: um es zusammenzuhalten.

›Schafft ein Staat ein Jahr lang Einheitlichkeit, so wird 4.5
er zehn Jahre lang stark sein; schafft er zehn Jahre lang Einheitlichkeit, so wird er hundert Jahre lang stark sein; schafft er hundert Jahre lang Einheitlichkeit, so wird er tausend Jahre lang stark sein – und wer tausend Jahre lang stark ist, ist Souverän.‹

Wenn der Fürst Belohnungen und Bußen einsetzt, um seine einheitlichen Anweisungen abzusichern, dann werden seine Anweisungen Beständigkeit haben, und seine Regierung wird vollendet.[43]

3.8

Ein souveräner Herrscher[44] erfasst das Wesentliche beim Regieren des Volks: Daher bedarf er keiner Belohnungen und Gaben, damit das Volk der Obrigkeit verbunden ist, er bedarf keiner Ränge und Einkünfte, damit das Volk seinen Aufgaben nachkommt,[45] und er bedarf keiner Strafen und Bußen, damit das Volk [für den Herrscher] in den Tod geht.[46]

Wenn der Staat in Gefahr und der Herrscher in Not ist, sind Legionen von Schönrednern wenig hilfreich, um die Gefahr zu bannen.[47] Nun gehen Gefahr für den Staat und Not des Herrschers von starken Feinden und großen Staaten aus. Wenn ein Fürst der Menschen einen starken Feind nicht unterwerfen und einen großen Staat nicht zerstören kann, dann sollte er seine Verteidigungsanlagen instand halten, sich die Geländeformationen zunutze machen und die Kräfte des Volkes bündeln, um der Bedrohung von außen zu begegnen: Dann erst kann das Unheil abgewendet und Souveränität erreicht werden.[48]

Daher besorgt ein erleuchteter Fürst[49] die Regierung, indem er Einheitlichkeit schafft, Unnützes abschafft, das Volk davon abhält, sich mit müßigen Lehren und Frivolitäten abzugeben, und es im Ackerbau vereint: Erst dann können der Staat reich gemacht und die Kräfte des Volkes gebündelt werden.[50]

3.9

Nun sorgen sich die gegenwärtigen Herrscher[51] alle darum, dass ihr Staat gefährdet und ihr Militär schwach sei, daher hören sie angestrengt auf Schönredner. Doch selbst wenn Schönredner Legion sind und noch so sehr ihre Worte bemühen und Begriffe ausschmücken, so hat das keinen realen Nutzen.[52]

Wenn der Herrscher Eloquenz liebt und keine Realitäten einfordert, dann bekommen die Schönredner ihren Willen, verbreiten ihre krummen Dispute auf den Straßen und wachsen zu Scharen an. Wenn die Leute sehen, dass man damit König, Adlige und große Männer für sich einnehmen kann, dann lernen sie alle davon. Wenn nun Männer Anhänger um sich scharen und im ganzen Land reden und räsonieren, und sei es noch so verworren,[53] dann vergnügt das kleine Volk sich daran, und die großen Männer freuen sich.

›Daher wird es im Volk weniger Ackerbauern geben 23.4
aber immer mehr vagabundierende Kostgänger;‹ werden letztere mehr, dann werden die Ackerbauern faul; und wenn die Ackerbauern faul sind, so liegen Land und Boden brach.

Wenn Gelehrsamkeit die Sitten prägt, dann wird das Volk den Ackerbau verwerfen und sich der Demagogie, hochtrabenden Worten und falschen Urteilen widmen.[54] Sie werden den Ackerbau verwerfen, sich vagabundierend durchfressen und sich mit Worten gegenseitig hochschaukeln. Daher wird sich das Volk scharenweise von der Obrigkeit distanzieren und nicht mehr untertänig sein. Das ist eine Anleitung, den Staat arm zu machen und das Militär zu schwächen.[55]

Wenn nun der Staat Leute aufgrund ihrer Worte in den Dienst nimmt, dann wird das Volk nicht mehr durch den Ackerbau ernährt. Ein erleuchteter Fürst erkennt daher, dass mit schönen Worten kein Heer zu stärken und kein Boden zu erschließen ist. Und ein Weiser regiert den Staat einzig und allein dadurch, dass er Einheitlichkeit schafft und [das Volk] im Ackerbau zusammenhält.

4. Die Starken vertreiben

Struktur		Parallelen
A	4.1 Starker Staat u.a.	20.1–7
	4.2 Drei Organe u.a.	20.8–10
B	4.3 Riten, Musik u.a.	3.5, 5.1–3, 13.2–4, HFei 53
	4.4 Strafen und Belohnungen	5.4–7, 7.5, 13.5, HFei 30, 53
	4.5 Einheitlichkeit u.a.	3.7, 5.8, 8.2
	4.6 Lokalverwaltung	5.9, 13.1, HFei 53
C	4.7 Volkszählung	19.1
B	4.8 Strafen abschaffen u.a.	5.4, 5.7, 7.6, 13.2, 13.5–6, HFei 53
C	4.9 Getreideanbau vs. Handel	
	4.10 Statistik: 13 Zahlen	
B	4.11 Leidenschaftsloser Staat	3.5, 13.4, HFei 53

Überblick

Der Titel »Die Starken vertreiben« – ein Incipit, das keineswegs den gesamten Inhalt dieses Kapitels zusammenfasst – benennt das Grundproblem des *state building*: die Durchsetzung zentraler Macht gegen die ›starken‹ Partikularfürsten. Die Grundlage des Staates ist das Machtgefälle zwischen der Zentrale und dem ›schwachen‹ Volk: Indem er das Volk schwächt (Kap. 20), wird der Staat stark, und nur mit den ›Schwachen‹ kann er andere ›Starke‹ – Partikularfürsten und Staaten – überwältigen: »Wer die Starken mit den Schwachen angreift, wird Souverän« (4.2). Zur Nivellierung des Volkes gehört auch die Verpflichtung zur Frugalität: Reichtum und Überfluss sind für das Volk ebenso schädlich wie »Riten und Musik ..., *Lieder* und *Dokumente*, Güte und Verfeinerung, Folgsamkeit und brüderliche Liebe, Lauterkeit und Eloquenz« (4.3). Diese Kulturgüter und Tugenden haben ihren Ort kaum unter den Bauern, sondern im Adel: Auch in dieser Hinsicht sollen die ›Starken‹ nivelliert und der Logik des Staates untergeordnet werden.

Das Kapitel entwickelt diese Gedanken nicht systematisch. Anders als Kapitel zwei und drei, ist sein Argumentationsstil meist nicht deduktiv, sondern assoziativ. Der *Parallelismus membrorum* ist die bevorzugte rhetorische Figur:

> »Wer mit Starken die Starken austreibt, ist schwach;
> wer mit Schwachen die Starken austreibt, ist stark.« (4.1)

Solche Sentenzen stehen ihrerseits oft unvermittelt neben anderen: Das Kapitel bietet eine ungeordnete Sammlung von Regeln, Merksprüchen und Listen, in denen es um die Schaffung eines starken und reichen Staates geht: »Wenn das Militär ausführt, was der Gegner nicht auszuführen wagt, ist es stark« (4.1), »unter einem souveränen Herrscher kommt auf neun Strafen eine Belohnung« (4.4), ein »Staat, der hervorbringen und aufbrauchen kann, ... wird gewiss stark« (4.5), usw. Dabei handelt es sich fast durchweg um Versatzstücke, die in anderen Kapiteln aufgegriffen und erläutert werden, einige finden auch im *Han Feizi* (v.a Kap. 53). Vielleicht liegen hier tatsächlich Maximen Shang Yangs vor, wie Zhang Jue (2012, 57) vermutet; jedenfalls gehören diese Sprüche zum Kernbestand der Lehren des *Shangjun shu*. Was hier in lapidarer Form hingeworfen wird, wird oft erst durch die Ausführungen an anderer Stelle verständlich: Vor allem die Kapitel fünf und zwanzig zitieren und *kommentieren* zahlreiche dieser Versatzstücke. Ohne diese Parallelen und internen Kommentare wäre vieles aus Kapitel vier unverständlich – was allerdings nicht heißt, dass es im Licht der anderen Kapitel ›richtig‹ verstanden wäre: Die Kommentare gehören einem anderen Teil des *Shangjun shu* an (vgl. S. 85).[1]

Zudem legen die Zitationsmuster nahe, dass Kapitel vier selbst keine homogene Perspektive bietet, sondern aus drei eigenständigen Teilen besteht: So werden (A) 4.1–2 in 20.1–10 zitiert und kommentiert; (B) 4.3–6 sowie 4.8 und 4.11

werden in 5.2–9 sowie 3.5 und 3.7 zitiert – und zwar jeweils in fast unveränderter Reihenfolge; (C) 4.7 und 4.9–10 hingegen weisen kaum Parallelen zu anderen Kapiteln auf. Auch inhaltlich weisen die Teile Unterschiede auf: Nur in Teil A ist von »parasitären Organen« die Rede, Teil B spricht dann Bußen, Strafen und Belohnungen an (nicht aber Gesetze, *fa*: Das Wort fällt nur in A ein einziges Mal), und erklärt die ›Souveränität‹ (*wang*) zum Ziel der Politik, und in Teil C geht es um Themen wie Handel, Statistiken und die Getreideproduktion. Kapitel vier dokumentiert nicht die ›Einheitlichkeit‹, sondern die Vielstimmigkeit des *Shangjun shu*.

4.1

20.1 ›Wer mit Starken die Starken austreibt, ist schwach; wer mit Schwachen die Starken austreibt, ist stark.‹[2]

20.2 ›Wenn der Staat Gutes tut, werden Verbrechen zunehmen.‹[3]

20.3 ›Ist ein Staat reich und wird wie ein armer regiert, so heißt er doppelt reich;[4] und wer doppelt reich ist, ist stark. Ist ein Staat arm und wird wie ein reicher regiert, so heißt er doppelt arm, und wer doppelt arm ist, ist schwach.‹

20.4 ›Wenn das Militär ausführt, was der Gegner nicht auszuführen wagt, ist es stark; wenn es Dinge unternimmt, die der Gegner sich zu tun schämt, ist es im Vorteil.‹[5]

20.5 ›Für den Herrscher ist viel Veränderung wertvoll; für den Staat ist wenig Veränderung wertvoll.‹[6]

20.6 ›Hat ein Staat wenige Güter, zerfällt er; hat er viele Güter, ist er stark.‹

Wenn ein Staat von tausend Streitwagen tausend Dinge bewahrt, zerfällt er.[7]

20.7 ›Wenn Kriegsdienst geleistet und das Militär eingesetzt wird, bedeutet das Stärke;‹ wenn der Kriegsdienst ungeordnet und das Militär müßig ist, dann zerfällt der Staat.

4.2

›Ackerbau, Handel und Bürokratie: Das sind die drei permanenten Organe des Staates.[8] Diese drei Organe bringen sechs parasitäre Organe hervor: Erntefeste, Völlerei, Schönheit, Vorlieben, Ehrgeiz und Umgangsformen.[9] Wenn diese sechs Halt finden, wird [der Staat] gewiss zerfallen.‹ 20.8

Die drei Organe finden Halt in dreierlei Menschen; die sechs Organe aber finden Halt in einem einzigen Menschen.[10] Wer aufgrund von Gesetzen verwaltet, ist stark; wer aufgrund von Regierungsmaßnahmen verwaltet, zerfällt;[11] wenn die permanenten Organe geordnet sind, werden die [parasitären] Organe entfernt.[12]

›Große Verwaltung, kleiner Staat; kleine Verwaltung, großer Staat.‹[13] 20.9

›Wer es stärkt, zerfällt doppelt; wer es schwächt, wird doppelt stark.‹[14] 20.10

›Wer die Starken mit den Starken angreift, wird untergehen; wer die Starken mit den Schwachen angreift, wird Souverän.‹ 20.10

4.3

›Wenn ein Staat keinen Krieg führt, obwohl er stark ist, wird sich Verderben im Inneren verbreiten, Riten, Musik und andere parasitäre Organe entstehen, und er wird gewiss zerfallen. Wenn der Staat daraufhin Krieg führt, wird das Verderben den Feindesstaat ereilen, es entstehen weder Riten noch Musik oder andere parasitäre Organe, und er wird gewiss stark.‹[15] 13.2

Männer für Mühen und Verdienste zu befördern, bedeutet Stärke, aber wo parasitäre Organe entstehen, kommt es gewiss zum Zerfall. Wenn es wenige Bauern und viele Händler gibt, werden die Ehrwürdigen[16] ebenso arm sein wie die Händler und Bauern: Wenn diese drei Organe arm sind, kommt es gewiss zum Zerfall.

›Wenn es im Staat Riten und Musik gibt, *Lieder* und 3.5, 5.1,
Dokumente, Güte und Verfeinerung, Folgsamkeit und 13.3
brüderliche Liebe,[17] Lauterkeit und Eloquenz: Wenn es

diese zehn Dinge im Staat gibt, dann kann die Obrigkeit niemanden in den Krieg führen, er zerfällt und geht schließlich unter. Gibt es diese zehn Dinge im Staat nicht, dann kann die Obrigkeit Leute in den Krieg führen, der Staat wird gedeihen und es zur Souveränität bringen.‹

5.2 ›Ein Staat, in dem gutes Volk das treulose regiert, wird gewiss in Anarchie geraten und zerfallen. Ein Staat, in dem treuloses Volk das gute regiert, wird geordnet sein und es zu Stärke bringen.‹[18]

3.5, 13.4, HFei 53 ›Wenn ein Staat mit *Liedern*, *Dokumenten*, Riten, Musik, Folgsamkeit, brüderlicher Liebe, Güte und Fürsorge regiert wird, dann wird er, wenn der Feind anrückt, gewiss zerfallen, und wenn er nicht anrückt, verarmen.[19] Wenn es nicht mit diesen acht regiert wird, so wird der Feind es gar nicht wagen anzurücken – und selbst wenn er anrückt, wird er gewiss zurückgeschlagen. Wenn der Staat Truppen zum Angriff aufbietet, wird er gewiss erobern, und was er erobert, wird er gewiss behaupten; wenn er die Truppen ruhen lässt und nicht angreift, wird er gewiss reich.‹

3.5, 5.3, 13.4, HFei 53 ›Von einem Staat, der Stärke liebt, lässt sich sagen, dass er »mit Schwerem angreift«; von einem, der Worte liebt, lässt sich sagen, dass er »mit Leichtem angreift«.[20] Ein Staat, der »mit Schwerem angreift«, erlangt für das, was es aufbietet, das Zehnfache; einer, der »mit Leichtem angreift«, wird das Zehnfache verausgaben und das Hundertfache verlieren.‹[21]

4.4

5.4, 13.5, HFei 53 ›Indem sie schwere Bußen verhängt und geringe Belohnungen gewährt, sorgt die Obrigkeit für das Volk,[22] und das Volk geht für sie in den Tod. Indem sie hohe Belohnungen gewährt und leichte Bußen verhängt, sorgt die Obrigkeit nicht für das Volk, und das Volk geht nicht für sie in den Tod.‹[23]

5.4, 13.5, HFei 30, 53 ›Wenn ein aufstrebender Staat Bußen verhängt, wird das Volk profitieren und ehrfürchtig sein; wenn er Belohnungen vergibt, dann wird das Volk profitieren und umsorgt sein.‹

›Wenn man bei der Anwendung von Strafen Leichtes schwer ahndet, dann wird Leichtes nicht entstehen und Schweres nicht aufkommen.‹[24] 5.4

Verfügt ein Staat nicht über Gewalt, sondern agiert mit Klugheit und Raffinesse, so wird er gewiss untergehen.

›Ein feiges Volk, das man mit Strafen führt, wird gewiss tapfer; und ein tapferes Volk, das man mit Belohnungen führt, wird in den Tod gehen. Ist feiges Volk tapfer, und geht tapferes Volk in den Tod, wird der Staat keine ebenbürtigen Feinde haben und erstarken; und wenn er erstarkt, wird er Souveränität erlangen.‹ 5.5

›Arme, die man mit Strafen führt, werden reich; und Reiche, die man mit Belohnungen führt, werden arm. Wenn man bei der Regierung eines Staates vermag, die Armen reich zu machen und die Reichen arm, dann wird der Staat stark sein; und wer stark ist, wird Souveränität erlangen.‹[25] 5.6

›Unter einem souveränen Herrscher kommt auf neun Strafen eine Belohnung, in einem starken Land kommen auf sieben Strafen drei Belohnungen; und in einem zerfallenden Land kommen auf fünf Strafen fünf Belohnungen.‹[26] 5.7, 7.5

4.5

›Schafft ein Staat ein Jahr lang Einheitlichkeit, wird er zehn Jahre lang stark sein; schafft er zehn Jahre lang Einheitlichkeit, wird er hundert Jahre lang stark sein; schafft er hundert Jahre lang Einheitlichkeit, wird er tausend Jahre lang stark sein – und wer tausend Jahre lang stark ist, ist Souverän.‹ 3.7

Mit Autorität erlangt man für das, was man aufbietet, das Zehnfache, und man erlangt allein durch seinen Ruf reale Güter: Daher wird, wer sich Autorität verschaffen kann, Souverän.[27]

›Einen Staat, der hervorbringen kann, aber nicht aufbrauchen, nennt man einen »Staat, der sich selbst angreift«: Er wird gewiss zerfallen; einen Staat, der her- 5.8, 8.2

vorbringen und aufbrauchen kann, nennt man einen »Staat, der den Feind angreift«: Er wird gewiss stark.‹[28]

Daher gilt es, die [parasitären] Organe anzugreifen, die Gewalttätigen anzugreifen und die Feinde anzugreifen.[29] Wer im Staat zweierlei praktiziert und eines weglässt, wird gewiss stark; und wer alle drei praktiziert, erlangt Autorität und Souveränität.

4.6

5.9, 13.1, ›Wenn im Rahmen von zehn Dörfern Entscheidungen
HFei 53 getroffen werden, ist der Staat schwach; wenn im Rahmen von fünf Dörfern Entscheidungen getroffen werden, ist der Staat stark. Wer tags regiert, ist souverän; wer nachts regiert, ist stark; wer die Regierung aufschiebt, zerfällt.‹[30]

4.7

19.1 ›Bei der Erhebung der Bevölkerungszahl registriere man die Geborenen und tilge die Toten.‹[31] So wird das Volk den Getreideabgaben nicht entgehen und das Land wird nicht brach liegen: Dann wird der Staat reich, und wenn der Staat reich ist, ist er stark.

4.8

5.4, 7.6, ›Schafft man Strafen durch Strafen ab, so ist das Land
13.5, geordnet; führt man Strafen mit Strafen herbei, verfällt
HFei 53 der Staat in Anarchie.[32]

Daher heißt es: Beim Verhängen von Strafen ahnde man Leichtes schwer, / Sind die Strafen abgeschafft, werden die Aufgaben vollbracht, / und der Staat ist stark. / Ahndet man Schweres schwer und Leichtes leicht, / Kommt es zu Strafen, Probleme entstehen, / und der Staat zerfällt.‹[33]

5.7, 13.6 ›Strafen gebären Gewalt; Gewalt gebiert Stärke; Stärke gebiert Autorität; Autorität gebiert Güte – Güte wird aus Gewalt geboren.‹[34]

13.2, ›Man wende Gewalt an, um mit vollem Mut Krieg zu
HFei 53 führen; man führe Krieg, um mit vollendetem Wissen Pläne zu machen.‹[35]

4.9

Wo Getreide hereinkommt, verschwindet Gold; wo Getreide verschwindet, kommt Gold herein.[36]

Wenn Grundnahrungsmittel billig sind, die Produzenten zahlreich und die Käufer wenige, dann haben es die Bauern schwer, und die Bösen werden angespornt: Dann wird das Militär schwach, der Staat zerfällt und geht unter.[37]

Für jede Unze Gold, die innerhalb der Grenzen hereinkommt, verschwinden zwölf Zentner Getreide außerhalb der Grenzen; für zwölf Zentner Getreide die innerhalb der Grenzen aufkommen, verschwindet außerhalb der Grenzen eine Unze Gold.[38]

Wenn ein Staat begehrt, dass Gold innerhalb der Grenzen hereinkommt, dann verschwinden Gold und Getreide gleichermaßen, Speicher und Schatzkammern sind gleichermaßen leer, und der Staat wird schwach. Wenn ein Staat begehrt, dass Getreide innerhalb der Grenzen hereinkommt, dann kommen Gold und Getreide gleichermaßen herein, Speicher und Schatzkammern sind gleichermaßen voll, und der Staat wird stark.

4.10

Ein starker Staat kennt 13 Zahlen:[39] die Zahl der Speicher innerhalb der Grenzen; die Bevölkerungszahl; die Zahl der erwachsenen Männer und Frauen; die Zahl der Alten und Kinder;[40] die Zahl der Beamten und Dienstleute;[41] die Zahl derer, die mit Gerede ihre Kost erwerben; die Zahl der Profiteure;[42] sowie die Zahl der Pferde, Rinder und Futtervorräte. Will man den Staat stärken und kennt die 13 Zahlen des Staates nicht, dann kann der Boden noch so ertragreich sein und das Volk noch so zahlreich – der Staat wird immer schwächer werden, bis er zerfällt.

4.11

Einen Staat, der kein verbittertes Volk hat, nennt man einen starken Staat.[43] ›Bietet er Truppen auf, um zu Felde zu ziehen, und vergibt aufgrund von militärischen 3.5, 13.4, HFei 53

[Verdiensten] Ränge und Zuständigkeiten, so wird er gewiss siegen. Lässt er die Truppen ruhen, um Ackerbau zu betreiben, und vergibt aufgrund von Getreideabgaben Ränge und Zuständigkeiten, so wird der Staat gewiss reich.‹[44] Wer, wenn er Truppen aufbietet, den Feind besiegt, und wenn er sie ruhen lässt, einen reichen Staat hat, der ist Souverän.

5. Das Volk erklären

Struktur	Parallelen
5.1 Acht Übel	3.5, 4.3, 13.3
5.2 Regierung der Treulosen	4.3
5.3 Mit Schwerem angreifen	3.5, 4.3, 13.4, HFei 53
5.4 Schwere Strafen	4.4, 4.8, 7.6, 13.5, 26.5, HFei 30, 53
5.5 Tapferes Volk	4.4
5.6 Arme und Reiche	4.4, 20.3
5.7 Zahlreiche Strafen	4.4, 4.8, 7.5, 13.6
5.8 Kräfte kontrollieren	4.5, 8.2
5.9 Entscheidungen in Familien	4.6, 13.1, HFei 53

Überblick

Auch Kapitel fünf ist kein systematischer Traktat, sondern reiht kurze Versatzstücke zu verschiedene Themen aneinander. Es ist eines von drei Kapiteln im *Shangjun shu*, die das ›Volk‹ im Titel tragen: Kapitel 15 heißt »Volk anwerben«, Kapitel 20 »Das Volk schwächen«, entsprechend ist der Titel dieses Kapitels als »Das Volk erklären« zu verstehen. Aus dem Text ergibt sich das allerdings nicht, denn das Wort *shuo*, ›erklären‹, taucht im gesamten Kapitel nicht auf. Das Volk aber ist tatsächlich das beherrschende Thema des Kapitels, oder besser: Sein Thema ist das Beherrschen des Volkes. Denn dieses wird in jeder Hinsicht als Problem dargestellt: »Es fällt dem Volk leicht, Worte zu machen, aber es fällt ihm schwer, Dienst zu leisten« (5.3), zudem »neigt es zur Anarchie« (5.4) und zur Renitenz: »Ist das Volk arm, dann schwächt es den Staat; ist es reich, dann wird es ausschweifend« (5.6). Daher, so rät das Kapitel, müssen sich Regierung und Gesetze gegen das Volk ›durchsetzen‹, und zu diesem Zweck »wird ein souveräner Herrscher in neun Fällen strafen und in einem

Fall belohnen« (5.7) und das Volk dazu bringen, »zunächst die Dinge zu tun, die es verabscheut, und dann erst seine Begierden zu erfüllen« (5.8).

Wie im gesamten Buch ist nicht von ›Menschen‹ (*ren*) die Rede, die individuelle Eigenschaften besitzen, sondern stets vom Kollektiv: Der Einzelne spielt im Kalkül des Politischen Realismus keine Rolle, er erfasst »die menschliche Natur nicht in genetischen, sondern in soziologischen Begriffen« (Graham 1989, 272). Auch deshalb will das Kapitel das Volk »erklären«, nicht etwa verstehen. Sein Argumentationsstil ist logisch-deduktiv, geprägt durch konditionale Gefüge, die oft mit einem resümierenden Zitat aus den Abschnitten 4.3–4.6 schließen, welches durch »Daher: …« eingeführt (und auf diese Weise als Zitat markiert) wird. Das Kapitel bietet – zumindest in Teilen – einen Kommentar zu Kapitel 4B, zugleich enthält es Parallelen zu 3.5 und Kapitel 13: ein dichtes intertextuelles Geflecht, das es als Kernkapitel des *Shangjun shu* ausweist.

5.1

Eloquenz und Klugheit sind Gehilfen der Anarchie; Riten und Musik sind Symptome der Ausschweifung; Zärtlichkeit und Menschlichkeit sind die Nährmütter aller Verfehlungen; Vertrauen auf Ruhm ist das Nagetier der Untreue.[1]

Wenn Anarchie Gehilfen findet, dann grassiert sie; wenn Ausschweifung Symptome zeigt, dann wird sie praktiziert; wenn Verfehlungen genährt werden, dann gedeihen sie; wenn die Untreue nagt, dann hört sie nie auf.

13.3 ›Wenn diese acht zusammenkommen, dann setzt sich das Volk gegen die Regierung durch; aber wenn es diese acht im Land nicht gibt, dann setzt sich die Regierung gegen das Volk durch. Setzt sich das Volk gegen die Regierung durch, ist das Land schwach; setzt sich die Regierung gegen das Volk durch, ist das Militär stark.‹[2]

Daher: ›Wenn es diese acht im Land gibt, kann die Obrigkeit niemanden im Wehr- und Kriegsdienst einsetzen, so dass [das Land] gewiss zerfällt und untergeht; wenn es diese acht im Land nicht gibt, kann die Obrigkeit Leute im Wehr- und Kriegsdienst einsetzen, so dass der Staat gewiss gedeiht und Souveränität erreicht.‹ 3.5, 4.3, 13.3

5.2

Stellt man die Guten an, dann hält sich das Volk an die Nahestehenden; betraut man die Treulosen, dann hält das Volk sich an die Bestimmungen.[3]

Zusammenzuhalten und einander zu decken, ist gut; zu trennen und einander zu überwachen, ist treulos.[4]

Wenn man die Guten auszeichnet, dann bleiben Verfehlungen verborgen; doch wenn man die Treulosen betraut, dann werden Verbrechen bestraft. Bleiben Verfehlungen verborgen, dann setzt sich das Volk gegen die Gesetze durch; werden Verbrechen bestraft, dann setzen sich die Gesetze gegen das Volk durch. Setzt sich das Volk gegen die Gesetze durch, so stürzt der Staat in Anarchie; setzen sich die Gesetze gegen das Volk durch, dann ist das Militär stark.[5]

Daher heißt es: ›Regiert man mit gutem Volk, so kommt es zu Anarchie und Zerfall; regiert man mit treulosem Volk, so erreicht man Ordnung und Stärke.‹ 4.3

5.3

›Ein Staat, der »mit Schwerem angreift«, erlangt für das, was es aufbietet, das Zehnfache; einer, der »mit Leichtem angreift«, wird das Zehnfache aufbieten und das Hundertfache verlieren. Von einem Staat, der Gewalt liebt, lässt sich sagen, dass er »mit Schwerem angreift«; von einem, der Worte liebt, lässt sich sagen, dass er »mit Leichtem angreift«.‹[6] 3.5, 4.3, 13.4, HFei 53

Es fällt dem Volk leicht, Worte zu machen, aber es fällt ihm schwer, Dienst zu leisten. Wenn die staatlichen Gesetze das fördern, was dem Volk schwerfällt, und das Heer das einsetzt, was dem Volk schwerfällt: Wenn es mit Gewalt angreift, dann erlangt es für das, was es aufbietet, das Zehnfache.[7] Wenn die staatlichen Gesetze das fördern, was dem Volk leichtfällt, und das Heer das einsetzt, was dem Volk leichtfällt: Wenn es mit Worten angreift, wird es das Zehnfache verausgaben und das Hundertfache verlieren.

5.4

4.4, 13.5, HFei 53 ›Sind Bußen schwer, werden Ränge respektiert; sind Belohnungen leicht, werden Strafen gefürchtet. Werden Ränge respektiert, sorgt die Obrigkeit für das Volk; werden Strafen gefürchtet, geht das Volk für die Obrigkeit in den Tod.‹

4.4, 13.5, HFei 30, 53 ›Wenn daher ein aufstrebender Staat Bußen verhängt, profitiert das Volk, und wenn er Belohnungen vergibt, wird die Obrigkeit geachtet.‹[8]

Sind die Gesetze detailliert, dann nehmen Strafen überhand; sind die Gesetze einfach, dann gibt es wenige Strafen.[9]

26.5 Ist das Volk geordnet, neigt es zur Anarchie; ›will man es im anarchischen Zustand zur Ordnung bringen, wird es noch anarchischer. Daher bringe man es zur Ordnung, solange es geordnet ist: Dann bleibt es geordnet. Will man es zur Ordnung bringen, wenn es anarchisch ist, dann bleibt es anarchisch.‹ Das Volk ist seinem Wesen nach geordnet, in seinen Handlungen aber anarchisch.[10]

4.4 ›Wenn man daher bei der Anwendung von Strafen das Leichte schwer ahndet, dann wird Leichtes nicht entstehen und Schweres wird nirgendwo aufkommen.‹

Das bedeutet »es zur Ordnung bringen, solange es geordnet ist«. Wenn man aber bei der Anwendung von Strafen Schweres schwer ahndet und Leichtes leicht, dann wird Leichtes nicht unterbleiben, und auch Schweres wird nirgendwo unterbleiben. Das bedeutet »es zur Ordnung bringen, wenn es anarchisch ist«.

Daher: ›Ahndet man Leichtes schwer, / Dann werden 4.8, 7.6,
die Strafen abgeschafft, die Aufgaben werden vollbracht, 13.5,
/ und der Staat ist stark. / Ahndet man Schweres schwer HFei 53
und Leichtes leicht, / stellen Strafen sich ein, Probleme entstehen, / und der Staat zerfällt.‹[11]

5.5

Ist das Volk tapfer, belohne man es auf eine Weise, die es begehrt; ist das Volk feige, dann töte man es auf eine Weise, die es verabscheut.

Daher: ›Führt man ein feiges Volk mit Strafen, dann 4.4
wird es gewiss tapfer; und führt man ein tapferes Volk mit Belohnungen, dann wird es in den Tod gehen. Ist feiges Volk tapfer, und geht das tapfere Volk in den Tod, wird der Staat keine ebenbürtigen Feinde haben und gewiss Souveränität erlangen.‹

5.6

›Ist das Volk arm, dann schwächt es den Staat; ist es 20.3
reich, dann wird es ausschweifend; ist es ausschweifend, dann gibt es Parasiten; und gibt es Parasiten, dann folgt Schwäche.‹

Daher: ›Fördert man Arme mit Strafen, dann werden 4.4
sie reich; und schröpft man Reiche mit Belohnungen, werden sie arm.[12] Bei dem Unternehmen, einen Staat zu regieren, kommt es darauf an, die Armen reich zu machen und die Reichen arm. Sind die Armen reich und die Reichen arm, wird der Staat stark sein.‹

Wenn es unter den drei Organen keine Parasiten gibt, wird der Staat stark sein; und wo es auf Dauer keine Parasiten gibt, herrscht Souveränität.[13]

5.7

›Strafen gebären Gewalt; Gewalt gebiert Stärke; Stärke 4.8, 13.6
gebiert Autorität; Autorität gebiert Tugend – Tugend wird aus Strafen geboren.‹

Daher: Gibt es viele Strafen, dann wiegen Belohnungen schwer; gibt es wenige Belohnungen, dann wiegen Strafen schwer.[14] Das Volk hat Begierden und Abscheu: Begierden implizieren sechs Laster; Abscheu impliziert vier Mühsale.[15] Gibt man sich den sechs Lastern hin, so wird der Staat schwach; nimmt man aber die vier Mühsale auf sich, so wird das Militär stark.

4.4, 7.5 ›Daher wird ein souveräner Herrscher in neun Fällen strafen und in einem Fall belohnen.‹

Straft man in neun Fällen, dann enden die sechs Laster; belohnt man in einem Fall, so werden die vier Mühsale auf sich genommen. Enden die sechs Laster, dann wird es im Land keine Verbrechen mehr geben; nimmt man die vier Mühsale auf sich, dann wird das Heer keinen ebenbürtigen Feind haben.

5.8

Das Volk hat Zehntausende Begierden, doch Nutzen kommt nur aus Einem. Ohne dieses Eine hat das Volk keine Möglichkeit, seine Begierden zu erfüllen: Sorgt daher für das Eine! Ist für das Eine gesorgt, dann werden die Kräfte gebündelt; sind die Kräfte gebündelt, dann ist das Volk stark; und wird es eingesetzt, wenn es stark ist, dann ist man doppelt stark.[16]

4.5, 8.2 ›Daher nennt man einen Staat, der Kräfte hervorbringen, aber auch aufbrauchen kann, einen »Staat, der den Feind angreift«: Er wird gewiss stark.‹[17]

Er blockiert private Wege, auf denen [das Volk] seinen Willen auslebt, und öffnet einen einzigen Zugang, um dessen Begierden zu erfüllen. Wenn er das Volk dazu bringt, zunächst die Dinge zu tun, die es verabscheut, und dann erst seine Begierden zu erfüllen, dann hat es viel Kraft.[18] Hat es viel Kraft und setzt sie nicht ein, dann erschöpft sich sein Wille, und erschöpft sich sein Wille, dann entwickelt es Privatinteressen; entwickelt es Privatinteressen, dann entsteht Schwäche.

4.5, 8.2 ›Daher heißt ein Staat, der Kräfte hervorbringen, aber nicht aufbrauchen kann, »ein Staat, der sich selbst angreift«: Er wird gewiss zerfallen.‹

Daher heißt es: Ein souveräner Herrscher lässt im Land keine Kräfte sich aufstauen und in den Familien kein Getreide lagern. Im Land keine Kräfte aufzustauen bedeutet, dass die Untertanen eingesetzt werden; in den Familien kein Getreide zu lagern bedeutet, dass die Obrigkeit es speichert.[19]

5.9

Wird die Ordnung des Staates in Familien entschieden, ist er souverän; wird sie in Ämtern entschieden, ist er stark; wird sie vom Fürsten entschieden, ist er schwach.[20]

Wenn man Leichtes schwer ahndet, verschwinden die Strafen; wenn man Ämter verstetigt, dann herrscht Ordnung.[21]

Man spare Strafen und lasse [das Volk] füreinander haften; Belohnungen dürfen nicht zurückgenommen werden. Verbrechen werden stets gemeldet: So entscheiden die Menschen in ihren Herzen.[22]

Wenn das Volk weiß, wie es auf Weisungen der Obrigkeit zu reagieren hat, wenn Geräte in den Familien bereitgestellt und von den Ämtern angewendet werden, dann werden die Angelegenheiten in den Familien entschieden.[23]

Daher wird unter einem souveränen Herrscher über Strafen und Belohnungen in den Herzen der Menschen entschieden, über Geräte und Werkzeuge wird in den Familien entschieden.

Wenn die Ordnung klar ist, dann herrscht Einvernehmen, wenn sie unklar ist, dann gibt es Dissens. Bei Einvernehmen laufen die Dinge, bei Dissens stocken sie; wenn sie laufen, herrscht Ordnung, wenn sie stocken, Anarchie. Wenn Ordnung herrscht, wird in den Familien entschieden; wenn Anarchie herrscht, dann entscheidet der Fürst. In einem geordneten Staat ist es wichtig, dass auf unterer Ebene entschieden wird.

Daher: ›Wenn im Rahmen von zehn Dörfern Entscheidungen getroffen werden, ist [der Staat] schwach; wenn im Rahmen von fünf Dörfern Entscheidungen getroffen werden, ist er stark, und wenn in den Familien Entscheidungen getroffen werden, herrscht Überfluss. 4.6, 13.1, HFei 53

Daher heißt es: Wer tags regiert, ist Souverän. Wenn in den Ämtern Entscheidungen getroffen werden, herrscht Mangel.

Daher heißt es: Wer nachts regiert, ist stark. Wenn der Fürst Entscheidungen trifft, herrscht Anarchie.

Daher heißt es: Wer die Regierung aufschiebt, wird zerfallen.‹

Daher hängt in einem Staat, der den rechten Weg verfolgt, die Regierung nicht vom Fürsten ab, und das Volk folgt nicht den Beamten.[24]

6. Berechnung von Land

Überblick

Das Kapitel handelt, ähnlich wie Kapitel zwei, von den ökonomischen Grundlagen der Macht. Hier geht es allerdings nicht mehr ausschließlich um die ›Erschließung von Brachland‹, die Argumentation ist differenzierter. Zunächst werden Volk und Boden als gleichermaßen wichtige Ressourcen für den Staat beschrieben: Bei der »Berechnung von Land« (eine Ausdruck, der im Kapitel gar nicht vorkommt) geht es zum einen um genaue Pläne zu Landnutzung, Größe von Feldern usw., zum anderen um den gezielten Einsatz des Volkes, denn: »Ein großes Land, das nicht erschlossen wird, ist dasselbe wie gar kein Land; ein zahlreiches Volk, das nicht eingesetzt wird, ist dasselbe wie gar kein Volk« (6.3). Damit wird Menschenführung zum zentralen Problem. Das Kapitel beschreibt erstmals die »Natur« bzw. »Anlagen« des Volkes: Es strebe nach Ruhm und Nutzen und könne über ebendiese zwei »Hebel« gelenkt werden (6.4, 6.5). Daher müsse der Staat dafür sorgen, dass – derselbe Gedanke wie in 3.2 – »der Nutzen aus dem Boden kommt« und »Ruhm aus dem Krieg resultiert« (6.5). Vor allem dürfen »Schwätzer«, Händler und anderes unproduktives Volk nicht an Ämter kommen: Sie gilt es zu »bezwingen« (6.7), damit das Volk »simpel« und gefügig bleibt. Bei alledem spricht das Kapitel auch die Grenzen staatlicher Macht an: »Die Mittel des Staates, Dinge vom Volk einzufordern, sind gering, doch die Mittel des Volkes, den Forderungen zu entgehen, zahlreich« (6.8), daher sei damit zu rechnen, dass »Straffällige wiederholt durch die Maschen gehen« oder dass der Staat »Strafen verfügt, aber das Volk sich einen Spaß daraus macht« (6.9).

Auch wenn die einzelnen Abschnitte in sich heterogen wirken, verschiedene Kommentarschichten enthalten und bisweilen unzusammenhängende, teils schwer verständliche Versatzstücke aneinanderreihen, machen 6.1 bis 6.8 (Teil A) einen kohärenten Eindruck: Sie sind ähnlich strukturiert – 6.3 und 6.4. sind fast parallel – und nehmen mehrfach aufeinander Bezug. Dieser durchkomponierte Charakter könnte sich dadurch erklären, dass Teil A ursprünglich eine Throneingabe zugrundelag: eine Vermutung, die durch den mehrfach wiederholten Ausdruck »ich, Euer Untertan« (*chen*) gestützt wird. Auch der Umstand, dass das gesamte Kapitel kaum Parallelen zu anderen Texten oder Kapiteln des *Shangjun shu* aufweist, mag darauf hinweisen.

Dagegen wirkt 6.9 wie ein Fremdkörper in dem Kapitel: Er ist der einzige Abschnitt, der das Thema ›Strafen‹ – intensiv – diskutiert und dabei Probleme mit »Gesetzen und Verfahren« anspricht. Die Lösung ist überraschend: Ein »Ehrenmann« (*junzi*) – ein Ideal des konfuzianischen Diskurses! – nutzt »seinen Einfluss und eint die Regierung«, auf dass sich »Ausgewogenheit von Obrigkeit und Untertanen« einstelle. In alledem macht 6.9 den Eindruck einer eigenständigen Textschicht.

6.1

Das Problem der gegenwärtigen Herrscher ist, dass sie beim Einsatz der Armee ihre Kräfte nicht berechnen und beim Bestellen von Gras- und Brachland das Land nicht vermessen.[1] Daher haben einige von ihnen auf engem Land ein zahlreiches Volk, so dass die Bevölkerung das Land übersteigt, und andere haben ausgedehntes Land und wenig Volk, so dass das Land die Bevölkerung übersteigt.

Wenn die Bevölkerung das Land übersteigt, bemühen sie sich um Erschließung. Wenn das Land die Bevölkerung übersteigt, setzen sie sich für Anwerbung ein.[2]

Erschließung bringt Vermehrung …[3]

Wenn die Bevölkerung das Land übertrifft, dann werden die Leistungen für den Staat spärlich sein und die Kräfte des Militärs gering; und wenn das Land die Bevölkerung übertrifft, dann werden die Ressourcen von Bergen und Sümpfen nicht genutzt.[4]

Insofern sie die natürlichen Ressourcen vernachlässigen und den Ausschweifungen des Volkes folgen, sind die Bemühungen der gegenwärtigen Herrscher verfehlt – und dennoch setzen Obrigkeit und Untertanen sich dafür ein: Daher ist das Volk zahlreich, aber das Militär schwach, das Land groß, aber seine Kräfte gering.[5]

6.2

Daher: ›Wenn die Regierung den Boden nutzt, sollten Berge und Wälder ein Zehntel ausmachen, Tiefebenen und Sümpfe ein Zehntel, Täler und Flussläufe ein Zehntel, Städte, Siedlungen und Straßen ein Zehntel, unfruchtbare Felder zwei Zehntel und fruchtbare Felder vier Zehntel: Das sind die korrekten Verordnungen der früheren Könige.‹[6] 15.1

Daher sollte die Regierung Felder in kleinen Abmessungen aufteilen. Wenn fünfhundert *mu* gerade ausreichen, um einen einzigen Rekruten zu versorgen, dann wird der Boden nicht richtig genutzt. Wenn aber ein

Gebiet von 100 Meilen im Quadrat 10.000 Soldaten hervorbringt, sind die Abmessungen klein genug.[7]

So reichen die bestellten Felder aus, um das Volk zu ernähren; die Städte und Straßen reichen aus, um das Volk aufzunehmen, die Berge und Wälder, Tiefebenen und Sümpfe, Täler und Flussläufe reichen aus, um Erträge zu liefern; die Tiefebenen und Sümpfe, eingedeichten und umzäunten Gebiete reichen aus, um Vieh zu halten.

So sind, wenn das Militär ausrückt, Proviant und Material reichlich vorhanden; und wenn das Militär ruht, wird das Volk aktiv, und die Viehbestände sind stets ausreichend. Das sind die sogenannten »Verordnungen, den Boden zu nutzen, um sich zur Schlacht zu rüsten«.[8]

6.3

Auch wenn die gegenwärtigen Herrscher ein Gebiet von mehreren Tausend Meilen im Quadrat besitzen,[9] reichen die Lebensmittel nicht, um zur Schlacht gerüstet zu sein und die Speicher zu füllen, selbst wenn das Militär den Nachbarn ebenbürtig ist: Daher sorge ich, Euer Untertan, mich um die gegenwärtigen Herrscher.[10]

Ein großes Land, das nicht erschlossen wird, ist dasselbe wie gar kein Land; ein zahlreiches Volk, das nicht eingesetzt wird, ist dasselbe wie gar kein Volk.

Daher: Bei der Methode, den Staat zu regieren, kommt es auf die Erschließung von Brachland an; beim rechten Weg, das Militär einzusetzen, kommt es auf einheitliche Belohnungen an.[11]

Wenn private Profite außerhalb blockiert sind, dann wird sich das Volk tunlichst an den Ackerbau halten;[12] wenn es sich an den Ackerbau hält, dann bleibt es simpel; und wenn es simpel bleibt, dann respektiert es die Anweisungen.[13]

Wenn private Belohnungen den Untertanen verboten werden, so konzentrieren sich die Kräfte des Volkes auf den Feind; und sind sie auf den Feind konzentriert, dann siegen sie.[14]

Woher weiß man, dass es so ist? Nun, das Volk ist so veranlagt: Ist es simpel, dann wird es arbeitsam und geht leichtfertig mit seinen Kräften um; leidet es Not, dann wird es klug und erwägt seinen Nutzen. Geht es leichtfertig mit seinen Kräften um, dann spottet es des Todes und lässt sich freudig einsetzen; erwägt es seinen Nutzen, dann fürchtet es Sanktionen und nimmt Mühen leicht auf sich; nimmt es Mühen leicht auf sich, dann wird das Potential des Bodens ausgeschöpft; und lässt es sich freudig einsetzen, dann wird das Potential des Heeres ausgeschöpft.[15]

Wenn bei der Regierung des Staates das Potential des Bodens ausgeschöpft und das Volk dazu gebracht werden kann, in den Tod zu gehen, werden Ruhm und Nutzen sich gleichermaßen einstellen.[16]

6.4

Es liegt in der Natur des Volkes, Speise zu begehren, wenn es hungert, Muße zu begehren, wenn es erschöpft ist, nach Freude zu streben, wenn es geplagt ist, und Ansehen zu begehren, wenn es entwürdigt ist: Das sind die Anlagen des Volkes.[17]

Wenn das Volk nach Nutzen strebt, vergisst es die rituellen Regeln;[18] wenn es nach Ruhm strebt, vergisst es die Konstanten seiner Natur.

Woraus erschließt sich, dass das so ist? Nun, dass Räuber und Banditen nicht nur gegen die Verbote von Fürst und Obrigkeit verstoßen, sondern auch jeden rituellen Anstand fahren lassen, der Untertanen und Söhnen geziemt; dass sie damit nicht aufhören, obwohl sie auf diese Weise ihren Namen entwürdigen und sich persönlich gefährden: Das liegt am Nutzen. Dass Dienstleute früherer Zeitalter,[19] von ihrer Kleidung nicht gewärmt und von ihren Speisen nicht gesättigt, ihren Geist plagten, ihre Glieder erschöpften, alle ihre Organe in Mitleidenschaft zogen und immer weiter machten: Dass sie entgegen den Konstanten [ihrer Natur] all das taten, lag am Ruhm.

Daher heißt es: Wo Ruhm und Nutzen zusammenkommen, dahin orientieren sich die Menschen.

6.5

Wenn der Herrscher die Hebel zu Ruhm und Nutzen[20] in der Hand hat und somit Ruhm und Erfolg herbeizuführen vermag, dann liegt es an seinen Methoden.[21]

Ein Weiser prüft seine Autorität,[22] um die Hebel zu handhaben, er prüft seine Methoden, um das Volk führen.

›Methoden‹ sind die Verfahren der Minister und Herrscher und das Wesentliche im Staat. Dass ein Staat von 10.000 Streitwagen seine Methoden fahren lässt und nicht in Gefahr gerät, dass Minister und Herrscher ihre Verfahren fahren lassen und nicht in Anarchie verfallen: Das hat es noch nie gegeben.

Nun wollen gegenwärtige Herrscher Land erschließen und das Volk regieren, ohne ihre Methoden zu bedenken, und Minister wollen ihre Aufgaben erledigen, ohne Verfahren aufgestellt zu haben: Darum gibt es im Land renitentes Volk, und der Herrscher hat unbotmäßige Minister.

Daher bringt der Weise in seiner Staatsführung die Menschen dazu, sich einerseits dem Ackerbau zu widmen und andererseits mit Krieg zu rechnen.

Nun bereitet Ackerbau dem Volk Mühsal, und Krieg gefährdet das Volk. Wenn man die Dinge angeht, die Mühsal bereiten, und das ausführt, was einen gefährdet, so beruht das auf Berechnung.

Daher: Weil das Volk auf Nutzen im Leben rechnet und sich um Ruhm nach dem Tod sorgt, kommt man nicht umhin, die Quellen von Ruhm und Nutzen genau zu bedenken. Wenn der Nutzen aus dem Boden kommt, dann werden die Menschen ihre Kräfte einsetzen; wenn Ruhm aus dem Krieg resultiert, dann werden die Menschen in den Tod gehen.

Bringt man die Menschen dazu, innen ihre Kräfte einzusetzen, dann wird das Brachland nicht unbestellt bleiben; bringt man sie dazu, außen in den Tod zu gehen, dann wird man die Feinde besiegen. Besiegt man die Feinde, und bleibt das Brachland nicht unbestellt, dann lassen sich Erfolg – Reichtum und Stärke – mühelos erlangen.

6.6

Heute ist das anders. Die Dinge, um die sich die gegenwärtigen Herrscher besonders bemühen, sind allesamt nicht dringlich für den Staat. Persönlich kommen sie daher wie Yao und Shun, aber ihre Erfolge reichen nicht an die von Tang und Wu heran: Das liegt daran, wie sie die Hebel halten.[23] Ich bitte untertänigst, diese Fehler besprechen zu dürfen.[24]

Wenn man bei der Regierung des Staates die Amtsmacht verwirft und statt dessen auf Geschwätz vertraut, dann kultiviert man sich zwar persönlich, doch der Erfolg ist gering. Daher: Stellt man Schwätzer und Männer der *Lieder* und *Dokumente* an, dann wird sich das Volk herumtreiben und die Obrigkeit missachten; stellt man Privatgelehrte ein, dann wird sich das Volk distanzieren und die Obrigkeit ablehnen;[25] stellt man Haudegen ein, dann wird das Volk wetteifern und die Verbote missachten; werden Kunsthandwerker angestellt, so wird das Volk leichtfertig und unstet; haben Händler und Höker es bequem und schlagen Profit, dann folgt ihnen das Volk und kritisiert die Obrigkeit.

Wenn diese fünf Arten Volks[26] in den Dienst des Staates gestellt werden, dann werden die Felder brach liegen und das Heer schwach sein. Schwätzer tragen ihr Kapital im Mund; Privatgelehrte tragen ihr Kapital in ihren Gedanken; Haudegen tragen ihr Kapital in ihrer Energie; Kunsthandwerker tragen ihr Kapital in ihren Händen; Händler und Höker tragen ihr Kapital in sich selbst.

Daher können sie das ganze Reich zu ihrem Zuhause machen und sich mit Kapital umgeben. Sie häufen das Kapital des Volkes bei sich auf und geben Machtmittel nach außen ab.[27] Dass man Kapital gehäuft mit sich trägt und ringsum auf Familien verteilt,[28] damit hatten selbst

Yao und Shun ihre Schwierigkeiten. Daher haben Tang und Wu es verboten – und so kamen ihre Leistungen und ihr Ruhm zustande.

6.7

Wenn ein Weiser nicht vermag, mit dem, was der Generation leichtfällt, das zu bezwingen, was ihr schwerfällt, muss er mit dem, was ihr schwerfällt, das bezwingen, was ihr leichtfällt.[29]

7.2 Daher: ›Ist das Volk dumm, dann lässt es sich mit Klugheit bezwingen; sind die Zeitgenossen klug, dann lassen sie sich mit Gewalt bezwingen. Ist das Volk dumm, dann fällt ihm Gewalt leicht und es hat Schwierigkeiten mit Raffinesse; sind die Zeitgenossen raffiniert, dann fällt ihnen Klugheit leicht, und Gewalt fällt ihnen schwer.[30]

Daher herrschte Shennong souverän über das Reich, indem er das Pflügen lehrte: Das Reich nahm seine Klugheit als Lehrmeister. Tang und Wu setzten Gewalt ein, um gegen die Lehnsfürsten zu Felde zu ziehen, und diese unterwarfen sich ihrer Gewalt.‹[31]

Die heutige Generation ist raffiniert, und das Volk ist ausschweifend: Da sollte man sich an den Zeiten von Tang und Wu orientieren – aber stattdessen werden die Dinge wie bei Shennong durchgeführt, so dass die Staaten von 1000 Streitwagen in Wirren und Chaos geraten. Daher sind die Dinge, um die sie sich besonders bemühen, verfehlt.[32]

6.8

Es liegt in der Natur des Volkes, sich beim Messen für das Längere und beim Wiegen für das Schwerere zu entscheiden und beim Abwägen nach Nutzen zu streben. Ein erleuchteter Fürst wird diese drei Dinge sorgsam beobachten, dann lässt sich staatliche Herrschaft etablieren und das Potential des Volkes in den Griff bekommen.[33]

Die Mittel des Staates, Dinge vom Volk einzufordern, sind gering, doch die Mittel des Volkes, den Forderungen zu entgehen, zahlreich.[34]

Man bringe das Volk dazu, sich im Inneren dem Ackerbau zu widmen und außen einheitlich im Kriegsdienst zu sein.

Daher regiert ein Weiser mit vielen Verboten, um das Potential zu einzuschränken, und mit Gewalteinsatz, um Betrug zu unterdrücken. Wenn er beides gleichermaßen anwendet, dann wird das Volk innerhalb der Grenzen einheitlich sein; ist das Volk einheitlich, dann betreibt es Ackerbau; betreibt es Ackerbau, dann bleibt es simpel; ist es simpel, dann bleibt es friedlich in seinen Behausungen und meidet es, hinauszugehen.

Daher ist bei der Regierung eines Weisen das Kapital des Volkes im Boden bewahrt, und die Gefahren werden alle nach außen abgegeben.[35] Wenn das Kapital im Boden bewahrt wird, dann bleibt das Volk simpel, werden Gefahren nach außen abgegeben, dann bleibt es argwöhnisch.

Wenn das Volk im Inneren simpel und nach außen argwöhnisch ist, dann wird es sich beim Ackerbau anstrengen und für den Kriegsdienst rüsten. Wenn das Volk sich beim Ackerbau anstrengt, dann wird sein Kapital gewichtig, wenn es sich für den Kriegsdienst rüstet, dann werden die Nachbarn in Gefahr sein. Wenn das Kapital gewichtig ist, kann man es nicht auf den Rücken nehmen und fliehen; wenn die Nachbarn in Gefahr sind, dann wird sich das Volk nicht dorthin wenden, wo kein Kapital ist. Sich in Gefahr zu begeben und sich dem Ausland anzuvertrauen: Das wird selbst ein Narr nicht tun.

Daher beachtet ein Weiser bei der Regierung des Staates die Gebräuche, um Gesetze aufzustellen, so dass Ordnung herrscht;[36] und er achtet auf die Grundlagen staatlicher Aufgaben, so dass die Dinge angemessen sind. Beachtet man nicht die Gebräuche der Zeit und achtet nicht auf die Grundlagen des Staates, dann wird das Volk trotz der Gesetze anarchisch sein, die Angelegenheiten werden kompliziert und die Erfolge gering: Das ist es, was ich »verfehlt« nenne.[37]

6.9

Strafen sind ein Mittel, um Böses zu verbieten; und Belohnungen sind ein Mittel, um Verbote zu ergänzen. Schande und Entwürdigung, Anstrengung und Verdruss verabscheut das Volk; nach Ruhm und Ansehen, Muße und Vergnügen strebt es.

Daher: Wenn die staatlichen Strafen nicht abscheulich sind und seine Ränge und Gehälter nicht erstrebenswert, sind das Zeichen für den Untergang des Staates.

Wenn Straffällige wiederholt durch die Maschen gehen, dann werden gemeine Leute liederlich und, ohne sich von Strafen verdrießen zu lassen, ihre Willkür mit Volk und Obrigkeit treiben. Wenn sie von ihrer Willkür mit Volk und Obrigkeit profitieren, gibt es mehr als einen Zugang zu Ruhm und Ansehen,[38] dann werden Ehrenmänner sich um Machtpositionen bemühen, um Ruhm zu erwerben. Wenn gemeine Leute von Verboten nicht abgeschreckt werden, dann werden die Strafen ausufern; und wenn die Ehrenmänner keine Anweisungen durchsetzen, dann werden Sanktionen angewendet.[39]

Wenn Strafen ausufern und Sanktionen angewendet werden, wird es im Land viele Verbrechen geben.[40] Wenn es im Land viele Verbrechen gibt, dann können die Reichen ihre Güter nicht bewahren und die Armen können ihrem Gewerbe nicht nachgehen: Die Felder werden brachliegen, und der Staat verarmt. Liegen die Felder brach, dann lebt das Volk vom Betrug; verarmt der Staat, dann werden der Obrigkeit die Belohnungen ausgehen.

Daher regiert ein Weiser so, dass Straffällige keine Posten im Staat erhalten und verurteilte Kriminelle nicht mit Ämtern betraut werden.[41] Wenn Straftäter einen Rang erhalten, dann werden Ehrenmänner von ihren Posten abtreten; wenn verurteilte Kriminelle Brokat tragen und Fleisch essen, dann werden gemeine Leute auf Nutzen spekulieren. Wenn Ehrenmänner von ihren Posten abtreten, dann schämen sie sich ihrer Leistungen;

wenn gemeine Leute auf Nutzen spekulieren, dann rühmen sie sich ihrer Verbrechen. Daher: Strafen und Hinrichtungen sind Mittel, um Verbrechen zu verhindern; Ämter und Ränge sind Mittel, um zu Leistungen anzuspornen.

Wenn nun der Staat Ränge etabliert, aber das Volk sich ihrer schämt, wenn er Strafen verfügt, aber das Volk sich einen Spaß daraus macht,[42] ist das schädlich für Gesetze und Verfahren.[43] Daher nutzt ein Ehrenmann seinen Einfluss und eint die Regierung, um Verfahren aufzustellen; er schafft Ämter und Ränge, um sie hervorzuheben; er bewertet Mühen und belohnt Leistungen der Menschen, um sie mit Aufgaben zu betrauen: Das bedeutet Ausgewogenheit von Obrigkeit und Untertanen.[44] Wenn Obrigkeit und Untertanen ausgewogen sind, dann werden die Minister ihre Kräfte einsetzen können, und der Herrscher wird die Hebel allein in der Hand halten können.

7. Öffnen der Blockaden

Struktur		Parallelen
A	7.1 Sozialgeschichte	Zhuang 29
	7.2 Zweierlei Herrschaft	6.7
B	7.3 Mit der Zeit gehen	8.3, QSZY 36
A	7.4 Über ›Anstand‹	
C	7.5 Strafen und Belohnungen	4.4, 5.7
	7.6 Gesetze und Ordnung	4.8, 5.4, 13.1, 13.5, HFei 53

Überblick

Kapitel sieben ist nach Kapitel drei die zweite der Schriften Shang Yangs, die Sima Qian gelesen hat (SJ 68). Sein Titel wird zudem im *Yantie lun* (2.7) und – leicht variiert – im *Huainan zi* (20) erwähnt: Somit war es im Altertum das meistzitierte Kapitel des gesamten Buches. Die prominente Stellung hatte es nicht von ungefähr, denn das Kapitel enthält einige der grundlegendsten Gedanken des Politischen Realismus.

»Als Himmel und Erde entstanden, wurde das Volk geboren«, hebt Kapitel sieben an: Am Anfang steht eine große Sozialgeschichte, welche die Entwicklung des ›Volkes‹ von einer segmentären Stammesgesellschaft über eine stratifizierte Adelsgesellschaft bis hin zum bürokratischen Zentralstaat beschreibt (vgl. S. 24f.). Sie ist eine von mehreren Sozialgeschichten, die in der Zhanguo-Zeit kursierten, zwei weitere finden sich allein im *Shangjun shu*.[1] Diese Erzählungen gehören zu den faszinierendsten Dokumenten ihrer Zeit. Sie sind die frühesten Zeugnisse eines Geschichtsverständnisses, das nicht der Genealogie der eigenen Familie verhaftet ist oder lehrreiche Anekdoten im Sinne einer *historia magistra vitae* bietet, sondern eine genetische Beschreibung sozialer Ordnung. Bei aller Fremdartigkeit der Formulierungen wirken diese Stücke erstaunlich modern: Sie behandeln Geschichte nicht als Reservoir von Exempla, aus denen man ewiggültige Regeln lernen kann, sondern als Abfolge unterschiedlicher Epochen, die nicht nur auf-, sondern auseinander folgen und dabei jeweils etwas grundsätzlich *Neues* darstellen. Dieser Gedanke, dass die Welt sich in ihren grundlegenden Strukturen ändern konnte, war selbst neu. Jetzt konnte man sagen: »Die Zeiten hatten sich geändert« (SJS 18.1) – und damit war die Voraussetzung für philosophisches und politisches Denken gegeben, die Voraussetzungen für den Politischen Realismus.

Ausgehend von der grundlegenden Kontingenz politischer Ordnung diskutiert das Kapitel die verschiedenen Möglichkeiten, über das Volk zu herrschen. Seine Folgerung: Da »das Volk der Gegenwart … raffiniert und falsch« sei, dürfe es nicht mit Tugend regiert werden, sondern nur mit Strafen (7.4).

Während 7.1, 7.2 und 7.4 (Teil A) die verschiedenen Formen der Herrschaft diskutieren und dabei das »Volk« – als zu Beherrschendes – in den Mittelpunkt stellen, handeln 7.5 und 7.6 (Teil C) nurmehr von »Strafen« und »Gesetzen«. Sie plädieren für »viele Strafen und wenige Belohnungen«, »strenge Strafen« zumal, und raten dazu, dass der Herrscher »Strafen schon erteilt, wenn jemand im Begriff ist, eine Verfehlung zu begehen« (7.5). Der Ton ist hier deutlich anders als in Teil A, auch eine alternative Sozialgeschichte in 7.6 sowie die intertextuellen Verweise auf Kapitel 4B, 5 und 13A betonen diesen Unterschied. Wenn Sima Qian über das Kapitel schreibt, es »entspreche seinen [Shang Yangs] Taten: Dass er schließlich einen üblen Ruf in Qin erhielt, hatte wohl seinen Grund« (SJ 68), trifft das am ehesten für Teil C zu.

Der Kapiteltitel hingegen, »Öffnen der Blockaden«, erschließt sich allein in 7.3 (Teil B): Dort heißt es, dass »die Wege von Tang und Wu blockiert« seien und »keiner der gegenwärtigen Herrscher … sie zu eröffnen« vermöge. Der Ausdruck wird also anders verwendet als im militärischen Kontext, wo er offenbar beheimatet ist und »öffnen und blockieren« bedeutet (WLZ 2, 3; HNZ 15). Immerhin geht es in Teil B – im Gegensatz zu Teil A – nicht mehr um das Volk, sondern um »Eroberungen und Annektionen«, modern gesprochen: nicht um Innen- sondern um Außenpolitik. Und während Teil A allgemein vom Wandel in verschiedenen »Zeitaltern« handelt, wird 7.3 konkret: »Die Zhou haben sich nicht nach den Shang gerichtet; die Xia haben sich nicht nach den Yu gerichtet.« Die Autoren dieses Kapitels hingegen richten sich explizit nach einem Vorbild: den »Wegen von Tang und Wu«, die das Reich mit Gewalt eroberten.

7.1

Als Himmel und Erde entstanden, wurde das Volk geboren. Zhuang 29 ›In jener Zeit kannten die Leute ihre Mutter, aber nicht ihren Vater,‹[2] und ihr Weg war es, Nähe zu den Nahestehenden zu wahren und sich um das Eigene zu sorgen.[3]

Durch die Nähe zu den Nahestehenden entstanden Partikularismen und durch die Sorge um das Eigene Abgrenzungen.[4] Als das Volk zahlreicher wurde und auf seinen Partikularismen und Abgrenzungen beharrte, entstand Anarchie.[5] In jener Zeit strebte das Volk nach Überlegenheit und stritt gewalttätig.

Das Streben nach Überlegenheit führte zu Disputen, gewalttätiger Streit führte zu Anklagen. Wenn auf Anklagen nicht gerichtet wurde, konnte keiner seinem Naturell entsprechen. Daher setzten die Würdigen Mittler und Richter ein,[6] setzten Unparteilichkeit durch, und das Volk erfreute sich an Menschlichkeit. In jener Zeit wurde die Nähe zu den Nahestehenden aufgegeben, und die Hochachtung der Würdigen entstand.[7]

Nun ist es den Menschlichen ein Anliegen, sich um ihren Nutzen zu sorgen, und Würdige suchen Wege, sich gegenseitig zu übertreffen.[8] Da das Volk zahlreich war, aber keine Bestimmungen hatte, kam es, nachdem sie lange Zeit Wege gesucht hatten, sich gegenseitig zu übertreffen, zu Anarchie.[9]

Daher übernahmen es die Weisen, hinsichtlich Grund und Boden, Hab und Gut sowie Mann und Frau Unterscheidungen zu schaffen.[10] Nachdem die Unterscheidungen getroffen waren, ging es nicht mehr ohne Bestimmungen, daher wurden Verbote aufgestellt; nachdem die Verbote aufgestellt waren, ging es nicht ohne Leute, die sie durchsetzten, daher wurden Beamte eingesetzt; nachdem Beamte eingesetzt waren, ging es nicht mehr ohne jemanden, der sie einte, daher wurde ein Fürst eingesetzt. Als der Fürst eingesetzt war, wurde die Hochachtung der Würdigen aufgegeben, und dann entstand die Ehrfurcht vor den Ehrwürdigen.

So haben also die frühesten Zeitalter Nähe zu den Nahestehenden gehalten und sich um das Eigene gesorgt; die mittleren Zeitalter hatten Hochachtung vor Würdigen und Freude an Menschlichkeit; und die späteren Zeitalter hatten Ehrfurcht vor den Ehrwürdigen und Respekt vor Beamten.[11]

Hochachtung vor Würdigen bedeutete, sich auf allen Wegen gegenseitig zu übertreffen, doch mit der Einsetzung eines Fürsten wurden Würdige nicht mehr gebraucht. Nähe zu den Nahestehenden zu halten, bedeutete, private Wege zu verfolgen, doch Mittler und Richter ließen Privatinteressen nicht zu.

Diese drei widersprachen sich keineswegs gegenseitig; wenn die Wege des Volkes verkamen, wandelten sich die Dinge, auf die sie Gewicht legen; und da die Aufgaben der Zeit sich wandelten, unterschieden sich auch die Wege, die eingeschlagen wurden.[12] Daher heißt es: Der Weg des Souveräns folgt einer Richtschnur.

7.2

Nun, der Weg des Souveräns ist die eine Seite, und der Weg der Minister ist die andere Seite: Die Wege, denen sie folgen, sind unterschiedlich, aber ihre Richtschnur ist ein und dieselbe.[13]

Daher heißt es: ›Ist das Volk dumm, dann lässt sich 6.7
mit Klugheit souverän herrschen; sind die Zeitgenossen klug, dann lässt sich mit Gewalt souverän herrschen. Ist das Volk dumm, dann hat es Kraft im Überfluss,

ist aber nicht klug genug; sind die Zeitgenossen klug, dann haben sie Raffinesse im Überfluss, aber nicht genug Kraft.

Es liegt in der Natur des Volkes, dass es lernt, wenn es nicht klug ist, und dass es sich unterwirft, wenn seine Kräfte erschöpft sind. Daher herrschte Shennong souverän über das Reich, indem er das Pflügen lehrte: Das Reich nahm seine Klugheit als Lehre. Tang und Wu setzten Gewalt ein, um gegen die Lehnsfürsten zu Felde zu ziehen, und diese unterwarfen sich ihrer Gewalt.‹[14]

Ist nun das Volk dumm, besitzt es keine Kenntnisse und bittet um Rat; sind die Zeitgenossen klug, dann haben sie keine überschüssige Kraft und unterwerfen sich. Wer daher mit Fürsorge die Souveränität über das Reich erlangt, verwirft die Strafen; wer mit Gewalt gegen die Lehnsfürsten zu Felde zu zieht, der verdrängt die Tugend.

7.3

8.3, QSZY 36 ›Der Weise richtet sich weder nach dem Althergebrachten, noch bewahrt er den Status quo.‹[15] Richtet man sich nach dem Althergebrachten, dann bleibt man hinter der Zeit; bewahrt man den Status quo, so bleibt man blockiert von den Umständen.

Die Zhou haben sich nicht nach den Shang gerichtet; die Xia haben sich nicht nach den Yu gerichtet: Obwohl unter den Drei Dynastien unterschiedliche Umstände herrschten, konnten sie alle souverän herrschen.[16]

Es gibt also einen Weg, um zur Souveränität aufzusteigen, aber die Methoden, sie zu bewahren, sind unterschiedlich. So hat König Wu die Macht in einer Rebellion an sich gerissen, doch danach legte er Wert auf Folgsamkeit; er stritt um das Reich, schätzte aber die Nachgiebigkeit hoch: Er hat die Macht mit Gewalt ergriffen und durch Standesregeln bewahrt.[17]

In der heutigen Generation führen die starken Staaten Eroberungen und Annektionen durch, und schwache Staaten mühen sich nach Kräften um ihre Verteidigung. Einerseits kommen sie nicht an die Zeit der Yu und Xia heran; andererseits wahren sie nicht die Wege von Tang und Wu. Da ihnen die Wege von Tang und Wu blockiert sind, gibt es keinen [Staat von] 10.000 Streitwagen, der nicht Krieg führt, und keinen von 1000 Streitwagen, der sich nicht verteidigt.[18]

Lange schon sind diese Wege blockiert, und keiner der gegenwärtigen Herrscher vermag sie zu eröffnen: Daher sind aus den Drei Dynastien keine vier geworden. Niemand außer einem erleuchteten Herrscher vermag das zu erhören.[19]

7.4

Heute will man das Volk leiten, indem man sich orientiert.[20] Das Volk des Altertums war simpel und redlich;[21] das Volk der Gegenwart ist raffiniert und falsch. Wer sich am Altertum orientiert, der wird daher mit dem Primat der Tugend regieren; wer sich an der Gegenwart orientiert, wird mit dem Primat der Strafen Gesetze durchsetzen: Das ist es, was die Gegenwärtigen verwirrt.[22]

Heutzutage wird es »anständig« genannt, die Dinge durchzusetzen, die das Volk liebt, und die Dinge zu verwerfen, die es verabscheut;[23] und »unanständig« wird es genannt, die Dinge durchzusetzen, die das Volk verabscheut, und die Dinge zu verwerfen, die es erfreuen.[24] Diese beiden Bezeichnungen sind verkehrt und ihre Inhalte vertauscht: Man nehme sich in acht!

Setzt man die Dinge durch, die das Volk erfreuen, dann erleidet das Volk Schaden durch die Dinge, die es verabscheut; setzt man die Dinge durch, die das Volk verabscheut, dann findet es Frieden in den Dingen, die es erfreuen.[25]

Wodurch weiß man, dass das so ist? Nun, wenn das Volk trauert, denkt es nach, und wenn es nachdenkt, dann hält es Maß;[26] freut es sich, dann wird es ausschweifend, und Ausschweifung führt zu Müßiggang.

Daher: Wird es durch Strafgesetze regiert, dann ist das Volk ehrfürchtig; und ist es ehrfürchtig, dann gibt es keine Verbrechen, und gibt es keine Verbrechen, dann findet das Volk Frieden in dem, was es erfreut. Wird es mit Anstand angeleitet, dann wird das Volk ungezügelt; und ist es ungezügelt, kommt es zu Anarchie; und wenn es zu Anarchie kommt, erleidet das Volk Schaden durch die Dinge, die es verabscheut.

Was ich »Strafgesetze« nenne, ist die Grundlage des Anstands; und was die Zeitgenossen »Anstand« nennen, ist der Weg zu Gewalt.[27] Wahrlich, wenn man das Volk mit den Dingen dirigiert, die es verabscheut, dann endet man bei den Dingen, die es liebt; und wenn man die Dinge anwendet, die es liebt, wird es durch die Dinge, die es verabscheut, zugrunde gehen.

7.5

In einem wohlregierten Staat gibt es viele Strafen und wenige Belohnungen, in einem anarchischen Staat
4.4, 5.7 gibt es viele Belohnungen und wenige Strafen. ›Daher kommt unter einem souveränen Herrscher auf neun Strafen eine Belohnung; und in einem zerfallenden Staat kommt auf neun Belohnungen eine Strafe.‹

Nun gibt es schwerwiegende und geringfügige Vergehen, daher gibt es schwere und leichte Strafen; es gibt große und kleine Wohltaten, daher gibt es hohe und geringe Belohnungen. Beides wird gegenwärtig beständig angewendet.

Wenn Strafen erst dann erteilt werden, wenn eine Straftat schon geschehen ist, dann werden Verbrechen nicht verschwinden; und wenn Belohnungen für das vergeben werden, was das Volk für anständig hält, dann werden Verfehlungen nicht enden. Wenn Strafen Verbrechen nicht verschwinden lassen und Belohnungen Verfehlungen nicht beenden können, dann herrscht Anarchie.

Daher werden unter einem souveränen Herrscher Strafen schon erteilt, wenn jemand im Begriff ist, eine Verfehlung zu begehen: Dann kommen große Untaten nicht auf; und Belohnungen werden vergeben für die Meldung von Verbrechen: Dann werden auch kleine Verfehlungen nicht durchgehen.[28]

Wenn man bei der Regierung des Volkes bewirken kann, dass große Untaten nicht aufkommen und kleine Verfehlungen nicht unbemerkt bleiben, dann ist das Land geordnet und somit gewiss stark. Wenn ein einzelner Staat das durchführt, herrscht allein innerhalb seiner Grenzen Ordnung; wenn zwei Staaten es durchführen, dann kann das Militär ein wenig ruhen; wenn das ganze Reich es durchführt, dann wird die höchste Tugend wieder auferstehen.[29]

Auf diese Weise kehre ich durch Orientierung an Strafgesetzen zur Tugend zurück, während Anstand mit Gewalt einhergeht.

7.6

Im Altertum lebte das Volk dicht beieinander und hauste in Horden. Es herrschte Anarchie, darum suchte das Volk eine Obrigkeit. Das Reich erfreut sich also deshalb an einer Obrigkeit, weil sie für Ordnung sorgen soll.[30]

Nun ist aber ein Herrscher ohne Gesetze genauso schädlich wie Herrscherlosigkeit; und Gesetze, welche die Anarchie nicht überwinden, sind ebenso gut wie Gesetzlosigkeit. Das Reich findet ohne Herrscher keine Sicherheit, aber es macht sich einen Spaß daraus, sich gegen dessen Gesetze durchzusetzen: Die ganze Welt gerät dadurch in Verwirrung.[31]

Nichts nützt dem Volk im Reich mehr als Ordnung, und nichts ist gedeihlicher für die Ordnung als einen Fürsten einzusetzen, und um einen Fürsten einzusetzen, ist kein Weg gangbarer als auf Gesetze zu vertrauen; um auf Gesetze vertrauen zu können, ist keine Aufgabe wichtiger als Verbrechen abzuschaffen; und um Verbrechen abzuschaffen, gibt es keine tiefergreifendere Grundlage als strenge Strafen.

Daher setzt ein souveräner Herrscher Verbote mit Belohnungen durch und schafft durch Strafen Ansporn:[32]
›Er sucht nach Verfehlungen, nicht nach Wohltaten,‹ 13.1
›er stützt sich auf Strafen, um Strafen abzuschaffen.‹ 4.8, 5.4, 13.5, HFei 53

8. Worte vereinheitlichen

Struktur	Parallelen
8.1 Zeitgemäße Bestimmungen	
8.2 Kräfte konzentrieren und aufbrauchen	4.5, 5.8
8.3 Althergebrachtes vs. Status quo	7.3, QSZY 36

Überblick

Kaum ein Kapiteltitel des *Shangjun shu* ist irreführender als dieser. Zwar ist mehrmals von ›einheitlichen Aufgaben‹ die Rede, aber weder fällt der Ausdruck »Worte vereinheitlichen« in dem Kapitel – nicht einmal »Worte« kommt vor –, noch ist es selbst in sich einheitlich. Statt dessen greift es verschiedene Themen auf, die auch in anderen Kapiteln angesprochen werden, und reiht sie lose aneinander: Bestimmungen und Maße, Ackerbau und Kriegsdienst, »Kräfte konzentrieren und aufbrauchen«, Verkauf von Rängen, klare Gesetze und andere Stichworte fallen, meist ohne systematisch diskutiert zu werden. Der desultorische Stil, die Kürze der thematischen Einheiten und einige sprachliche Eigenheiten machen das Kapitel stellenweise schwer verständlich.

Ein Punkt jedoch wird deutlich ausgeführt; er steht an Anfang und Ende des Kapitels und schließt zugleich an die Ausführungen von Kapitel sieben an: die Anpassung an die Zeiten. Bestimmungen und Maße müssen »zeitgemäß« sein (8.1), der Weise »geht mit den Zeiten«, und seine Regierung ist »den Zeiten angemessen« (8.3). Damit ist der Ausgangspunkt des Politischen Realismus benannt, den Shang Yang selbst am Anfang des Buches betont. Zugleich bringt dieses Kapitel auch das Ziel des Politischen Realismus auf den Punkt: »den Staat zu bereichern und das Militär zu stärken« (*fuguo qiangbing*). Diese Formulierung ist klassisch geworden: als doxographische Kurzformel für den Politischen Realismus, geflügeltes Wort (*chengyu*), Slogan der Meiji-Reform in Japan und als Bezugspunkt chinesischer Politik in der Moderne.

Eine deutsche Übersetzung hat Kandel 1985, 454–58, vorgelegt.

8.1

Beim Aufbau eines Staates müssen Bestimmungen und Maße zeitgemäß sein, Verwaltungsregeln sind sorgsam zu behandeln, Staatsangelegenheiten zu beachten und die Grundlagen der Aufgaben zu erfassen.[1]

Sind Bestimmungen und Maße zeitgemäß, dann lassen sich die Gebräuche des Landes umformen,[2] und das Volk folgt den Bestimmungen; sind Verwaltungsregeln klar, dann gibt es keine Korruption unter den Beamten. Werden die Staatsangelegenheiten einheitlich behandelt, dann wird das Volk seinen Verwendungen entsprechen. Werden die Grundlagen der Aufgaben erfasst, so genießt das Volk den Ackerbau und erfreut sich am Kriegsdienst.[3] All das muss ein Weiser wissen, wenn er Gesetze aufstellt, die Gebräuche umformt und das Volk dazu bringt, Tag und Nacht dem Ackerbau nachzugehen.

Wenn das Volk seinen Aufgaben nachgeht und für die Bestimmungen in den Tod geht, dann liegt es daran, dass die Obrigkeit Ruhm und Ehren, Belohnungen und Bußen klar festlegt und dass Leistungen nicht mit Sophisterei oder über private Zugänge erbracht werden.[4]

Daher genießt das Volk den Ackerbau und erfreut sich am Kriegsdienst, weil es sieht, dass die Obrigkeit Männer des Ackerbaus und Kriegsdienstes ehrt, Sophisten und Kunsthandwerker herabsetzt und vagabundierende Gelehrte verachtet.[5]

Wenn die Leute eine einheitliche Aufgabe haben, dann werden ihre Familien gewiss reich, und sie selbst genießen Ansehen im Staat. Die Obrigkeit eröffnet öffentlichen Nutzen und blockiert private Zugänge, um die Kraft des Volkes zu mobilisieren;[6] private Zugänge genießen kein Ansehen im Staat, und über private Zugänge kommen keine Gesuche vor den Fürsten.[7]

Auf diese Weise werden verdienstvolle Untertanen angespornt, die Verordnungen der Obrigkeit durchgeführt, Brachland wird erschlossen, ausschweifendem Volk wird Einhalt geboten, und Verbrechen können nicht gedeihen. Wer in der Regierung des Staates vermag, die Kräfte des Volkes zu konzentrieren und seine Aufgaben zu vereinen, wird stark sein; wer sich den Grundlagen widmen und alles Nebensächliche verbieten kann, wird reich sein.[8]

8.2

4.5, 5.8 ›Ein Weiser versteht es in der Regierung des Staates sowohl, Kräfte zu konzentrieren, als auch, sie aufzubrauchen.‹ Wenn man auf Bestimmungen und Maße achtet, dann sind die Kräfte des Volkes konzentriert; sind sie konzentriert, werden aber nicht geformt, dann werden sie nicht eingesetzt; werden sie eingesetzt, ohne dass Reichtum entsteht, so entsteht Anarchie.[9]

Daher sollten bei der Regierung des Staates die Kräfte konzentriert werden, um den Staat zu bereichern und das Militär zu stärken;[10] und Kräfte sollten aufgebraucht werden, um den Feind zu vernichten und das Volk anzuspornen.

Wenn man öffnet und nicht blockiert, dann wächst das Wissen, und wächst es, ohne dass man angreift, kommt es zu Verbrechen. Wenn man blockiert und nicht öffnet, dann wird das Volk verwirrt; ist es verwirrt und wird nicht eingesetzt, dann vermehrt sich seine Kraft; vermehrt sich seine Kraft, ohne dass man angreift, gibt es Parasiten.[11] Daher konzentriert man die Kräfte, um die Aufgaben zu vereinen, und man braucht die Kräfte auf, um den Feind anzugreifen.

In der Regierung des Staates ist es wichtig, dass das Volk einheitlich ist; ist es einheitlich, dann ist es simpel; ist es simpel, dann treibt es Ackerbau;[12] treibt es Ackerbau, dann fällt Fleiß ihm leicht; und Fleiß bringt Reichtum. Wenn man Reichtum durch Verkauf von Rängen abschöpft, so wird das Volk nicht ausschweifend; wenn man Ausschweifungen durch Strafen unterbindet, so wird das Volk sich um den Ackerbau bemühen.[13]

Daher: Vermag man, Kräfte zu konzentrieren, ohne sie zu benutzen, führt das gewiss zu Anarchie; vermag man, Kräfte aufzubrauchen, ohne sie zu konzentrieren, führt das gewiss zum Untergang.[14] Daher: Versteht der klarsichtige Fürst, beides auszugleichen, wird sein Staat stark; versteht er nicht, beides auszugleichen, wird sein Staat zerfallen.

8.3

Wenn das Volk nicht geordnet ist, liegt das daran, dass der Fürst sich nach den Niedrigen richtet;[15] wenn die Gesetze nicht klar sind, liegt das daran, dass der Fürst Anarchie fördert.

Daher richtet sich der klarsichtige Fürst nicht nach Niedrigen und fördert keine Anarchie. Er etabliert seine Stellung, indem er seine Autorität wahrt,[16] und er regiert, indem er Gesetze erlässt, so dass Vergehen der Obrigkeit unter Kontrolle sind, es unter den Beamten keine Korruption gibt, Belohnungen und Bußen festgelegt sind, Geräte und Werkzeuge ihr Maß haben.[17] Auf diese Weise sind die Bestimmungen klar, und die Kraft des Volkes wird ausgeschöpft; die obrigkeitlichen Ränge werden respektiert und Gesellen aller Art finden Verwendung.[18]

Nun wollen die gegenwärtigen Herrscher zwar alle das Volk regieren, aber sie verhelfen ihm dabei zur Anarchie – keineswegs, weil sie sich an Anarchie erfreuen, sondern weil sie sich mit Hergebrachtem zufriedengeben, ohne auf die Zeiten zu blicken. So wird die Obrigkeit blockiert, indem sie sich nach dem Althergebrachten richtet, und die Untertanen bewahren den Status quo, ohne mit der Zeit zu gehen. Doch wem der Wandel der Gewohnheiten nicht klar ist und wer nicht auf die Anlagen des regierten Volkes achtet, der bringt durch allzu viele Belohnungen nur Strafen herbei und entwertet durch allzu leichte Strafen die Belohnungen.[19]

So erlässt die Obrigkeit Strafen, doch das Volk unterwirft sich nicht, die Belohnungen werden verbraucht,[20] doch Verbrechen nehmen zu. Daher sollte die Obrigkeit gegenüber dem Volk den Strafen Priorität geben und Belohnungen hintanstellen.

7.3, QSZY 36 ›Daher richtet sich ein Weiser bei der Führung des Staates weder nach dem Althergebrachten, noch bewahrt er den Status quo,‹[21] sondern geht mit den Zeiten, gibt ihnen Ordnung, ermisst die Gewohnheiten und gibt ihnen Gesetze.

Daher: Stellt man Gesetze auf, ohne auf die Anlagen des Volkes zu achten, dann führen sie nicht zum Erfolg; führt man eine Regierung durch, die den Zeiten angemessen ist, dann gibt es keinen Widerstand.

Daher achteten die weisen Könige bei der Regierung sorgfältig auf die Aufgaben und richteten ihren Sinn lediglich auf Einheitlichkeit.[22]

9. Gesetze aufstellen

Struktur		Parallelen
A	9.1 Drei Grundlagen der Regierung	
B	9.2 Ränge und Einkünfte	
A	9.3 Verdienste und Belohnungen	20.11
B	9.4 Besitz des Volkes nutzen	
	9.5 Menschliche Anlagen	20.11
	9.6 Dreierlei Unglück	
A	9.7 Verdienste ehren	
B	9.8 Gesetze vs. Veranlagung	20.11

Überblick

Kapitel neun ist ein Musterbeispiel für die zusammengestückelte Struktur des *Shangjun shu*. Der Titel ist, wie so oft, ein Incipit, das lediglich einen Ausdruck des ersten Satzes aufgreift, aber keineswegs das gesamte Kapitel repräsentiert. Dieses erweist sich als Flickwerk von Absätzen, die kaum auf einen Nenner zu bringen sind. Die hier vorgenommene Einteilung der Abschnitte, die erheblich von anderen Editionen abweicht, unterscheidet zwischen zwei Textschichten: Teil A handelt vom »erleuchteten Herrscher« (*mingjun*), der durch Belohnungen und klare Zuständigkeiten erreichen will, dass »das Volk alle Kräfte einsetzt« (9.1) und das »Militär stark« wird: ›Leistungen‹ sind das Leitmotiv dieses Teils; er bevorzugt die Konjunktion ›somit‹ (*shiyi*). Teil B hingegen spricht vom »Fürsten der Menschen« (*renjun*), für den vor allem »Ränge und Einkünfte« (9.2) eine wichtiges Herrschaftsinstrument sind; vom (rechten) »Weg« (*dao*) ist in diesem Teil oft die Rede, und es sorgt sich explizit um den »Staat«, der stärker wird, arm ist oder zerfällt; eine Lieblingswendung ist »so liegt das an …« (… *zhi wei*).

Eine weitere Auffälligkeit kommt bei einigen Absätzen hinzu: 9.1 besteht aus genau 69 (= 3 × 23) Zeichen, 9.2 aus 88 (= 4 × 22), 9.3 aus 47 (= 2 × 23 + 1) und 9.7 aus 70 (= 3 × 23 + 1) Zeichen. Auch wenn die anderen Abschnitte nicht so genau in dieses Muster fallen, könnte dies ein Hinweis auf unterschiedliche Quellen für Teile A und B sein: A scheint von einer Vorlage mit jeweils 23 Zeichen pro Bambusstreifen zu stammen, B geht womöglich auf eine Vorlage mit 22 Zeichen pro Bambusstreifen zurück.[1]

Die beiden Teile stehen nicht säuberlich nebeneinander, sondern sind zu einem buntscheckigen Flickenteppich verwoben, dessen Stränge sich teils ergänzen, teils überlappen oder sogar lose heraushängen. Das Kapitel beginnt, wie eine Throneingabe, mit der Formulierung »Ich, Euer Untertan, habe gehört«, und nennt drei »Grundlagen der Regierung«: Gesetze, Dienstgeschäfte und Belohnungen (9.1). Sodann fokussiert der nächste Abschnitt auf die »Belohnungen«, die er im Sinne von »Rängen und Einkünften« versteht, welche auf dem rechten »Weg« vergeben werden müssten (9.2). Abschnitt 9.3 kehrt wieder zu »Verdiensten und Belohnungen« zurück, die »klar« sein müssten, damit das Militär stark wird. Nach einem fragmentarischen Absatz und unvermittelten Exkurs über die Nutzung von »Besitz des Volkes« (9.4) kehrt 9.5 wieder zum Thema »Ränge und Einkünfte« zurück, mit denen die Anlagen des Volkes für die Zwecke des Staates genutzt werden könnten. Der nächste Abschnitt nennt dreierlei »Unglück für den Staat«, welches daraus resultiere, dass die »Gesetze weder Maß noch Methode« haben, d.h. aufgrund subjektiver Kriterien Ränge, Einkünfte und Vorteile verteilt werden (9.6). Der folgende Abschnitt erinnert noch einmal an den ›erleuchteten Fürsten‹, der seine Herrschaft »auf Kraft, nicht auf Tugend« gründe (9.7), bevor der letzte Abschnitt abermals betont, dass »Maße und Methoden« sowie Gesetze allen persönlichen Veranlagungen überlegen seien: denn diese können nicht übertragen werden.

Weitere Details machen das Bild noch komplizierter: ein dritter Herrscherbegriff, – »Herrscher der Menschen«

(*renzhu*) – in Teil B sowie der Umstand, dass das Kapitel drei Versatzstücke aufweist, die in 20.11, in genau derselben Reihenfolge erscheinen: eins davon in Teil A, zwei in Teil B. Kapitel neun scheint bereits in seiner collagierten Form vorgelegen zu haben, als Kapitel 20 entstand.

9.1

Ich, Euer Untertan, habe gehört,[2] dass die erleuchteten Fürsten des Altertums Gesetze aufstellten und es im Volk keine Korruption gab;[3] dass sie Dienstgeschäfte aufnahmen und Talente sich von selbst ausbildeten; dass sie Belohnungen gewährten und das Militär stark war[4]: Diese drei Dinge sind die Grundlage der Regierung.

Wenn sie Gesetze aufstellten und es im Volk keine Korruption gab, so lag es daran, dass die Gesetze klar waren und das Volk von ihnen profitierte. Wenn sie Dienstgeschäfte aufnahmen und Talente sich von selbst ausbildeten, so lag es daran, dass Zuständigkeiten klar definiert waren: Wenn Zuständigkeiten klar definiert sind, dann setzt das Volk alle Kräfte ein; und wenn das Volk alle Kräfte einsetzt, bilden Talente sich von selbst aus.

9.2

Wenn sie Belohnungen erteilten und die Armee stark war, so sind damit Ränge und Einkünfte gemeint.[5] Ränge und Einkünfte sind das Wesentliche im Militär.[6]

Daher sollte der Fürst der Menschen beim Vergeben von Rängen und Einkünften einen klaren Weg haben: Ist der Weg klar, so wird der Staat täglich stärker; ist er verdunkelt, so wird der Staat täglich weiter zerfallen. Daher bilden die Wege zu Rängen und Einkünften den Angelpunkt für Gedeih und Verderb.[7]

Wenn Staaten zerfallen und Fürsten stürzen, so nicht wegen fehlender Ränge und Einkünfte, sondern weil die Wege dazu verfehlt waren. Wenn die leitenden Prinzipien der Drei Könige und Fünf Hegemonen nicht über Ränge und Einkünfte hinausgingen und sie dennoch zehntausendfache Verdienste hatten, so lag es daran, dass ihre Wege klar waren.[8]

9.3

20.11 ›Somit führt ein erleuchteter Fürst seine Minister so, dass deren Dienste ihren Anstrengungen entsprechen und sie Belohnungen für ihre Verdienste erhalten.‹[9]

Wenn Verdienste und Belohnungen klar sind, dann wird das Volk um Verdienste wetteifern. Wenn man bei der Führung des Landes das Volk dazu bringen kann, alle Kräfte einzusetzen und um Verdienste zu wetteifern, dann wird das Militär gewiss stark sein.

9.4

Wenn einer den anderen, der auf gleicher Rangebene steht, als Knecht oder Konkubine behandelt, so liegt das an Armut und Reichtum. Wenn einer den anderen, der gleiche Mittel besitzt, erobert oder sich einverleibt, so liegt das an Stärke und Schwäche. Wenn Fürsten, die Land besitzen, bald stark, bald schwach sind, so liegt das an Ordnung und Anarchie.[10]

Wo es den rechten Weg gibt, da bietet auch ein Gebiet von einer Meile im Quadrat genügend Platz, so dass Dienstleute und Volk herangeholt werden können. Wenn man Platz für Märkte hat, so können Waren und Güter angehäuft werden. Wer Land besitzt, kann nicht arm genannt werden, und wer Volk besitzt, kann nicht schwach genannt werden. Wenn der Boden wahrhaftig bebaut wird, muss man sich um Güter nicht sorgen; und wenn das Volk wahrhaftig eingesetzt wird, muss man weder Stärke noch Gewalt fürchten. Derjenige, dessen Tugend klar ist und dessen Anweisungen durchgeführt werden, kann der Besitz des Volkes für sich selbst nutzen.[11]

Daher nutzt ein erleuchteter Herrscher Besitz, der nicht seiner ist, und führt Volk, das nicht seines ist.[12]

9.5

Ein erleuchteter Herrscher legt Wert darauf, nur wirkliche Leistungen mit Rängen zu belohnen und für diese dann Auszeichnung und Ansehen zu verleihen.[13] Ohne Auszeichnung bekommen die Dinge keine Dringlichkeit; und wenn Stellungen kein Ansehen haben, dann bemühen sich die Menschen nicht um Ränge. Sind Ränge jedoch leicht zu erhalten, dann ehrt das Volk die oberen Ränge nicht; und wenn Ränge, Einkünfte und Belohnungen nicht über den richtigen Zugang kommen, dann wird das Volk im Wettstreit um Posten nicht mehr in den Tod gehen.

Menschen sind mit Vorlieben und Abneigungen veranlagt: Eben deshalb kann das Volk regiert werden.[14] Der Fürst der Menschen darf deren Vorlieben und Abneigungen nicht außer Acht lassen: Sie sind die Grundlage von Belohnungen und Bußen.[15]

Nun sind die Menschen mit Vorliebe für Ränge und Einkünfte sowie Abneigung gegen Strafen und Bußen veranlagt: Der Herrscher der Menschen richtet beiderlei ein, um die Gesinnung der Menschen zu lenken und setzt auf diese Weise durch, was er wünscht.[16]

Wenn nun die Kraft des Volkes voll eingesetzt wird, folgen darauf Ränge, und wenn Verdienste erbracht werden, folgen darauf Belohnungen.

›Wenn der Fürst der Menschen seinem Volk so leuch- 20.11
tend und zuverlässig erscheinen kann wie Sonne und Mond, dann wird das Militär keinen ebenbürtigen Gegner mehr haben.‹[17]

9.6

Wenn unter einem Fürsten der Menschen Ränge vergeben werden, aber das Heer schwach ist; wenn Einkünfte vergeben werden, aber der Staat arm ist; wenn Gesetze aufgestellt werden, aber Anarchie herrscht: Diese drei Dinge sind ein Unglück für den Staat.[18]

Daher: Wenn ein Fürst der Menschen zungenfertige Bitten und Aufwartungen vorzieht, aber Verdienste und Kräfte hintanstellt, dann werden wohl Ränge vergeben, aber das Heer wird geschwächt. Wenn das Volk es, ohne sein Leben einzusetzen und Gefahren zu trotzen, zu

Einkünften und Vorteilen bringen kann, dann werden wohl Einkünfte vergeben, aber der Staat verarmt. Wenn die Gesetze weder Maß noch Methode haben und die Dienstaufgaben täglich weiter ausufern, dann werden wohl Gesetze aufgestellt, aber die Regierung verfällt in Anarchie.

9.7

Somit führt ein erleuchteter Fürst sein Volk so, dass es seine Kraft immer voll einsetzt, um seine Verdienste zu ermessen, so dass auf erbrachte Verdienste Reichtum und Ehre folgen.

Gibt es keine privaten Gunstbezeugungen, dann werden die Anweisungen und Umformungen vollzogen.[19] Auf diese Weise werden die Untertanen treu sein, der Fürst erleuchtet, die Ordnung offenbar und das Heer stark. Daher setzt ein erleuchteter Fürst bei seiner Regierung im Allgemeinen auf Kraft, nicht auf Tugend:[20] Somit werden sich ohne Sorge und Mühe Verdienste erbringen lassen.

9.8

Sind Maße und Methoden erst etabliert, können die Gesetze gepflegt werden. Daher ist es unumgänglich, dass ein Fürst der Menschen sorgfältig auf sich selbst achtet.

20.11 ›Li Zhu konnte Herbstfäden auf über hundert Fuß Entfernung erkennen, aber er konnte seine klarsichtigen Augen keinem anderen übertragen; Wu Huo konnte ein Gewicht von tausend *jun* heben, aber er konnte seine Kräfte keinem anderen übertragen.[21] Wenn sich nun Verdienste erlangen lassen, obwohl die Weisen ihre körperliche Natur keinem anderen übertragen konnten, so liegt das an den Gesetzen.‹[22]

10. Regeln der Kriegsführung

Struktur	Parallelen
10.1 Übermacht der Regierung	
10.2 Verfolgung von Fliehenden	
10.3 Den Feind beurteilen	
10.4 Militärische Disziplin	ZGC 7.1
10.5 Führung und Stärke	
10.6 Verfehltes Vordringen	

Überblick

Dies ist das erste von drei Kapiteln des *Shangjun shu*, die speziell dem Militärwesen gewidmet sind. Dabei gilt die Prämisse, die Kapitel elf formuliert: »Das Militär erwächst aus der Regierungsordnung, unterscheidet sich aber von ihr« (11.5). So beginnt Kapitel zehn denn auch mit der grundsätzlichen Feststellung, dass Kriegsführung »in der Übermacht der Regierung begründet sein muss« (10.1), d.h. in der inneren Pazifizierung: Der Staat muss über überlegene Gewaltmittel verfügen, so dass das Volk keinen Widerstand leistet. Das gesamte Kapitel spielt mit der Doppeldeutigkeit von Begriffen wie *zheng*, was sich sowohl auf die Heeresleitung (10.3) als auch auf die Staatsleitung beziehen kann, *min*, was Volk oder Truppen meinen kann (10.6), oder *shu*, was in der Politik ›Verfahren‹, im Militär hingegen ›Strategie‹ bedeutet (10.4). Die Grundbegriffe des Politischen Realismus finden sich ebenso in militärstrategischen Schriften wie dem *Sunzi bingfa*. Politik und Militärwesen entwickeln sich parallel, so dass Begriffe und Denkmuster – *mutatis mutandis* – von einem zum anderen übertragen werden.

Nach den allgemeinen Bemerkungen in 10.1 gehen die übrigen Teile abrupt zu speziellen taktischen Anweisungen über: In fünf kurzen Abschnitten werden die Verfolgung des

Feindes, militärische Aufklärung, sowie Fragen der Disziplin, Führung und Truppenbewegung angesprochen. Bei alledem macht das Kapitel den Eindruck einer zufällig zusammengewürfelten Ansammlung diverser militärischer »Regeln«.

10.1

Allgemein gilt als Regel für die Kriegsführung, dass diese in der Übermacht der Regierung begründet sein muss:[1] denn dann streitet das Volk nicht; und wenn es nicht streitet, dann hat es keinen Anlass zu Eigensinn, sondern handelt im Sinne der Obrigkeit.[2]

Darum bringt ein souveräner Herrscher das Volk durch seine Regierung dazu, lokale Fehden zu scheuen und mutig im Kampf gegen Banditen zu sein.[3]

Ist das Volk daran gewöhnt, Schwierigkeiten mit Gewalt anzugreifen, dann wird es des Todes spotten.[4]

10.2

Sieht man den Feind wild auseinanderlaufen, ohne innezuhalten, dann möge er entkommen.

Daher besagen die *Militärregeln*: »Nach dem Sieg in einer großen Schlacht verfolge man die Fliehenden nicht weiter als zehn Meilen; nach dem Sieg in einer kleinen Schlacht verfolge man die Fliehenden nicht weiter als fünf Meilen.«[5]

10.3

Wenn man ein Heer aufbietet, dann ermesse man den Feind: Wenn die eigene Führung ihm nicht gleichkommt, dann kämpfe man nicht mit ihm;[6] wenn die Versorgung ihm nicht gleichkommt, dann lasse man sich nicht lange mit ihm ein. Ist der Feind zahlreich, dann dringe man nicht in sein Gebiet. Ist der Feind in jeder Hinsicht unterlegen, dann schlage man los, ohne zu zaudern.[7]

Daher heißt es: Die wichtigste Regel des Heeres ist die Aufmerksamkeit. Wenn man den Feind beurteilt und die Truppenzahlen beachtet, dann lassen sich Sieg oder Niederlage im Voraus erkennen.

10.4

›Das Heer eines souveränen Herrschers ist nach einem Sieg nicht hochmütig und nach einer Niederlage nicht verbittert. ‹[8] Nach einem Sieg ist es nicht hochmütig, weil ihm die Strategie klar ist; nach einer Niederlage ist es nicht verbittert, weil es seine Fehler erkennt. ZGC 7.1

10.5

Wenn sich die Heere an Stärke ebenbürtig sind, so siegt dasjenige, dessen General würdig ist, und dasjenige, dessen General unfähig ist, wird geschlagen. Wenn seine Führung aus Berechnungen im Tempel hervorgeht, wird es allemal siegen, egal ob die Führung tüchtig ist oder unfähig.[9]

Der, dessen Führung lange genug an siegreichen Strategien festhält, wird stark werden und es bis zum Souverän bringen. Wenn sich das Volk unterwirft und der Obrigkeit gehorcht, dann wird der Staat reich und das Heer siegreich: Wer das praktiziert, wird gewiss lange als Souverän herrschen.[10]

10.6

Verfehlt ist es, ohne ebenbürtigen Feind tief in ein Gebiet mit gefährlichen und schwer passierbaren Stellen einzudringen: So werden die Truppen erschöpft, zudem hungrig und durstig, und sie werden Krankheiten zum Opfer fallen – das ist der Weg zur Niederlage. Daher führt ein General seine Truppen so, wie man ein gutes Pferd reitet: Ohne Gleichgewicht geht es nicht.[11]

11. Grundlagen etablieren

Struktur | Parallelen

11.1 Drei Stufen zum Sieg
11.2 Drei trügerische Dinge
11.3 Der Starke
11.4 Belohnungen
11.5 Ordnung, Stärke, Reichtum

Überblick

Kapitel elf bietet, ähnlich wie das vorhergehende, eine Ansammlung von Sprüchen, die um das Militärwesen kreisen, wobei jeder Abschnitt ein anderes Thema anspricht: allgemeine Voraussetzungen für militärischen Erfolg (11.1), trügerische Erfolgskriterien (11.2), das Verhalten eines ›Starken‹ (11.3), Belohnungen und Ränge (11.4) sowie die Wechselbeziehung von Ordnung, Stärke und Reichtum (11.5) – offenbar bilden diese drei die im Titel genannten »Grundlagen«. Auch in diesem Kapitel werden Grundbegriffe im militärischen Kontext angesprochen: ›Gesetze‹ werden als Grundlage für den Einsatz des Heeres bezeichnet, und auch das Wort ›Position‹ (*shi*), das im politischen Kontext ›Amtsmacht‹ bedeutet, scheint in 11.5 noch im militärischen Sinne verwendet zu sein. In ihnen deuten sich die militärischen Grundlagen des Politischen Realismus an.

Ein Zusammenhang zwischen den fünf Abschnitten ist kaum erkennbar, und auch zu anderen Texten weist das Kapitel keine nennenswerten Parallelen auf. Allein die Zahl drei, die in mehreren Abschnitten auftaucht, wirkt als verbindende Klammer; sie verweist zugleich auf Kapitel neun, wo auch mehrmals Dreiergruppen genannt werden. Weitere Anklänge an Kapitel neun finden sich in dem Ausdruck *cuo fa*, ›Gesetze aufstellen‹ (11.1), sowie in der Wertschätzung von Belohnungen: Diese sollen »hoch« und »profitabel« sein (11.4) – eine Position, die sich ebenso unbequem in den Rahmen des *Shangjun shu* fügt wie der Abschnitt selbst in den Rest des Kapitels. Kapitel elf ist ein Flickenteppich, dessen Teile nur notdürftig miteinander verbunden sind.

11.1

Allgemein gibt es beim Einsatz des Heeres drei Stufen zum Sieg: Bevor das Heer aufgeboten ist, werden Gesetze aufgestellt; sind die Gesetze aufgestellt, werden sie zur Gewohnheit; sind sie zur Gewohnheit geworden, dann stehen die Einsatzmittel bereit. Diese drei Dinge müssen innerhalb der Grenzen durchgeführt werden, erst dann kann das Heer ausgeschickt werden.

Diese drei Dinge können unter zwei Umständen durchgeführt werden: Erstens müssen Gesetze abgesichert sein, um durchgesetzt zu werden;[1] zweitens müssen die Maßnahmen stets greifen, so dass die Gesetze feststehen.[2]

11.2

Daher: Sich auf die Truppenzahl zu verlassen, hieße auf Stroh bauen; sich auf die Pracht der Ausrüstung zu verlassen, hieße Durchtriebenheit; sich auf Ruhm und Augenschein zu verlassen, hieße Betrug. Wer sich auf eins von diesen Dreien verlässt, dessen Heer kann in Gefangenschaft geraten.

11.3

Daher heißt es: Der Starke festigt seinen Willen und ist streitlustig. Ist er streitlustig, dann verausgabt er seine Kraft; und verausgabt er seine Kraft, dann ist er gerüstet. Daher hat er keinen ebenbürtigen Widersacher innerhalb der Meere.[3]

11.4

Wird Ordnung durchgesetzt, so häufen sich Güter an, und wenn sich Güter anhäufen, dann können Belohnungen hoch sein.[4] Sind die Belohnungen einheitlich, so werden Ränge respektiert; und werden Ränge respektiert, dann können Belohnungen profitabel sein.

11.5

Daher heißt es: Das Militär erwächst aus der Regierungsordnung, unterscheidet sich aber von ihr; Gewohnheiten erwachsen aus den Gesetzen, sind aber auf unzählige Arten abgewandelt. Eine Position der Überlegenheit gründet in den Herzen und wird gestärkt durch den Zustand der Ausrüstung. Wenn diese drei Dinge erwogen werden, dann kann Stärke aufgebaut werden.

Somit geht Stärke allemal mit Ordnung einher und Ordnung mit Stärke; Reichtum geht allemal mit Ordnung einher und Ordnung mit Reichtum; Stärke geht allemal mit Reichtum einher und Reichtum mit Stärke. Daher heißt es: Der Weg zu Ordnung und Stärke ist dreifach: Er liegt in der Erwägung der Grundlagen.[5]

12. Militärische Verteidigung

Struktur
12.1 An vier Fronten kämpfen
12.2 Verteidigung einer Stadt
12.3 Drei Armeen

Parallelen

Überblick

Dies ist das homogenste der drei militärischen Kapitel im *Shangjun shu*. Der Titel bringt das Thema auf den Punkt: Es geht um die Verteidigung, namentlich um die Verteidigung von Städten. Nach allgemeinen Bemerkungen zu Geostrategie (12.1) folgt zunächst ein kryptischer Abschnitt, in dem es im Wesentlichen darum geht, mit allen Kräften zu kämpfen (12.2), bevor der letzte Abschnitt die Rolle der »drei Armeen« – Männer, Frauen, Alte und Kinder – bei der Verteidigung von belagerten Städten erläutert (12.3): Dieser Abschnitt bietet die detailliertesten Anweisungen zum Kampfeinsatz des gesamten Buches.

Alle drei Abschnitte scheinen aus einem Grundtext zu bestehen, an den sich Kommentare lagern. Diese enden charakteristischerweise mit einem Zitat aus dem Grundtext, eingeleitet durch »daher heißt es: …« Klarer als sonst lassen sich solche innertextlichen Kommentare in diesem Kapitel erkennen, die sonst auch in anderen Teilen des *Shangjun shu*, fern von ihren Bezugstexten, auftauchen. Umgekehrt bietet das Kapitel jedoch keinerlei intertextuelle Bezüge. Es bleibt, wie alle drei militärischen Kapitel, weitgehend in sich geschlossen.

Mag sein, dass diese Geschlossenheit mit der Natur dieses Kapitels zusammenhängt: denn die »Verteidigung« – darauf hat Yuri Pines hingewiesen – scheint der Strategie Qins im 4. und 3. Jahrhundert v. Chr. kaum zu entsprechen. Vielmehr scheint das Kapitel auf einen Staat wie Zhao, »der an vier Fronten kämpfen muss«, Qi, »der am Meer liegt« (12.1), oder Wei, Qins Nachbarn im Osten, gemünzt zu sein: Bruchstücke aus einer anderen Tradition, frühe Entwürfe oder ausgesonderte Schriften des Politischen Realismus? All das würde erklären, warum kein Text des klassischen China an dieses Kapitel anknüpft.

12.1

Ein Staat, der an vier Fronten kämpfen muss, legt Wert auf die Verteidigung;[1] ein Staat, der am Meer liegt, legt Wert auf den Angriff.[2]

Wenn ein Staat, der an vier Fronten kämpfen muss, Truppen aufbietet, um seine vier Nachbarn abzuwehren, dann ist der Staat in Gefahr. Sobald einer seiner vier Nachbarstaaten etwas unternimmt, muss er selbst vierfach Armeen aufbieten – daher »ist der Staat in Gefahr«.

Wenn ein Staat, der an vier Fronten kämpfen muss, nicht mit einer Stadt von 10.000 Haushalten eine Armee von Zehntausenden unterhalten kann, ist der Staat in Gefahr. Daher heißt es: »Ein Staat, der an vier Fronten kämpfen muss, bemüht sich um die Verteidigung.«[3]

12.2

Bei der Verteidigung einer ummauerten Stadt[4] ist es das Beste, mit der Kraft der Todgeweihten die lebendige Kraft der Invasoren zu bekämpfen.[5]

Ob die Stadtmauer erobert wird, hängt von der Kraft der Todgeweihten ab, denn wenn die Invasoren die Stadtmauer nicht vollständig schleifen, finden sie keinen Weg hinein: Das nennt man »mit der Kraft der Todgeweihten die lebendige Kraft der Invasoren bekämpfen«.

Wenn die Stadtmauer aber vollständig geschleift ist und die Invasoren einen Weg hinein gefunden haben, dann müssen sie innehalten, und die Männer im Inneren sind entfesselt. Mit entfesselten Kräften gegen innehaltende Kräfte zu kämpfen, das nennt man »mit lebendiger Kraft gegen die todgeweihte Kraft der Invasoren zu kämpfen«.[6]

Alle sagen, die Sorge bei der Belagerung von Städten sei, dass alle ausnahmslos für ihre Stadt in den Tod gehen.

Diese drei Dinge liegen keineswegs daran, dass nicht ausreichend Sorge getragen würde: Sie sind Fehler der Generäle.[7]

12.3

Der rechte Weg zur Verteidigung einer Stadt liegt in überlegener Stärke. Daher heißt es: Angesichts eines Aggressors ordne man seine Register und verteile die Truppen der drei Armeen gemäß der Anzahl der Streitwagen des Aggressors.[8]

Die drei Armeen:[9] Erwachsene Männer bilden eine Armee, erwachsene Frauen bilden eine Armee, und Alte und Kinder,[10] männlich wie weiblich, bilden eine Armee: Das ist mit den »drei Armeen« gemeint.

Die Armee der erwachsenen Männer lasse man, versorgt mit ausreichend Proviant und scharfen Waffen, in Schlachtformation den Feind erwarten. Die Armee der erwachsenen Frauen lasse man, versorgt mit ausreichend Proviant und den Schutzwall im Rücken, in Schlachtformation Befehle erwarten. Wenn der Aggressor kommt, sollen sie Erde zu Hindernissen anhäufen, Holzbarrieren und Fallgruben anlegen, Brücken und Häuser abreißen; was sich wegbringen lässt, sollen sie wegbringen, und was sich nicht wegbringen lässt, verbrennen, so dass der Aggressor es nicht für seinen Angriff nutzen kann.[11] Die Armee der Alten und Kinder lasse man die Rinder, Pferde, Schafe und Schweine hüten und gebe ihnen alles, was es an essbaren Pflanzen gibt, zu essen, so dass die erwachsenen Männer und Frauen mit Proviant versorgt sind. Doch achte man sorgfältig darauf, dass die drei Armeen nicht miteinander verkehren.

Wenn die erwachsenen Männer mit den erwachsenen Frauen verkehren, werden sie Gefallen an ihnen finden, Betrüger werden üble Pläne verfolgen, und der Staat wird untergehen. Wenn sie sich am Miteinander erfreuen, werden sie den nahenden Kampf fürchten, und selbst die Tapferen werden nicht in den Krieg gehen. Wenn die erwachsenen Männer und Frauen mit den Alten und Kinder verkehren, dann werden die Alten die Erwachsenen traurig stimmen und die Kinder das Mitleid der Starken erregen. Mit Trauer und Mitleid im Herzen werden die Tapferen Bedenken kriegen, und die Feigen werden nicht kämpfen.

Daher heißt es: »Man achte sorgfältig darauf, dass die drei Armeen nicht miteinander verkehren.« Das ist der rechte Weg zu überlegener Stärke.

13. Befehle durchsetzen

Struktur		Parallelen
A	13.1 Befehle und Gesetze	4.6, 5.9, 7.6, 20.3, 20.7, HFei 53
	13.2 Verdienste und Ämter	4.3, 4.8, 17.5, HFei 53
	13.3 Sechs Parasiten	3.5, 4.3, 5.1, 20.6.
	13.4 Zwölferlei Unheil	3.5, 4.3, 4.11, 5.3, HFei 53
	13.5 Schwere Strafen	4.4, 4.8, 5.4, 7.6, 20.6 HFei 30, 53, Guan 73
B	13.6 Der weise Fürst	3.6, 4.8, 5.7, 17.5

Überblick

Der Titel ist ein Incipit, das die ersten beiden Zeichen aufgreift; »Befehle durchsetzen« ist keineswegs das durchgehende Thema des Kapitels. Vielmehr bietet Kapitel dreizehn, ähnlich wie Kapitel 4 und 5, eine Ansammlung von Versatzstücken, die diverse Punkte ansprechen: Lokalverwaltung, Ämterkauf, Kriegsführung, Vergabe von Rängen, schwere Strafen und immer wieder die »sechs Parasiten« – Moral und Bildungsgüter –, die den Staat schädigen. Indem sie stets auf andere Kapitel verweisen, bilden diese Versatzstücke ein dichtes intertextuelles Gewebe. Viele Verbindungen bestehen zu den Kapiteln vier und fünf, und vor allem die Parallele zu HFei 53 ist frappierend: Die beiden Kapitel haben nicht nur fast denselben Titel, sondern stimmen in weiten Teilen wortwörtlich überein. Zheng Liangshu 1989, 89–96, hat eine Reihe von Argumenten dafür vorgetragen dass HFei 53 von diesem Kapitel abstamme, und zahlreiche Versatzstücke, die auch an anderen Stellen des *Shangjun shu* – nicht aber an anderen Stellen des *Han Feizi* – auftauchen, scheinen das zu bestätigen. Eine Passage aus 13.5 wird in HFei 30 sogar explizit Shang Yang zugeschrieben.

Angesichts dieser engen Parallele fällt umso deutlicher auf, welche Teile des Kapitels *nicht* in HFei 53 übernommen wurden. So fehlt dort der gesamte Abschnitt 13.6, der auch inhaltlich aus dem Rahmen des Kapitels fällt: Er stellt den »weisen Fürsten« (*shengjun*) – ein Herrscherbegriff, der im SJS nur in diesem Abschnitt auftaucht – in den Mittelpunkt und redet von »Menschlichkeit und Anstand«. Offensichtlich ist dies ein Einschub, der zwei Versatzstücke des *Shangjun shu* im konfuzianischen Sinne kommentiert. Auch 13.3 sowie die übrigen Passagen über die »sechs Parasiten« fehlen im *Han Feizi* vollständig. Entweder war dies eine bewusste Entscheidung der Redaktoren des *Han Feizi*, oder diese Passagen sind dem vorliegenden Kapitel erst hinzugefügt worden, nachdem *Han Feizi* es übernommen hatte. Das hieße, dass nicht nur die konfuzianisch moralisierenden Passagen sekundär wären, sondern auch die Polemiken gegen ebendiese Moral. Vielleicht spiegeln sich hier Han-zeitliche Debatten, die in der Zhanguo-Zeit noch keine Rolle gespielt hatten.[1]

13.1

HFei 53 ›Wenn Befehle durchgesetzt werden, dann leidet die Verwaltung keinen Verzug. Wenn Gesetze gleichmäßig gelten, dann werden die Amtleute nicht korrupt. Wenn Gesetze einmal festgelegt sind, sollen sie durch geschickte Worte nicht gebeugt werden. Wenn man auf Verdienste baut, dann gibt es wenig Gerede im Volk; wenn man auf Geschicklichkeit baut, dann gibt es viel Gerede im Volk.‹[2]

4.6, 5.9, HFei 53 ›Beim Vollzug der Gesetze soll auf Gemeindeebene entschieden werden: Wer im Rahmen von fünf Dörfern Entscheidungen trifft, der ist souverän; wer im Rahmen von zehn Dörfern Entscheidungen trifft, der ist stark; doch wer Verwaltung aufschiebt, wird zerfallen.‹[3]

20.7, HFei 53 ›Regiert mit Strafgesetzen und führt Krieg mit Belohnungen!‹[4]

›Sucht nach Verfehlungen, nicht nach Wohltaten!‹[5] 7.6

Daher: Wenn Gesetze aufgestellt sind und nicht verändert werden, dann sind sie deutlich, und das Volk ist sich über die Strafen im Klaren, und wenn es sich darüber im Klaren ist, dann können die Strafen enden. Adlige und gemeines Volk sind unterschiedlich einzusetzen, aber Rang, Würde und die hohen Einkünfte der Hundert Ämter erstreiten sie sich selbst.[6]

Wenn es im Land keine Betrüger gibt, dann gibt es auch keinen Betrug auf den Märkten der Städte. Wenn aber Güter zahlreich sind und der Handel zunimmt, wenn der Ackerbau vernachlässigt wird und Betrug überhand nimmt, dann wird der Staat gewiss zerfallen.

›Wenn das Volk überschüssige Lebensmittel besitzt, 20.3,
dann bringt es dazu, mit seinem Korn Ämter und Ränge HFei 53
zu erwerben. Wenn Ämter und Ränge von ihrer eigenen Kraft abhängen, dann wird die Landwirtschaft nicht vernachlässigt.‹[7]

Ein Fass ohne Boden, und sei es nur vier Zoll groß, wird gewiss nie voll werden.[8] Ämter, Ränge und Einkünfte nicht aufgrund von Verdiensten zu vergeben, ist ebenso bodenlos.

13.2

›Wenn ein Staat eifrig Krieg führt, obwohl er arm ist, 4.3
wird das Verderben den Feind ereilen, er wird frei von den sechs Parasiten sein und gewiss erstarken. Wenn ein Staat aber keinen Krieg führt, obwohl er reich ist, entsteht Leichtfertigkeit im Inneren, er wird sechserlei Parasiten haben und gewiss schwach werden.‹[9]

›Wenn ein Staat aufgrund von Verdiensten Ämter ver- 17.5
gibt und Ränge verleiht, kann man sagen,‹ ›dass er mit 4.8, HFei 53
überlegenem Wissen Pläne macht und mit überlegenem Mut Krieg führt.‹ Ein Staat, der mit überlegenem Mut Krieg führt und mit überlegenem Wissen Pläne macht, hat gewiss keinen ebenbürtigen Feind.

›Wenn der Staat aufgrund von Verdiensten Ämter 17.5
vergibt und Ränge verleiht,‹ dann ist seine Verwaltung

schlank, und es gibt wenig Gerede:[10] Dann kann man sagen, dass er durch Gesetze die Gesetze abschafft und durch Reden das Gerede abschafft.[11]

Wenn der Staat aufgrund der sechserlei Parasiten Ämter vergibt und Ränge verleiht, dann ufert die Verwaltung aus, und Gerede kommt auf; das nennt man mit Gesetzen Gesetze herbeiführen und mit Gerede Gerede herbeiführen: Dann wird der Herrscher durch Theorien und Gerede irregeführt, und die Beamten werden verwirrt durch die Korruption der Verwaltung. Korrupte Minister kriegen ihren Willen, und die Verdienstvollen werden mit jedem Tag weiter zurückgedrängt: Das nennt man verfehlt.

13.3

20.6 ›Wer Zehnerlei bewahrt, verfällt in Anarchie; wer Eines bewahrt, erreicht Ordnung.‹[12]

Wer, wenn die Gesetze einmal aufgestellt sind, sechserlei Parasiten zu verwenden beliebt, wird untergehen. Wenn das Volk aber vollständig Ackerbau betreibt, dann wird der Staat reich; wenn die sechserlei Parasiten nicht verwendet werden, dann werden Soldaten und Volk allesamt wetteifern und freudig in den Dienst des Herrschers treten. Das Volk innerhalb der Grenzen wird diesen Wettstreit als Ehre ansehen, und keiner wird sich dafür schämen.

Das nächstbeste wäre, sie durch Belohnungen anzuspornen und durch Bußen abzuschrecken; das schlechteste wäre, wenn die Menschen [den Ackerbau] verabscheuten, fürchteten und sich seinetwegen genierten; wenn sie Äußerlichkeiten pflegten und Worte machten; wenn sie sich ihrer Speisen schämten und mit der Obrigkeit verkehren, um Ackerbau und Kriegsdienst zu vermeiden, dann werden Außenkontakte hergestellt, was eine Gefahr für den Staat ist.[13] Angesichts von Hunger und Kälte, Tod und Verderben nicht für Vorteil und Einkünfte Krieg zu führen: Das sind Sitten eines untergehenden Staates.[14]

›Die sechs Parasiten sind: Riten und Musik, Lieder und Dokumente, Verfeinerung und Güte, Folgsamkeit und brüderliche Liebe, Aufrichtigkeit und Zuverlässigkeit, Ehrlichkeit und Lauterkeit, Menschlichkeit und Anstand, Anti-Militarismus, Scheu vor dem Krieg. Wenn es diese zwölf im Staate gibt, dann bringt die Obrigkeit niemanden zum Ackerbau und Kriegsdienst, und der Staat verarmt und zerfällt.‹[15] 3.5, 4.3, 5.1

›Wenn diese zwölf zusammenkommen, heißt das, dass die Regierung des Fürsten sich nicht gegen die Minister durchsetzen kann und die Verwaltung der Beamten sich nicht gegen das Volk: Das bedeutet, dass die sechs Ungeziefer sich gegen die Regierung durchsetzen. Wenn diese zwölf Halt erlangen, wird [der Staat] gewiss zerfallen.‹[16] 5.1

13.4

Daher: ›Nutzt ein aufstrebender Staat diese zwölf nicht, so wird der Staat stark sein, und niemand im Reich wird ihm widerstehen können. Wenn [der Staat] Truppen ausschickt, wird er gewiss erobern, und was er erobert, wird er gewiss behaupten können; wenn er die Truppen ruhen lässt und nicht angreift, wird er gewiss reich.‹ 3.5, 4.3, 4.11, HFei 53

Was die Amtleute am Hof betrifft, so sollen geringe [Verdienste] nicht verachtet, noch zahlreiche [Verdienste] geschmälert werden. Gemäß ihren Verdiensten sollen sie Ämter und Ränge erhalten, und selbst noch so geschickte Reden dürfen darauf keinen Einfluss nehmen: Das nennt man rationale Ordnung.[17]

›Wenn man mit Gewalt angreift, dann erlangt man für das, was man aufwendet, das Zehnfache; wenn man mit Worten angreift, wird man das Zehnfache aufwenden und das Hundertfache verlieren. Wenn ein Staat die Gewalt liebt, heißt es, dass er »mit Schwerem angreift«; wenn er Worte liebt, heißt es, dass er »mit Leichtem angreift«.‹ 3.5, 4.3, 5.3, HFei 53

13.5

›Indem sie schwere Strafen verhängt und wenige Belohnung gewährt, sorgt die Obrigkeit für das Volk, und das Volk geht für sie in den Tod. Indem sie hohe Beloh- 4.4, 5.4, HFei 53 nungen gewährt und leichte Strafen verhängt, sorgt die Obrigkeit nicht für das Volk, und das Volk geht nicht für sie in den Tod.‹[18]

20.6, Guan 73 ›Wo Nutzen aus einer Quelle kommt, da hat der Staat keinen ebenbürtigen Gegner; wo Nutzen aus zwei Quellen kommt, da hat der Staat nur halben Vorteil; wo Nutzen aus zehn Quellen kommt, da ist der Staat nicht zu halten.‹[19]

Schwere Strafen verdeutlichen die allgemeinen Bestimmungen; wo sie nicht klar sind, sind die sechs Parasiten. Wenn die sechs Parasiten zusammenkommen, dann ist das Volk nicht dienstbar.

4.4, 5.4, HFei 30, 53 Daher: ›Wenn in einem aufstrebenden Staat Bußen verhängt werden, dann bleibt ihm das Volk verbunden; werden Belohnungen vergeben, dann profitiert das Volk. Wird beim Verhängen von Bußen Leichtes schwer geahndet, dann wird Leichtes nicht aufkommen und Schweres sich nicht einstellen.‹[20]

4.8, 5.4, 7.6, HFei 53 ›Das nennt man »mit Strafen die Strafen abschaffen«; und wenn Strafen abgeschafft sind, werden die Aufgaben vollbracht. Gibt es für schwere Vergehen leichte Strafen, kommen Strafen auf, und Probleme entstehen: Das nennt man »mit Strafen Strafen herbeiführen«: so wird der Staat gewiss zerfallen.‹

13.6

3.6, 17.5 ›Ein weiser Fürst erkennt das Wesentliche in den Dingen: Daher umfasst seine Regierung des Volkes das Wesentlichste.‹

Daher verwendet er Belohnungen und Bußen, um Einheitlichkeit abzusichern.[21]

Die Menschlichkeit ist ein Ausfluss des Herzens. Ein weiser Fürst gewinnt mit seiner Ordnung der Menschen gewiss ihre Herzen: Daher kann er Gewalt einsetzen.

4.8, 5.7 ›Gewalt gebiert Stärke, Stärke gebiert Autorität, und Autorität gebiert Tugend: Tugend wird aus Gewalt geboren.‹ Allein der weise Fürst verfügt darüber: Daher kann er dem Reich Menschlichkeit und Anstand vermitteln.[22]

14. Autorität kultivieren

Struktur		Parallelen
A	14.1 Gesetze, Zuverlässigkeit, Autorität	23.5, Guan 7, 52, HFei 37, 43
	14.2 Maße und Gewichte	Guan 52
	14.3 Öffentliches und Privates	Guan 47
B	14.4 Gesetze vs. persönliche Urteile	

Überblick

Die wichtigsten Begriffe des 14. Kapitels werden gleich im ersten Satz genannt: »Es gibt drei Dinge, durch die der Staat regiert wird: erstens Gesetze, zweitens Zuverlässigkeit, drittens Autorität.« Alle drei sind Ausdruck unparteilicher, rationaler Herrschaft, die nicht auf Privatinteressen beruht, sondern auf allgemeinen Normen. Vor allem den ›Gesetzen‹ (*fa*) und der ›Autorität‹ kommt dabei eine besondere Rolle zu. Zwanzigmal erscheint das Wort *fa* in diesem Kapitel: weitaus häufiger als in den vorhergehenden, mit Ausnahme von Kapitel eins. Allein fünfmal wird es im Gegensatz zu ›privaten‹ (*si*) Interessen verwendet: Deutlicher als in allen anderen Kapiteln wird hier der universelle, rationale Charakter der Gesetze betont, der alle Partikularismen übersteigt (vgl. S. 44). »Gesetze sind die Gewichte und Waagbalken des Staates« (14.2), sie sind objektiv, abstrakt und allgemein verbindlich. Auch der Begriff der ›Autorität‹ wird in diesem Kapitel metaphorisch hergeleitet: Aus der Bedeutung ›Gewicht‹ als standardisiertes, abstraktes Maß (14.2) ergibt sich die Verwendung im Sinne des politischen ›Gewichts‹, der ›Autorität‹.

Kapitel 14 hebt hervor, dass der Fürst allein die letztentscheidende Instanz im Staat sei: »Über Autorität aber verfügt der Fürst allein« (14.1). Diese Autorität, die ihn über alle anderen erhebt, erwirbt er sich durch ›Zuverlässigkeit‹ und vor allem dadurch, dass er »die Gesetze nicht durch Privatinteressen« verletzt (14.1). Die ›Autorität‹ des Herrschers sei ebenso unbestechlich und unparteilich wie die staatlich normierten Maße und ›Gewichte‹: Eben deshalb sei seine Stellung unantastbar (vgl. S. 50f.). Das Thema der Maße und Gewichte wird in 14.2 zwar angesprochen, aber nur mit Bezug auf die »früheren Könige«. Dass Shang Yang mit seinen Reformen in Qin Gewichte, Längen- und Flächenmaße standardisieren ließ, wird mit keinem Wort erwähnt: eine weitere merkwürdige Lücke im *Shangjun shu*. Doch auch sie mag sich dadurch erklären, dass seine Autoren primär politische Denker waren, denen es nicht um Wirtschaft, sondern um unmittelbare Machtausübung ging: Ihnen waren vor allem »die Gewichte und Waagbalken des Staates« wichtig, nämlich die Gesetze.

Während 14.1 und 14.2, die auffällige Parallelen zu Guan 52 haben, das Thema klar umreißen, variieren es die folgenden Abschnitte. 14.3 kontrastiert nicht mehr die ›Gesetze‹ mit ›Privatem‹, sondern unterscheidet »Öffentliches und Privates« (*gongsi*). Zudem führt es mythische bzw. historische Herrscher – Yao und Shun, die Drei Könige und die Fünf Hegemonen – an, die nicht für persönlichen Gewinn, sondern für das Reich geherrscht hätten, und kontrastiert sie mit den »Herrschern und Ministern der heutigen, anarchischen Zeit«. Hier scheinen sich Kommentarschichten an den Text gelagert zu haben. Der letzte Abschnitt, 14.4, spitzt das Thema noch weiter zu, indem er auf »korrupte Minister« und »Büttel in den Ämtern« abhebt, die den Staat zersetzen und – auch das ein neuer Aspekt – dem Volk schaden. Speziell um diesen »Wurmbefall« zu verhindern, müsse »sich ein erleuchteter Herrscher auf die Gesetze verlassen und private Interessen austreiben«. Diese Folgeprobleme der Bürokratisierung waren den ersten Abschnitten noch unbekannt. 14.4 scheint ein späterer Zusatz zu diesem Kapitel zu sein. Dafür spricht auch, dass er im Gegensatz zu den drei anderen Abschnitten keine Parallele zum *Guanzi* enthält – stattdessen zitiert er ein »Sprichwort«, das einzige im *Shangjun shu*.

14.1

Es gibt drei Dinge, durch die der Staat regiert wird: erstens Gesetze, zweitens Zuverlässigkeit, drittens Autorität. ›Gesetze haben Fürst und Minister gemeinsam in der Guan 52
Hand; auch für Zuverlässigkeit stehen Fürst und Minister gemeinsam; über Autorität aber verfügt der Fürst allein.‹[1]

Wenn es der Herrscher der Menschen versäumt, sie zu bewahren, so ist er gefährdet; wenn Fürst und Minister die Gesetze ignorieren und auf Privaturteile vertrauen, kommt es gewiss zu Anarchie.[2] Daher: Etabliert man Gesetze, stellt die Einteilungen klar und verletzt die Gesetze nicht durch Privatinteressen, dann herrscht Ordnung. Wird über Autorität und Bestimmungen allein vom Fürsten entschieden, dann genießt er Respekt.[3] Wenn sich das Volk auf seine Belohnungen verlassen kann, dann werden die Aufgaben und Leistungen vollendet; kann es sich auf seine Strafen verlassen, so werden Verbrechen keinen Ansatzpunkt finden.

Ein erleuchteter Herrscher sorgt sich um seine Autorität, legt Wert auf Zuverlässigkeit und verletzt die Gesetze nicht durch Privatinteressen.[4]

Daher: Wenn die Obrigkeit viele gütige Worte macht und die Belohnungen kürzt, dann werden die Untertanen nicht zu Diensten sein; wenn sie wiederholt strenge Verordnungen erlässt, aber keine Strafen erteilt, dann spottet das Volk seiner Schuld.

Im Allgemeinen haben Belohnungen zivilen und Strafen militärischen Charakter.[5] Beide, das Zivile und das Militärische, bilden den Rahmen der Gesetze. ›Daher 23.5
behandelt ein erleuchteter Herrscher die Gesetze sorgsam.‹[6]

Einen erleuchteten Herrscher nennt man erleuchtet, da er nicht verblendet ist; und man nennt ihn achtsam, da er sich nicht täuschen lässt.[7]

›Daher sollten Belohnungen hoch und zuverlässig, HFei 37, 43
Strafen schwer und zwangsläufig sein;‹[8] ›sollten Fremde Guan 7

und Fernstehende nicht vernachlässigt, Nahestehende und Verwandte nicht persönlich begünstigt werden:‹[9] Dann verblenden die Minister den Herrscher nicht, und die Untertanen täuschen die Obrigkeit nicht.[10]

14.2

Diejenigen, die in der heutigen Generation regieren, ignorieren meist die Gesetze und vertrauen auf private Urteile: Dadurch geraten Staaten in Anarchie.

Die früheren Könige hängten [standardisierte] Gewichte und Waagbalken aus und schufen Längenmaße, die bis heute als Norm gelten: eben weil ihre Einteilungen klar sind.[11]

Wenn man über Leicht und Schwer entscheidet und dabei Gewichte und Waagbalken ignoriert,[12] wenn man über Lang und Kurz nachdenkt und dabei Längenmaße verwirft, dann mag man noch so achtsam sein – Händler werden diese [Maße] nicht benutzen, eben weil sie nicht verbindlich sind. Nun, Gesetze sind die Gewichte und Waagbalken des Staates.[13]

Diejenigen, die sich von gesetzlichen Normen abwenden und auf private Urteile vertrauen, erkennen allesamt diese Analogie nicht. Ohne Rückgriff auf Gesetze über Verstand und Können, Würdigkeit und Untauglichkeit zu urteilen, vermag nur ein Yao; aber nicht alle in der Welt sind Yaos.[14] Daher erkannten die früheren Könige, dass eigenmächtigen Urteilen und persönlichem Lob nicht zu trauen ist. Daher etablierten sie Gesetze und stellten Einteilungen klar: Wer die Standards erfüllte, den belohnten sie, wer gegen die allgemeinen Vorgaben verstieß, den bestraften sie.[15]

In ihren Gesetzen für Strafen und Belohnungen verstießen sie nicht gegen die Standesregeln, und darum stritt das Volk nicht.[16] Wenn Ämter und Ränge nicht aufgrund von Mühwaltung verliehen werden, dann kommen treue Minister nicht voran. Wenn Belohnungen und Pfründe vergeben werden, ohne auf Verdienste zu achten, dann finden Kriegsrecken keine Verwendung.[17]

Wenn Minister dem Fürsten dienen, dann sind sie ihm im Allgemeinen mit seinen Vorlieben zu Diensten.[18] Liebt der Fürst die Gesetze, so sind sie ihm mit den Gesetzen zu Diensten; liebt er Worte, so sind sie ihm mit Worten zu Diensten. ›Liebt der Fürst die Gesetze, so wird er aufrechte Dienstleute vor sich haben; liebt er Worte, so wird er Denunzianten und Schmeichler zur Seite haben.‹[19] Guan 52

14.3

Wenn Öffentliches und Privates klar getrennt sind, dann werden gemeine Leute die Würdigen nicht hassen und Untaugliche die Verdienstvollen nicht beneiden.

Daher traten Yao und Shun die Herrschaft über das Reich nicht an, um persönlichen Gewinn daraus zu ziehen, sondern sie traten die Herrschaft über das Reich *für* das Reich an.[20] Und sie gaben sie weiter, indem sie nach Würdigkeit urteilten und die Fähigen beförderten: keineswegs, um Väter und Söhne zu entfremden oder Fremde an sich zu binden, sondern ›weil ihnen die Wege Guan 47
zu Ordnung und Anarchie klar waren.‹[21]

Wenn daher die Drei Könige aufgrund von Standesregeln Bindungen schufen und die Fünf Hegemonen die Lehnsfürsten aufgrund von Gesetzen gerichtet haben, so taten sie das nicht, um persönlichen Gewinn aus dem Reich zu ziehen, sondern sie haben das Reich *für* das Reich geordnet.[22]

Daher erwarben sie sich Namen und Verdienste, das Reich erfreute sich ihrer Regierung, und keiner konnte ihnen Schaden zufügen. Aber die Herrscher und Minister der heutigen, anarchischen Zeit, beanspruchen allesamt engherzig den Gewinn des ganzen Landes und nutzen das Gewicht ihres Amtes für ihren persönlichen Vorteil: Das ist es, wodurch das Land in Gefahr gerät. Daher wurzeln Gedeih und Verderb im Verhältnis von Öffentlichem und Privatem.

14.4

Wenn man gesetzliche Normen verwirft und private Urteile bevorzugt,[23] dann werden korrupte Minister Einfluss verhökern, um Einkünfte zu erschachern, und Büttel in den Ämtern die Untertanen bedrücken und das Volk ausbeuten.[24]

Ein Sprichwort besagt: »Viele Holzwürmer bringen den Baum zu Fall, und große Risse lassen die Mauer einstürzen.« In anderen Worten: Wenn große Minister im Streit für ihre privaten Interessen keine Rücksicht auf das Volk nehmen, dann werden die Untertanen sich von der Obrigkeit distanzieren: Das ist ein Riss im Staat. Wenn Büttel in den Ämtern die Untertanen bedrücken und die Hundert Sippen ausbeuten, ist das ein Wurmbefall des Volkes.[25]

Nun dürfte es im Reich wohl kaum einen Staat geben, der Risse und Wurmbefall hat und dennoch nicht untergeht. Daher sollte sich ein erleuchteter Herrscher auf die Gesetze verlassen und private Interessen austreiben: Dann wird es im Staat weder Risse noch Wurmbefall geben.

15. Volk anwerben

Struktur	Parallelen
15.1 Landnutzung	6.2
15.2 Volk aus den Jin-Staaten	
15.3 Steuererlasse	
15.4 Ackerbau und Kriegsdienst verteilen	YZS 8
15.5 Schlachten vs. Anwerbung	
15.6 Qin geizt mit Steuererlassen	

Überblick

Nachdem die bisherigen Kapitel mit ihren Ratschlägen stets im Allgemeinen geblieben sind, wird Kapitel 15 konkret. Erstmals ist hier – abgesehen von 1.3 – überhaupt vom Staat Qin die Rede, zu dem viele historische Informationen geliefert werden. Sein Gebiet messe »fünfmal 1000 Meilen im Quadrat«, heißt es, und sein Herrscher wird als »König« angesprochen: Hinweise darauf, dass das Kapitel nicht älter als das späte 4. Jahrhundert v. Chr. sein kann (Annahme des Titels ›König‹: 325 v. Chr., Eroberung Sichuans: 316 v. Chr.). Mehr noch: Die Erwähnung einer Reihe von Schlachten – die letzte datiert auf 260 v. Chr. – rückt den *Terminus post quem* weit in das 3. Jahrhundert v. Chr. Vielleicht ist es in der Herrschaft des Königs Zheng (reg. 246–210 v. Chr.) entstanden, und zwar vor dessen Reichseinigung, denn es bedauert, dass sich Qins Rivalen »noch nicht unterworfen haben«. Womöglich geht das Kapitel zumindest in Teilen auf den berüchtigten Premierminister des Königs Zheng, Li Si (gest. 208 v. Chr.), zurück: Dafür sprechen nicht nur einzelne Formulierungen, sondern auch das Thema selbst.

Li Si, selbst aus Chu gebürtig, hatte 237 v. Chr. in einer vielzitierten Throneingabe vor der Vertreibung ausländischer Berater aus Qin gewarnt, denn gerade ihnen verdanke Qin seine Stärke. Kapitel 15 plädiert nun just dafür, ausländisches »Volk anzuwerben«, und zwar speziell Bauern aus den Staaten Zhao, Han und Wei, den Nachbarn Qins im Westen. Dabei geht es nicht einfach darum, dass ein starker Staat viele Einwohner braucht, sondern das Argument ist raffinierter. Nach einer allgemeinen Darlegung optimaler Landnutzung (15.1) arbeiten die nächsten Teile – sie gehen offenbar auf eine Throneingabe zurück – ein konkretes Problem und dessen Lösung heraus: Qin habe, gemessen an seiner Größe, zu wenig Einwohner, so dass »die [Anzahl der] Menschen dem Boden nicht entspricht«, wogegen es bei seinen Nachbarn genau umgekehrt sei (15.2). Die Strategie, die Qin einen entscheidenden Vorteil gegenüber jenen geben soll, sei daher: »Volk anwerben«, indem ihm »Steuern und Militärdienst erlassen werden« (15.3). Auf diese Weise sei es möglich, die Migranten im Ackerbau zu beschäftigen, während das »alteingesessene Volk von Qin« im Krieg eingesetzt wird (15.4): eine Lösung für das altbekannte Problem, Ackerbau und Kriegführung in Einklang zu bringen. Das Bestechende an diesem Vorschlag sei, dass er nicht nur Qin stärke, sondern zugleich seine Gegner mehr schwäche als jede militärische Niederlage – und zwar ohne die Kosten eines Krieges (15.5). Angesichts dieses doppelten Vorteils sei es nicht einzusehen, warum Qin mit Steuererlassen geizen sollte (15.6).

In alledem scheint das Kapitel die Politik in den Jahren kurz vor der Reichseinigung widerzuspiegeln. Vielleicht stammt es aus dem Kontext einer Hofdebatte, womöglich basiert es auf einer Throneingabe von Li Si. Mit hinlänglicher Sicherheit lässt sich jedenfalls sagen, dass seine Hauptteile lange nach Shang Yangs Lebzeiten entstanden sind.

15.1

›In einem Gebiet von 100 Meilen im Quadrat sollten 6.2
Berge und Hügel ein Zehntel ausmachen, Sümpfe und Tiefebenen ein Zehntel, Täler und Flussläufe ein Zehntel, Städte, Marktflecken und Straßen ein Zehntel, unfruchtbare Felder zwei Zehntel und fruchtbare Felder vier Zehntel.

Auf diese Weise können 50.000 Arbeitskräfte ernährt werden.[1] Die Berge, Hügel, Sümpfe, Tiefebenen und Täler können genügend Ressourcen bereitstellen, und die Städte, Siedlungen und Straßen können genügend Menschen aufnehmen: Das sind die Verordnungen, nach denen die früheren Könige das Land reguliert und das Volk aufgeteilt haben.‹

15.2

Nun misst das Gebiet von Qin fünfmal 1000 Meilen im Quadrat,[2] aber die Böden für den Ackerbau machen nicht einmal zwei Zehntel aus, die Fläche der Felder beträgt nicht einmal eine Million [Quadratmeilen]. Auch die Ressourcen und Schätze der Sümpfe, Tiefebenen und Täler, der namhaften Berge und großen Ströme werden nicht voll ausgeschöpft.[3] Das bedeutet, dass die [Anzahl der] Menschen dem Boden nicht entspricht.

Nun sind die Nachbarn von Qin die drei Jin-Staaten; von ihnen wollen wir Han und Wei militärisch angreifen.[4] Ihr Gebiet ist schmal und das Volk zahlreich; die Häuser stehen dicht gedrängt nebeneinander, und das darbende Volk, das um seine Existenz kämpft, besitzt weder Namen noch Feld oder Haus, so dass es seinen Unterhalt durch Verbrechen oder nebensächliche Gewerbe bestreiten muss.[5] Mehr als die Hälfte der Menschen lebt in Berghöhlen, Sumpfgebieten oder an Flüssen: Das bedeutet, dass ihr Land nicht ausreicht, um ihr Volk zu ernähren – und das dürfte schlimmer sein als der Umstand, dass das Volk von Qin nicht ausreicht, um das Land zu füllen.

Recht bedacht, liegt es im Naturell des Volkes, dass es nach Haus und Hof verlangt. Nun ist es offensichtlich, dass Jin eben das nicht besitzt, und es steht fest, dass Qin beides im Überfluss besitzt. Wenn das so ist und die Menschen dennoch nicht nach Westen ziehen, so liegt das daran, dass die Dienstleute in Qin bedrückt sind und das Volk Mühsal leidet.

Ich, Euer Untertan, halte die erleuchteten Ansichten der königlichen Amtleute in aller Bescheidenheit für verfehlt.[6] Der Grund, weshalb sie den drei Jin-Staaten das Volk nicht nehmen, ist, dass sie mit Rängen geizen und Steuererlasse erschweren. Ihre Erklärung lautet: »Die drei Jin-Staaten sind deshalb schwach, weil ihr Volk nach Vergnügen strebt und Steuererlasse und Ränge leicht zu haben sind. Qin ist deshalb stark, weil sein Volk nach Mühsal strebt und Steuererlasse und Ränge schwer zu haben sind.[7] Wenn man nun die Ränge vermehrte und Steuererlasse verlängerte, hieße das, fahrenzulassen, was Qin stark macht, und durchzuführen, was die drei Jin-Staaten schwach macht.«

Das ist die Erklärung der königlichen Amtleute dafür, Ränge wichtig zu nehmen und mit Steuererlassen zu geizen – aber ich, Euer Untertan, halte das in aller Bescheidenheit für unzutreffend. Der Grund, weshalb man dem Volk Mühsal auferlegt und das Militär stärkt, ist, dass man auf diese Weise den Feind angreifen und sein eigenes Verlangen erfüllen will.[8]

In den *Militärregeln* heißt es: »Der Feind ist schwach, während das Militär stark ist.«[9] Damit ist gemeint, dass wir unsere Angriffsmittel nicht vernachlässigen, der Feind aber seine Verteidigungsmittel vernachlässigt.

Nun haben die drei Jin-Staaten Qin schon seit vier Generationen nicht mehr besiegt. Seit Xiang von Wei haben sie im Feld nicht mehr gesiegt, und ihre verteidigten Städte sind allemal erobert worden: Die kleinen und großen Schlachten, die Jin gegen Qin verloren hat, sind unzählbar.[10] Dass sie sich angesichts dessen noch nicht unterworfen haben, liegt daran, dass Qin zwar seine Gebiete zu erobern vermochte, nicht aber sein Volk zu nehmen.

15.3

Wenn Ihr, mein König, nun Eure erleuchtete Gunst verbreitet, so dass den Dienstleute der Lehnsfürsten, die kommen, um sich Eurer Gerechtigkeit zu unterwerfen, für drei Generationen Steuern und Militärdienst erlassen werden; wenn innerhalb der vier Grenzen von Qin für zehn Jahre keine Abgaben auf Anhöhen, Hänge, Hügel und Niederungen erhoben werden; und wenn all das in den Verordnungen festgeschrieben wird, so reicht das aus, um eine Million Arbeitskräfte zu ernähren.[11]

Zuvor hatte ich gesagt: »Recht bedacht, liegt es im Naturell des Volkes, dass es nach Haus und Hof verlangt. Nun ist es aber offensichtlich, dass Jin eben das nicht besitzt, und es steht fest, dass Qin beides im Überfluss besitzt. Falls das so ist und die Menschen dennoch nicht nach Westen ziehen, so liegt das daran, dass die Dienstleute in Qin bedrückt sind und das Volk Mühsal leidet.«[12]

Wenn man nun Haus und Hof für sie rentabel macht und ihnen über drei Generationen die Steuern erlässt, dann gibt man ihnen das, was sie verlangen, ohne sie Dinge tun zu lassen, die sie verabscheuen[13] – dann wird es niemanden östlich der Berge geben, der nicht nach Westen kommt.[14]

Somit ist die Aussage der aufrichtigen Worte unzutreffend.[15] Wenn das leere Ödland gefüllt wird und seine natürlichen Schätze hervorbringt, wenn eine Million sich den Grundlagen widmet,[16] dann bringt das vielfachen Nutzen – keineswegs nur den, dass die Angriffsmittel nicht vernachlässigt werden!

15.4

Qins Problem ist, dass, wenn es Truppen aufbietet und angreift, der Staat arm wird; wenn es aber friedlich verweilt und ackert, der Feind sich erholen kann.[17] Ihr, mein König, könnt nicht beides gleichermaßen vollbringen.

Daher hat sich trotz vier Generationen siegreicher Schlachten das Reich nicht unterworfen. Wenn ihr Euch jetzt aber mit dem alteingesessenen Volk von Qin dem Feind widmet und das neue Volk mit den Grundlagen beschäftigt,[18] dann mag das Militär auch hundert Tage in der Fremde verbringen, innerhalb der Grenzen ginge doch nicht ein einziger Augenblick verloren: Das Ergebnis wird sein, dass Ihr Reichtum und Wohlstand gleichermaßen erlangt.

Wenn ich vom Militär spreche, dann meine ich nicht, dass alles aufgeboten und restlos mobilisiert werden soll; sondern nach Maßgabe dessen, was innerhalb der Grenzen an Soldaten, Streitwagen und Schlachtrössern bereitgestellt werden kann:[19] Man lasse das alteingesessene Volk von Qin Soldaten stellen und das neue Volk Heu und Proviant liefern.

Wenn es im Reich einen Staat gibt, der sich nicht unterwirft, so werdet Ihr, mein König, auf diese Weise
YZS 8 ›ihn im Frühling am Ackerbau hindern, im Sommer seine Vorräte verspeisen, im Herbst seine Ernte rauben und im Winter seine Schätze ausstellen.‹[20] Durch »Große Kriegsführung« erschüttert Ihr seine Grundlagen, und durch »Weite Kultivierung« befriedet Ihr seine Nachkommen.[21] Wenn Ihr, mein König, das zehn Jahre lang praktiziert, werden die Lehnsfürsten kein fremdes Volk mehr haben: Warum solltet Ihr, mein König, dann mit Rängen geizen und Steuererlässe erschweren?!

15.5

Beim Sieg über die Armeen von Zhou und die Armeen in Hua schlug Qin Köpfe ab und zog ostwärts.[22] Dass dieser Zug nach Osten nichts einbrachte, war hinlänglich klar, aber die Amtleute hielten ihn dennoch für einen großen Erfolg, denn er habe dem Feind Schaden zugefügt.

Wenn man nun Volk aus den drei Jin-Staaten mit Brachland anwirbt und es dazu bringt, sich den Grundlagen zu widmen, dann schadet das dem Feind genauso wirksam wie ein Sieg in der Schlacht, und Qin erhält noch Getreide davon: Das ist eine Strategie, die umgekehrt vorgeht und doppelten Vorteil erbringt.

Zudem: Wieviele Menschen hat Qin denn bei den Siegen über die Armeen von Zhou, in Hua und in Changping[23] verloren, und wieviele eigene Soldaten und Söldner wurden davon abgehalten, sich den Grundlagen zu widmen? Das waren, mit Verlaub, unzählige.

Gesetzt, es gäbe unter den Ministern seiner Majestät einen, der für die Hälfte der Kosten Jin ebenso schwächen und Qin ebenso stärken könnte wie in drei siegreichen Schlachten, dann würden eure Majestät ihn gewiss reich belohnen.

Nach meinem jetzigen Vorschlag hätte das Volk nicht einen einzigen Tag [zusätzlichen] Arbeitsdienst, die Beamten hätten kaum ein paar Groschen an Ausgaben, und Jin würde noch mehr geschwächt, Qin noch mehr gestärkt als durch drei siegreiche Schlachten – und dennoch geben eure Majestät ihm nicht statt: Das vermag ich in meiner Dummheit nicht zu verstehen.

15.6

Unter den Leuten von Qi gab es einen gewissen Dongguo Chang, einen habgierigen Mann, der sich wünschte, 10.000 Gulden zu besitzen. Als ein Gefolgsmann ihn um einen Anteil davon bat, gewährte er ihm diesen nicht und sagte: »Ich will damit ein Lehen anstreben.« Erbost verließ ihn der Gefolgsmann und ging nach Song, indem er sprach: »Statt mit Dingen zu geizen, die man nicht besitzt, wäre es doch besser, etwas zu gewähren, was man besitzt.«

Nun besitzt Jin Volk, aber Qin geizt mit Steuererlassen: Das bedeutet mit Dingen zu geizen, die einem nicht gehören und so zu verlieren, was einem gehört – unterscheidet sich das etwa davon, wie Dongguo Chang seinen Gefolgsmann verlor, weil er mit Dingen geizte, die ihm nicht gehörten?

Zudem: Im Altertum entsprachen Yao und Shun ihrer Zeit und wurden gepriesen, im mittleren Zeitalter waren Tang und Wu auf dem Thron, und das Volk unterwarf sich. 10.000 Generationen haben diese vier als weise Könige gepriesen. Aber gleichwohl konnten ihre Wege in späteren Zeiten nicht übernommen und angewendet werden.[24]

Wenn Ihr nun Steuererlasse für drei Generationen gewährt, kann das Volk der drei Jin-Staaten vollständig [gewonnen] werden: Wäre das nicht, als veranlasse ein königlicher Würdiger schon heute, dass spätere Generationen ihm zu Diensten sind?! Es ist nicht so, dass Weise besondere Theorien hätten – aber es fällt schwer, auf die Weisen zu hören.

16. Einschränkung von Strafen

Nicht überliefert.

17. Belohnungen und Strafen

Struktur			Parallelen
A	17.1	Belohnungen, Strafen, Anweisungen vereinheitlichen	Guan 12
B	17.2	Belohnungen vereinheitlichen	
	17.3	Strafen vereinheitlichen	18.4
	17.4	Anweisungen vereinheitlichten	
A	17.5	Regierung des Weisen	3.6, 13.2, 13.6

Überblick

Obwohl der Titel – um, wie alle anderen Titel, zweigliedrig zu sein – nur zwei Begriffe nennt, hat Kapitel 17 drei Themen, die in einer klaren Struktur abgehandelt werden. Der erste Abschnitt stellt sie vor: die Vereinheitlichung bzw. das Klarstellen von Belohnungen, Strafen und Anweisungen. Diese Maßnahmen, so deutet der Abschnitt an, führten letztlich zur Abschaffung von Belohnungen, Strafen und Anweisungen. Die nächsten drei Abschnitte bieten Kommentare zu 17.1, und zwar Punkt für Punkt. Sie beginnen jeweils, indem sie das Thema aufgreifen: »›Belohnungen [bzw. Strafen, Anweisungen] vereinheitlichen‹ bedeutet …«, und enden mit einem weiteren Zitat: »Das Klarstellen von Belohnungen [bzw. Strafen, Anweisungen] führt letztlich zur Abschaffung von Belohnungen« [bzw. Strafen, Anweisungen]. In einem Staat, der perfekt funktioniert, »herrschen keine unterschiedlichen Gebräuche« mehr (17.1), es gibt keinerlei Abweichungen von der Norm, so dass der Staat seine Herrschaftsinstrumente zwar weiterhin besitzt, sie aber nicht mehr anzuwenden braucht. All das wird freilich nur möglich durch radikale Einschränkung der Belohnungen auf den Militärdienst (17.2), durch »schwere Strafen«, die »ohne Pardon« und kollektiv über »drei Generationen« verhängt werden (17.3), und durch Anweisungen, nach denen man nicht »über die Strafgesetze urteilen oder eigenständig persönliche Meinungen aufstellen« darf, so dass »die Beharrlichen … gebrochen und die Scharfen abgestumpft« werden (17.4). Das Paradox des Politischen Realismus: Der Staat muss in aller Schärfe auftreten, um schließlich abtreten zu können.

Diese Lehren werden in Teil B, 17.2–4, nicht nur rational begründet, sondern – außergewöhnlich für das *Shangjun shu* – auch durch historische Exempla. Die »früheren Könige«, namentlich Tang, Wen, Wu sowie der Herzog von Zhou – eigentlich Lichtgestalten des konfuzianischen Diskurses – werden angeführt, aber auch Herzog Wen von Jin, der im 7. Jahrhundert v. Chr. herrschte. Abschnitt 17.3 bietet einen regelrechten anekdotischen Kommentar, wie er im *Han Feizi* und in vielen anderen Werken der späten Zhanguo- und frühen Han-Zeit vorkommt. Auch die Verwendung von numerischen Kategorien – »fünf Magazine«, »fünferlei Waffen« – in 17.2 verweist auf Diskurse, die dem Politischen Realismus eigentlich fremd sind. Da sie zudem kaum intertextuelle Zusammenhänge mit anderen Teilen des Buches aufweisen, liegt die Vermutung nahe, dass die drei Kommentare eine separate Textschicht bilden, die sich 17.1 angelagert hat: Vielleicht beruht auch diese auf einer Throneingabe, wie die Selbstbezeichnung »ich, Euer Untertan« im letzten Satz nahelegt. Dieselbe Wendung taucht auch im ersten Satz von 17.5 auf. Dennoch scheint der Abschnitt nicht Teil B anzugehören, sondern Teil A, denn er greift die Figur des ›Weisen‹ wieder auf, die ganz am Anfang genannt wurde, und resümiert die dort genannten »drei Anweisungen« in einem Satz: »Der Weise ist bei der Regierung des Staates einzig und allein auf Einheitlichkeit bedacht.«

17.1

Die Weisen führten den Staat, indem sie Belohnungen, Strafen und Anweisungen vereinheitlichten. Vereinheitlicht man Belohnungen, dann wird das Heer keinen ebenbürtigen Gegner haben;[1] vereinheitlicht man Strafen, dann werden die Verordnungen befolgt; vereinheitlicht man Anweisungen, dann hören die Untertanen auf die Obrigkeit.

›Nun, stellt man Belohnungen klar, entstehen keine Kosten; stellt man Strafen klar, folgen keine Hinrichtungen;‹[2] stellt man Anweisungen klar, gibt es keine Abweichung, das Volk kennt seine Aufgaben, und im Lande herrschen keine unterschiedlichen Gebräuche.[3] So führt das Klarstellen von Belohnungen letztlich zur Abschaffung von Belohnungen; das Klarstellen von Strafen führt letztlich zur Abschaffung von Strafen; und das Klarstellen der Anweisungen führt zur Abschaffung von Anweisungen. Guan 12

17.2

»Belohnungen vereinheitlichen« bedeutet, dass Vorteile und Einkünfte, Ämter und Ränge allesamt dem Militärdienst entspringen und auf keine andere Weise vergeben werden. So werden gewiss alle, ob klug oder dumm, ehrenhaft oder ehrlos, mutig oder feige, würdig oder ungeeignet, sämtliches Wissen in ihrer Brust ausschöpfen, alle Kräfte in ihren Gliedern aufbieten und im Dienst für die Obrigkeit in den Tod gehen. Die Tapferen und Heldenhaften, Würdigen und Guten des Reiches werden ihr folgen wie fließendes Wasser.

Daher »wird das Heer keinen ebenbürtigen Gegner haben« und im Reich »werden die Verordnungen befolgt«. Ein Land von 10.000 Streitwagen wird es nicht wagen, einem solchen Heer auf der Mittleren Ebene entgegenzutreten,[4] und ein Land von 1000 Streitwagen wird es nicht wagen, seine Städte zu verteidigen. Wenn es ein Land von 10.000 Streitwagen geben sollte, das einem solchen Heer auf der Mittleren Ebene entgegentritt, so würde man seine Armee in der Schlacht schlagen; und sollte es ein Land von 1000 Streitwagen geben, das seine Städte verteidigt, so würde man diese Städte im Angriff einnehmen.

Wenn man in der Schlacht stets die anderen Armeen schlägt und im Angriff stets die anderen Städte einnimmt, so dass man sämtliche Städte besetzt und sich alle Fürsten untertan macht, dann mögen die Belohnungen noch so hoch sein – was hätte man für Kosten oder Verluste?!

Einst wurde Tang in Zanmao belehnt und König Wen in Qizhou, das waren Gebiete von 100 Meilen im Quadrat.[5] Tang lieferte sich mit Jie eine Schlacht auf dem Feld von Mingtiao, und König Wu lieferte sich mit Zhou eine Schlacht in Muye. Sie schlugen die »Neun Armeen« vernichtend, teilten schließlich das Gebiet auf und belehnten Regionalfürsten.[6]

Die Soldaten, die in den Schlachtreihen gedient hatten, erhielten in ihren Gemeinden registriertes Land. Die Streitwagen standen still und wurden nicht mehr bestiegen, die Pferde wurden an der Südseite des Hua-Gebirges freigelassen, die Ochsen wurden im Nong-Tiefland freigelassen, so dass sie alt werden konnten, ohne noch einmal eingezogen zu werden: Das war Tang und Wus Art der Belohnung.[7]

Daher heißt es: »Würden die Menschen des Reichs mit dem Korn von Zanmao und Qizhou belohnt, so erhielte jeder nicht einmal eine Handvoll; wenn die Menschen des Reichs mit Geld dieser Gebiete belohnt würden, so erhielte jeder nicht einmal einen Groschen.«

Daher heißt es: »Wenn der Herrscher eines Gebiets von 100 Meilen [im Quadrat] seine Diener als Markgrafen belehnt, so vergrößert er seinen ursprünglichen Besitz.«

Warum aber konnten die Soldaten, die in den Schlachtreihen gedient hatten, in ihren Gemeinden registriertes Land erhalten, und warum konnten die Belohnungen sich sogar auf Ochsen und Pferde erstrecken? Weil [die genannten Herrscher] sich darauf verstanden, die Güter des Reichs zu nutzen, um die Menschen des Reichs zu belohnen.

Daher heißt es: »Stellt man Belohnungen klar, so kommt es zu keinen Ausgaben.« Nachdem Tang den Jie und Wu den Zhou geschlagen hatte, gaben es keinen Schaden mehr innerhalb der Meere, und das Reich war völlig gefestigt: Die fünf Magazine wurden gebaut, um die fünferlei Waffen zu lagern,[8] der Kriegsdienst ruhte, und kultivierte Lehren wurden praktiziert;[9] Schilde und Äxte wurden umgekehrt getragen, Schreibtafeln wurden im Gürtel getragen und Musik gemacht, um von ihrer Tugend zu künden.

In dieser Zeit war das Volk auch ohne Belohnungen und Einkünfte wohlgeordnet. Daher heißt es: »Das Klarstellen von Belohnungen führt letztlich zur Abschaffung von Belohnungen.«

17.3

»Strafen vereinheitlichen« bedeutet, dass Strafen ohne Rücksicht auf Ränge oder Stufen gelten. Vom Premierminister und General bis hin zu Würdenträgern und einfachen Leuten soll jeder, der den Befehlen des Königs nicht folgt, gegen staatliche Verbote verstößt oder gegen die Bestimmungen der Obrigkeit rebelliert, ohne Pardon zum Tode verurteilt werden.[10]

Frühere Verdienste mindern nicht die Strafe für spätere Vergehen; frühere Wohltaten machen das Gesetz für spätere Vergehen nicht hinfällig. Wenn ein treuer Minister oder ein folgsamer Sohn eine Verfehlung begeht, so muss er nach dem vollen Strafmaß beurteilt werden; wenn ein gesetzestreuer und pflichtschuldiger Amtmann einmal nicht nach den Gesetzen des Königs handelt, so wird er ohne Pardon zum Tode verurteilt, wobei die Strafe sich auf seine drei Generationen erstreckt.[11]

Wenn einer aus seinem amtlichen Umfeld davon weiß und es der Obrigkeit meldet, so entgeht er selbst der Strafe und übernimmt, ob ehrenhaft oder ehrlos, Amt,

Rang, Felder und Einkünfte seines [straffälligen] Vorgesetzten.

Daher heißt es: »Wenn man schwere Strafen verhängt und Schuld kollektiv zuweist, dann wird das Volk nicht einmal den Versuch [eines Verbrechens] wagen.« Wenn das Volk nicht einmal den Versuch wagt, dann braucht man keine Strafen.[12]

Die früheren Könige setzten ihre Verbote durch, indem sie Menschen hinrichten, ihnen die Füße abschneiden oder ihre Gesichter tätowieren ließen – nicht, weil sie den Menschen schaden wollten, sondern weil sie Verbrechen verbieten und Vergehen unterbinden wollten.

Folglich lassen sich Verbrechen nicht besser verbieten und Vergehen nicht besser unterbinden als durch schwe-
18.4 re Strafen. ›Sind die Strafen schwer und greifen sie unvermeidlich, so wird das Volk nicht einmal den Versuch wagen: Dann braucht der Staat niemanden zu bestrafen.‹ Und weil der Staat niemanden bestraft, heißt es: »Stellt man Strafen klar, folgen keine Hinrichtungen.«

Als Herzog Wen von Jin die Strafen klarstellen wollte, um die Hundert Sippen an sich zu binden, da versammelte er die Lehnsfürsten und Würdenträger im Shiqian-Palast.[13] Dian Jie traf verspätet ein und bat um seine Strafe. Der Fürst sprach: »Waltet eures Amtes!«, woraufhin die Büttel ihm das Genick brachen und die Leiche zur Schau stellten. Die Dienstleute des Staates Jin diskutierten diesen Vorfall und bekamen es alle mit der Angst; sie sagten: »Wenn schon Dian Jie, der so hoch in der Gunst stand, geköpft und zur Schau gestellt wird, wie würde es uns erst ergehen?!«[14] Daraufhin bot [Herzog Wen] ein Heer auf und griff Cao sowie Wulu an; er stürzte die Zinnen von Zheng, zog ostwärts gegen die Ländereien von Wei und besiegte die Truppen von Jing in Chengpu.[15] Um die Soldaten seiner Drei Armeen aufzuhalten, hätte man ihnen gleichsam die Füße abschneiden müssen; und sie marschieren zu lassen war, als lasse man Wasser fließen – und keiner von ihnen wagte es, gegen

Verbote zu verstoßen. So wurde, indem einmal für ein leichtes Vergehen schwere Strafe auf Dian Jies Genick erging, der Staat Jin geordnet.

Einst hat Dan, der Herzog von Zhou, Guanshu hingerichtet und Huoshu verbannt mit der Begründung, sie hätten gegen Verbote verstoßen.[16] Die Massen im Reich sagten alle: »Wenn er selbst seine eigenen Brüder bei Verfehlungen nicht entkommen lässt, wie würde es dann erst den Fernstehenden ergehen?!« Daher wusste das Reich, dass Messer und Sägen am Hof eingesetzt wurden,[17] und das Gebiet innerhalb der Meere war geordnet. Daher heißt es: »Das Klarstellen von Strafen führt letztlich zur Abschaffung von Strafen.«

17.4

»Anweisungen vereinheitlichen« bedeutet, dass man aufgrund von breiter Bildung, Eloquenz und Klugheit, Zuverlässigkeit und Lauterkeit, Riten und Musik, Verfeinerung und Umgangsformen, Gruppen und Seilschaften, Vertrauen auf Ruhm, Bitten und Aufwartungen weder reich und angesehen werden noch über die Strafgesetze urteilen oder eigenständig persönliche Meinungen aufstellen und sie den Obrigkeiten vorbringen darf.[18] Die Beharrlichen müssen gebrochen und die Scharfen abgestumpft werden. Und sei einer noch so klug und weise, geschickt und beredt, großherzig und schlicht, so darf er dennoch nicht ohne Verdienste die Gunst der Obrigkeit gewinnen. Vielmehr muss der Zugang zu Reichtum und Ansehen einzig und allein im Kriegsdienst liegen.

Diejenigen, die Kriegsdienst leisten können, erhalten Zugang zu Reichtum und Ansehen; für die Störrischen und Widerspenstigen aber gibt es festgelegte Körperstrafen ohne Pardon. Auf diese Weise werden die Älteren, Geschwister, Bekannte, angeheiratete Verwandte und Genossen allesamt sagen: »Wir müssen unsere Bemühungen einzig und allein auf den Kriegsdienst richten.«

Dann werden sich die Erwachsenen um den Kriegsdienst bemühen und die Alten und Kinder um die Verteidigung;[19] die Toten werden nicht bedauert, die Lebenden bemühen sich und spornen einander an. Das ist es, was ich »Anweisungen vereinheitlichen« nenne. Das Verlangen der Menschen nach Reichtum und Ansehen hört erst auf, wenn sich der Sargdeckel über ihnen schließt. Wenn aber der Zugang zu Reichtum und Ansehen zwangsläufig über das Militär führt, werden die Menschen einander beglückwünschen, wenn sie vom Krieg hören, und beim Regen und Rasten, beim Essen und Trinken werden sie ihn besingen, den Krieg. Das meine ich, Euer Untertan, mit »das Klarstellen der Anweisungen führt zur Abschaffung von Anweisungen«.

17.5

Das ist es, was ich, Euer Untertan, mit den »drei Anweisungen« meine.

3.6, 13.6 ›Ein Weiser vermag keineswegs durchweg das Wesentliche in den Zehntausend Dingen zu erfassen; daher geht er in der Regierung des Staates vom Wesentlichen aus und überträgt es auf die Zehntausend Dinge.‹[20]

So erzielt er mit wenigen Anweisungen viel Erfolg. Die Art, in der ein Weiser den Staat ordnet, ist leicht zu verstehen, aber schwer durchzuführen. Aus diesem Grund müssen Weise nicht unbedingt befördert und gewöhnliche Herrscher nicht unbedingt abgesetzt werden. Wenn sie jemanden töten, liegt darin keine Gewalttat, und wenn sie jemanden belohnen, liegt darin keine Güte, denn die Gesetze des Staates sind klar.[21]

13.2 ›Wenn der Weise aufgrund von Verdiensten Ämter vergibt und Ränge verleiht,‹ können die Tüchtigen unbesorgt sein. Der Weise ist nicht nachsichtig gegenüber Verfehlungen und kennt kein Pardon bei Strafen, daher kommen keine Verbrechen auf. Der Weise ist bei der Regierung des Staates einzig und allein auf Einheitlichkeit bedacht.

18. Pläne und Strategien

Struktur		Parallelen
A	18.1 Shennong und Huangdi	23.1, Zhuang 29, HFei 49
	18.2 Das Volk regulieren	
	18.3 Souveränität und Krieg	
	18.4 Schwere Strafen	17.3
B	18.5 Ordnung vermehren	
	18.6 Verschiedenes	
C	18.7 Definitionen	
D	18.8 Prinzipien des Weisen	

Überblick

Der Kapiteltitel greift das Wort »Pläne« auf, dass in Kapitel eins – und nur dort – erscheint. Inhaltlich verbindet die beiden Kapitel die grundsätzliche Diskussion politischer Macht. 18.1 beginnt mit einem Ursprungsmythos des Staates. Mit seiner sittlichen Ordnung, seinen Strafen und Waffen sei der Staat die Antwort auf die anarchische Gewalt der grauen Vorzeit gewesen. Sein Ziel sei: »durch Krieg den Krieg abschaffen«, »durch Töten das Töten abschaffen« und »durch Strafen die Strafen abschaffen«. Hier wird die Einsicht formuliert, dass »Gewalt zur Austreibung von Gewalt erforderlich ist« (Luhmann 2000, 122), und die Folgerung daraus gezogen: die Notwendigkeit eines übermächtigen Staates. »Wer früher das Reich zu regulieren vermochte, hat allemal zuerst sein Volk reguliert; und wer einen starken Feind zu bezwingen vermochte, hat allemal zuerst sein Volk bezwungen« (18.2). Der Staat erhebt Anspruch auf *innere* und *äußere* Souveränität. Mit der Parallelität von zwischen- und innerstaatlichem Zwang, militärischer und politischer Gewalt wird zugleich der Gedanke des staatlichen *Gewaltmonopols* angesprochen. Es geht darum, dass der Staat sich gegen sein Volk ebenso durchsetzt wie gegen einen Feind: Gegen diesen werden »Rüstungen und Waffen« eingesetzt, gegen jenes »Messer und Sägen«.

Das Volk muss durch Waffendienst so konditioniert werden, dass es »nach Krieg lechzt wie ein hungriger Wolf nach Fleisch« (18.3); und zugleich muss es kontrolliert werden, indem es in Fünfergruppen füreinander verantwortlich gemacht wird (es ist unklar, ob dieses System hier für das Heer oder den zivilen Kontext beschrieben wird): Dann wird es »unverwandt in den Tod gehen«.

Dann aber lenkt das Kapitel den Blick auf die Grenzen des staatlichen Gewaltmonopols: denn Staaten »haben kein Gesetz, das garantiert, dass Verbrecher und Betrüger, Diebe und Räuber immer gefasst werden« (18.4). Die *Durchsetzung* der Gesetze war ein wesentliches Problem des Staates. Die einzige Lösung für dieses ›Vollzugsdefizit‹ (vgl. S. 56) seien abschreckend schwere Strafen, denn dann »wird das Volk keine Verstöße wagen« – und zwar ohne, dass Belohnungen notwendig wären.

Nach diesen Ausführungen folgen in 18.5 und 18.6 eine Reihe von allenfalls lose verbundenen Absätzen: Der »erleuchtete Herrscher« und die »Würdigen« werden als Stützen des Staates hervorgehoben, aber auch staatliche Gesetze im Gegensatz zu »persönlichen Meinungen«. 18.7 bietet eine Folge von Definitionen – ›Reichtum‹, ›erleuchtet‹, ›Stärke‹ –, die in einem ähnlichen Kommentarstil gehalten sind wie 17B, aber ohne ersichtlichen Bezug bleiben. Dabei geht es nicht mehr um den ›Staat‹ (*guo*), sondern durchweg um das ›Reich‹ (*tianxia*): »Wer sich auf das Reich verlässt, den wird das Reich verlassen; wer sich auf sich selbst verlässt, der wird das Reich gewinnen.« Und man staunt: Das Reich soll wohlgeordnet sein, während der Herrscher »auf seinem Ruhebett verweilt und den Klängen von Saiten- und Bambusinstrumenten lauscht«. Hier sind Anklänge an das daoistische Ideal des ›Nichttuns‹ (*wuwei*) unübersehbar.

18.8 wiederum diskutiert den ›Weisen‹ und seine ›Prinzipien‹ – gemeint sind wohl: allgemeingültige Gesetze –, die »Menschlichkeit und Anstand« als Instrument der Herrschaft überlegen seien. Hier wird am deutlichsten ausgesprochen, dass und warum moralische Tugenden nicht für die Politik taugen: weil sich mit ihnen keine Macht ausüben lässt. So zentral dieser Absatz zu sein scheint, so ungewöhnlich ist der unmittelbar benachbarte, in dem die Anlagen des ›gelben Kranichs‹ und anderer Tiere mit dem Weisen verglichen werden: ein metaphorischer Höhenflug, gemessen am nüchternen Stil des *Shangjun shu*. All das spricht für die Heterogenität dieses Kapitels: An Teil A scheinen sich Kommentare und Sammlungen von Versatzstücken angehängt zu haben, die kaum in einen Zusammenhang zu bringen sind. Dass das Kapitel unvermittelt mit einer Definition von ›Anstand‹ schließt, unterstreicht seine bricolageartige Struktur.

18.1

Einst, in den Zeiten von Haoying,[1] [lebten die Menschen], indem sie Bäume fällten und wilde Tiere töteten, ›denn es gab wenige Menschen, aber viele Bäume und Tiere.‹[2] In den Zeiten von Huangdi, wurden weder Jungtiere [getötet] noch Eier [geraubt], die Beamten hatten keine Assistenten, und die Toten bekamen keine Außensärge.[3] Trotz unterschiedlicher Maßnahmen konnten beide gleichermaßen souverän herrschen: Denn die Zeiten waren verschieden. Zhuang 29, HFei 49

›In den Zeiten von Shennong pflügten die Männer, um sich zu ernähren, und die Frauen woben, um sich zu kleiden.‹ Es herrschte Ordnung, ohne dass ein Regime von Strafen angewendet wurde; er herrschte souverän, ohne dass Waffen eingesetzt wurden.[4] Zhuang 29

Nachdem Shennong gestorben war, ›bezwangen die Starken die Schwachen, und die Vielen vergewaltigten die Wenigen.‹ Daher schuf Huangdi ›Standesregeln für Fürst und Minister, Obrigkeit und Untertanen‹, Sitten für Väter und Söhne sowie ältere und jüngere Geschwister und den Bund von Ehemann, Ehefrau, Gatte und Zhuang 29 23.1

Gemahlin. Im Inneren wurden Messer und Sägen verwendet und nach außen Rüstungen und Waffen: Denn die Zeiten hatten sich geändert.[5]

So gesehen, stand Shennong keineswegs höher als Huangdi; dass sein Name dennoch verehrt wird, liegt daran, dass er der Zeit entsprach.[6] Daher: »Wenn man durch Krieg den Krieg abschaffen kann, ist selbst Krieg zulässig; wenn man durch Töten das Töten abschaffen kann, ist selbst Töten zulässig; und wenn man durch Strafen die Strafen abschaffen kann, sind selbst schwere Strafen zulässig.«[7]

18.2

Wer früher das Reich zu regulieren vermochte, hat allemal zuerst sein Volk reguliert; und wer einen starken Feind zu bezwingen vermochte, hat allemal zuerst sein Volk bezwungen.[8]

Die Grundlage, das Volk zu bezwingen, besteht also darin, es zu regulieren, ähnlich wie man Metall schmilzt und Tonerde töpfert. Wenn die Grundlage nicht solide ist, dann gleicht das Volk fliegenden Vögeln und wilden Tieren – wer könnte die schon regulieren? Die Grundlage des Volkes sind die Gesetze.[9] Daher grenzt ein fähiger Herrscher das Volk durch Gesetze ein: Dann werden sein Name und sein Gebiet aufblühen.

18.3

Woran liegt es, wenn der Name geehrt und das Gebiet erweitert wird, so dass man Souveränität erreicht? [Daran, dass man im Krieg gewinnt.][10] Woran liegt es, wenn der Name gering geschätzt und das Gebiet zerfällt, so dass man untergeht? Daran, dass man im Krieg verliert.[11] Dass einer zum Souverän wird, ohne zu siegen, oder untergeht, ohne zu verlieren: Das hat es seit alters her nicht gegeben.

Ist das Volk tapfer, so siegt man im Krieg; ist es nicht tapfer, so verliert man im Krieg. Kann man das Volk zum Krieg vereinen, ist es tapfer; kann man es nicht zum Krieg vereinen, ist es nicht tapfer.[12]

Ein weiser König sieht, dass Souveränität durch Militär erlangt wird; darum fordert er vom ganzen Land Militärdienst ein.[13] Man gehe in ein Land und betrachte seine Regierung: Wenn das Volk dienstbar ist, ist es stark. Woran erkennt man, ob das Volk dienstbar gemacht wird? Wenn es nach Krieg lechzt wie ein hungriger Wolf nach Fleisch: Dann ist ein Volk dienstbar.[14]

Im Allgemeinen ist Krieg etwas, was das Volk verabscheut. Wer das Volk dazu bringt, sich am Krieg zu erfreuen, der ist Souverän. Im Volk eines starken Staates entlässt ein Vater den Sohn, ein älterer den jüngeren Bruder und eine Frau den Mann mit den Worten: »Wenn du nichts erbeutest, kehre nicht zurück!«[15] Und sie sagen: »Wenn du gegen das Gesetz verstößt oder Befehlen nicht folgst, wirst du sterben, und wir werden sterben.«

Unter der Kontrolle der Dorfverwaltung gibt es kein Entfliehen aus den Schlachtreihen und keinen Unterschlupf für Deserteure. Wenn in der Ordnung der Schlachtreihen Fünfergruppen [in der Verantwortung] verbunden, durch Abzeichen gekennzeichnet und durch Befehle kontrolliert werden, kann Nachlässigkeit sich nicht einstellen und Trägheit nicht aufkommen. Auf diese Weise werden die Truppen der Drei Armeen den Befehlen wie fließendes [Wasser] folgen und unverwandt in den Tod gehen.

18.4

Wenn ein Staat in Unordnung ist, liegt es nicht daran, dass seine Gesetze in Unordnung wären oder dass sie nicht angewendet würden. Alle Staaten haben Gesetze – aber sie haben kein Gesetz, welches garantiert, dass die Gesetze immer durchgesetzt werden.[16] Alle Staaten haben Gesetze, die Verbrechen und Betrug verbieten, Diebstahl und Raub bestrafen – aber sie haben kein Gesetz, das garantiert, dass Verbrecher und Betrüger, Diebe und Räuber immer gefasst werden. Wenn Verbrecher und Betrüger, Diebe und Räuber mit dem Tod bestraft werden, Verbrechen und Betrug, Diebstahl und Raub aber dennoch nicht aufhören, so deshalb, weil jene nicht immer gefasst werden. Wenn sie immer gefasst werden, es aber dennoch Verbrecher und Betrüger, Diebe und Räuber gibt, so deshalb, weil die Strafen zu leicht sind. Wenn die Strafen zu leicht sind, kommt es nicht zu Hinrichtungen; aber wenn sie immer gefasst werden, gibt es zahlreiche Straffällige.

Daher wird ein fähiger Herrscher die Schlechten bestrafen, die Guten aber nicht belohnen: So bleibt das Volk auch ohne Strafen gut. Wenn das Volk auch ohne Strafen gut bleibt, so deshalb, weil die Strafen schwer
17.3 sind. ›Sind die Strafen schwer, so wird das Volk keine Verstöße wagen, dann braucht es keine Strafen.‹ Und wenn keiner im Volk wagt, Unrecht zu begehen, so ist das gesamte Land einheitlich gut: Daher bleibt das Volk gut, ohne dass man die Guten belohnt.

Die Guten zu belohnen verbietet sich ebenso, wie nicht-stehlen zu belohnen. Daher lässt ein fähiger Herrscher einen wie [Räuber] Zhi vertrauenswürdig werden – und erst recht einen wie Bo Yi![17] Ein unfähiger Herrscher lässt einen wie Bo Yi verdächtig erscheinen – und erst einen wie Zhi! Wenn die Umstände es nicht zulassen, dass man Verbrechen begeht, kann man sogar einem Zhi vertrauen; wenn die Umstände es aber zulassen, dass man Verbrechen begeht, erscheint sogar ein Bo Yi verdächtig.

18.5

Manche Staaten vermehren Ordnung, andere vermehren Anarchie. Ein erleuchteter Herrscher an der Spitze wird gewiss Würdige befördern: Dann obliegen die Gesetze den Würdigen. Wenn die Gesetze den Würdigen obliegen, dann obliegen sie auch den Untertanen, und selbst Unwürdige werden es nicht wagen, Unrecht zu begehen.[18] Das nennt man »Ordnung vermehren«.

Ein unerleuchteter Herrscher an der Spitze wird gewiss Unwürdige befördern. Wenn der Staat keine klaren Gesetze hat, werden die Unwürdigen es wagen, Unrecht zu begehen.[19]

Manches Militär vermehrt seine Stärke, anderes vermehrt seine Schwäche. Wenn das Volk unbedingt Krieg führen will und es zudem nicht anders kann als Krieg zu führen, nennt man das »Stärke verdoppeln«. Wenn das Volk partout nicht Krieg führen will und es zudem vermeiden kann, Krieg zu führen, nennt man das »Schwäche verdoppeln«.

18.6

Ein erleuchteter Herrscher überhäuft seine Minister nicht mit Reichtum und Ehre.

Mit »Reichtum« sind nicht Getreide, Reis, Perlen und Jade gemeint und mit »Ehre« nicht Rangstufen oder Beamtenposten, sondern Reichtum und Ehre durch Ränge und Einkünfte, die aus Missachtung des Gesetzes und privaten Machenschaften resultieren.[20]

Im Allgemeinen übertrifft ein Herrscher der Menschen andere weder an tugendhaftem Lebenswandel noch an Wissen, Mut oder Kraft. Und dennoch: Hätte das Volk auch das Wissen von Weisen, es würde nicht wagen, gegen uns zu konspirieren; sei es noch so tapfer und stark, es würde nicht wagen, uns zu töten;[21] sei es noch so zahlreich, es würde nicht wagen, sich gegen seinen Herrscher durchzusetzen; und zählte es auch nach Tausenden und Millionen – hält man dem Volk hohe Belohnungen vor, wird es nicht wagen, darum zu streiten; und wendet man Strafen an, so wird es nicht wagen zu grollen: All das bewirken die Gesetze.

Ein Staat verfällt in Anarchie, wenn es im Volk zu viele persönliche Meinungen gibt; eine Armee wird schwach, wenn es im Volk zu viel persönlichen Mut gibt. So gibt es in zerfallende Staaten viele Wege, um Ränge und Einkünfte zu erwerben; und untergehende Staaten wollen Ränge entwerten und Einkünfte verringern. Leute, die verzehren, ohne zu arbeiten, Ruhm genießen, ohne Kriegsdienst geleistet zu haben, angesehen sind, ohne einen Rang zu haben, reich sind, ohne Einkünfte zu haben, führen, ohne ein Amt zu haben: Die nennt man Betrüger.[22]

18.7

Es heißt, »Ein ordentlicher Herrscher hat keine treuen Minister, und ein liebevoller Vater hat keinen folgsamen Sohn«, weil beide keine schönen Worte wünschen, sondern durch Gesetze führen und durch Befehle lenken. Wenn man allein kein Unrecht begehen kann, wird auch niemand zusammen mit anderen Unrecht begehen.[23]

»Reichtum« bedeutet viele Einnahmen zu haben und wenige Ausgaben. Wenn es Bestimmungen für Kleidung gibt und Maße für Speisen, dann sind die Ausgaben gering.[24] Wenn die Frauen ihre Aufgaben innen und die Männer ihre Aufgaben außen voll erfüllen, dann werden die Einnahmen reichlich sein.

»Erleuchtet« bedeutet, dass nichts dem Blick entgeht: So wagen die Beamten keine Betrügereien, und das Volk wagt nicht, Unrecht zu begehen. Daher wird das Reich geordnet sein, während der Herrscher der Menschen auf seinem Ruhebett verweilt und den Klängen von Saiten- und Bambusinstrumenten lauscht.[25]

»Erleuchtet« bedeutet, die Massen dazu zu bringen, dass sie nicht anders können als schaffen. »Stärke« bedeutet, das Reich zu beherrschen; wer das Reich beherrscht, vereint dessen Kräfte. Daher werden Tapfere und Starke es nicht wagen, Gewalt auszuüben, Weise und Kluge werden es nicht wagen, sich durch Täuschung eine Anstellung zu erschleichen. Unter den Massen im gesamten Reich wird keiner es wagen, nicht das zu tun, was ihm [dem Herrscher] gefällt und alle werden vermeiden, was er verabscheut.

»Stärke« bedeutet, die Tapferen und Kräftigen dazu zu bringen, dass sie nicht anders können als sich für den Herrscher einzusetzen. Wird sein Wille befriedigt, dann wird das Reich ihn fördern; wird er nicht befriedigt, wird das Reich sich daran erfreuen.[26] Wer sich auf das Reich verlässt, den wird das Reich verlassen; wer sich auf sich selbst verlässt, der wird das Reich gewinnen. Um das Reich zu gewinnen, muss man zuerst sich selbst gewinnen; um einen starken Feind zu bezwingen, muss man zuerst sich selbst bezwingen.[27]

18.8

Ein Weiser erkennt die immer waltenden Prinzipien sowie die Zeiten und Umstände, die es zu nutzen gilt: Deshalb herrscht in seiner Regierung immer Ordnung, das Volk, das er in den Krieg führt, ist immer tapfer, und seine Befehle werden immer befolgt. Wenn seine Armee ausrückt, hat sie keinen ebenbürtigen Gegner, und wenn seine Befehle ergehen, folgt ihnen das ganze Reich.

Der gelbe Kranich fliegt mit einem Schlag tausend Meilen, weil er die Anlagen dafür hat, immer zu fliegen; die Pferde Lili und Juju galoppieren tausend Meilen am Tag, weil sie die Anlagen dafür haben, immer zu galoppieren; Tiger, Panther, Bären und Braunbären haben an Kampfeskraft nicht ihresgleichen, weil sie die prinzipielle Fähigkeit besitzen, immer zu siegen. Der Weise erblickt die grundlegend waltende Regierungsordnung und erkennt die immer waltenden Prinzipien: Deshalb bestimmt er über das Volk, so wie ein Gefälle über das Wasser bestimmt oder Dürre und Feuchtigkeit über das Feuer bestimmen.

Daher heißt es: »Der Menschliche kann menschlich zu anderen sein, aber er kann andere nicht dazu bringen, menschlich zu sein; der Anständige kann andere lieben, aber er kann andere nicht dazu bringen, zu lieben.« Daher taugen Wissen, Menschlichkeit und Anstand nicht dazu, das Reich zu regieren.[28] Der Weise ist von Natur aus immer zuverlässig, und er verfügt über Gesetze, die das Reich dazu bringen, nicht anders als zuverlässig sein zu können.

Mit »Anstand« ist gemeint, dass man als jemandes Minister treu ist und als jemandes Sohn folgsam,[29] dass zwischen Jung und Alt Riten walten und es zwischen Mann und Frau Trennungen gibt; dass Hungernde nicht leichtfertig essen und Sterbende nicht leichtfertig weiterleben, sofern es nicht dem Anstand entspricht. Das aber ist der Normalzustand, wo es Gesetze gibt.[30] Ein weiser König legt nicht Wert auf Anstand, sondern auf Gesetze: Gesetze müssen klar sein und Befehle müssen befolgt werden, das ist alles!

19. Innerhalb der Grenzen

Struktur			Parallelen
A	19.1	Registrierung des Volks	4.7
	19.2	Dienerschaft	
	19.3	Militärische Ränge I	
	19.4	Militärische Ränge II	
	19.5	Abgeschnittene Köpfe	
	19.6	Beförderungen	
	19.7	Prozessregeln	
	19.8	Grabbepflanzung	
B	19.9	Belagerung von Städten	

Überblick

Der Titel diese Kapitels, »Innerhalb der Grenzen«, ist ein Incipit, das eine Formulierung des ersten Satzes aufgreift. Dennoch repräsentiert er durchaus das Kapitel als Ganzes, da die Grenzen des Staates den Geltungsbereich der Verordnungen abstecken, die hier genannt werden. Tatsächlich hat das Kapitel durchweg den Charakter einer bürokratischen Verordnung: Es argumentiert nicht – weder Parallelstrukturen noch Deduktionen tauchen darin auf –, sondern dekretiert. Dabei geht es im Wesentlichen um das System staatlicher Ränge, das Shang Yang in Qin eingeführt haben soll. Achtzehn solcher Ränge soll es gegeben haben, die »durch nichts als Ackerbau und Kriegsdienst zu erlangen« seien (3.2), wie das *Shangjun shu* mehrfach betont. In diesen Rängen und Ämtern drückt sich unmittelbar die Verdrängung der aristokratischen durch die staatliche Ordnung aus. Kapitel 19 nennt Titel, beschreibt einzelne Bedingungen für Beförderungen – »Köpfe abschlagen« (19.4) – und Degradierung sowie die Ausstattung militärischer Führungspositionen.

Doch das System, das die Zentralherrschaft durchsetzen sollte, trug schon den Keim ihrer Zersetzung in sich. Auch davon liefert Kapitel 19 beredtes Zeugnis: Die Inhaber staatlicher Ränge sollten nicht nur äußere Insignien ihrer Würde erhalten wie einen Baum auf ihrem Grab (19.8), sondern auch »Diener« (19.2), »Sklaven« und sogar »Steuern einer Siedlung von 600 Familien« (19.4); und die rechtlichen Folgen einer Straftat hingen offenbar vom Rang des Delinquenten ab (19.7). Die Privilegien, die mit staatlichen Rängen verbunden waren, trugen deutliche Züge einer Refeudalisierung. Tatsächlich dauerte das Lehnswesen, das der Politische Realismus eigentlich überwinden wollte, auch nach den Reformen Shang Yangs unter anderem Namen fort. Shang Yang selbst wurde zum besten Beispiel dafür, als »Qin ihn mit 15 Siedlungen in Yu und Shang belehnte und ihm den Titel ›Fürst von Shang‹ verlieh« (SJ 68).

Ob das Kapitel 19 tatsächlich von Shang Yang selbst oder aus der Zeit kurz nach seinem Tod stammt, wie einige annehmen, lässt sich kaum sagen. Es bereitet inhaltlich erhebliche Probleme, nicht nur wegen offensichtlicher Überlieferungsschäden, sondern auch, weil es ein komplexes System äußerst verknappt darstellt und keine nennenswerten Parallelen zu anderen Texten aufweist. Vor allem die Übersetzung von Titeln ist keineswegs präzise; es handelt sich um vage Vergleiche für ein System, dessen Konturen sich aus dieser Darstellung nur erahnen lassen. Die einzelnen Abschnitte bauen nicht systematisch aufeinander auf, sondern bieten eine Folge von Fragmenten, die lediglich der Bezug zu staatlichen Rängen verbindet. Abschnitt 19.9, der das militärische Vorgehen bei der Belagerung von Städten erläutert, fügt sich noch nicht einmal in diesen Rahmen: Er scheint ein Einsprengsel aus einem anderen Kontext – vielleicht einer militärtheoretischen Schrift, wie sie Shang Yang zugeschrieben worden ist? – zu stammen.

19.1

Innerhalb der vier Grenzen sollen alle Männer und Frauen der Obrigkeit namentlich bekannt sein. ›Die 4.7
Neugeborenen werden registriert, die Toten getilgt.‹[1]

19.2

Diejenigen, die einen Rang besitzen, können beantragen, Personen ohne Rang als Diener zu erhalten, einen Mann pro Rangstufe. Sofern kein Militärdienst zu leisten ist, dienen diese ihrem Würdenträger sechs Tage im Monat; wenn Militärdienst ansteht, folgen sie ihm und versorgen ihn in der Armee.

19.3

Militärische Ränge von der ersten Stufe bis hinab zu den Unteroffizieren heißen »Mannschaften«, sie sind außerhalb der offiziellen Hierarchie. Die Ränge von der zweiten Stufe bis hinauf zum *bugeng* [Stufe 4] heißen »Soldaten«.[2]

Im Krieg werden jeweils fünf Männer in einem Fünfertrupp zusammengefasst; wenn einer von ihnen desertiert, werden die anderen vier degradiert;[3] wenn aber jeder von ihnen einen feindlichen Kopf erbeutet, werden sie rehabilitiert.[4]

50 Mann haben jeweils einen Truppenführer, 100 Mann einen Hauptmann.[5] Wenn im Krieg der Hauptmann einer Hundertschaft oder der Truppenführer nichts erbeuten, werden sie geköpft; wenn sie mehr als 33 Köpfe erbeuten, haben sie ihre Quote erfüllt und werden um einen Rang befördert.[6]

19.4

Ein Kommandeur von 500 Mann verfügt über 50 Garden mit kurzen Schwertern; ein befehlshabender Kommandeur über zweimal 500 Mann verfügt über 100 [Garden mit] kurzen Schwertern. Ein Magistrat von 1000 Zentnern [Getreide] verfügt über 100 Garden mit kurzen Schwertern;[7] ein Magistrat von 800 Zentnern [Getreide] verfügt über 80 Garden mit kurzen Schwertern; ein Magistrat von 700 Zentnern [Getreide] verfügt über 70 Garden mit kurzen Schwertern; und ein Magistrat von 600 Zentnern [Getreide] verfügt über 60 Garden mit kurzen Schwertern.

Ein staatlich belehnter Inspekteur verfügt über 1000 [Garden mit] kurzen Schwertern;[8] ein Generaloberst verfügt über 4000 [Garden mit] kurzen Schwertern. Wenn ihr Offizier im Krieg stirbt, werden die [Garden mit] kurzen Schwertern degradiert; wenn sie aber einen feindlichen Kopf erbeuten, erhalten sie Begünstigungen.[9] Wenn sie beim Angriff auf eine Stadt oder bei der Belagerung einer Siedlung mehr als 8000 Köpfe abschlagen, haben sie ihre Quote erfüllt; wenn sie in einer Feldschlacht 2000 Köpfe abschlagen, haben sie ihre Quote erfüllt, und die Dienstgrade von den Mannschaften bis hinauf zum Generaloberst werden alle belohnt. Die Dienstgrade in den Schlachtreihen, die ursprünglich den Rang eines *gongshi* [Stufe 1] hatten, werden zum *shangzao* [Stufe 2] befördert; die *shangzao* werden zum *zanniao* [Stufe 3] befördert; die *zanniao* werden zum *bugeng* [Stufe 4] befördert; die *bugeng* werden zum *dafu* [Stufe 5] befördert. Wenn ein Dienstgrad mit Rang als Kreisinspekteur fungiert, dann werden ihm sechs Sklaven gewährt sowie zusätzlich 5600 [Münzen].[10] Wenn einer im Rang eines *dafu* in der staatlichen Verwaltung fungiert, wird er befördert zum [*guan*] *dafu* [Stufe 6]; einer im Rang eines *guan dafu* zum *gong dafu* [Stufe 7]; einer im Rang eines *gong dafu* zum *gongsheng* [Stufe 8]; sodann zum *wu dafu* [Stufe 9], der dann die Steuern einer Siedlung von 300 Familien erhält.[11]

Wer ursprünglich den Rang eines *wu dafu* innehatte, wird befördert zum *da shuzhang* [Stufe 10/11]; einer im Rang eines *da shuzhang* zum *zuogeng* [Stufe 12]; einer mit einem der vier *geng*-Ränge zum *da liangzao* [Stufe 16];[12] sie alle erhalten eine Siedlung von 300 Familien und die Steuern von 300 Familien. Diejenigen im Rang eines *wu dafu*, die Steuern einer Siedlung von 600 Familien haben, empfangen Klienten.[13] Generaloberste, ihre Wagenlenker und -besatzung, werden alle um drei Ränge befördert.[14] Wer ursprünglich Gastminister oder -kanzler war, wird bei erfüllter Quote zum regulären Minister befördert.[15]

19.5

Die Köpfe der im Krieg getöteten [Feinde] werden ausgestellt und inspiziert. Nach drei Tagen verleiht der General, wenn kein Zweifel [am Verdienst] besteht, den Dienstleuten und Offizieren einen [entsprechenden] Rang.[16] Wenn dabei in einem Kreis drei Tage überschritten werden, ohne dass den Dienstleuten und Offizieren ein Rang verliehen wurde, wird den vier Inspekteuren vom Bezirksinspekteur eine Buße auferlegt.[17]

19.6

Wer den Kopf eines [Feindes mit] Rang erbeuten kann, wird mit Beförderung um einen Rang sowie Feldern von einem *qing* und Anwesen von neun *mu* belohnt; ihm wird einmalig ein Diener gewährt, und er darf einen militärischen Offiziersgrad einnehmen.[18]

19.7

Die Verfahrensregel für Prozesse ist: Erhält ein Mann von hohem Rang eine Buße, wird er im Rang erniedrigt. Wird ein Mann von hohem Rang abgesetzt, so büßt er die Sklaven und Diener für Männer von Rang ein. Rangträger von der zweiten Stufe aufwärts werden, im Falle einer Straftat, degradiert. Diejenigen von der ersten Stufe abwärts verlieren im Falle einer Straftat ihren Rang.[19]

19.8

Unteroffiziere bis hin zu den Offizieren erhalten bei ihrem Tod für jede Rangstufe ihres Amts jeweils einen Baum auf ihr Grab.

19.9

Beim Angriff auf eine Stadt oder der Belagerung einer Siedlung schätzt der staatliche Minister für Öffentliche Arbeiten die Breite und Dicke der Mauer ein; der staatliche Inspekteur teilt den Boden ein und lässt die

Mannschaften jeweils eine Fläche in Angriff nehmen.[20] Er bestimmt einen Zeitpunkt und sagt: »Wer zuerst fertig ist wird zur Vorhut ernannt, wer zuletzt fertig ist, wird diszipliniert und in die Nachhut versetzt; bei der zweiten Disziplinarmaßnahme wird er entlassen.«[21]

Wenn der Stollen gegraben ist, schichte man Brennholz auf und zünde dann die Balken an.[22] Auf jeder Seite [der belagerten Stadt] setze man 18 Pioniere ein, die sich auf den Nahkampf verstehen. Wenn sie keine [feindlichen Köpfe] erbeuten, werden sie geköpft. Wenn pro Gruppe fünf Mann [in die Stadt] eindringen, werden die Soldaten der Pioniertruppe jeweils um eine Rangstufe befördert. Wenn einer stirbt, dann folgt ihm einer.[23] Wenn einer nicht bereit ist, in den Tod zu gehen, wird [er vor] tausend Menschen gevierteilt; wenn jemand Widerspruch erhebt, wird er vor der Mauer tätowiert oder ihm wird die Nase abgeschnitten.[24]

Wenn der staatliche Inspekteur den Boden einteilt, lässt er Soldaten aus der Mittleren [Armee] folgen. Der General errichtet eine hölzerne Plattform, von der aus er zusammen mit dem Staatlichen Oberaufseher und den Königlichen Zensoren die Schlacht beobachtet. Wer zuerst eindringt, wird in die Vorhut versetzt, wer zuletzt eindringt, wird in die Nachhut versetzt.[25]

Die Pioniere setzen sich aus Freiwilligen zusammen; wenn diese nicht ausreichen, werden sie ergänzt durch solche, die einen Rang anstreben.

20. Das Volk schwächen

Struktur			Parallelen
A	20.1	Schwaches Volk – starker Staat	4.1
	20.2	Harmonie und Pflichten	4.1
	20.3	Reichtum und Armut	4.1, 5.6, 13.1, HFei 53
	20.4	Starkes Militär	4.1
	20.5	Veränderungen	4.1
	20.6	Güter vermehren	4.1, 13.3, 13.5
	20.7	Regieren durch Strafen	4.1, 13.1, HFei 53
	20.8	Sechs Parasiten	4.2
	20.9	Gesetz vs. Gerede	4.2
	20.10	Stärke verdoppeln	4.2.
B	20.11	Klare Gesetze	9.3, 9.5, 9.8, Xun 15

Überblick

Kapitel 20 knüpft offensichtlich an Kapitel 4A an: Die ersten zehn Abschnitte zitieren alle – meist als abschließende Folgerung – eine Passage aus 4A, und zwar in derselben Reihenfolge, in der sie dort erscheinen. Der gesamte Teil dürfte als Kommentar zu 4A konzipiert sein, und sein Titel, »Das Volk schwächen« ergänzt den von Kapitel 4: »Die Starken vertreiben«. Wie in diesem, geht es auch in Kapitel 20 um das Machtdifferential zwischen Volk und Staat. Seine Kernaussage lässt sich in einem Satz zusammenfassen, der am Anfang und am Ende von 20A steht: »Schwaches Volk – starker Staat; starkes Volk – schwacher Staat« (20.1, vgl. 20.10). Der Staat müsse bemüht sein, »sein Volk zu schwächen« (20.1), indem er die »Sechs Parasiten« austreibt (20.8), Dinge unternimmt, »die das Volk verabscheut« (20.10), es arm und bäurisch hält (20.3) und ihm »durch Strafen Scham und Demut beibringt«, so dass es im Krieg kämpft (20.7) und den Tod verachtet (20.4). All das wird in Form kurzer Aussprüche und Versatzstücke dargestellt, die teilweise aneinander anknüpfen, teilweise auch zusammenhangslos nebeneinanderstehen. Bisweilen scheinen sie sich, wie in 20.2, geradewegs zu widersprechen. An solchen Stellen wird besonders deutlich, dass Kapitel 20 zwar einen Kommentar zu 4A bietet, aber durchaus seine eigene Perspektive hat.

Völlig eigenständig ist Abschnitt 20.11, der nicht nur offenkundig jüngeres Vokabular benutzt, sondern aufgrund der Erwähnung des Kriegs gegen Chu, 278 v. Chr., einen eindeutigen *Terminus post quem* aufweist. Die Themen in 20.11 sind andere als in Teil A – *fa* steht jetzt im Mittelpunkt –, die Neigung zur Metaphern und Anekdoten sind neu, und auch die intertextuellen Bezüge zu Kapitel neun (nicht vier) weisen diesen Teil als eigenständig aus: ein Fremdling in einem ansonsten klar strukturierten Kapitel.

20.1

Schwaches Volk – starker Staat; starkes Volk – schwacher Staat. Deshalb bemüht sich ein Staat, der den rechten Weg verfolgt, sein Volk zu schwächen.[1] Einfachheit führt zu Stärke, Maßlosigkeit zu Schwäche; Schwäche führt zu Regeltreue, Maßlosigkeit zu Übermut; Schwäche führt zu Dienstbarkeit; Übermut führt zu Stärke.[2]

4.1 Daher heißt es: ›Wer mit Starken die Starken austreibt, ist schwach; wer mit Schwachen die Starken austreibt, ist stark.‹

20.2

Wenn man das Volk gut behandelt, so ist es harmonisch; wenn man es begünstigt, dann ist es dienstbar; wenn es dienstbar ist, dann übernimmt es Pflichten; ist es harmonisch, dann verausgabt es sich; und übernimmt es Pflichten, dann wird es reich in der Regierung.[3]

4.1 ›Wenn die Obrigkeit die Gesetze verwirft und darauf vertraut, was das Volk gutheißt, dann werden Verbrechen zunehmen.‹

20.3

›Ist das Volk arm, so wird es sich anstrengen, reich zu 5.6
werden; ist es reich, dann wird es ausschweifend, und ist es ausschweifend, dann gibt es Parasiten.‹

Daher: ›Ist das Volk reich aber nicht in Diensten, dann 13.1, HFei 53
bringe man es dazu, mit Nahrungsmitteln [Ämter und Ränge] zu erwerben. Wenn jeder seine Kraft einbringen muss, dann wird die Landwirtschaft nicht vernachlässigt.‹

Wird die Landwirtschaft nicht vernachlässigt, dann können die Sechs Parasiten nicht gedeihen.[4]

Daher: ›Ist der Staat reich und das Volk geordnet, ist er 4.1
doppelt stark.‹[5]

20.4

Das Militär ist leicht zu schwächen und schwer zu stärken. Das Volk freut sich am Leben, ist müßig und zufrieden: So geht es schwer in den Tod und ist schwer zu leiten. Wenn es ihn aber leicht nähme, wäre es stark.

Wenn es Aufgaben gibt, deren man sich schämt, gibt es viele Verbrechen;[6] wer sparsam mit Belohnungen ist, erleidet keine Verluste. Wo verhindert wird, dass Verbrechen zunehmen, sind dem Feind Verluste sicher: Das ist vorteilhaft.[7] Das Militär wird äußerst stark und furchterregend. Wenn es keine Aufgaben gibt, deren man sich schämt, kann man das Militär vorteilhaft einsetzen. Wer diese vorteilhaften Umstände auf Dauer bewahrt, wird souverän herrschen.

Daher: ›Wenn das Militär ausführt, was der Gegner 4.1
nicht auszuführen wagt, ist es stark; wenn es Dinge unternimmt, die der Gegner sich zu tun schämt, ist es im Vorteil.‹

20.5

Wenn es Gesetze gibt, findet das Volk Sicherheit in seiner Ordnung. Wenn der Herrscher die Aufgaben ändert, kann er Ausgleich erreichen; wenn der Staat Sicherheit bewahrt und der Herrscher die Autorität innehat, ist es vorteilhaft.

4.1 Daher: ›Für den Herrscher ist viel Veränderung wertvoll; für den Staat ist wenig Veränderung wertvoll.‹[8]

20.6

13.5 ›Wenn Nutzen aus einer Quelle kommt, dann hat der Staat viele Güter; wenn er aus zehn Quellen kommt, dann hat der Staat wenige Güter.‹[9]

13.5 ›Wer eines bewahrt, erreicht Ordnung; wer zehnerlei bewahrt, verfällt in Anarchie.‹

Ordnung führt zu Stärke; Anarchie führt zu Schwäche; wo Stärke ist, da kommen Güter herbei; wo Schwäche ist, da verschwinden Güter.

4.1 ›Daher ist ein Staat, der Güter herbeischafft, stark, und einer, der Güter verschwinden lässt, schwach.‹

20.7

Ist das Volk gedemütigt, so schätzt es Ränge, ist es schwach, so achtet es Ämter, ist es arm, so legt es Wert auf Belohnungen.

13.1, ›Regiert man das Volk durch Strafen,[10] so freut es sich
HFei 53 am Dienst; führt man es mit Belohnungen in den Krieg, so spottet es des Todes.‹

4.1 Daher: ›Wenn Kriegsdienst geleistet und das Militär eingesetzt wird, bedeutet das Stärke.‹ Wenn das Volk persönlichen Ruhm erlangt, dann verachtet es Dienstgrade und verpönt Ämter; wenn es reich ist, dann schätzt es Belohnungen gering.

Wenn man das Volk regiert, indem man ihm durch Strafen Scham und Demut beibringt, so wird es im Krieg auch kämpfen. Wenn das Volk sich fürchtet, im Dienst zu sterben, und ungeordnet in den Krieg zieht, dann werden Militär und Ackerbau vernachlässigt, der Staat geschwächt.

20.8

4.2 ›Ackerbau, Handel und Bürokratie: Das sind die drei permanenten Organe des Staates. Der Ackerbau erschließt den Boden, der Handel beschafft Güter und die Bürokratie verwaltet das Volk. Die drei Organe bringen sechs Parasiten hervor: Erntefeste, Völlerei, Schönheit,

Vorlieben, Ehrgeiz und Umgangsformen. Wenn diese sechs Halt finden, wird [der Staat] gewiss zerfallen.‹[11]

Wenn die Bauern überschüssige Nahrung haben, dann wird zur Erntezeit groß gefeiert; wenn Händler maßlose Profite machen, dann widmen sie sich den schönen und begehrten Dingen, zum Schaden der Gebrauchsgeräte.[12] Wenn Verwaltungsämter geschaffen, aber nicht gebraucht werden, führt das zu krankhaften Ambitionen und Umgangsformen.

Wenn die Sechs Parasiten zur Gewohnheit werden, dann wird das Militär gewiss schwere Niederlagen erleiden.

20.9

Beugt man das Gesetz, wird Ordnung zu Unordnung; baut man auf Geschicklichkeit, gibt es viel Gerede.[13] Wächst die Verwaltung, gerät der Staat in Unordnung; gibt es viel Gerede, ist das Heer schwach.

Sind die Gesetze klar, ist die Verwaltung schlank;[14] baut man auf Stärke, hört das Gerede auf; ist die Verwaltung schlank, ist der Staat geordnet; hört das Gerede auf, ist das Heer stark. Daher: ›Große Verwaltung, kleiner Staat; 4.2
kleine Verwaltung, großer Staat.‹[15]

20.10

Wenn die Regierung Dinge unternimmt, die das Volk verabscheut, wird das Volk geschwächt;[16] wenn sie Dinge unternimmt, die das Volk erfreuen, wird das Volk gestärkt. Schwaches Volk – starker Staat; starkes Volk – matter Staat.

Daher: [Wenn die Regierung Dinge unternimmt,] die das Volk erfreuen, wird das Volk stark. Wenn das Volk stark ist und man es weiter stärkt, wird das Heer doppelt geschwächt. Wenn die Regierung Dinge unternimmt, die das Volk verabscheut, wird das Volk geschwächt. Wenn das Volk schwach ist und man es weiter schwächt, wird das Heer doppelt gestärkt.[17]

Daher: ›Wer mit Stärke seine Schwäche verdoppelt, 4.2
wird zerfallen – wer mit Schwäche seine Stärke verdoppelt, wird zum Souverän.‹

Wer die Starken mit Stärke regiert, wird geschwächt, und die Schwäche bleibt; wer die Schwachen mit Schwäche regiert, wird gestärkt, und die Starken verschwinden.[18] Bleiben die Starken, so wird man zerfallen; verschwinden die Starken, so wird man zum Souverän.

4.2 Daher: ›Wer mit Stärke die Schwachen regiert, wird zerfallen; wer mit Schwäche die Starken regiert, wird Souverän.‹

20.11

9.3 ›Ein erleuchteter Herrscher führt seine Minister so, dass sie Dienste für ihre Verdienste erhalten und volle Belohnung für den Einsatz ihrer Kräfte.‹

9.5 ›Ein Herrscher der Menschen, der seinem Volk so zuverlässig erscheint wie Sonne und Mond, der hat keinen ebenbürtigen Gegner mehr.‹

9.8 ›Li Lou konnte die Enden von Sommerfäden sehen, aber er konnte seine scharfsichtigen Augen keinem anderen übertragen;[19] Wu Huo konnte ein Gewicht von tausend *jun* heben, aber er konnte seine Kräfte keinem anderen übertragen. Weisheit und Tüchtigkeit liegen in der körperlichen Natur, sie können niemandem übertragen werden.‹

Nun wollen die Machthaber der heutigen Zeit alle zu hohen Weisen werden: Das aber bedeutet, die Gesetze hochzuhalten. Unter Missachtung der Gesetze zu regieren, das hieße eine schwere Last ohne Pferde und Ochsen über einen langen Weg [zu transportieren] oder einen großen Strom ohne Boot und Ruder zu überqueren.

Nun sind Menschenmassen und militärische Stärke die wichtigsten Ressourcen der Gottherrscher und Könige.[20] Wenn sie keine klaren Gesetze haben, um diese zu bewahren, geraten sie an den Rand des Untergangs.

Darum macht ein erleuchteter Herrscher sich die Gesetze klar: Dann gibt es im Volk innerhalb der Grenzen keine abwegige und maßlose Gesinnung, die vagabundierend hausenden Gelehrten werden in die Schlachtreihen gezwungen und das zahllose Volk pflügt und ackert emsig.

Woher weiß man, dass es so ist? ›Die Truppen des Staates Chu waren wendig, ausdauernd und schnell wie der Wirbelwind;[21] ihre Lanzen aus Yuan-Eisen stachen wie Bienen und Skorpione, ihre Rüstungen aus Haifisch- und Rhinozeroshaut waren fest wie Erz und Stein; der Jiang und der Han waren ihre Schutzgräben, der Ru und der Ying ihre Grenzen; die Wälder von Deng verbargen sie, und die Rechteckige Mauer umgab sie.[22] Xun 15

Aber als die Armee von Qin nach Yan und Ying kam, nahm sie [die Städte] ein, wie man Blätter von einem trockenen Baum schüttelt.[23] Tang Mie starb in Chuisha, Zhuang Qiao erhob sich im Landesinneren, und Chu wurde in fünf geteilt.[24] All das lag keineswegs daran, dass sein Gebiet nicht groß gewesen wäre, die Soldaten nicht zahlreich oder dass Waffen und Ressourcen nicht ausreichten – dass es den Krieg nicht gewann und seine Verteidigung nicht standhielt, lag daran, dass es keine Gesetze hatte.‹[25]

Wenn man über Leicht und Schwer verhandelt und dabei Gewichte und Waagbalken ignoriert …[26]

21. Banditen abwehren

Nicht überliefert.

22. Außen und Innen

Struktur	Parallelen
22.1 Außen: Krieg	
22.2 Innen: Ackerbau	

Überblick

Der Titel gibt die Struktur des Kapitels präzise wieder: 22.1 handelt von »äußeren Aufgaben«, d.h. dem Krieg, und 22.2 von »inneren Aufgaben«, d.h. dem Ackerbau. Damit sind abermals die Themen angesprochen, die auch in Kapitel drei und vielen anderen Passagen des *Shangjun shu* diskutiert werden: Das Volk soll für Ackerbau und Kriegsdienst konditioniert werden. Hier ist die Abhandlung jedoch wesentlich klarer strukturiert als an anderen Stellen. Beide Abschnitte entsprechen einander im Aufbau. Die ersten Sätze sind völlig parallel:

22.1	22.2
Unter den äußeren Aufgaben des Volkes	Unter den inneren Aufgaben des Volkes
ist keine schwieriger als der Krieg:	ist keine mühsamer als der Ackerbau:
Darum kann man es nicht darauf vorbereiten,	Darum kann man es nicht dazu bringen,
indem man die Gesetze leichtnimmt.	indem man die Verwaltung leichtnimmt.
Was heißt »die Gesetze leichtnehmen«?	Was heißt »die Verwaltung leichtnehmen«?

Dann folgen jeweils Kommentare und Subkommentare, die einzelne Aspekte ausführen. Dabei vertieft das Kapitel einige altbekannte Themen, etwa die Anwürfe gegen »literarische Gelehrsamkeit«, »Eloquenz und Klugheit« sowie »Händler, Höker, geschickte und kunstfertige Leute«. Zugleich setzt es eigenständige Akzente, etwa indem es Gesetze eindeutig mit Krieg assoziiert und Verwaltung mit Landwirtschaft. Die Empfehlung, großzügige Belohnungen zu vergeben, steht sogar in dezidiertem Gegensatz zu anderen Teilen des *Shangjun shu*, speziell zu den Kapiteln 5 und 7C (wogegen die Metaphorik dieses Kapitels an 7A und B anknüpft).

Ob das Kapitel, wie manche vorgeschlagen haben, auf das späte 3. Jahrhundert zu datieren ist, weil es das System der Trennung von Soldaten und Bauern aus Kapitel 15 ausführe, oder gar auf Politische Realisten der Han-Zeit, weil es »Erträge an den Grenzen« erwähnt (vgl. Zhang Jue 2012, 253), ist nicht zu entscheiden. Immerhin deutet seine durchkomponierte Struktur – wohl auch das Fehlen von Versatzstücken – darauf hin, dass es von Anbeginn schriftlich vorgelegen hat, mithin nicht zu den frühen Schichten des Textes gehört.

22.1

Unter den äußeren Aufgaben des Volkes ist keine schwieriger als der Krieg: Darum kann man es nicht darauf vorbereiten, indem man die Gesetze leichtnimmt.

Was heißt »die Gesetze leichtnehmen«? Es bedeutet, dass Belohnungen gering sind, Autorität schwach und dass ausschweifende Wege nicht blockiert werden.[1]

Was heißt »ausschweifende Wege«? Es heißt, dass Eloquenz und Wissen geschätzt, vagabundierende Dienstleute angestellt und literarische Gelehrsamkeit sowie persönlicher Ruhm hoch angesehen werden. Wenn diese drei Wege nicht blockiert werden, dann zieht das Volk nicht in den Krieg, und die Aufgaben werden nicht erfüllt.[2]

Daher: Sind die Belohnungen gering, dann haben Gehorsame keinen Vorteil; ist die Autorität schwach, dann leiden Aufsässige keinen Schaden.[3] Ausschweifende Wege eröffnen, um Menschen anzulocken, und sie in den Krieg führen, indem man die Gesetze leichtnimmt: Das hieße eine Ratte mit einer Katze zu ködern – das geht doch wohl nicht an!

Daher: Wer sein Volk in den Krieg führen will, muss Gewicht auf die Gesetze legen. Die Belohnungen werden dann zwangsläufig zahlreich, Autorität wird respektiert, ausschweifende Wege werden blockiert, Eloquenz und Klugheit nicht geschätzt, vagabundierende Dienstleute nicht angestellt und literarische Gelehrsamkeit sowie persönlicher Ruhm nicht hoch angesehen.

Wenn Belohnungen zahlreich sind und Autorität respektiert wird, dann wird das Volk angesichts der vielen Belohnungen, die im Krieg winken, den Tod vergessen, und es wird angesichts der Schande, welche Kriegsdienstverweigerung mit sich bringt, das Leben verachten.

Wenn Belohnungen das Volk dazu bringen, den Tod zu vergessen, und Autorität es dazu bringt, dass es das Leben verachtet, und wenn zudem ausschweifende Wege blockiert sind: Auf diese Weise dem Feind zu begegnen wäre, als schieße man mit einer Hundert-Zentner-Armbrust auf ein loses Blatt – da gäbe es kein Halten!

22.2

Unter den inneren Aufgaben des Volkes ist keine mühsamer als der Ackerbau: Darum kann man es nicht dazu bringen, indem man die Verwaltung leichtnimmt.

Was heißt »die Verwaltung leichtnehmen«? Wenn die Bauern arm sind und die Händler reich, dann sind Nahrungsmittel billig und Münzen teuer. Sind Nahrungsmittel billig, dann werden Bauern arm; sind Münzen teuer, dann werden Händler reich. Wenn nebensächliche Geschäfte nicht verboten werden, dann profitieren geschickte und kunstfertige Leute, und vagabundierende Kostgänger werden zahlreich: Das heißt es.[4]

Daher können die Bauern trotz mühsamster Anstrengung ihrer Kräfte nicht mit Händlern, Hökern, geschickten und kunstfertigen Leuten mithalten. Wenn aber man bewirkt, dass Händler, Höker, geschickte und kunstfertige Leute nicht überhand nehmen, dann kann man, selbst wenn man es wollte, nicht verhindern, dass der Staat reich wird.

Daher heißt es: Will man den Staat durch Ackerbau reich machen, so müssen die Nahrungsmittel innerhalb der Grenzen teuer sein, die Abgaben für nicht-landwirtschaftliche Tätigkeiten zahlreich und die Steuern auf kommerzielle Erträge hoch: Dann wird das Volk nicht umhinkommen, Felder zu bestellen.[5] Wer keine Felder bestellt, muss seine Nahrungsmittel im Tausch erwerben,[6] und da die Nahrungsmittel teuer sind, profitieren die Ackerbauern – und dann werden sich viele dem Ackerbau widmen.

Wenn Nahrungsmittel teuer sind, dann lohnt es sich nicht, sie zu kaufen; und wenn zudem hohe Abgaben hinzukommen, dann wird das Volk nicht umhinkommen, Handeln und Hökern, Geschick und Kunstfertigkeit sein zu lassen und sich den Erträgen des Bodens zu widmen: Daher werden die Profite des Volkes vollständig aus den Erträgen des Bodens kommen.

Daher sollte ein Staatsführer die Erträge an den Grenzen vollständig dem Militär zukommen lassen und die Erträge auf den Märkten vollständig den Bauern.[7] Wer die Erträge an den Grenzen vollständig dem Militär zukommen lässt, ist stark, und wer die Erträge auf den Märkten vollständig den Bauern zukommen lässt, ist reich. Wer im Krieg stark ist und in der Ruhezeit reich, der ist Souverän.

23. Fürst und Minister

Struktur			Parallelen
A	23.1	Ursprung der Gesetze	18.1, Guan 31
	23.2	Durchsetzung der Herrschaft	
B	23.3	Ränge und Einkünfte	
	23.4	Fehler der Regierenden	3.6, 3.9, Guan 1, 63
	23.5	Achtung vor Gesetzen	14.1

Überblick

Der Titel »Fürst und Minister« erscheint in mehreren Schriften des Politischen Realismus: Ein Abschnitt der *Shenzi*-Fragmente heißt so, und *Guanzi* enthält gleich zwei Kapitel mit dem Titel. Mit beiden Texten hat Kapitel 23 Berührungspunkte; gleichzeitig leitet es in das Thema ein, um das die letzten vier Kapitel des *Shangjun shu* allesamt kreisen: das problematische Verhältnis von Staatsführung und Bürokratie.

Das Kapitel beginnt mit einer Sozialgeschichte, der dritten des *Shangjun shu* (vgl. Kap. 18, Anm. 2). Ihr Schwerpunkt liegt auf der hierarchischen Ordnung von »Fürst und Minister« bzw. »Obrigkeit und Untertanen« (23.1), welche die urzeitliche Anarchie beendet habe. Doch Bevölkerungswachstum habe weitere Schritte erfordert: »Gesetze und Bestimmungen« sowie die Binnendifferenzierung der Bürokratie in »Fünf Ämter«. All das, so führt Abschnitt 23.2 aus, sei entscheidend für die Durchsetzung der Herrschaft: ein »angesehener« – legitimierter – Fürst, institutionalisierte »Fünf Ämter« – d.h. bürokratische Organisation – sowie durchsetzbare »Gesetze und Bestimmungen«.

Das Gewicht verschiebt sich im folgenden Teil B. Dort ist weder von ›Fünf Ämtern‹ noch von ›Fürst und Minister‹ die Rede. Stattdessen steht an Anfang und Ende der »erleuchtete Souverän« (bzw. Fürst oder Herrscher): Dieser regiere vor allem »gemäß den Gesetzen« und vergebe »anhand von Verdiensten Belohnungen« (23.3). Dieses Idealbild wird dann kontrastiert mit den »gegenwärtigen Fürsten«, denn diese »ignorieren die Gesetze«, vertrauen auf Sykophanten und führen den »Staat in Anarchie« (23.4). Diese Vorwürfe stammen wohl aus einer Throneingabe, wie die Formel »ich, Euer Untertan« sowie der rhetorisch durchstrukturierte Aufbau andeuten. Sie unterscheidet sich nicht nur sprachlich – etwa durch Komposita wie *junshi* (für ›Soldaten‹) oder *nongmin* (für ›Bauern‹) – von Teil A, sondern auch in ihrer Perspektive. Nicht mehr die Differenz zwischen Fürst und Minister oder die Binnenstruktur der Bürokratie – stattdessen ist von einer undifferenzierten »Obrigkeit« (*shang*) die Rede – stehen im Mittelpunkt, sondern Aufgaben und Verantwortung des Herrschers. Während es in 23.2 einfach heißt, dass »Gesetze und Bestimmungen klar sind«, behandelt in 23.5 »ein erleuchteter Herrscher die Gesetze und Bestimmungen sorgsam«; und während in 14.1 »Fürst und Minister die Gesetze ignorieren«, sind es in 23.4 allein die »Fürsten«, die Gesetze »ignorieren«. Auch wenn 23.5 noch einmal auf das »Ansehen« des Herrschers zurückkommt, wird deutlich: Der »erleuchtete Herrscher« richtet sich stets nach den Gesetzen – und das heißt wohl: nach dem, was die Bürokratie ihm vorgibt. Die Verschiebung der Perspektive zwischen den Teilen 23A und 23B mag unscheinbar sein. Doch sie deutet eine entscheidende Entwicklung innerhalb des Politischen Realismus an: vom Herrscher, der die Bürokratie kontrolliert, zur Bürokratie, die den Herrscher kontrolliert.

23.1

›Im Altertum, zu der Zeit als es weder Fürst und Minister noch Obrigkeit und Untertanen gab,‹ waren die Menschen anarchisch und ungeordnet. Daher organisierten die Weisen Ehrwürdige und Ehrlose hierarchisch, bestimmten Ränge und Posten, etablierten Ruf und Na- Guan 31

18.1 men, ›um auf diese Weise Standesregeln für Fürst und Minister sowie Obrigkeit und Untertanen zu schaffen.‹[1]

Weil das Gebiet weit, die Menschen zahlreich und der Dinge viele waren, teilten sie die Fünf Ämter ein, um sie zu verwalten.[2] Als die Menschen zahlreicher wurden, kam es zu Verbrechen und Betrug:[3] Um das zu verbieten, stellten sie Gesetze und Bestimmungen auf und schufen Maße und Gewichte.

Daher müssen die Standesregeln für Fürst und Minister, die Unterscheidung zwischen den Fünf Ämtern sowie die gesetzlichen Verbote und Bestimmungen unbedingt sorgfältig beachtet werden.

23.2

Wenn ein Fürst auf dem Thron sitzt, aber seine Verordnungen nicht befolgt werden, herrscht Gefahr; wenn die Fünf Ämter eingeteilt sind, aber keine Kontinuität besitzen, dann herrscht Anarchie; wenn Gesetze und Bestimmungen aufgestellt sind, aber nach privatem Gutdünken verfahren wird, dann fürchtet das Volk die Strafen nicht.[4]

Genießt der Fürst Ansehen, dann werden seine Verordnungen befolgt;[5] sind die Ämter wohlversehen, dann herrscht kontinuierlicher Amtsbetrieb; sind die Gesetze und Bestimmungen klar, dann fürchtet das Volk die Strafen. Wenn man verlangt, dass das Volk Verordnungen ausführt, ohne dass Gesetze und Bestimmungen klar sind, kann man nichts erreichen. Wenn man verlangt, dass der Fürst angesehen sei, ohne dass das Volk den Verordnungen folgt, dann kann selbst die Weisheit eines Yao oder Shun nicht für Ordnung sorgen.[6]

23.3

Ein erleuchteter Souverän regiert das Reich, indem er gemäß den Gesetzen regiert und anhand von Verdiensten Belohnungen vergibt. Wenn die Menschen voll Eifer in den Krieg ziehen und den Tod nicht scheuen, dann deshalb, weil sie Ränge und Einkünfte anstreben.

Ein erleuchteter Fürst regiert den Staat, indem er dafür sorgt, dass Dienstleute, die durch abgeschlagene

Köpfe und Kriegsgefangene Verdienste erworben haben, Ränge erhalten, die sie für ihre Mühen belohnen, und Einkünfte, von denen sie leben können,[7] und dass Bauern, die ihre Scholle nicht verlassen, ein Auskommen haben, um ihre Eltern zu ernähren und ihre häuslichen Angelegenheiten zu besorgen.[8] Dann werden die Soldaten für ihre Pflichten in den Tod gehen, und die Bauern werden nicht nachlässig.

23.4

Die gegenwärtigen Fürsten sind nicht so. Sie ignorieren die Gesetze und halten sich an Klugheit; sie wenden sich von Verdiensten ab und halten sich an Ruhm.[9] Daher ziehen die Soldaten nicht in den Krieg, und die Bauern vagabundieren umher.

Ich, Euer Untertan, habe gehört: ›Das Tor, durch das Guan 1
das Volk geführt wird, liegt in dem, was die Obrigkeit vorgibt.‹[10] Das Volk kann dazu gebracht werden, zu ackern und Krieg zu führen; es kann dazu gebracht werden, sich vagabundierend zu verdingen; oder es kann dazu gebracht werden, literarische Gelehrsamkeit zu pflegen.[11] Es liegt daran, was die Obrigkeit fördert: Wenn sie Verdienste und Mühen fördert, dann wird das Volk in den Krieg ziehen; wenn sie die *Lieder* und *Dokumente* fördert, dann wird das Volk Gelehrsamkeit pflegen.

›Für das Volk ist der Vorteil, was für das Wasser das Guan 63
Gefälle ist: Es macht keinen Unterschied, in welcher Richtung er liegt.‹[12] Solange das Volk nur einen Vorteil erlangen kann, wird es das tun, was die Obrigkeit fördert. Wenn man Vorteile erlangen kann, indem man die Augen aufreißt, die Fäuste ballt und tapfere Reden schwingt, indem man in wallenden Roben demagogische Reden schwingt, oder indem man lange Tage damit verbringt, private Klinken zu putzen: Wenn man durch diese drei Verhaltensweisen Anerkennung finden und ohne jegliche Verdienste Vorteile erlangen kann – dann wird das Volk sich von Ackerbau und Krieg abwenden und es tun. Es wird Vorteile für sich bald durch Reden und Rä-

sonnieren einfordern, bald durch Schmeichelei erbetteln,
3.6, 3.9 bald durch Wagemut erstreiten. Daher: ›Wenn es täglich weniger Volk im Ackerbau und im Kriegsdienst gibt und vagabundierende Kostgänger immer mehr werden,‹ dann verfällt der Staat in Anarchie, und das Land wird zerstückelt, das Heer wird geschwächt und der Herrscher erniedrigt. All das aus einem Grund: weil man die Gesetze und Bestimmungen ignoriert und stattdessen auf Namen und Ruhm vertraut.[13]

23.5

14.1 ›Daher behandelt ein erleuchteter Herrscher die Gesetze und Bestimmungen sorgsam.‹ Auf Worte, die nicht den Gesetzen entsprechen, hört er nicht.[14] Verhalten, das nicht den Gesetzen entspricht, schätzt er nicht hoch; Aufgaben, die nicht den Gesetzen entsprechen, führt er nicht aus. Wenn aber Worte den Gesetzen entsprechen, dann hört er auf sie; wenn Verhalten den Gesetzen entspricht, schätzt er es hoch; wenn Dienste den Gesetzen entsprechen, führt er sie aus.

Auf diese Weise wird der Staat geordnet und das Gebiet erweitert, das Heer wird stark und der Herrscher genießt Ansehen. Das ist die höchste Ordnung: Ein Fürst der Menschen muss sie sich unbedingt klarmachen.

24. Verbieten und Gebieten

Struktur | **Parallelen**

24.1 Amtsmacht und Methoden
24.2 Kontrolle der Verwaltung I
24.3 Kontrolle der Verwaltung II

Überblick

Der Titel des Kapitels, ein Incipit, steht synekdochisch für die Herrschaft. Um die geht es in diesem Kapitel, das einmal überhaupt nicht von Gesetzen spricht, sondern mit zwei anderen Grundbegriffen des Politischen Realismus beginnt: »Amtsmacht« (*shi*) und »Methoden« (*shu*). Die beiden Begriffe sind traditionell mit zwei anderen Denkern, Shen Dao (ca. 345–284 v. Chr.) und Shen Buhai (ca. 395–337 v. Chr.), assoziiert worden. Doch sie lassen sich nicht persönlich zurechnen, sondern sind ein integraler Bestandteil des Politischen Realismus. Sie reagieren auf Probleme, die unweigerlich aus dem System des Zentralstaats erwachsen. Zentrale Herrschaft kann nicht anders als bürokratisch sein, erst die Arbeitsteilung von Herrscher und Bürokratie ermöglicht die Durchsetzung staatlicher Macht gegen lokale Eliten. Doch aus der Differenzierung von politischer Spitze und Bürokratie erwächst zugleich ihre Konkurrenz (vgl. S. 70 ff.).

Wenn Kapitel 23 die Entwicklung vom Herrscher, der die Bürokratie kontrolliert, zur Bürokratie, die den Herrscher kontrolliert, nur angedeutet hat, so schlägt sie in Kapitel 24 voll durch. Das Kapitel – offenbar ein Spätprodukt des Politischen Realismus – ist sich der Folgeprobleme bürokratischer Herrschaft bewusst. Der Herrscher kann die »Amtmänner«, die »in mehr als tausend Meilen Entfernung eigenständig« bestimmen, nicht mehr kontrollieren (24.3). Stattdessen muss er sich auf »Stellvertreter und Kontrolleure« (24.2) verlassen, die jedoch »im Wesentlichen ein und dieselben sind« wie die Amtmänner – daher »können sie einander nicht kontrollieren« (24.3). Damit ist das Problem umrissen, das den chinesischen Staat bis ins 20. Jahrhundert beschäftigen sollte. Die Herrscher mögen das Volk ›bezwingen‹, aber sie wurden ihrerseits von der Bürokratie bezwungen, gegen deren papierne Übermacht sich nur wenige Kaiser kurzfristig behaupten konnten.

Auch das *Shangjun shu* findet keine Lösung für dieses Problem. Wieder zitiert es offenbar eine Throneingabe, aber im Gegensatz zu der in Kapitel 23B, die von der Binnendifferenzierung der Bürokratie nichts wissen will, plädiert dieser Verfasser dafür, dass für Beamte »die Vorteile … unterschiedlich« sein sollen »und die Nachteile nicht dieselben« (24.3). Wie das jedoch konkret zu bewerkstelligen sei, führt er nicht aus. An anderer Stelle raunt es: »Wenn man die höchste Amtsmacht erreicht, sind die Beamten lauter, ohne dass man sie kontrolliert, und wenn man Methoden aufstellt, werden die Aufgaben ordnungsgemäß ausgeführt« (24.2), ohne dass diese Ratschläge überzeugend ausgeführt werden. Vielleicht ist es kein Zufall, dass sich dieses Kapitel in ungewohnt blumige Metaphorik flüchtet (»Wenn eine schwebende [Spore des] Peng-Krautes in brausenden Wind gerät …«) und am Schluss jedes Abschnitts vage auf die »früheren Könige« verweist. Dem *Shangjun shu* gehen die Argumente aus. Es ist mit seiner Weisheit am Ende.

24.1

Die Mittel mit denen ein Herrscher der Menschen verbietet und gebietet, sind Belohnungen und Bußen. Belohnungen folgen auf Verdienste, Bußen folgen auf Verbrechen: Daher müssen Verdienste wohl erwogen und Verbrechen genau festgestellt werden.

Wenn nun die Belohnungen hoch sind und die Bußen niedrig, ohne dass die Obrigkeit die Prinzipien unbedingt kennt, dann ist das so, als habe sie keine Prinzipien.

Die Kenntnis der Prinzipien beruht auf Amtsmacht und Methoden.[1] Daher verließen sich die früheren Könige nicht auf ihre Stärke, sondern auf ihre Amtsmacht; nicht auf ihr Vertrauen, sondern auf ihre Methoden.

24.2

Wenn eine schwebende [Spore des] Peng-Krautes in brausenden Wind gerät, kann sie tausend Meilen weit reisen – weil sie die Macht des Windes nutzt. Wenn man eine Wassertiefe erkundet, kann man ihre Tiefe bis zu tausend Klaftern feststellen – wegen der Methode der Lotschnur. Daher: Wenn man sich auf die Macht stützt, kann man selbst größte Fernen erreichen; und wenn man sich an Methoden hält, kann man selbst größte Tiefen erfassen.

Wenn es dunkle Nacht ist, kann ein Li Lou selbst ein riesiges Gebirge nicht sehen; aber am klaren Morgen, wenn die Sonne strahlt, dann kann er hoch oben die fliegenden Vögel unterscheiden und unten die Sommerfäden sehen: denn die Sehkraft seiner Augen stützt sich auf die Macht der Sonne.[2]

Wenn man die höchste Amtsmacht erreicht, sind die Beamten lauter, ohne dass man sie kontrolliert, und wenn man Methoden aufstellt, werden die Aufgaben ordnungsgemäß ausgeführt.

Heute aber vertraut man auf eine Vielzahl von Beamten und eine Menge von Amtmännern. In den Ämtern werden zudem Stellvertreter und Kontrolleure eingesetzt. Nun setzt man Stellvertreter und Kontrolleure ein mit dem Ziel, Selbstbereicherung zu verhindern, aber die Stellvertreter und Kontrolleure wollen sich ebenso selbst bereichern – wie sollten sie einander davon abhalten?[3]

Daher: Wenn man in der Verwaltung auf Stellvertreter und Kontrolleure vertraut, dann wird die Verwaltung kaum aufrecht zu erhalten sein. Wer aber die Methoden beherrscht, der macht es anders: Er trennt ihre Amtsmacht und erschwert ihnen den Weg. Daher heißt es: »Wenn die Amtsmacht es schwer macht, Dinge zu verbergen, dann wird selbst ein [Räuber] Zhi kein Unrecht begehen.«[4] Daher legten die früheren Könige Wert auf Amtsmacht.

24.3

Manche sagen: »Wenn der Herrscher der Menschen den Dingen unvoreingenommen und zurückhaltend begegnet, dann werden die Dinge entsprechend geprüft und erprobt, und jegliche Korruption wird erfasst.«

Ich, Euer Untertan, bin anderer Meinung. Amtmänner bestimmen in mehr als tausend Meilen Entfernung eigenständig,[5] entscheiden über ihre Geschäfte und legen jeweils im zwölften Monat ihre Berechnungen und Berichte fest.[6] Wenn die Geschäfte einmal im Jahr gesondert abgerechnet werden und der Herrscher sich all das einmal anhört, wird er es nicht beurteilen können, selbst wenn er Zweifelhaftes darin erkennt, denn die Belege reichen nicht aus.

Wenn einem Dinge vor Augen kommen, dann kommt man nicht umhin, sie zu sehen; und wenn Worte zum Ohr durchdringen, dann kommt man nicht umhin, sie zu hören. Wenn Dinge [vor Augen] kommen, werden sie geklärt, wenn Worte [zu Ohren] kommen, werden sie beurteilt. Daher kann in einem wohlregierten Staat das Volk seiner Schuld ebensowenig entgehen, wie das Auge das, was es sieht, dem Herzen vorenthalten kann.[7]

In einem anarchischen Staat ist das anders: Dort vertraut man auf eine Vielzahl von Beamten und eine Menge von Amtmännern.[8] Doch die Amtmänner sind trotz ihrer Menge im Wesentlichen doch ein und dieselben. Da sie im Wesentlichen ein und dieselben sind, können sie einander nicht kontrollieren. Gerade darin aber, dass die Vorteile für sie unterschiedlich waren und die Nachteile nicht dieselben, lag die Versicherung der früheren Könige.

Daher können in einer vollkommenen Ordnung Mann und Frau, Freunde und Bekannte nicht um des jeweils anderen Willen Übeltaten ignorieren und Unrecht verbergen, um den Nahestehenden nicht zu schaden. Die Menschen können nicht gegenseitig füreinander Dinge verbergen: Das liegt daran, dass die Obrigkeit und die Amtmänner die gleichen Aufgaben haben, sich aber in ihren Interessen unterscheiden.[9]

Wenn nun ein Pferdehüter und ein Wildhüter sich nicht gegenseitig kontrollieren können, liegt das daran, dass sie die gleichen Aufgaben und gemeinsame Interessen haben. Aber angenommen, Pferde und Vögel könnten sprechen, dann kämen Pferdehüter und Wildhüter mit ihren Übeltaten nicht mehr davon: Dann wären ihre Interessen unterschiedlich.

Wo die Interessen dieselben sind und die Übeltaten gleich, kann weder ein Vater seinen Sohn noch der Fürst seine Minister dafür zur Rede stellen. Das Verhältnis zwischen den Amtmännern ist derart, dass ihre Interessen dieselben sind und ihre Übeltaten gleich.

Nun war es der Ansatz der früheren Könige, dass ihre Aufgaben dieselben seien und ihre Interessen unterschiedlich. Selbst wenn das Volk dem Herrscher etwas verheimlichte, nahm er doch keinen Schaden daran. Dem konnte ein Würdiger nichts hinzufügen und ein Unwürdiger nichts nehmen. Daher liegt die Methode der Regierung darin, Würde zurückzulassen und Klugheit abzuschaffen.[10]

25. Sorge um die Gesetze

Struktur			Parallelen
A	25.1	Regierung und Anarchie	
	25.2	Gefahren für den Herrscher	
B	25.3	Bedeutung der Gesetze	
	25.4	Krieg und Stärke	
	25.5	Ackerbau und Kriegsdienst	

Überblick

Der Kapiteltitel ist irreführend: Von »Sorge« (*shen*) ist in diesem Kapitel nie die Rede, von »Gesetzen« fast ausschließlich in Abschnitt 25.3. Viel besser würde der Titel zu den Kapiteln 14 und 23 passen, in denen es heißt, dass »ein erleuchteter Herrscher die Gesetze sorgsam« behandelt (14.1, vgl. 23.5). Tatsächlich knüpft dieses Kapitel in mehrfacher Hinsicht an jene beiden an. Es beginnt mit der Warnung vor »Anarchie«, wie sie ähnlich in 14.2 formuliert wird: Wenn der Herrscher Beamte aufgrund von »Schwätzerei« und Empfehlungen befördert, setzen sich Korruption und Partikularinteressen durch. Damit ist zugleich das Thema von Kapitel 23 angesprochen: Ebenso wie dort (und in 14.1) wird in 25.4 beklagt, dass die »gegenwärtigen Regierenden« die »gesetzlichen Normen« ignorieren zugunsten von privaten Urteilen und schönen Worten. Die Gefahr droht von den Seilschaften der »Würdigen und Fähigen«: Wenn der Herrscher »auch nur einen einzigen von ihnen befördert« (25.2), muss er den Rückfall in feudale Anarchie gewärtigen. Ausdrücklich benennt dieses Kapitel den Gegensatz zwischen Herrscher und Bürokratie: Wird der »Fürst geschwächt«, werden »die Minister … gestärkt« (25.2). Unter diesen Umständen »könnte selbst ein Yu nicht einmal über zehn Menschen gebieten« (25.1) – so wie es in 23.2 heißt, dass »selbst die Weisheit eines Yao oder Shun nicht für Ordnung sorgen« könne.

Wie in Kapitel 23 wird hier im dritten Abschnitt die Lösung angeboten, und wie dort ist es ein »erleuchteter Herrscher«, der »Seilschaften bezwingen und zerstören, Gerede abschaffen und gestützt auf Gesetze regieren« könne (25.3): »Nichts als die Gesetze« sollten die Amtsgeschäfte bestimmen, was wiederum ganz ähnlich wie 23.5 klingt. Es scheint, als ob auch in Kapitel 25 zwei eigenständige Teile vorliegen, die verschiedene Positionen vertreten. Teil B scheint wieder auf der Throneingabe eines »Untertanen« zu beruhen. Der verliert kein Wort mehr über ›Anarchie‹ und verlagert stattdessen das Interesse auf Gesetze sowie – in 25.4 und 25.5 – auf »Ackerbau und Kriegsdienst«. Auch dieser Teil scheint die Generalattacke auf die Bürokratie abmildern zu wollen. Die Vorstellung, dass auch ein »treuer Minister« die Regierungsaufgaben übernehmen könnte (25.3), ist neu: ein weiteres Indiz dafür, dass der Herrscher immer schon entmachtet ist. Vertraut er auf »Schwätzer«, verliert er seine Macht an Seilschaften von Beamten; vertraut er auf die Gesetze, verliert er seine Macht an andere Beamte.

25.1

Es gibt niemanden in der heutigen Generation, der nicht durch ebendas regiert, wodurch Anarchie entsteht.[1] Daher: wenig Regierung, wenig Anarchie, viel Regierung, viel Anarchie.[2] Kein Herrscher der Menschen kann sein Volk über Generationen regieren, und in der heutigen Generation gibt es keinen Staat, der frei von Anarchie ist.

Was bedeutet »durch ebendas regieren, wodurch Anarchie entsteht«? Nun, die Beförderung von Würdigen und Fähigen ist es, wodurch die heutige Generation regiert wird – und zugleich in Anarchie gestürzt wird. Was die heutige Generation »würdig« nennt, ist Korrektheit in Worten; und für gut und korrekt gilt, wer Anhänger hat. Hört man seine Worte, hält man ihn für fähig; fragt man seine Anhänger, so ist man überzeugt. Daher schätzt man manche unabhängig von ihren Verdiensten und bestraft andere unabhängig von ihrer Schuld.[3]

Unter diesen Umständen ermöglicht »Korrektheit« korrupten Amtmännern, ihre verkommenen Geschäfte zu treiben, und gemeinen Leuten, ihre Tricks und Täuschungen auszuführen. Wenn man Amtmännern und Volk am Anfang die Grundlage für Übeltaten und Täuschungen verschafft, dann aber verlangt, dass sie am Ende anständig und brav seien, dann könnte selbst ein Yu nicht einmal über zehn Menschen gebieten – wie könnte da ein mittelmäßiger Herrscher das Volk eines ganzen Staates führen?[4]

25.2

Jene, die mit anderen Seilschaften bilden, brauchen uns nicht, um ihre Geschäfte durchzuführen.[5] Wenn die Obrigkeit auch nur einen einzigen von ihnen befördert, dann wird das Volk sich von der Position des Herrschers ab- und privaten Machenschaften zuwenden. Wenn es das tut, dann wird der Fürst geschwächt, und die Minister werden gestärkt.[6] Wenn der Herrscher der Menschen nicht achtsam ist, dann wird er entweder von den Regionalfürsten überfallen oder von den Hundert Sippen ausgeraubt.[7]

Wenn Schwätzerei zu Machtpositionen führt, studieren Dumme und Kluge sie gleichermaßen; und wenn die Dienstleute von den Schwätzern lernen, dann wird das Volk die substantiellen Aufgaben ignorieren und nurmehr leere Worte rezitieren: Dann wird seine Kraft abnehmen, und Untaten werden zunehmen. Wenn der Herrscher der Menschen sich das nicht klarmacht, dann wird er im Krieg seine Generäle verlieren und in der Verteidigung seine Städte einbüßen.

25.3

Daher: Wenn in der heutigen Generation ein erleuchteter Herrscher oder treuer Minister geboren wird, der seinen Staat führen will, dann darf er auch nicht für einen Augenblick die Gesetze vergessen. Er sollte Seilschaften bezwingen und zerstören, Gerede abschaffen und gestützt auf Gesetze regieren. Er sollte dafür sorgen, dass die Amtmänner sich an nichts als die Gesetze halten,[8] dann können selbst die Verschlagensten keine Verbrechen begehen; er sollte dafür sorgen, dass das Volk nirgendwo anders als im Krieg seine Fähigkeiten entfalten kann, dann wird selbst in der größten Gefahr kein Betrug möglich sein.

Wenn man sie mit Gesetzen regiert und aufgrund von Methoden befördert, dann kann Ruhm ihnen nicht nützen,[9] und Verleumdungen können ihnen nicht schaden. Wenn die Menschen sehen, dass Ruhm ihnen nicht nützt, dann werden sie sich daran gewöhnen, einander bei aller Zuneigung nicht zu begünstigen;[10] und wenn sie sehen, dass Verleumdungen ihnen nicht schaden, dann werden sie sich daran gewöhnen, einander trotz aller Abneigung nicht zu schaden. Wenn nun Zuneigung nicht zu Begünstigungen führt und Hass nicht zu Schaden, sondern alle korrekt behandelt werden, dann herrscht höchste Ordnung. Daher sage ich, Euer Untertan: »Wenn man sich auf Gesetze stützt, ist der Staat wohlregiert.«[11]

25.4

Wenn ein Staat mit 1000 Streitwagen sich verteidigen kann, hält er sich; wenn ein Staat mit 10.000 Streitwagen einen Krieg führen kann, konsolidiert er sich.[12] Selbst ein Herrscher wie Jie wird dann kein Wörtchen verdrehen können, um seinen Feind zu unterwerfen. Wo aber nach außen kein Krieg geführt und innen nicht verteidigt werden kann, da könnte selbst ein Herrscher wie Yao nicht mit unterlegenen Staaten fertig werden, ohne ihnen zu dienen.[13]

So gesehen, ist das, wodurch ein Staat Bedeutung und ein Herrscher Ansehen erlangt, seine Stärke.[14] Für beides bildet Stärke die Grundlage. Woran liegt es dann, dass keiner der gegenwärtigen Herrscher es zu Stärke bringen kann?

Man sorge dafür, dass das Volk darunter leidet, *nicht* zu ackern, und sich davor fürchtet, *nicht* Krieg zu führen. Das sind zwei Dinge, die sogar folgsame Söhne schwerlich für ihre Eltern und treue Minister schwerlich für ihren Fürsten tun würden.[15] Wenn man nun die Menge des Volkes zu Dingen antreiben will, die folgsamen Söhnen schwerfallen und die treue Minister ablehnen, dann kommt man nicht umhin, sie durch Strafen zu zwingen und durch Belohnungen anzutreiben.

Heute aber ist keiner unter den gewöhnlichen gegenwärtigen Regierenden, der nicht die gesetzlichen Normen ignoriert und auf Eloquenz und Klugheit vertraut, Verdienste und Kraft hintanstellt, aber Menschlichkeit und Anstand fördert: Darum kümmert sich das Volk nicht um Ackerbau und Kriegsdienst.[16] Da das Volk seine Kräfte nicht dem Ackerbau widmet, gehen im Inneren die Nahrungsmittel aus; da es seinen Willen nicht auf dem Kriegsdienst richtet, wird das Heer nach außen schwach. Wenn einerseits die Nahrungsmittel im Inneren ausgehen und andererseits das Heer nach außen schwach wird, dann mag man ein Gebiet von 10.000 Meilen haben und 1.000.000 Mann unter Waffen – es wäre dasselbe, als stünde man allein auf weiter Flur.

25.5

Die früheren Könige konnten ihr Volk dazu bringen, über blanke Klingen zu gehen und sich Pfeilen und Steinen auszusetzen; das Volk tat all das nicht etwa, weil es diese Dinge lernen wollte, sondern weil es auf diese Weise Schaden vermied. Daher meine Anweisung:[17] Wer im Volk auf Nutzen aus ist, soll diesen nicht ohne Ackerbau erlangen, und wer Schaden vermeiden will, soll ihm nicht ohne Kriegsdienst entgehen. Alles Volk innerhalb der Grenzen soll erst dann seine Freude haben, nachdem es sich um Ackerbau und Kriegsdienst bemüht hat. So wird auch ein kleines Gebiet viel Getreide haben und auch ein kleines Volk ein starkes Militär. Wenn man diese beiden Dinge innerhalb der Grenzen durchführen kann, dann ist der Weg zu Hegemonie und Souveränität geebnet.[18]

26. Zuweisungen festlegen

Struktur			Parallelen
A	26.1	Exposition: Durchsetzung von Verordnungen?	
	26.2	Amtsvorschriften	
	26.3	Akten und Archive	
	26.4	Publikation von Gesetzen	
B	26.5	Titel und Zuweisungen	5.4, HFei 40, LSCC 17.6, Shen 82
	26.6	Korrekte Bezeichnungen	HFei 47, 49

Überblick

Das Kapitel bildet zusammen mit Kapitel eins den Rahmen des Buches. Wie dieses beginnt es mit einem Dialog zwischen dem Herzog und Shang Yang. Doch die Probleme haben sich geändert: Es geht nicht mehr um die grundsätzliche Frage nach politischen Neuerungen, sondern um die kommunikative Durchsetzung von »gesetzlichen Verordnungen« (*faling*) – ein Begriff, der hier zum ersten Mal auftaucht. Der Herzog hat Gesetze geschaffen; nun steht er vor dem Problem, diese auch durchzusetzen. Erstmals werden in diesem Kapitel Aspekte der schriftlichen Fixierung von Gesetzen sowie deren Auslegung abgehandelt – nicht in politischer Rhetorik, sondern in bürokratisch-trockener Diktion. Die Antwort, die Shang Yang in den Mund gelegt wird, liest sich wie eine Verwaltungsvorschrift:

> Jedwede Hüter über gesetzliche Verordnungen, die es wagen, einen in den gesetzlichen Verordnungen, die sie hüten, benannten Titel zu vernachlässigen, werden jeweils gemäß den Titeln der gesetzlichen Verordnungen, die sie vernachlässigt haben, bestraft. (26.2)

Die »Hüter der gesetzlichen Verordnungen« sind zum Problem geworden: Ihnen wird bei Todesstrafe verboten, in den

Gesetzen »auch nur ein einziges Zeichen« zu verändern, sie müssen dem Volk »klare Auskunft« erteilen und diese ordnungsgemäß archivieren (26.2). »Gesetzesbeamte und Amtmänner« werden eingesetzt, um sich gegenseitig zu kontrollieren und dafür zu sorgen, dass niemand es wagt, »das Gesetz auch nur mit einem Wort zu beugen« (26.4). Fristen werden hier erstmals erwähnt (26.2), und auch der Umgang mit Akten und Archiven, eine Hauptaufgabe bürokratischer Verwaltung (26.3), wird in diesem Kapitel erläutert: Es reflektiert offenkundig die Probleme einer entwickelten Bürokratie. Tatsächlich deutet inhaltlich und sprachlich vieles darauf hin, dass Teil A dieses Kapitels aus der Zeit nach der Reichseinigung stammt. Vor allem die Rede vom ›Reich‹ (*tianxia*) und vom ›Himmelssohn‹ (*tianzi*) scheinen das Reich vorauszusetzen, aber auch Ausdrücke wie ›gesetzliche Verordnungen‹, ›verscheiden‹ (*wugu*) u.a. deuten auf einen Entstehungszeitraum im späten 3., wahrscheinlicher noch im 2. Jahrhundert v. Chr.

Erst in Teil B weicht der bürokratische Ton wieder dem *politischen* Diskurs, das heißt auch: der ursprünglich mündlichen Rede im Gegensatz zur schriftlich-formalisierten Regel. Jetzt tauchen wieder Initialpartikel auf, die den Text rhetorisch strukturieren, Anekdoten werden ausgebreitet, und Parallelen zu anderen Texten binden den Teil in einen politischen Kontext ein. Jetzt ändern sich auch die Themen. Vom ›Himmelssohn‹ ist nicht mehr die Rede, auch der Ausdruck ›Amtleute und Volk‹ – sehr prominent in Teil A – fällt nicht mehr. Stattdessen tritt der Gegensatz von ›Ordnung/Regierung‹ und ›Anarchie‹ in den Vordergrund, und vor allem ›Titel‹ bzw. ›Bezeichnungen‹ (*ming*) und ›Zuweisungen‹ werden zum beherrschenden Thema. Die Ankündigung des Titels wird erst ab 26.5 eingelöst. Teil B behandelt das Problem der Rechts*interpretation*. Schriftlich fixierte Gesetze sind allgemeingültig und abstrakt formuliert. Sie bedürfen der Auslegung, ebenso wie die Schriften der »früheren Weisen … stets durch Lehrer übermittelt [wurden], so dass die Aussagen in ihren Begriffen verständlich wurden« (26.5). Auf diese Weise fungieren die »Beamten und Amtmänner« als »Lehrer für das Reich«: Sie sind die entscheidenden Mittelsmänner, ohne die »der Herrscher der Menschen oben Gesetze gibt und das niedere Volk sie unten diskutiert« (26.5). Ganz anders als in 24.3, wo die »Vielzahl von Beamten und eine Menge von Amtmännern« noch als Problem gesehen wurde, sind sie hier die Lösung. Erst durch bürokratische Verwaltung wird »das Reich vollkommen geordnet« (26.6).

26.1

Der Herzog fragte Gongsun Yang: »Dass gesetzliche Verordnungen, die der Zeit entsprechend aufgestellt wurden,[1] schon am nächsten Tag Amtleuten und Volk im Reich wohlbekannt sind und einheitlich, ohne Privatinteressen durchgesetzt werden: Wie geht das?«[2]

26.2

Gongsun Yang sprach: Man schaffe gesetzliche Verordnungen und setze dann Beamte und Amtmänner ein. Diejenigen, welche die Aussagen der gesetzlichen Verordnungen verstehen, sollen als Richter[3] im Reich fungieren und dem Himmelssohn Rapport erstatten.[4]

Der Himmelssohn wiederum setze sie jeweils als Hüter der gesetzlichen Verordnungen ein:[5] Sie alle unterwerfen sich, empfangen die Befehle und nehmen ihr Amt auf.

Jedwede Hüter über gesetzliche Verordnungen, die es wagen, einen in den gesetzlichen Verordnungen, die sie hüten, benannten Titel zu vernachlässigen, werden jeweils gemäß den Titeln der gesetzlichen Verordnungen, die sie vernachlässigt haben, bestraft.[6]

Wenn Amtmänner, die gesetzliche Verordnungen hüten, versetzt werden oder verscheiden,[7] dann veranlasse man Gelehrte, die Aussagen der gesetzlichen Verordnungen zu lesen,[8] und mache ihnen die Vorgabe, in mehreren Tagen die Aussagen der gesetzlichen Verordnungen zu verstehen. Wenn sie die Vorgabe nicht erfüllen, bestrafe man sie gemäß der gesetzlichen Verordnung.

Wer es wagt, die gesetzlichen Verordnungen zu verändern, indem er auch nur ein einziges Zeichen – oder mehr – tilgt oder hinzufügt, werde ohne Pardon mit dem Tode bestraft.

Wenn unter den Beamten und Amtmännern oder im Volk jemand einen Amtmann, der gesetzliche Verordnungen hütet, nach den Aussagen der gesetzlichen Verordnungen fragt, sollte dieser allen jeweils gemäß den erfragten gesetzlichen Verordnungen klare Auskunft geben. Er sollte jeweils eine Bambustafel von einem Fuß und sechs Zoll Länge anfertigen,[9] auf die er klar Jahr, Monat, Tag und Stunde sowie den Titel der erfragten gesetzlichen Verordnung schreiben sollte, um Amtmännern und Volk damit Auskunft zu erteilen.

Wenn Amtmänner, die gesetzliche Verordnungen hüten, Beamten und Volk keine Auskunft zu den Aussagen der erfragten gesetzlichen Verordnungen erteilen, sollen in allen Fällen die Amtmänner, die gesetzliche Verordnungen hüten, jeweils gemäß den Vergehen in den erfragten gesetzlichen Verordnungen verurteilt werden.

Sobald sie den Amtmännern und dem Volk, die nach den gesetzlichen Verordnungen gefragt hatten, die linke Abschrift des Dokuments übergeben haben, archivieren die Amtmänner, die gesetzliche Verordnungen hüten, die rechte Abschrift des Dokuments sorgsam in einer Holztruhe, archivieren sie in den [Amts-]räumen und versehen sie mit dem Siegel des Leiters der gesetzlichen Verordnungen.[10] Später, nach seinem Verscheiden, werden die Geschäfte aufgrund dieser Dokumente geführt.

26.3

Die gesetzlichen Verordnungen werden alle in Kopie erstellt; von denen eine im Palast des Himmelssohns verwahrt wird. Für die gesetzlichen Verordnungen werden Verschlussräume eingerichtet, die mit Schloss und

Riegel gesichert und versiegelt werden. Die Kopie der gesetzlichen Verordnungen, die in dem Verschlussraum archiviert wird, erhält ein Siegel für Verschlusssachen. Wer es sich anmaßt, das Siegel des Verschlussraumes aufzubrechen, in den Verschlussraum einzudringen, die verschlossenen gesetzlichen Verordnungen anzusehen und auch nur ein einziges Zeichen – oder mehr – auszulöschen, wird allemal ohne Pardon zum Tode verurteilt. Einmal jährlich sollen gesetzliche Verordnungen gemäß den Verordnungen für Verschlusssachen in Empfang genommen werden.

26.4

Der Himmelssohn setze drei Gesetzesbeamte ein: einen Gesetzesbeamten im Palast, einen Gesetzesbeamten nebst Amtmann beim Zensor und einen Gesetzesbeamten beim Kanzler.[11]

Bei den Lehnsfürsten, in den Kommandanturen und Kreisen setze man jeweils einen Gesetzesbeamten nebst Amtmann ein, die allesamt einem Gesetzesbeamten [in der Hauptstadt] unterstehen.[12] Die Kommandanturen, Kreise und Lehnsfürsten sollen einheitlich die gesetzlichen Verordnungen aus dem Verschlussraum empfangen und zudem ihre Aussagen studieren.

Wenn Amtmänner und Volk Kenntnis der gesetzlichen Verordnungen wünschen, wenden sie sich an die Gesetzesbeamten,[13] so dass es unter Amtmännern und Volk im Reich keinen gibt, der das Gesetz nicht kennt.

Wenn die Amtmänner genau wissen, dass das Volk die gesetzlichen Verordnungen kennt, werden sie es nicht wagen, das Volk entgegen den Gesetzen zu behandeln, und das Volk wird nicht wagen, den Gesetzesbeamten zu trotzen, indem sie gegen das Gesetz verstoßen.

Wenn ein Amtmann jemanden aus dem Volk nicht dem Gesetz entsprechend behandelt, dann wendet dieser sich an den Gesetzesbeamten, der ihm sodann über das gesetzliche Urteil Auskunft erteilt. Sodann teilt die Person dem Amtmann die Worte des Gesetzesbeamten korrekt mit.[14] Wenn der Amtmann weiß, dass es so ist, wird er es nicht wagen, das Volk entgegen den Gesetzen zu behandeln, und das Volk wird nicht wagen, gegen das Gesetz zu verstoßen.

Auf diese Weise werden Amtmänner und Volk, und seien sie noch so würdig, gut, eloquent und klug,[15] es nicht wagen, das Gesetz auch nur mit einem Wort zu beugen; und wenn sie auch tausend Gulden besäßen, sie könnten nicht einen Cent davon [zu diesem Zweck] gebrauchen. Darum werden die Schlauen und Verschlagenen, die Würdigen und Fähigen sich allesamt aufraffen und gut tun; sie werden sich allesamt bemühen, sich selbst zu kontrollieren und der öffentlichen Sache zu dienen: Wenn das Volk dumm ist, ist es einfach zu regieren. All das erwächst daraus, dass die Gesetze klar und leicht verständlich sind und zwangsläufig angewendet werden.

26.5

Gesetzliche Verordnungen sind Befehle für das Volk und Grundlage der Regierung: Sie schaffen Vorsorge für das Volk. Wenn man nun regieren wollte, aber die gesetzliche Verordnungen abschaffte, wäre das, als wolle man nicht hungern, schaffte aber das Essen ab, als wolle man nicht frieren, schaffte aber die Kleidung ab, als wolle man nach Osten, ginge aber nach Westen: Dass das nicht angeht, dürfte doch wohl klar sein.[16]

LSCC 17.6, Shen 82 ›Wenn ein Hase daherläuft und hundert Menschen ihn jagen, geschieht es nicht wegen des Hasen;[17] denn auf dem Markt werden sie überall verkauft – dass aber kein Dieb es wagt, sie zu stehlen, liegt daran, dass Titel und Zuweisungen schon festgelegt sind.‹[18] Wenn Titel und Zuweisungen noch nicht festgelegt sind, würden selbst Yao, Shun, Yu und Tang dem Hasen eilends nachjagen; wenn Titel und Zuweisungen aber festgelegt sind, würde selbst ein raffgieriger Dieb ihn nicht stehlen.

Wenn nun die gesetzlichen Verordnungen nicht klar sind und ihre Titel nicht festgelegt, können die Menschen im Reich darüber diskutieren, und ihre Urteile werden nicht feststehen, sondern je nach Person unterschiedlich ausfallen. Wenn der Herrscher der Menschen oben Gesetze gibt und das niedere Volk sie unten diskutiert, dann sind die gesetzlichen Verordnungen nicht festgelegt und aus Unten wird Oben. Das ist damit gemeint, dass Titel und Zuweisungen nicht festgelegt sind.

Wenn nun Titel und Zuweisungen nicht festgelegt sind, dann würden sogar Yao und Shun sie allesamt verdrehen und korrumpieren – und erst recht die Massenmenschen! Das führt dahin, dass Korruption und Übeltaten verstärkt aufkommen, der Herrscher der Menschen seiner Autorität und Amtsmacht beraubt wird, der Staat untergeht und die Altäre der Domäne ausgelöscht werden.[19]

Nun haben die früheren Weisen Schriften erstellt und sie der Nachwelt überliefert. Diese wurden stets durch Lehrer übermittelt, so dass die Aussagen in ihren Begriffen verständlich wurden.[20] Wären sie nicht durch Lehrer übermittelt worden und hätten die Menschen stattdessen aufgrund ihrer eigenen Ansichten darüber räsonniert, dann hätten sie bis an ihr Lebensende nicht vermocht, deren Begriffe und Bedeutung zu verstehen.

Daher haben die Weisen für gesetzliche Verordnungen stets Beamte und Amtmänner eingesetzt, um als Lehrer für das Reich zu dienen, um auf diese Weise Titel und Zuweisungen festzulegen. Sind Titel und Zuweisungen festgelegt, dann werden auch die Verschlagensten ehrlich und zuverlässig,[21] alle im Volk werden brav und ergeben und kontrollieren sich jeweils selbst.

Daher: Titel und Zuweisungen festzulegen ist der Weg, um Ordnung zu ermöglichen; Titel und Zuweisungen nicht festzulegen ist der Weg, um Anarchie zu ermöglichen.

Daher: ›Wenn die Umstände geordnet sind, kann HFei 40
keine Anarchie aufkommen; wenn die Umstände anarchisch sind, kann keine Ordnung aufkommen.‹[22]

›Wenn nun die Umstände anarchisch sind und man 5.4
will Ordnung stiften, wird die Anarchie nur größer;

wenn aber die Umstände geordnet sind und man stiftet Ordnung, dann herrscht Ordnung.‹ Daher schufen die weisen Könige Ordnung aus Ordnung, nicht aus Anarchie.

26.6

HFei 49 ›Worte von subtiler, mysteriöser Bedeutung bereiten auch den Klügsten Schwierigkeiten.‹[23] Dass ohne die Richtschnur der gesetzlichen Verordnungen nichts aus dem Lot geriete, kommt einmal in Millionen von Fällen vor;[24] daher regieren die Weisen das Reich so, wie es den Millionen von Fällen entspricht.

HFei 47 Daher: ›Was nur die Klugen verstehen können, taugt nicht als Gesetz, denn die Menschen sind nicht alle klug; und was nur Würdige verstehen können, taugt nicht als Gesetz, denn die Menschen sind nicht alle würdig.‹[25]

Daher sorgten die Weisen, wenn sie Gesetze machten, dafür, dass sie klar und leicht verständlich waren: Denn wenn die Bezeichnungen korrekt sind,[26] dann können Dumme und Kluge sie gleichermaßen verstehen. Sie setzten Gesetzesbeamte ein und Amtmänner, die Gesetze hüten, und machten sie zum Lehrer für das Reich, auf dass das zahllose Volk nicht in Fallen und Gefahren gerate.[27]

Daher: Dass die Weisen das Reich gründeten, ohne dass es Tote durch Strafen gab, lag nicht daran, dass es keine Todesstrafen gab, sondern daran, dass die gesetzlichen Verordnungen klar und leicht verständlich waren und dass sie Gesetzesbeamte und Amtmänner einsetzten und zu Lehrern machten, so dass sie [das Volk] zum Verständnis führten.

Wenn alle im zahllosen Volk wissen, was sie zu vermeiden und anzustreben haben, vermeiden sie Unglück, streben nach Glück und kontrollieren sich auf diese Weise selbst.

Daher nutzt ein erleuchteter Souverän die Ordnung, um Ordnung zu schaffen: So ist das Reich vollkommen geordnet.[28]

Anmerkungen

Einleitung

1 Das ändert sich just in diesen Tagen. Während diese Zeilen geschrieben wurden, saß Yuri Pines (Jerusalem) bereits an einer kommentierten Neuübersetzung des *Shangjun shu* ins Englische, die 2017 bei Columbia University Press erschienen ist. Ich danke Yuri herzlich für Teile seines Buches – darunter ein Entwurf der gesamten Übersetzung –, die er mir zur Verfügung gestellt hat.

2 Vgl. die zusammenfassende Kritik von Goldin 2011. Auch Tilemann Grimm weist darauf hin, dass »das Wort ›*Fa*‹ weniger ›lex‹ als vielmehr ›Verordnung‹ und methodisches, politisches Handeln umschließt« (HWdPh V, 166, s.v. ›Legismus‹).

3 Vgl. etwa Posner 2009, xii. Der Politikwissenschaftler Hans Morgenthau hat einmal ein anschauliches Beispiel dafür gegeben, was ›legalism‹ bedeutet: Die Sowjetunion war 1939 in Finnland einmarschiert. Daraufhin beschlossen England und Frankreich, da die Sowjetunion gegen die Satzung des Völkerbundes verstoßen hatte, sie aus dem Völkerbund auszuschließen und den Finnen militärisch zu Hilfe zu kommen. Der Plan, der England und Frankreich in einen Zwei-Fronten-Krieg gegen die Sowjetunion und Deutschland gestürzt hätte, scheiterte nur am Widerstand Schwedens, das den Durchmarsch von Truppen durch sein Land verweigerte. Morgenthau bezeichnet diese Politik Englands und Frankreichs als »klassisches Beispiel für Legalismus, insofern sie der Antwort auf die *rechtliche* Frage, so legitim sie in ihrem Bereich war, gestatteten, ihr *politisches* Handeln zu bestimmen« (Morgenthau 1978, 4–15).

4 So z.B. Waley 1959, der allerdings einen alltagssprachlichen Begriff von ›Realismus‹ meint: »they held that … government must be based upon ›the actual facts of the world as it now exists.‹ They rejected all appeals to tradition, all reliance on supernatural sanctions and trust in supernatural guidance. For this reason, the term ›Realist‹ seems to me fit …« (S. 151). Vgl. auch, ausführlich argumentierend, Fischer 2012, der dennoch am alten Begriff festhält: »since no one has come up with a better term, I shall stick with ›Legalism‹« (S. 201, Anm. 2). Auch ein Standard-

werk zur Theorie der Internationalen Beziehungen führt den Realismus auf das chinesische Altertum zurück – allerdings auf den Militärtheoretiker *Sunzi* (Goldstein/Pevehouse 2013, 43).

5 Kurze Einführungen in diese und viele weitere Werke der klassischen chinesischen Literatur bietet Loewe 1994. Zu den hier verwendeten Ausgaben vgl. die Bibliographie.

6 Lévi 1981, 11, offenbar ironiefrei. Die Passage erinnert unfreiwillig an die Satire in Zhuang 26, wo konfuzianische Gelehrte »mit Liedern und Riten« Gräber plündern. Auch Lewis 1990 interessiert sich nicht für »die abweichende, erschreckende Gewalt der Zeitungen [!], sondern für die Arten, Schaden zuzufügen oder Leben zu nehmen, die Menschen akzeptieren, befürworten und sogar vorschreiben« (S. 1) bzw. für »rituell kodierte Gewalttaten« (S. 7).

Einführung

1 Vgl. Kolb 1991, 119f., und Shaughnessy 1997, der den Quellenwert des hier zitierten Dokuments ›Shifu‹ betont; zu Menschenopfern auch Lewis 1990, 26–28.

2 Zu Inschriften als historischen Quellen vgl. Shaughnessy 1991. Ebd., 176, heißt es, dass über 50 Inschriften von militärischen Aktivitäten berichten. Übersetzungen der hier zitierten Inschriften finden sich u.a. ebd., 179f., sowie in Kolb 1991, 129f., und CHAC, 320.

3 Halverson 1985, 130, mit Bezug auf Ithaka. So, wie Halverson mit falschen Vorstellungen vom Königtum in Homers Welt aufräumt, stellt Wimmer 2009, 12, klar, dass es zwischen 500 und 1500 »in Europa keinen Staat, auch keinen ›vormodernen Staat‹« gab. In der sinologischen Literatur wird dieser Punkt bislang kaum deutlich, stattdessen liest man allenthalben vom ›Staat‹ der Zhou. Auch Begriffe wie ›Regierung‹, ›Bürokratie‹, ›Gesetze‹ (sogar von ›Nation‹ ist die Rede) suggerieren staatliche Strukturen, die sich erst allmählich herausbildeten. Solche begrifflichen Unschärfen verstellen bis heute den Blick auf die politischen und sozialen Verhältnisse im Alten China.

4 Zur Blutrache in der Chunqiu-Zeit vgl. Ch'ü Tung-tsu 1965, 78–87, sowie die Hamburger Magisterarbeit von Maria Schreibweis 2001; zu ihrem Nachleben bis in die Tang-Zeit vgl. ter Haar 2000, 124–26.

5 Zu den Herrschergräbern der Chunqiu- und Zhanguo-Zeit vgl. von Falkenhausen 2006; speziell zum Grab des Ersten Kaisers vgl. Khayutina 2013. Ohne Kenntnis neuerer archäologischer Funde hat schon Hsiao Kung-chüan den Prozess beschrieben: »In the clan-law [*zongfa*] system, the ruler and his aristocratic kin shared a divided authority, permitting no one person to be elevated far above others. … But with the dissolution of clan-law institutions, and the aristocracy's disappearance from the scene, the position of ruler and people tended toward total separation« (Hsiao 1979, 323f.).

6 Zur militärischen Revolution in Europa vgl. Parker 1990, der auf S. 21f. explizit die Parallele zum Alten China zieht. Die chinesische Militärgeschichte bis zur Zhanguo-Zeit wird ausführlich beschrieben bei Kolb 1991.

7 All das konnte in der Praxis natürlich ganz anders aussehen. So gehörte zum Kodex des neuen Militärs auch, Kriegsgefangene »gut zu behandeln und zu pflegen« (Sun 2) – und dennoch liest man, dass Qin 260 v. Chr. angeblich über 400.000 Soldaten von Zhao niedermetzelte, obwohl sie sich unterworfen hatten (SJ 73).

8 Das chinesische Wort *luan*, dessen Bedeutungsspanne auch ›Unordnung‹, ›Wirrnis‹, ›Aufruhr‹ und ›Anomie‹ umfasst, meint im politischen Diskurs meist konkret die Abwesenheit staatlicher Herrschaft und Zersplitterung politischer Macht in regionale und familiäre Kleinsphären: die »feudale Anarchie«, die herrscht, wenn niemand herrscht. Wenn ein Räuber »im Land plündert, ohne dass die Funktionäre es verhindern können: das ist Anarchie in der Regierung« (HFei 7.21).

9 Die Frage, warum dieses alte Problem chinesischen Denkern erst in der Zhanguo-Zeit in aller Deutlichkeit bewusst wurde, ist damit freilich nicht geklärt. Jean-Pierre Vernant führt die Weigerung der Griechen, »eine Situation hinzunehmen, die sie als *anomia* bezeichnen«, auf »technische und ökonomische Veränderungen« zurück (Vernant 1982, 72). Sicher hat auch im Alten China technischer Fortschritt – Eisenguss, neue Ackerbautechniken, Münzgeld, Waffentechnik, Schrift u.a. – neue Ansprüche an die Ordnung der Gesellschaft hervorgebracht. Vielleicht war es auch der Übergang zu Territorialstaaten, in denen Herrschaft viel weniger präsent sein konnte als in Städten, durch den das Problem der ›Anarchie‹ (*luan*) allererst entstanden ist. Mit der allmählichen Auflösung segmentärer Strukturen

ließen sich Gewaltausbrüche zudem nicht mehr als ›Familienangelegenheiten‹ abtun, sondern sie wurden zum Problem der Allgemeinheit.

10 Dass die folgende Darstellung nicht ›den‹ Politischen Realismus des Alten China in all seinen Facetten, Brüchen und Widersprüchen beschreiben kann, liegt auf der Hand. Wie ungereimt allein das *Shangjun shu* in vielen Passagen erscheint, machen die Übersetzung und der Kommentar in diesem Band deutlich. Andere – z.T. durchaus kontrastierende – Darstellungen des Politischen Realismus bieten u.a. Vandermeersch 1965, Creel 1970a, Creel 1974, Rubin 1976, Fu Zhengyuan 1996 und Pines 2005.

11 Vgl. Chang 1983, 35: »The lineage (*tsu* [= *zu*]) itself was probably the most important social framework for coercion; *tsu* rules were the society's fundamental law. ... Thus, the leader of a *tsu* was not only the head of a lineage or sublineage but also a military commander, and his orders in civic as well as military affairs were to be obeyed. Defiance of a *tsu* leader could be punished severely, by mutilation or even death.« Ebenso Liu Yongping 1998, 19–60, wo zudem betont wird, »that in the early days the customary law of a particular *zu* was applicable only to its own *zu* members and there was not a unified law which could be universally applied to members of various *zu*« (S. 12).

12 Es ist kein Zufall, dass sich die Lehren des Politischen Realismus weniger beim alten Adel durchsetzten, der »kraft Tradition« herrschte (Weber 1972, 580ff.), als bei den »neuen« Herrschern der späten Chunqiu- und Zhanguo-Zeit. Shen Dao beriet König Xuan von Qi, dessen Familie im 5./4. Jahrhundert v. Chr. die Herrschaft in Qi usurpiert hatte, andere reüssierten in den Nachfolgestaaten des alten Jin: Li Kui in Wei, Shen Buhai und Han Fei in Han. In Qin lagen die Dinge etwas anders, da die Herrscherdynastie auf eine lange, ungebrochene Tradition zurückblicken konnte. Doch seit dem 5. Jh. v. Chr. waren die Herzöge von Qin – oft als Minderjährige auf den Thron gekommen – zu Marionetten ihrer Minister geworden (CHAC, 602). Herzog Xiao ging es also darum, die alte Herrschaft seiner Familie auf ein neues Fundament zu stellen und sie von der Bedrohung durch die Adelsfamilien zu befreien. Auch in Qin ging es um einen »aufstrebenden Staat« (SJS 13.5 u.ö.).

13 Der Verlust der Eindeutigkeit zeigt sich deutlich auch an den vielen Paradoxien, die im SJS geradezu zelebriert werden: »Wer mit Starken die Starken austreibt, ist schwach; wer mit Schwa-

chen die Starken austreibt, ist stark« (4.1); »ist das Volk geordnet, neigt es zur Anarchie« (5.4); »wenn man das Volk mit den Dingen dirigiert, die es verabscheut, dann endet man bei den Dingen, die es liebt« (7.4); »durch Gesetze die Gesetze … und durch Reden das Gerede« abschaffen (13.2); »das Klarstellen der Anweisungen führt zur Abschaffung von Anweisungen« (17.4): »mit Krieg den Krieg abschaffen … durch Strafen die Strafen abschaffen« (18.1) u.a. (vgl. auch Dean/Massumi 1992, 40f.). Doch dies ist kein postmodernes Spiel mit der Vieldeutigkeit der Welt. Die Antwort des *Shangjun shu* auf diese Ambivalenzen ist die kompromisslose Forderung nach *Eindeutigkeit*.

14 Karl Popper beschreibt diesen Übergang als den von ›Natur‹ zu ›Konvention‹: »Ein charakteristischer Zug der magischen Einstellung einer primitiven ›geschlossenen‹ oder Stammesgesellschaft ist dieser: Sie lebt in einem Zauberkreis unveränderlicher Tabus, Gesetze und Sitten, die als ebenso unvermeidlich empfunden werden wie der Aufgang der Sonne, der Kreislauf der Jahreszeiten oder ähnliche klare Regelmäßigkeiten des Naturverlaufs. Und erst nach dem Zusammenbruch dieser magischen ›geschlossenen Gesellschaft‹ kann sich ein theoretisches Verständnis für den Unterschied zwischen ›Natur‹ und ›Gesellschaft‹ entwickeln« (Popper 1992, 69).

15 Loubna El Amine hat jüngst versucht, diese Ansicht zu widerlegen. Doch über die Annahme eines »Raums zwischen ›ethischer Politik‹ und ›krasser Politik‹« (El Amine 2015, 59), in dem »Hegemonen, obwohl die keine Tugend besitzen, in gewissem Grade akzeptiert« (27) und Strafen »als letztes Mittel« (196) angewendet werden, kommt auch sie nicht hinaus: amoralische Politik bleibt für Konfuzianer ein unliebsamer Kompromiss.

16 Rickett 1985, 259, übersetzt etwas unglücklich »position of authority«, womit er zwei Machtbegriffe vermengt. Generell scheitert die sinologische Literatur meist an der begrifflichen Differenzierung von ›Macht‹ in der klassischen Literatur: *shi* (potestas), *wei* oder *quan* (auctoritas) und *li* (vis) werden in der Regel plattweg als ›Macht‹ übersetzt – obwohl es gerade für diesen Oberbegriff kein altchinesisches Wort gab.

17 Vgl. hierzu Sternberger 1974, v.a. S. 43 u. Anm. 17.

18 Eben deshalb wird hier auf den Begriff des ›Politischen‹ verzichtet, den Christian Meier (1980) für die Griechen reklamiert. »Der Begriff des Politischen«, wie Carl Schmitt (1963) ihn geprägt hat, steht gerade für die *Ent*differenzierung der Politik

und die Auflösung der Identität von Staat und Politik: davon kann im Diskurs des Politischen Realismus keine Rede sein.

19 Zum Prinzip der Inklusionshierarchie vgl. Luhmann 2000, 70f., sowie, zur Unterscheidung von Strukturhierarchie Wimmer 1996, 31f., 40f. und 207.

20 Grundlegend dazu: Stumpfeldt 1970. Stumpfeldt weist nach, dass das Wort *jiang* sich auf »kleinere territoriale Einheiten, z.B. einzelne Städte innerhalb eines Staates« beziehen kann, während *jing* »tatsächlich die staatlichen Grenzen meint« (S. 27): ebendieses Wort wird hier benutzt, während *jiang* im Diskurs des Politischen bezeichnenderweise keine Rolle spielt: im SJS kommt es gar nicht vor.

21 Vgl. Liu Yongping 1998, 156: »such spirits must have supreme authority over all the participants. Thus … the parties appealed to ›the guardians of reverence and covenants‹.« Viele Beispiele für die Rolle der Geister bei Treueschwüren finden sich bei Weld 1990. Interessanterweise halten noch die Mohisten – in einem Kapitel über ›Erleuchtete Dämonen‹ – den Glauben an Geister hoch, die als Rächer für Mordopfer fungieren: »Wer Unschuldige tötet, wird Unglück erfahren, denn die Strafe der Geister und Dämonen folgt in Windeseile« (Mo 8.31). Während die Geister hier noch die staatliche Strafverfolgung ersetzen müssen, hat der Politische Realismus sie nicht mehr nötig: In seinem Idealstaat werden Verbrechen von Amts wegen verfolgt und bestraft, der ›erleuchtete Herrscher‹ ersetzt die Geister.

22 Auch Zichan, der Gesetzgeber von Zheng, soll gesagt haben: »Was den Altären der Domäne nutzt, daran halte ich auf Leben und Tod fest« (Zuo 10.4) – bezeichnenderweise als Antwort auf eine Kritik an seine Einführung von Steuern, einer staatlichen Institution also.

23 Vgl. zu alledem Meyer 2010/11, bes. 42–53. Speziell zur Inschrift des Chen hou Yinzi *dui* vgl. ebd., 68f., und Doty 1982, 616–37. Die Inschrift wird König Wei von Qi (reg. 356–320 v. Chr.) zugeschrieben.

24 Zugleich hätte die Unterscheidung zwischen ›privat‹ und ›öffentlich‹ keinerlei Sinn ergeben: »In der segmentären Gesellschaft fehlt jeder Bedarf dafür, das Öffentliche als solches zu bezeichnen und es gegen andere, auch mögliche Arten von Sozialität zu differenzieren. … Dem entspricht der in der Ethnologie häufig wiederholte Befund, wonach es unter diesen Umständen keine oder so gut wie keine Privatheit gibt« (Kieserling 1999, 454).

25 Diese Aspekte von Mozis Lehre werden bei Rubin 1976, 33–54, sehr klar herausgearbeitet; vgl. auch Schmidt-Glintzer 1975.

26 Der Ursprung dieses Antagonismus wird in HFei 49 in graue Vorzeit projiziert: Schon Cangjie, der mythische Erfinder der Schrift, habe das, »was um sich selbst kreist, ›privat‹ genannt, und den Gegensatz zu ›privat‹ ›öffentlich‹.« Die Aussage spielt auf das Schriftzeichen für ›privat‹, *si* 私, an, dessen ursprüngliche Form einfach 厶 war. Dieses Zeichen, kombiniert mit dem Zeichen 八, das u.a. ›entgegenstehen‹ bedeutet, ergibt das Zeichen für ›öffentlich‹, *gong* 公, also: das, was dem Privaten entgegensteht. Das Lexikon *Shuowen jiezi* aus dem 2. Jh. n. Chr. definiert das Zeichen 厶, mit Bezug auf diese Stelle im HFei schlankweg als ›treulos‹.

27 Schon in der Chunqiu-Zeit wurden Truppen der aristokratischen Haushalte ›private Gefolgschaft‹ (*sishu*) genannt, im Gegensatz zu den ›herzöglichen Truppen‹ (*gongtu*; vgl. Kolb 1991, 184, 188). Ländereien adliger Familien hießen ›private Felder‹ (*sitian*, GLZ 7.15), und im *Shangjun shu* wird das ›Private‹ explizit damit assoziiert, »Nähe zu den Nahestehenden zu wahren« (SJS 7.1), d.h. zur eigenen Sippe. Weitere Belege bei Brindley 2013, 10, die folgert: »These usages for *si* all suggest a proximity to one's person based on descent, kin relations, or patronage.«

28 Zum Gegensatz von ›politisch‹ und ›privat, selbstbezogen, eigennützig‹ bei den Griechen vgl. Meier 1980, 27f. Zum europäischen Begriff vgl. Wimmer 2000, 505: »Ursprünglich bezog sich ›öffentlich‹ auf den Unterschied zu ›privat‹, die Unterscheidung diente dazu, die Macht der Stände in die ›Privatsphäre‹ zu verweisen und sie auf diese Weise zu entpolitisieren. Das entsprach der Grundtendenz des Absolutismus, den Ständen die tradierten Partizipationsrechte zu entziehen und alle Entscheidungsrechte beim Monarchen zu konzentrieren. Der Bereich der ›Öffentlichkeit‹ wird mit dem ›Staat‹ gleichgesetzt.«

29 Das Prinzip wurde im Kriegsfall auf die Spitze getrieben. Das SJS beschreibt eine militärische Organisation von ›drei Armeen‹, in denen Frauen streng von Männern bzw. Alten und Kindern getrennt sind (12.3): Im Kampf für den Staat sind alle Familienstrukturen aufgelöst. Im zivilen Leben haben erst die Volkskommunen der VR China im 20. Jahrhundert versucht, Familienangehörige ähnlich strikt zu trennen.

30 Mit den ›vier Ständen‹ bildete sich erstmals ein Vorläufer des modernen Gesellschaftsbegriffs heraus (Vogelsang 2012a, 156f.):

Er wurde offenbar erst fassbar, als ein Begriff vom ›Staat‹ – ebenfalls ein Vorläufer des modernen Begriffs – an Konturen gewann, von dem sich die ›vier Stände‹ unterscheiden ließen.

31 Georges 1998, Bd. 2, Sp. 2202–6, s.v. ›ratio‹. Dass die *fajia* Rationalisten sind, ist im Übrigen oft genug betont worden: David Hall und Roger Ames verbinden sie mit einer »theory of rational political order«, W. L. Liano attestiert ihnen »a radical restructuring of society in ways that were totally rational and up-to-date«, Irene Bloom erkennt als ihr Ziel »organizing society on a rational basis«.

32 ›Recht‹ und ›positives Recht‹ werden hier, wohlgemerkt, als analytische Begriffe verwendet, die keine Entsprechung in den Quellen haben: Der Politische Realismus des Alten China hatte noch keinen abstrakten Begriff von ›Recht‹. Die Wandelbarkeit des positiven Rechts betont Luhmann 1993, 533: »Deshalb kann die Positivität des Rechts auch als Zulassung von Rechtsänderungen begriffen werden. Die alte Form der Bindung an ›Höheres‹ wird ersetzt durch eine ständig neu auszuhandelnde Kombination von Bindung und Änderung. Die Unterscheidung de lege lata/de lege ferenda entfaltet die Paradoxie, daß das Recht genau deshalb gilt, weil es geändert werden könnte.« Im *Shenzi* heißt es dazu lapidar: »An Gesetzen festzuhalten, ohne sie zu ändern, führt in den Niedergang« (Shen 78).

33 Den Bedeutungswandel von *nomos* beschreibt Meier 1980, 306f.: »Dabei ist ›Nomos‹ Recht im umfassendsten Sinne, Sitte, Brauch, Herkommen in einem. Auch Gesetze können darin enthalten gewesen sein, indem sie auf eine Stufe mit dem Herkommen gestellt wurden. Sie machten aber zunächst nur einen kleinen Teil davon aus. … Innerhalb des weiten Bedeutungsfeldes kristallisiert sich im Laufe des 5. Jahrhunderts ein ganz neuer Sinn heraus: Nomos wird zum Gesetzesbegriff.«

34 Noch die moderne politische Kommunikation »findet zumeist mündlich statt oder erfordert, wenn schriftlich, die Fähigkeit, zwischen den Zeilen zu lesen« (Luhmann 2000, 254f.): im Parlament wird parliert. Im Alten China, in dem Lesefähigkeit nur sehr eingeschränkt verbreitet war und viele Herrscher mit schriftlicher Kommunikation überfordert gewesen sein dürften (vgl. 74), traf das umso mehr zu.

35 In dem Han-Gesetztext *Ernian lüling* scheint *fa* das System von Analogien zu bezeichnen bzw. die Verfahrensregeln (Li Jingrong

2014, 207–17), denen bei der Entscheidung zu folgen ist, jedenfalls nicht die Einzelanweisungen.

36 Die zitierten Bronzen sind: Wu si Wei *ding* (MWX 198, YZJC 2832; Lau 1999, 353–61), Guo Cong *ding* (Lau 1999, 362–67; Liu Yongping 1998, 125), und Xun *yi* (MWX 258, YZJC 10285; Liu Yongping 1998, 126). Zum Strafgesetz der West-Zhou vgl. Liu Yongping 1998, 119–127.

37 Die Parallele zum römischen Zwölftafelgesetz (ca. 450 v. Chr.) ist evident, das von den Plebejern gegenüber dem Adel gefordert worden war, um ihre Stellung zum Gesetz klarzustellen und aristokratische Willkür zu beenden. Der Zweck ist derselbe – mit dem Unterschied, dass die Veröffentlichung von Gesetzen im Alten China von oben ausging, nicht von unten.

38 Vgl. zu alledem Luhmann 1993, 262ff., der in der »Repression von ad hoc und ad hominem Argumenten … eine entscheidende Schwelle der Evolution« des Rechts ausmacht.

39 Vgl. zu dieser Unterscheidung Wimmer 2009, 83f.: »Im traditionellen akkusatorischen Verfahren treten Angehörige/Verwandte des Getöteten vor einen Richter und einer gewissen Anzahl von Schöffen als Kläger auf, wobei sie so viel an ›Sozialkapital‹ mobilisieren wie nur möglich, um die ›gerechte Sache‹ glaubhaft darzutun. … Ziel des Gerichtsprozesses war nicht unbedingt die Bestrafung des (für schuldig befundenen) Täters, sondern die Erzwingung einer Kompensation im Sinne eines Täter-Opfer-Ausgleichs … Beim Inquisitionsprozess … kommt das Gericht wie eine Art selbsttätige Maschine in Bewegung und bedarf keiner ›privaten‹ Mitwirkung mehr: der Tatverdächtige wird gegebenenfalls in Haft genommen (Untersuchungshaft) und verhört. Das Gericht versteht sich nun als eine untersuchende Behörde, welcher es obliegt, die Wahrheit des Falles zu ergründen, und dazu müssen vor allem Zeugenaussagen eingeholt werden …«. Vernant 1982, 79f., beschreibt es ähnlich: »Die Waffen, die die im archaischen Prozeß einander gegenüberstehenden *genê* besaßen, waren die rituellen Formeln und die althergebrachten Beweisformen: der Schwur, die Vereidigung und die Zeugenaussage. … Anders in der Stadt: hier repräsentiert der Richter die Gesamtheit der Bürger, die Gemeinde als Ganzes … Die Begriffe von Beweis, Zeugenschaft und Urteil selbst haben deshalb eine vollkommen andere Bedeutung bekommen. Der Richter hat in der Tat die Pflicht, die Wahrheit an den Tag zu bringen, und im Namen dieser Wahrheit wird er sich von nun

an äußern. … So trägt das Rechtswesen zur Entwicklung des Begriffs einer objektiven Wahrheit bei, wie er im Rahmen des ›vorrechtlichen‹ alten Prozesses noch unbekannt war.«

40 Zu den Texten von Shuihudi vgl. einführend Hulsewé 1978 (ebd., 208–11, zu Vermögensstrafen) sowie, ausführlich zu den Gesetzestexten, Hulsewé 1985 (ebd., D 35, D 60 und D 71 zu Intentionalität vs. Unfall).

41 Und nicht nur dieser: Auch im europäischen Mittelalter waren Ehrenstrafen wie der Schandpfahl, der Pranger oder das Abschneiden der Nase verbreitet; und die peinlichen Strafen – Rädern, Kreuzigen, Vierteilen, Pfählen, Verbrennen, Ertränken u.a. – des Abendlandes standen den chinesischen an Grausamkeit in nichts nach. Vgl. Dülmen 1985 und, speziell zum Abschneiden von Nasen, Groebner/Selwyn 1995.

42 Vgl. dazu Luhmann 2000, 47f.: »Das Ausschließen des anwesenden Ausgeschlossenen erfordert laufende *symbolische* Anstrengungen. Die Polizei darf erscheinen, aber sie sollte nicht genötigt sein zuzupacken. Gesteigerte Symbolizität, sit venia verbo, bedeutet auch gesteigerte symbolische Empfindlichkeit. Die Macht darf sich keine erkennbare Schlappe leisten, weil dies Konsequenzen hätte, die über den Einzelfall hinausgehen. Der Machthaber muß schon im Vorfeld nachgeben können, wenn er seine Sanktionsmittel nicht einsetzen kann oder nicht einsetzen will.«

43 Schlumbohm 1997, 659. Schlumbohm vermutet in der mangelnden Durchsetzung von Gesetzen »ein Strukturmerkmal des frühneuzeitlichen Staates«. Er weist darauf hin, dass in vielen Fällen »die drakonische Härte der Edikte nicht angewendet« wurde (650), dass die »allgemeine Pflicht zum Schulbesuch auch nicht annähernd durchgesetzt werden konnte« (651), Luxusgesetze wirkungslos blieben (652) und selbst verhaftete Delinquenten »längst nicht immer nach der Schärfe des Gesetzes abgeurteilt« wurden (656) und legt nahe, dass »in der alteuropäischen Gesellschaft Gesetze und Mandate nur einen Potentialis darstellen, eine Möglichkeit der Verwirklichung, nicht aber den Realis einer verbindlichen Norm« (Ernst Schubert, zit. ebd., 650).

44 Der *locus classicus* dieser Formel dürfte wohl SJS 8.2 sein (vgl. Vandermeersch 1965, 74, Fn.); sie erscheint aber auch im *Liutao*, also – wenig überraschend – in einem militärischen Kontext.

45 Vgl. dazu Tilly 1975, Morris 2013 sowie Wimmer 2009, v.a. Kap. 6.

46 »States organized for warfare« nennt sie Mark Edward Lewis (CHAC, 620). Den Zusammenhang von »War and State Formation« hat – wiewohl etwas holzschnittartig – Hui 2005 beschrieben. Die Literatur der Zhanguo-Zeit selbst reflektiert die Bedeutung des Militärs. Nicht nur spezifisch militärtheoretische Texte entstanden in großer Zahl – die älteste Bibliographie nennt 53 Titel –, sondern auch politische Denker befassten sich ausführlich damit: *Xunzi*, *Guanzi* und *Mozi* enthalten ganze Kapitel zur Kriegsführung.

47 Zweimal in ebendiesem Sinne auch im SJS (10.6, 20.11) Den Bedeutungszusammenhang teilt das Altchinesische mit dem Deutschen; vgl. Adelung, s.v. ›Volk‹: »c. Soldaten, die Armee; in welcher Bedeutung es doch nur noch in den niedrigen Sprecharten üblich ist. Unter das Volk gehen, unter die Soldaten. Unter dem Volke seyn, unter den Soldaten. Das Volk kommt, die Armee, die Truppen«; und DWb, s.v. ›Volk‹: »1) die älteste bedeutung ist geschlossene abtheilung von kriegern, heerhaufe; so wurde es von den Slaven entlehnt (altslav. pluku, kriegsschar) und kam als fremdwort (ein pulk kosaken) wieder zurück«.

48 Auf diese Weise soll Shang Yang laut HFei 43 das Volk von Qin organisiert haben. Das *Shangjun shu* selbst gibt allerdings kaum konkrete Hinweise auf solche ›Zehner- und Fünfergruppen‹. Mag sein, dass Shang Yang hier eine weitere ›unmenschliche‹ Maßnahme – sie zerstörte Familienbande – unterstellt wurde, die in Wirklichkeit viel stärker in der chinesischen Tradition wurzelt – und tatsächlich von späteren Dynastien ohne Weiteres übernommen wurde.

49 Bezeichnenderweise meidet das SJS die jeweiligen Gegenbegriffe: Das Wort ›Freund‹ ist ihm unbekannt, dem Feind stehen nur »wir« (SJS 15.2) gegenüber; auch das Wort ›Frieden‹ kommt nicht vor, das Gegenteil von Krieg ist lediglich die »Ruhezeit« (SJS 22.2) zwischen den Kriegen. Das SJS benutzt ausschließlich die jeweils präferierte Seite der Unterscheidungen, denn die andere Seite wäre verderblich: »wenn ein Staat keinen Krieg führt, obwohl er stark ist, wird sich Verderben im Inneren verbreiten« (SJS 4.3).

50 So hat man sich etwa die Kriegsführung der Zhou erklärt, deren Angriff auf die Shang eine Strafe für deren Lasterhaftigkeit gewesen sei: »Gerechte Feldzüge gegen die Gewaltsamen und Straffeldzüge gegen die Renitenten, das ist höchste Ordnung« (Xun 18) – also Teil der ›Innenpolitik‹. Im SJS kommen die

Worte *zheng* im Sinne von »rechtmäßiger Feldzug« (SJS 6.6, 7.2) und *zhu* im Sinne von »Straffeldzug« (SJS 1.4) nur in historischen Verweisen vor.

51 Lu soll 594 v. Chr. Bodensteuern – angeblich den ›Zehnten‹ – eingeführt haben (Zuo 7.15), 590 v. Chr. zudem eine Militärabgabe: In diesen Jahren war Chu militärisch nach Norden vorgedrungen, hatte Jin geschlagen und Lus Nachbarn wiederholt angegriffen. Auch in Frankreich wurde die erste landesweite Steuer, die *taille*, während des Hundertjährigen Krieges eingeführt, um die Militärausgaben des Königs zu decken.

52 Ein Beispiel dafür ist Herzog Ling von Jin (reg. 620–607 v. Chr.), der »schwere Abgaben erhob, um die Mauern [seines Palastes] mit Schnitzereien zu dekorieren« (Zuo 7.1).

53 Auch hier drängt sich ein Vergleich mit Friedrich dem Großen auf, der die Landwirtschaft »le premier des arts« nannte, »et sans lequel il n'y aurait ni marchands, ni rois, ni courtisans, ni poëtes, ni philosophes. Il n'y a de vraies richesses que celles que la terre produit« (*Œuvres*, Bd. 23, 406).

54 Die Formulierung stammt von Jean-Pierre Vernant, der beschreibt, wie »die Stadt die Verhaltensformen der Aristokratie ablehnt«, indem »das Zurschaustellen des Reichtums, der Kleiderluxus, der Aufwand der Begräbnisse, der übertriebene Ausdruck der Trauer beim Verlust eines Familienmitglieds, ein zu auffälliges Betragen der Frauen und ein allzu selbstsicheres und freches Verhalten der Jugend des Adels als *hybris*, Maßlosigkeit, verurteilt« werden. »Statt dessen werden nun Einfachheit, Zurückhaltung und eine strenge, fast asketische Lebensführung als Ideal verkündet. Dadurch sollen die Unterschiede in den Sitten und im Rang der Individuen ausgelöscht werden, auf daß sie einander näherrücken und sich gleichsam zu einer einzigen Familie vereinigen« (Vernant 1982, 60f.). Das Pendant zur ›Hybris‹ ist im *Shangjun shu* die ›Ausschweifung‹ (*yin*): ein Attribut des Adels, das zu verurteilen sei.

55 Zentral verwaltete ›Landkreise‹ (*xian*) sollen schon im 7. Jh. v. Chr. in Qi (GY 6), Chu (Zuo 12.17) und Jin (Zuo 5.33) geschaffen worden sein; in Qin soll Herzog Wu 678 v. Chr. die ersten Landkreise in Gebieten eingerichtet haben, die er von den Rong erobert hatte (SJ 5).

56 Tatsächlich scheint die Menschheit kein funktionales Äquivalent zur Bürokratie entwickelt zu haben: Alle echten Staaten sind bürokratisch (vgl. Finer 1997 I, 63–66, der die Symbiose

mit dem stehenden Heer betont). Zur Bürokratie als ›Kernstruktur des Staates‹ vgl. Wimmer 1996, 226ff., 285f.

57 Zum Zusammenhang von Krieg und Bürokratie in China vgl. Kiser/Cai 2003, die von der Armee als »bürokratischem Modell« sprechen und im »Legalismus« das »philosophische Fundament« der Bürokratisierung ausmachen (S. 521).

58 Ebendiese Empfehlung liest man noch im *Mengzi*: »Mit einem ›altehrwürdigen Land‹ ist nicht etwa eines gemeint, das erhabene Bäume hat, sondern eines, das über Generationen vererbte Ministerposten hat. … Der Landesfürst sollte Würdige nur befördern, wenn er nicht anders kann: Wenn es darum geht, Niedrige den Angesehenen vorzuziehen und Fernstehende den Nahestehenden, muss man doch wohl Vorsicht walten lassen« (Meng 1B7).

59 An dieser Stelle bleiben die Quellen vage. Der Ausdruck *junzhang* in der oben zitierten Shenzi-Passage kann auch ›Fürst und Minister‹ meinen. Bei *Guanzi* ist nur vom »Herrscher« die Rede, und auch das SJS schreibt schlicht, dass »der Herrscher der Menschen oben Gesetze gibt« (SJS 26.5), ohne die Minister zu erwähnen. Dennoch darf man davon ausgehen, dass der Herrscher die Gesetze nicht aus den Tiefen seiner Weisheit geschöpft, sondern in Zusammenarbeit mit seinen Beratern entwickelt hat, ja dass diese die entscheidende Rolle dabei gespielt haben. Shang Yang ist selbst das beste Beispiel, werden doch die Gesetze Qins immer *ihm* zugeschrieben, nie aber Herzog Xiao. In HFei 43 heißt es sogar ausdrücklich, dass »Gongsun Yang Qin regierte [*zhi*]«.

60 In Max Webers Terminologie liegt hier der Übergang von »traditioneller« zu »legale[r] Herrschaft kraft Satzung« vor: »Gehorcht wird nicht der Person, kraft deren Eigenrecht, sondern der gesatzten Regel, die dafür maßgebend ist, wem und inwieweit ihr zu gehorchen ist. Auch der Befehlende selbst gehorcht, indem er einen Befehl erläßt, einer Regel: dem ›Gesetz‹ oder ›Reglement‹ einer formal abstrakten Norm. Der Typus des Befehlenden ist der ›*Vorgesetzte*‹, dessen Herrschaftsrecht durch gesatzte Regel legitimiert ist …« (Weber 2002, 717f.).

61 Vgl. Hulsewé 1985 sowie, speziell zu bürokratischen Kontrollverfahren, Yates 1995.

62 Mozi führt das Prinzip sogar auf die Herrscher des Altertums zurück: »Im ›Großen Schwur‹ in den Dokumenten der früheren Könige heißt es: ›Wenn ein gemeiner Mann ein Verbrechen

oder einen Betrug beobachtet, so mache er Meldung; wenn er es verschweigt, so trifft ihn die Schuld gleichermaßen.‹ Das bedeutet, dass die Strafe für diejenigen, die ein Verbrechen sehen, aber nicht anzeigen, dieselbe ist wie für das Verbrechen selbst.«

63 Die Konfuzianer vertraten die entgegengesetzte Position. Als ihm ein Fürst berichtete, dass unter seinen Leuten eine aufrechter Sohn gegen seinen Vater, der ein Schaf gestohlen hatte, ausgesagt habe, antwortete Konfuzius: »Meinesgleichen versteht etwas anderes unter ›Aufrichtigkeit‹. Ein Vater würde das um seines Sohnes willen verschweigen, und der Sohn um seines Vaters willen: darin liegt Aufrichtigkeit« (LY 13.18). Ob das System der gegenseitigen Verantwortung tatsächlich auf Shang Yang zurückgeht, dürfte im Übrigen zweifelhaft sein (vgl. Anm. 48).

64 Zu diesem Ergebnis kommen auch Kiser/Cai 2003, 511: »Although Qin China was more bureaucratic than any other state or empire prior to the seventeenth century, it was far from completely bureaucratic. The persistence of monitoring problems prevented its full development, necessitating deviations such as the use of severe negative sanctions, the creation of redundant positions, and limiting bureaucratization to the top of the administrative system.« Der loyale, ehrliche und gut bezahlte Beamte ist ein Phänomen der Moderne (Finer 1997, Bd. 3, 1616).

65 Eigentlich: ›Rollen‹, eine bibliographische Einheit, die auf die Seiden- bzw. Papierrollen zurückgeht (vgl. lat. *volumen* > engl. *volume*). In der vorliegenden Übersetzung wird auf diese Einteilung verzichtet.

66 Zu Überlieferungsgeschichte und Druckausgaben des SJS vgl. die Übersichten in Loewe 1994, 368–75, und Zhang Jue 2012, 305–51.

67 Allerdings ist noch heute – namentlich unter chinesischen Wissenschaftlern – die traditionelle Meinung anzutreffen, dass das Buch im Wesentlichen auf Shang Yang zurückgeht; repräsentativ dafür ist Zhang Jue 2012, der alle Kapitel bis auf Nr. 15 Shang Yang zuschreibt.

68 Andere Autoren haben die Schichtung des SJS wohl erkannt, das Problem aber abgetan. So schreibt Kroker 1950, I, das Buch weise »Teile jüngeren und späteren Datums auf; man könnte sinnvoll von verschiedenen Schichten des Buches reden«, berücksichtigt das in seiner Dissertation aber nicht, denn: »Die Partien aus jüngerer Zeit zeichnen sich gegenüber den älteren nicht durch wesentliche Unterschiede aus.« Jean Lévi wiede-

rum vermutet, dass Kap. 13, 19, 22, 7, 3 und 11 von Shang Yang selbst stammen und begnügt sich für die übrigen mit dem Hinweis, dass sie vor der Han-Zeit entstanden seien und den »Prinzipien des *Shangjun shu*« (!) nicht widersprächen (Loewe 1994, 369f.).

69 Vor allem Hans Stumpfeldt hat diesen »Texten hinter den Texten«, wie er sie nennt, eine Reihe von Studien gewidmet. Zu einer Einführung in die Thematik sowie Beiträgen von Stumpfeldt und anderen, vgl. *Oriens Extremus* 50 (2011).

70 Ein Passus aus dem *Lunyu* verdeutlicht, wie man sich den Vorgang der Kommentierung vorstellen kann; Konfuzius spricht mit einem seiner Lieblingsschüler:

Der Meister sprach: »Can! Es gibt Eines, das mein Prinzip durchzieht.« Zengzi sprach: »Ja.« Als der Meister hinausgegangen war, fragten die Schüler vor dem Tor: »Was hat er gemeint?« Zengzi sprach: »Das Prinzip des Meisters besteht einzig und allein aus Treue und Empathie.« (LY 4.15).

Die Szene ist paradigmatisch. Konfuzius raunt eine kryptische Andeutung, der privilegierte Schüler gibt vor, sie zu verstehen und liefert der Gemeinde dann eine autoritative Interpretation. Ob und inwieweit sie der Intention des Meisters entspricht – immerhin werden aus dem ›Einen‹ dabei *zwei* Tugenden –, lässt sich unmöglich sagen; ja, die Frage selbst ist verfehlt, denn jeder Kommentar entwickelt eine Eigenlogik, die ihn grundsätzlich von seinem Bezugstext unterscheidet.

71 Die chinesische Tradition der Textkritik unterscheidet sich von der europäischen vor allem darin, dass editorische Entscheidungen in der Regel nicht aufgrund von *recensio* und *examinatio* getroffen werden, sondern durch *divinatio*: Der Herausgeber entscheidet aufgrund seiner Leseerfahrung, wie eine problematische Stelle zu lesen sei – ohne Berücksichtigung stemmatischer Zusammenhänge und oft gegen alle Zeugen. Daher kann kaum eine Ausgabe klassischer chinesischer Texte als ›historisch-kritisch‹ gelten. Im Falle des *Shangjun shu* kommt hinzu, dass die erreichbaren Textzeugen selbst bei unkontaminierter Überlieferung – was nicht der Fall zu sein scheint – nur die Rekonstruktion einer Textversion zuließen, die ca. 1500 Jahre jünger ist als die erste Fassung.

72 Diese Übersetzungsvorschläge sind bereits eine Auswahl aus einer weitaus größeren Menge von Wörtern, die mit jedem einzelnen der vier Zeichen geschrieben werden können. Das

erste Problem, das jeder Leser eines altchinesischen Textes hat, ist festzustellen, für welche *Wörter* die Zeichen eines Satzes stehen – und sodann, in welcher Funktion diese Wörter im Satz verwendet werden.

73 Dies ist eine Erinnerung daran, dass im Alten China vor der Verbreitung des Papiers als Schriftträger Manuskripte meist auf dünnen Bambusstreifen geschrieben wurden. Ein einzelner Bambusstreifen – typischerweise mit 20–30 Zeichen beschrieben – war also die grundlegende physische Einheit, die oft zugleich eine syntaktische Einheit gebildet haben dürfte. Die einzelnen Streifen wurden mit Schnüren zu Bündeln verbunden: Daher war es ohne Weiteres möglich, einzelne Streifen herauszulösen oder zusätzlich einzubinden. Ein solches Bündel von Bambusstreifen – die Größe war aus physischen Gründen auf maximal 140 Streifen begrenzt – war die grundlegende bibliographische Einheit, die oft auch einer inhaltlichen Einheit, einem ›Kapitel‹, entsprach. Die klassische Einführung in die alte chinesische Buchkultur ist Tsien 2004.

74 Diese Tradition wird auch in westlichen Übersetzungen fortgeführt: Duyvendak 1928 behandelt in seinen Fußnoten fast ausschließlich philologische Fragen, meist mit Verweis auf chinesische Kommentare; auch Yuri Pines (2017) widmet ihnen in seinem Kommentar viel Raum.

Shangjun shu

1. Änderung der Regeln

1 Herzog Xiao] von Qin (reg. 361–338 v. Chr.) soll kurz nach seinem Regierungsantritt eine Verordnung erlassen haben, die allen auswärtigen Gästen oder Beamten, die Pläne zur Stärkung Qins vorlegen konnten, Beamtenposten und Landbesitz versprach. Auf diese Verordnung hin, so heißt es, sei Gongsun Yang von Wei nach Qin gegangen (SJ 5). Das Prädikat des Satzes ist unklar, vgl. die Analyse auf S. 86.

2 Gongsun Yang] »Der Fürst von Shang war der Sohn einer Konkubine aus dem Herrscherhaus von Wey« (SJ 68), daher hieß er mit Familiennamen Gongsun, ›Herzogsenkel‹. In manchen Texten wird er auch Wey Yang genannt, ›Yang von Wey‹. Den Namen Shang Yang, unter dem er später bekannt wurde, erhielt er erst, nachdem der Herzog von Qin ihn 341 v. Chr. mit dem Gebiet von Shang belehnt hatte (ZSJN 32.28).

3 Gan Long und Du Zhi] Die beiden Würdenträger repräsentieren das Establishment am Hof von Qin. Über Gan Long ist nichts weiter bekannt; Du Zhi hingegen wird in ZGC 5.16 als General bei der Belagerung von Handan erwähnt, die 258 v. Chr. begann: Demnach könnte er kein Zeitgenosse von Herzog Xiao und Shang Yang gewesen sein.

4 Sie bedachten ...] Die drei Punkte entsprechen der politischen Hierarchie: die »Aufgaben der Zeit« sind die Regierungsaufgaben des Herrschers, die »Regeln« oder ›Gesetze‹ (*fa*) gehen die Beamten an (vgl. Xun 10, wo es explizit heißt, der Herrscher »stellt die Gesetze richtig, um die Beamten ins Gleichmaß zu bringen«), und das »Volk« wird beherrscht. Die Parallelversion im *Xinxu* stellt die Situation etwas anders dar: »Herzog Xiao von Qin wollte, Wey Yangs Worten folgend, harte Strafen sowie strenge Gesetze einführen und die althergebrachten Bestimmungen und Maßregeln der Drei Dynastien ändern. Da er aber fürchtete, dass die hohen Minister dem nicht folgen würden, berief er die drei Würdenträger Wey Yang, Gan Long und Du Zhi ein, ihm zu assistieren«; ähnlich SJ 5.

5 Altäre der Domäne] Gleich im ersten Satz erinnert Herzog Xiao an seine Verpflichtung gegenüber dem *Staat*. Die »Altäre der Domäne« – wörtlich ›Altäre der Erde und des Acker-

baus‹ (*sheji*) – sind nicht etwa die Ahnentempel einer Sippe. Sie stehen nicht für ein Patrimonium, sondern für den Staat als Abstraktum (vgl. S. 40). Als solches sollten dem Herrscher »die Altäre der Domäne näher als die Verwandtschaft« stehen (Guan 6). Daher warnt SJS 26.5 davor, »dass Korruption und Übeltaten verstärkt aufkommen, der Herrscher der Menschen seiner Autorität und Amtsmacht beraubt wird, der Staat untergeht und die Altäre der Domäne ausgelöscht werden.« Die Staatsräson, der zentrale Bezugspunkt des Politischen Realismus, steht am Anfang und am Ende des SJS.

6 Beim Durchsetzen der Regeln ...] Nachdem der Herzog im ersten Satz die »Änderung der Regeln« rhetorisch vorbereitet hat, appelliert er jetzt an die Loyalität der anwesenden Würdenträger. Der – emendierte – Satz läuft syntaktisch exakt parallel zum ersten, auch die Metaphorik – »Weg« (*dao*) / »Vorgehen« (*xing*) – harmoniert. So, wie der Herrscher dem Staat verpflichtet ist, sind die Minister dem Herrscher verpflichtet: Sie sollen ihn »erleuchten«, d.h. erstrahlen lassen und somit legitimieren. In HFei 14 heißt es, dass ein »Minister, der die Verfahren beherrscht ... die Gesetze des Herrschers erleuchtet«. Ob das Wort *fa* aus dem Mund des Herzogs hier mit ›Regeln‹ oder ›Gesetze‹ zu übersetzen sei, ist schwer zu entscheiden. Die Diskussion bewegt sich just auf der Schwelle, wo der Begriff sich wandelt.

7 Hundert Sippen] Die Adligen, die ärgsten Konkurrenten des Fürsten im eigenen Land: »Wenn der Herrscher der Menschen nicht achtsam ist, dann wird er entweder von den Regionalfürsten überfallen oder von den Hundert Sippen ausgeraubt« (25.2). Wenn der Fürst die »Regeln ändern« und die »Riten abwandeln« will, untergräbt er die Prärogative dieser Adelsfamilien, die nach eigenen Regeln und Sitten leben; und sie »anzuweisen«, konnte nur als Zumutung empfunden werden: genau das befürchtet Herzog Xiao.

8 alle Welt] Wörtlich: alles ›unter dem Himmel‹ (*tianxia*). Über die Art der politischen Öffentlichkeit, deren Kritik der Herzog befürchtet, ist wenig bekannt. Wahrscheinlich ist an die Eliten der Hauptstadt – die *guoren* – zu denken. Auch als Zichan in Zheng Bodensteuern einführte, wurde er von den *guoren* kritisiert (Zuo 10.4). Vielleicht sind aber auch Eliten anderer Fürstentümer gemeint; man denke an die Kritik an Zichans Gesetzgebung (vgl. S. 48), die aus dem Ausland kam.

9 wer bei seinen Aufgaben zaudert ...] Der zweite Vers des Merkspruches, den Shang Yang »gehört« hat, ist vielfach belegt, während der erste Vers variabel ist (im *Xinxu* und *Shiji* lautet er jeweils »mit Zweifeln bringt keine Handlung Ruhm«): in jedem Fall reimt sich der Spruch im Altchinesischen: *deŋ / *kôŋ bzw. *meŋ. Die Worte »vollbringen« und »Leistungen« verweisen schon auf »vollbrachte Leistungen« im nächsten Absatz.

10 Mit dem Volk ...] Die Formel ist mehrfach – in verschiedenen Varianten – belegt: »Das Volk kann dazu gebracht werden, einer Sache zu folgen, aber nicht dazu, sie zu verstehen« (LY 8.9); »mit Oberflächlichen kann man keine Tiefen ausloten, mit Dummen kann man keine Weisheiten planen« (Xun 18); »mit dem Volk konnte man noch nie gemeinsam die Anfänge erwägen, sondern sich nur über vollbrachte Leistungen freuen« (Guan 16); »mit dem Volk kann man nicht gemeinsam Veränderungen erwägen und Anfänge machen, sondern es kann sich nur über vollbrachte Leistungen freuen« (LSCC 89). Sie drückt die Abgrenzung der politischen Klasse aus und damit die Ausdifferenzierung des politischen Systems (vgl. S. 28).

11 Eine Regel] Der Begriff *fa* bezeichnet hier offenbar eine Textgattung: Er taucht vornehmlich in den ›Militärregeln‹ (*bingfa*) auf, wie sie etwa in 15.2 zitiert werden, und vielleicht ist das ihr ursprünglicher Sitz im Leben; aber auch Shang Yang und Guan Zhong zugeschriebene Schriften werden als *fa* bezeichnet (HFei 43 und 49). Kennzeichnend für das Genre scheint die *allgemeine Gültigkeit* zu sein: *Fa* sind abstrakte Regeln, die sich auf diverse Situationen beziehen lassen. Guo Yan soll ein Staatsmann aus Jin gewesen sein, der sich dort – ähnlich wie Guan Zhong in Qi – als Reformer verdient gemacht habe: »Wenn Guan Zhong nicht Qi verändert hätte und Guo Yan nicht Jin, dann hätten Huan [von Qi] und Wen [von Jin] nicht als Hegemonen geherrscht« (HFei 18). Auch diese »Regel« bestätigt die Abgrenzung der Politik von Alltagszusammenhängen.

12 Durch Gesetze sorgt man für das Volk] so wie ein Vater für seinen Sohn »sorgt«. Der Satz suggeriert eine Parallele zwischen Fürst und Vater: Das Wort *ai*, ›behüten, lieben‹, ist immer asymmetrisch zu verstehen, von oben nach unten. Die Aussage wird noch zugespitzt unter 4.4. Ebenso wie die »Riten«, mit denen man ›die Aufgaben voranbringt‹, versteht das *Shangjun shu* die »Gesetze« utilitaristisch: Es argumentiert nicht wertrational, sondern zweckrational.

13 der Weise] In vielen Texten des Altertums meint »der Weise« einen idealen Herrscher, wiewohl mit ganz verschiedenen Charakteristika. In Lied Nr. 257 des *Shijing* wird er, so wie hier, mit dem ›dummen Mann‹ kontrastiert; das Kapitel ›Hongfan‹ des *Shangshu* definiert Weisheit als ›Scharfsichtigkeit‹; im *Lunyu* wird als ›weise‹ bezeichnet, wer »dem Volk viel Gutes angedeihen lässt und den Massen hilft« (LY 6.30); im *Laozi* heißt es dagegen: »Der Weise verharrt in untätiger Verrichtung und führt wortlose Lehre durch« (Lao 2). Im Politischen Realismus »bedenkt der Weise den Kern von Richtig und Falsch und beachtet das Wesen von Ordnung und Anarchie; daher richtet er bei seiner Regierung klare Gesetze ein und verhängt strenge Strafen« (HFei 14). Auch im *Shangjun shu* wird der ›Weise‹ mehrfach als Vorbild genannt. Ähnlich wie hier heißt es in 7.3: »Der Weise richtet sich weder nach dem Althergebrachten noch bewahrt er den Status quo.«

14 Ausgezeichnet] Die Antwort ist ein Topos, der in unzähligen Anekdoten der Klassischen Literatur auftaucht: Wenn kluge Berater ihre Pläne vortragen, antworten Fürsten stets mit ›ausgezeichnet!‹ Es sind die Berater, die politische Entscheidungen anregen – der Herrscher muss sie nur bestätigen.

15 Amtleute routiniert] Die Kritik Gan Longs scheint sich speziell auf die Besetzung von staatlichen Posten zu beziehen. Im alten System wurden solche Posten innerhalb von Adelsfamilien vererbt: In diesem Sinne waren die Amtsinhaber »routiniert«. Eine Änderung der Regeln hätte für die Sippen der Gan und Du konkret bedeutet, dass sie ihre Ämter nicht mehr als Erbhöfe verwalten konnten.

16 kritisieren] Ähnliche Einwände waren auch in Europa bis zur frühen Neuzeit zu hören: »Noch im 17. Jahrhundert wird das politische System eindringlich vor Neuerungen gewarnt, die immer die Gefahr von Widerstand, Aufruhr und Bürgerkrieg mit sich bringen«, bemerkt Niklas Luhmann und zitiert Estienne Pasquier: »Il n'y a rien qu'il faille tant craindre en une Republique que la nouveauté« (Luhmann 1993, 275). Der Drang zu Neuerungen ist ein spezifisch *modernes* Phänomen.

17 Gelehrte …] Eine Spitze gegen die ›Konfuzianer‹: Gan Longs Formel, »ich habe gehört«, die eine allgemeine Weisheit einführt, gehört zum Standardrepertoire moralisierender Reden, die typisch sind für die ›Gelehrten‹. Ähnliche Kritik an Gelehrten findet sich auch im daoistischen Diskurs: »Die Gelehrten

richten sich nach den überkommenen Werken der Altvordern, klammern sich an ihre Schriftrollen und bewahren die geschriebenen Regeln, um dadurch Ordnung zu schaffen« (Wen 9).

18 jenseits der Gesetze] Die Stelle verweist auf die Unterscheidung zwischen *Politik* als Legislative, die über Gesetze entscheidet und in dieser Funktion »jenseits der Gesetze« operiert, und *Verwaltung*, die an Gesetze gebunden ist und dazu fungiert, diese »Gesetze zu wahren«. Das *Publikum* der Politik ist das Volk, das die Entscheidungen zu akzeptieren hat.

19 Drei Dynastien] Die Xia (trad. 21.–17. Jh. v. Chr.), Shang (trad. 17.–11. Jh. v. Chr.) und die Zhou (ab 11. Jh. v. Chr.), die nacheinander in der Nordchinesischen Ebene geherrscht haben sollen. Die Zhou-Könige residierten zur Zeit Shang Yangs, faktisch entmachtet, in der Gegend des heutigen Luoyang, bis sie 256 v. Chr. von den Qin endgültig vernichtet wurden. Für die Autoren des SJS scheinen sie schon Geschichte zu sein. Zu den »Fünf Hegemonen« rechnen Herzog Huan von Qi (reg. 685–643 v. Chr.), Herzog Wen von Jin (636–628) und – sehr wahrscheinlich – Herzog Mu von Qin (659–621), der Vorfahr des Herzogs Xiao, an dessen Verdienste dieser anknüpfen wollte und von dem es heißt, er habe »den Wandel der Zeiten erkannt« (XX 10). Der Verweis spricht also konkrete Ambitionen des Herrschers an. Wer für die Verfasser des SJS die übrigen zwei »Hegemonen« seien, wird nicht klar; verschiedene Traditionen nennen Herzog Xiang von Song (650–637), König Zhuang von Chu (613–591), König Helü von Wu (514–496) oder auch König Goujian von Yue (496–470).

20 der Kluge … der Dumme] Noch einmal betont Shang Yang in aller Deutlichkeit die Abgrenzung des politischen Systems von seiner Umwelt. Die Zugangsregeln lauten: nur »Kluge« und »Würdige« – d.h. Männer, die sich *persönlich*, nicht durch Geburt, qualifiziert haben – dürfen in der Politik mitreden; alle anderen werden als unmündig ausgeschlossen. Die Passage hat eine bemerkenswerte Parallele im ›daoistischen‹ *Huainan zi*: »Der Weise schafft Gesetze, und alle Wesen werden von ihnen bestimmt; der Würdige etabliert Sitten, der Unwürdige ist ihnen verhaftet. Mit Menschen, die von Gesetzen bestimmt werden, kann man keine weitreichenden Unternehmungen machen; Menschen, die den Sitten verhaftet sind, können nicht dazu gebracht werden, auf Änderungen zu reagieren. … Die Sitten der Drei Dynastien

waren nicht gleich – nach welchem Herkommen sollte man sich also richten?« (HNZ 13; vgl. Wen 9)

21 Wenn sich der Nutzen ...] Dieselbe Weisheit wird im *Zhanguo ce* einem gewissen Niu Can in den Mund gelegt, der König Wuling davon abbringen will, einen Stützpunkt der Infanterie für die Kavallerie umzuwandeln: »Wenn sich der Nutzen nicht verhundertfacht, ändere man nicht die Gewohnheiten, und wenn die Leistung sich nicht verzehnfacht, wechsle man nicht die Geräte« (ZGC 19.7). Der weitere Zusammenhang – Einführung der Kavallerie – ist derselbe wie in der Hofdebatte, die mit der Debatte dieses Kapitels weitgehend parallel läuft: Es geht um die Änderung dessen, was im SJS ›Regeln‹ genannt wird und im *Zhanguo ce* ›Gewohnheiten‹ (*su*). Zu möglichen Bedeutungen der »Geräte« vgl. Kap. 5, Anm. 23.

22 Frühere Zeiten ...] Im Gegensatz zu konfuzianischen Denkern, die die Geschichte als ›Lehrmeisterin des Lebens‹ und Lieferantin exemplarischer Anekdoten betrachten, behaupten die Politischen Realisten: Aus der Geschichte lernt man nur, dass man nichts aus ihr lernen kann. Genau diese Lehre – denn auch das ist eine Lehre – entwickelt Shang Yang in diesem Abschnitt. Dieser kritische Blick auf die Geschichte ist eine wesentliche Grundlage des Politischen Realismus: Wenn Geschichte die zeitliche Gebundenheit und Kontingenz aller Wertsysteme verdeutlicht, kann keine Regel überzeitliche Gültigkeit beanspruchen. Regeln müssen sich mit den Zeiten ändern, das heißt, sie müssen stets aufs Neue *gesetzt* werden. Aus der Erkenntnis der Historizität erwächst der Gedanke des positiven Rechts.

23 Fuxi und Shennong] Mythische Heroen, die in vordynastischer Zeit die Grundlagen chinesischer Kultur geschaffen haben sollen: Fuxi soll unter anderem die Jagd, Fischerei und Viehzucht sowie die Ehe eingeführt und zudem die acht Trigramme – aus jeweils drei Strichen zusammengesetzte Symbole – des Schafgarben-Orakels erfunden haben; auf Shennong, den ›Göttlichen Ackermann‹, sollen Ackerbau, Handel und die Heilkunde zurückgehen. Hier stehen beide für eine Epoche, in der es noch keine Strafgesetze gab.

24 Huangdi] Der ›Gelbe Kaiser‹ ist der dritte der Kulturheroen: Er soll chinesische Schrift, Architektur, Astronomie, Kalenderwesen, Musik, und vieles andere gestiftet haben.

25 Yao und Shun] Zwei Archetypen weiser Fürsten, Ikonen der Tugend und Gerechtigkeit, die vor den Zeiten der Xia-Dynas-

tie geherrscht und ihr Amt an einen Würdigen weitergegeben haben sollen. Unter Yao, so heißt es, sei das Volk »motiviert gewesen, ohne dass er belohnt hat, und ehrfürchtig, ohne dass er gestraft hat« (Zhuang 12). Wenn es hier dagegen heißt, die drei hätten »gerichtet, ohne zu zürnen«, werden sie als Referenzgrößen unparteilicher – und das heißt: staatlicher – Gerichtsbarkeit genannt, die keinem zu liebe, keinem zu leide urteilte (vgl. S. 50).

26 stellten … Gesetze auf] Oder geradezu: ›setzten Recht‹? Wen und Wu waren die Gründerkönige der Dynastie Zhou. Bereits oben hatte Shang Yang gesagt, dass »die Drei Dynastien … nicht denselben Prinzipien folgten«. Mit dem Beginn dynastischer Herrschaft sei ›Recht‹ positiv und damit *wandelbar* geworden: Auch diese Erzählung projiziert den Staat ins Altertum und legitimiert auf diese Weise einen Prozess, der in der eigenen Zeit stattfindet.

27 Tang und Wu] Die Gründer der Dynastien Shang bzw. Zhou; jener stürzte die Xia-Dynastie, dieser wiederum die Shang-Dynastie (vgl. Anm. 19).

28 In ärmlichen Gassen …] Ähnlich SY 16: »In ärmlichen Gassen gibt es viele beschränkte Gelehrte: Kleinliche Dispute schaden dem großen Wissen, geschickte Worte verderben das Vertrauen, und kleine Gefälligkeiten verhindern großen Anstand.« Es geht allemal um den Gegensatz von allgemeinen und partikularen Perspektiven und damit um das Grundproblem des *state building*: eine öffentliche Ordnung durchzusetzen, die alle lokalen und familialen Ordnungen überlagert. Auch König Wuling von Zhao zitiert dieses Wort, um seine Neuerung gegenüber einem Kritiker zu rechtfertigen, und er fügt hinzu: »Das, wovon Ihr sprecht, sind Gewohnheiten; ich aber spreche davon, wie man die Gewohnheiten *kontrolliert*« (ZGC 19.4; SJ 43).

29 Verordnung, Brachland zu erschließen] Der letzte Satz ist offensichtlich als Bindeglied zum nächsten Kapitel eingefügt worden, welches ansonsten in keiner Weise an das erste anknüpft. Das *Xinxu* bietet einen anderen Schluss: »Daraufhin wich Herzog Xiao von den trefflichen Plänen [Gan] Longs und [Du] Zhis ab und folgte den verfehlten Worten des Wey Yang. Die Gesetze waren streng, die Körperstrafen extrem grausam, wahrten aber stets allgemeine Gültigkeit. Er erreichte in seiner Zeit Stärke und belehnte [Wey] Yang daraufhin als Fürst von Shang« (XX 9).

2. Verordnung zur Landerschließung

1 Schiebt … nicht auf] Wer angesprochen ist – Herrscher oder Beamte? –, bleibt im gesamten Kapitel offen; ebenso, ob es sich um Anweisungen handelt oder um Konditionalsätze: Allein der Kapiteltitel – »Verordnung« – legt eine Übersetzung im Imperativ nahe.

2 Verwaltung] Das Kapitel beginnt mit Problemen in der »Verwaltung« (*zhi*). Von ihrem unseligen ›Aufschub‹ ist im SJS mehrmals die Rede (4.6, 5.9, 13.1): Gemeint ist offenbar der Zug durch die Instanzen, der Zeit und Ressourcen kostet. Sehr deutlich ist 13.1: »Beim Vollzug der Gesetze soll auf Gemeindeebene entschieden werden: Wer im Rahmen von fünf Dörfern Entscheidungen trifft, der ist souverän; wer im Rahmen von zehn Dörfern Entscheidungen trifft, der ist stark; doch wer Verwaltung aufschiebt, wird zerfallen« (vgl. ähnlich HFei 53).

3 korrupte Beamte] Das Wort *xie* bedeutet allgemein ›falsch, verdorben, lasterhaft‹, speziell aber auch ›eigennützig‹ (*si*, ZDC 9, 279), daher: ›korrupt‹. In diesem Sinne wird das Wort im SJS speziell auf Beamte gemünzt und steht oft im Gegensatz zu den allgemeinverbindlichen Gesetzen. Der Ausdruck ›sich privat bereichern‹ (*sili*) kommt nur noch einmal, in 6.3, vor: Dort ein ähnliches Kettenargument, in dem es ebenfalls um die Landwirtschaft geht.

4 Abgaben einheitlich … Volk ausgeglichen] Für Steuern und Abgaben gilt dasselbe wie für Strafgesetze: Sie müssen gleichermaßen für alle gelten. Daher soll allein »nach dem Maß« besteuert werden, ohne persönliche Vergünstigungen. Auf diese Weise ist das Volk »ausgeglichen«: Das Wort *ping* – eigentlich: ›eben‹ – meint hier wohl nicht einfach ›ebenmütig, friedlich‹, sondern auch *nivelliert.* Dass das Volk »ausgeglichen« ist, bedeutet also, dass der Adel seine Vorrechte verliert. Steuern, die verlässlich und berechenbar sind, verhindern – ebenso wie öffentliche Gesetze – behördliche Willkür. Der Gedanke, dass regelmäßige Steuern auch die Planungssicherheit für das Volk erhöhen und damit der Wirtschaft zugute kommen, spielt im SJS keine Rolle: Es geht einzig um die Macht des Staates.

5 schwer zu ändern] Das Volk, soll, im Gegensatz zum Herrscher, mit Änderungen (*bian*) nichts zu tun haben: es soll sich »unbeirrt [*bubian*] im Ackerbau verausgaben«. Explizit heißt es in 4.1 und 20.5: »Für den Herrscher ist viel Veränderung wertvoll; für

den Staat ist wenig Veränderung wertvoll.« Die nächsten Abschnitte führen den Gedanken aus: Dem Volk werden weder Ortswechsel (2.3) noch Wechsel des Gewerbes (2.14) zugestanden.

6 die Mittleren] Wer damit gemeint ist, bleibt unklar: vielleicht ›Amtmänner‹, wie sie in Kap. 26 genannt werden, die offenbar aus dem Volk rekrutiert werden und somit zwischen diesem und der offiziellen Beamtenschaft stehen?

7 äußeren Einflüssen] Was der Ausdruck bedeutet, ist nicht klar. In HFei 49 wird er im Sinne von »fremden Mächte« benutzt, mit deren Hilfe manche sich »einen Posten im eigenen Land sichern« (Mögling 1994, 560). Der Politische Realismus setzt dem die strikte Trennung von Innen und Außen entgegen (S. 38), die keine »äußeren Einflüsse« mehr duldet. Vielleicht sind aber auch – abstrakter gedacht – ›fachfremde‹, d.h. nicht-politische Einflüsse wie eben die »Gelehrsamkeit« gemeint, konkret: Kenntnis der *Lieder* und *Dokumente* (23.4). Beides kommt zusammen in der verhassten Person des ›vagabundierenden Gelehrten‹ (8.1), des gebildeten Adligen, der in einem anderen Fürstentum »Ämter und Ränge« anstrebt.

8 das Volk ... verdummt] Der Herrscher sei ›erhellt‹, das Volk aber ›dumm‹: Dieser Ratschlag wird an mehreren Stellen im SJS wieder aufgenommen. Er findet sich auch im *Laozi*: »Diejenigen, die sich im Altertum auf den rechten Weg verstanden, nutzten ihn nicht, um das Volk zu erhellen, sondern, um es zu verdummen. Wenn das Volk schwer zu regieren ist, dann, weil es zuviel weiß« (Lao 65), und, ganz unumwunden: »Daher regiert der Weise, indem er ihren Verstand leert und ihre Bäuche füllt, ihren Willen schwächt und ihre Knochen stärkt« (Lao 3). Ebenda wird auch von ›Außenkontakten‹ abgeraten: »Die Nachbarstaaten mögen in Sichtweite liegen, das Bellen ihrer Hunde und Gackern ihrer Hühner hörbar, und doch verkehren ihre Menschen nicht miteinander, bis sie alters sterben« (Lao 80). Schon Laozi wusste, dass Reisen bildet – und das bedeutet im Umkehrschluss: Wer sein Volk dumm halten will, muss es am Reisen hindern.

9 Wenn das Volk aber ...] Hier sind offenbar zwei Sätze vertauscht worden: logisch müssten »keine Außenkontakte« zu Sicherheit – wie *ping* dürfte auch *an* nicht einfach ›Frieden‹ heißen – führen und ›den Ackerbau nicht verschmähen‹ zum Bemühen um den Ackerbau.

10 Wo Gehälter fett sind ...] Gemeint sind offenbar lokale Eliten, die von ihren Pfründen lebten und oft einer Gefolgschaft von zahlreichen ›Klienten‹ Schutz und Unterhalt boten. Solche informellen Bünde, die auf persönlicher Treue und Verpflichtung basierten, waren dem Staat ein Ärgernis: Sie unterliefen seine Kontrollinstanzen, bildeten lokale Machtzentren, entzogen der Landwirtschaft Arbeitskräfte und dem Staat Steuerzahler sowie Soldaten. Die Staatsräson gebot, dieses »liederliche, lose und faule Volk« staatlicher Kontrolle zu unterwerfen.

11 nirgends mehr durchfressen] Vgl. das Argument in *Guanzi*: »Wenn mindere Gewerbe, Kunst und Geschick verboten werden, dann kann sich das Volk nirgends vagabundierend durchfressen; und wenn es sich nirgends vagabundierend durchfressen kann, dann wird es gewiss ackern« (Guan 48).

12 Wenn Bauern nichts verkaufen ...] Dieses Argument leuchtet nicht recht ein. Vielleicht ist gemeint, dass sie auf diese Weise gehindert werden, Handel zu betreiben, und ihnen folglich nichts anderes übrigbleibt, als sich beim Ackerbau zu »verausgaben«.

13 Händler] Nicht nur das SJS polemisiert gegen den Handel; ähnliche Ressentiments finden sich in vielen Texten des Alten China, und bis in die späte Kaiserzeit galten Händler als der niedrigste der Vier Stände. Doch der Diskurs des Politischen Realismus hat den Anti-Merkantilismus am weitesten getrieben. Die Idee der vier sozialen Stände – Gelehrte, Bauern, Handwerker und, ganz unten, Händler – stammt aus dem *Guanzi*, das SJS erkennt kein anderes Gewerbe als den Ackerbau an. Vor allem die Praxis, dass Händler in fetten Jahren billig einkauften und in Hungerjahren teuer verkauften, um die es hier geht, war dem Staat ein Ärgernis. Wie man es schafft, dass Händler »nichts ankaufen«, wird in 22.2 angedeutet: »Wenn Nahrungsmittel teuer sind, dann lohnt es sich nicht, sie zu kaufen; und wenn zudem hohe Abgaben hinzukommen, dann wird das Volk nicht umhinkommen, Handeln und Hökern, Geschick und Kunstfertigkeit sein zu lassen und sich den Erträgen des Bodens zu widmen.« Die Idee, dass der Staat selbst Getreide aufkauft – in *Guanzi* 73 und 80 angesprochen und in der Kaiserzeit oft praktiziert –, wird im SJS erstaunlicherweise nicht erwogen.

14 Wenn sich Klänge ...] Vgl. wiederum das selbstgenügsame Ideal in Lao 80: »Die Nachbarstaaten mögen in Sichtweite liegen, das Bellen ihrer Hunde und Gackern ihrer Hühner hörbar, und

doch verkehren ihre Menschen nicht miteinander, bis sie alters sterben.« Konkret dürfte hier jedoch Musik gemeint sein, deren verderblicher Einfluss auf die Sitten nicht nur bei den Politischen Realisten behauptet wird; auch die Konfuzianer lehrten, dass gewisse Weisen – speziell die von Zheng, Song, Wey und Qi – »sexuell ausschweifend und der Tugend schädlich« seien (Li 19). Zu Kleidungsvorschriften und anderen Luxusverboten vgl. oben, S. 68.

15 Würdenträger und Familienhäupter] Die Eliten des alten Systems. Wie in 2.4 geht es darum, ihnen die Möglichkeit zur Macht- und Prachtentfaltung zu nehmen: Ihre ›Familien‹ – dazu gehören auch Diener, Klienten u.a. – sollen allesamt zum Ackerbau gezwungen werden.

16 Gasthäuser] Die Ironie der Geschichte will es, dass Shang Yang selbst, nachdem er am Hof in Ungnade gefallen war und fliehen musste, angeblich an einem Gasthaus abgewiesen wurde: »Gemäß den Gesetzen des Fürsten von Shang«, wurde er vom Gastwirt belehrt, »wird jeder bestraft, der Personen ohne Ausweis Unterkunft gewährt« (SJ 68).

17 Berge und Sümpfe] Auch über Jagd, Fischerei und Forstwirtschaft soll der Staat die Kontrolle behalten. Im *Guanzi* wird behauptet, dass »die früheren Könige Aktivitäten in Bergen und Sümpfen verboten haben, um die Getreideproduktion des Volkes zu erweitern« (Guan 13); jedenfalls wurde die Nutzung der »Berge und Sümpfe« in der Chunqiu-Zeit zunehmend eingeschränkt und abgabenpflichtig gemacht.

18 Preise für Alkohol] Auch der Alkoholhandel wurde in der Chunqiu-Zeit staatlicher Kontrolle unterworfen. Schon im 7. Jahrhundert v. Chr. sollen in Qi Monopole auf Salz, Eisen und Alkohol eingerichtet worden sein; und unter den Qin und Han wurden diese fortgeführt: Der Staat als Wirtschaftsakteur war ein wesentliches Element des Politischen Realismus. Bezeichnenderweise ist das aber nicht der Punkt dieser Passage: Es geht nicht in erster Linie um staatliche Einnahmen, sondern darum, »Händler und Höker«, Bauern und Beamte zu kontrollieren: Das Ziel ist primär politisch, nicht ökonomisch (vgl. S. 68f).

19 schwere Strafen … Schuld kollektiv] Erstmals werden zwei Punkte genannt, die später zum Inbegriff der Grausamkeit des Politischen Realismus wurden: »schwere Strafen« und das Prinzip kollektiver Verantwortung. Beide waren jedoch keineswegs neu. Auch die Lehnsfürsten des *ancien régime* hatten äußerst

grausame Körperstrafen verhängt, und die Gruppenverantwortung ist ein Erbe des Fehdewesens der Adelsfamilien (vgl. S. 54): Guan Zhong soll sie angeblich schon im 7. Jh. v. Chr. in Qi eingeführt haben (GY 6).

20 streiten … Klage führen] Dass das Volk ›streitsüchtig‹ werde, war schon eine Kritik an Zichans Gesetzen gewesen (S. 48), und auch Konfuzius soll gesagt haben, es sei »notwendig, das Volk dazu zu bringen, dass es keine Klage führt« (LY 12.13). Gesetze sollen ein Instrument staatlicher Herrschaft sein und nicht dem Schutz individueller Rechte dienen.

21 innerhalb der Grenzen] Der Begriff *jingnei* gehört zur Sprache des Politischen Realismus. Er meint das Gebiet eines Regionalstaates, im Ggs. zum ›Reich‹ (*tianxia*) der Zhou-Könige.

22 einfältig und dumm] Wiederum: Immobilität führt zu ›Dummheit‹ (vgl. 2.3), und die ›beschränkte Einsicht‹ der Untertanen wird nicht politisch, sondern hält sich an den Ackerbau. Um Mobilität zu kontrollieren, wurde in Qin im 3. Jh. v. Chr. ein System von Pässen und Kreditiven eingeführt, die bei Reisen über Land – z.T. auch innerhalb von Städten – mitzuführen waren. Unter den Qin-Dokumenten, die in Liye (Hunan) gefunden wurden, war sogar ein Pass für ein fünfmonatiges Baby (Pines et al. 2014, 27f.).

23 nachgeborene Söhne] Solchen vermeintlichen Herumtreibern und Taugenichtsen galt die Aufmerksamkeit der Qin. So, wie Familien »nach Zahl der Kostgänger besteuert« werden sollten (2.4), soll Shang Yang in Qin eine Doppelbesteuerung für Familien eingeführt haben, in denen zwei oder mehrere erwachsene Söhne lebten (SJ 68): Auf diese Weise sollten ›Nachgeborene‹ gezwungen werden, einen eigenen Haushalt zu gründen, denn »dann werden sie gewiss ackern«. Die Qin haben das Unruhepotential erkannt, das von ›überzähligen Söhnen‹ ausgeht: Sie waren potentielle Störenfriede und mussten entweder im Arbeitsdienst beschäftigt oder im Krieg verheizt werden (vgl. dazu Heinsohn 2003).

24 Kornzuteilern] Der Satz ist unklar und scheint nicht recht in den Kontext zu passen; ›Kornzuteiler‹ (*youyong*) ist ein *hapax legomenon*.

25 breite Bildung, Eloquenz und Klugheit] Vgl. 17.4, wo gesagt wird, dass man »aufgrund von breiter Bildung, Eloquenz und Klugheit« nicht »reich und angesehen werden« dürfe, denn »Eloquenz und Klugheit sind Gehilfen der Anarchie« (5.1).

26 angestammte Tätigkeit] Nicht nur räumlich, auch sozial sollte das Volk immobilisiert werden. Diesem Zweck diente auch die Lehre von den ›Vier Ständen‹ (*simin*), die erstmals im *Guanzi* bezeugt ist: »Gelehrte, Bauern, Handwerker und Händler: Diese vier Stände des Volkes bilden das Fundament des Staates. Sie dürfen sich nicht miteinander aufhalten, denn wenn sie sich miteinander aufhalten, werden ihre Worte wirr und ihre Aufgaben geraten in Unordnung« (Guan 20.1; vgl. GY 6). Die Theorie der ›Vier Stände‹ wurde – gegen jede empirische Evidenz – bis ins 19. Jahrhundert aufrecht erhalten; und schon in der Han-Zeit wurde den Ständen gesetzlich verboten, ihr Gewerbe zu wechseln. Wie bei Plato galt: »Jede Einmischung oder jeder Wechsel von einer Klasse in eine andere ist das größte Verbrechen gegen das Gemeinwesen und würde mit vollstem Recht als die niedrigste Schandtat bezeichnet werden« (zit. Popper 1992, 60).

27 Armeemärkten] Über solche Märkte, vermutlich temporär zur Versorgung von Truppen eingerichtet, ist nicht viel mehr bekannt als diese Stelle. Zur Abschirmung der Soldaten von Frauen vgl. auch 12.3.

28 weist die Händler an …] Der Satz ist syntaktisch nicht in Ordnung, die Übersetzung, wie Duyvendak 1928, 181, schreibt, »a guess«. Deutlich wird immerhin der Anspruch, Märkte staatlich zu kontrollieren. Diese Praxis ist in der chinesischen Kaiserzeit gut dokumentiert, wo Märkte – zumindest in Hauptstädten – stets ummauert und überwacht waren.

29 Handlungen nicht verbergen] Yuri Pines (2017, 272, Anm. 33) nimmt an, dass hier amtliche Dossiers angesprochen werden, welche die Leistungen und Laufbahnen von Beamten dokumentieren: Solche Akten aus der Qin-Zeit sind in Südchina bei Ausgrabungen gefunden worden.

30 den Handel scheuen] Deutlicher als jeder andere Text des Alten China lehnt das SJS den Handel ab. Nicht nur Bauern sollen dem Handel fernbleiben, auch den Händlern soll das Leben mit allen Mitteln schwergemacht werden, so dass sie zu Bauern werden.

31 geprotzt] Ein Subjekt fehlt; gemeint ist wohl: Die Händler protzen nicht.

32 Wagen angemietet] Auch hier geht es offenbar, wie in 2.5, darum, die Bauern vom Handel mit ihren Produkten abzuhalten. Über Abgaben an den Staat, die den Handel ersetzen könnten, schweigt dieses Kapitel indes.

33 Amtleuten] Das Wort, das hier mit ›Amtleute‹ übersetzt wird, *li*, meint eigentlich Amtsdiener und subalterne Beamte. Die Funktionäre auf dieser Ebene dürften sich in der Regel aus den Familien der lokalen Elite rekrutiert haben (auch Gan Long geht es in 1.3 um »Amtleute«): Diese hätten die Macht, als »Schutzherren« aufzutreten.

3. Ackerbau und Krieg

1 Herrscher der Menschen] Dieser Herrscherbegriff (*renzhu*) scheint spezifisch für den Politischen Realismus zu sein; in LY und Meng etwa kommt er gar nicht vor, im HFei jedoch mehr als 200-mal, im SJS immerhin zehnmal. Der Ausdruck lässt sich als *Genitivus obiectivus* – Herrscher *über* die Menschen – verstehen oder auch als *Genitivus qualitatis*, denn der Herrscher *ist* durchaus menschlich: er »übertrifft … andere weder an tugendhaftem Lebenswandel noch an Wissen, Mut oder Kraft« (18.6). Er ist kein charismatischer Herrscher (vgl. S. 33). Umso wichtiger werden für ihn die Instrumente der Macht: »Ämter und Ränge« bzw. »Belohnungen und Bußen« (24.1). Mit ihnen funktioniert der Staat auch, wenn der Herrscher der Menschen »auf seinem Ruhebett verweilt und den Klängen von Saiten- und Bambusinstrumenten lauscht« (18.7).

2 Ämter und Ränge] sollten wiederum, so die Lehre des SJS, nur durch »Ackerbau und Krieg« zu erlangen sein. Shang Yang soll die alte Rangordnung durch 18 Verdienstränge ersetzt haben, die aufgrund einschlägiger Verdienste vergeben wurden; vgl. ausführlich Kap. 19.

3 eitle Reden] Vgl. die Polemik in HFei 55: » … wo eitle Reden, die den Gebräuchen verhaftet sind, Anerkennung finden, werden die Gesetze nicht befolgt, Strafen und Bußen nicht auf Verbrecher angewandt.« »Eitle Reden« (*xudao*) werden mit den »Gebräuchen« (*su*) assoziiert: beide widersprechen den Gesetzen, für die der Politische Realismus steht. Dasselbe gilt für »raffinierte Worte« (*qiaoyan*), die allerdings auch im konfuzianischen Diskurs verurteilt werden.

4 zerfallen] *Xiao* oder *xue*, ein weiterer typisch realistischer Ausdruck, der in dieser Verwendung fast nur in HFei und SJS vorkommt. Eigentlich bedeutet das Wort ›schälen, schnitzen, ab-

schneiden‹, auch ›aus einem Register tilgen‹. Übertragen auf den Staat meint es Schwächung (das Wort reimte sich im Altchinesischen mit *ruo*, ›schwach‹ und wird oft als Antonym zu *qiang*, ›stark‹ verwendet) bzw. Auflösung. Es bezeichnet die Stufe vor dem vollständigen Untergang des Staates (4.3).

5 guter Staatsführer] Dieser Ausdruck (*shan weiguo zhe*), der dreimal in diesem Kapitel auftaucht, bezeichnet in anderen Texten einen Herrscher, der sich in erster Linie um das Wohlergehen des Volkes sorgt; so in Guan 48: »Ein guter Staatsführer macht das Volk erst reich, bevor er es regiert«, oder LT 1.3: »Ein guter Staatsführer lenkt das Volk so, wie Eltern für ihre Kinder sorgen.«

6 ausschweifend] Die ›Ausschweifung‹ oder ›Maßlosigkeit‹ (*yin*) wird im SJS unmittelbar mit der Anarchie assoziiert: »Eloquenz und Klugheit sind Gehilfen der Anarchie; Riten und Musik sind Symptome der Ausschweifung« (5.1). Es dürfte das Laster der Adligen sein; und so, wie im alten Griechenland die *hybris* der Reichen im Gegensatz zum »Ideal der sôphrosyne« stand (Vernant 1982, 83), der Mäßigung, setzt das SJS der Überheblichkeit die Schlichtheit entgegen. Offenbar mit Erfolg, wenn man Xunzis Bericht aus dem Qin des 3. Jh.s v. Chr. glauben darf: »Die Hundert Sippen leben schlicht« (Xun 16).

7 einer Quelle] Andere Vorzüge der ›einen Quelle‹ werden in 13.5 genannt: »Wo Nutzen aus einer Quelle kommt, da hat der Staat keinen ebenbürtigen Gegner« und 20.6: »Wo Nutzen aus einer Quelle kommt, da hat das Land viele Güter.« – In anderen Worten: Wenn der Staat den Zugang zu Ämtern und Rängen kontrolliert, wird der Staat davon profitieren.

8 Wenn Einheitlichkeit herrscht ...] Ein ähnlicher Gedankengang findet sich in Xun 9: »Wo anhand von Standesregeln differenziert wird, gibt es Harmonie, Harmonie führt zu Einheitlichkeit, herrscht Einheitlichkeit, dann wird man viel Kraft haben, und hat man viel Kraft, dann wird der Staat stark.«

9 *Lieder* und *Dokumente*] Waren ›äußere Einflüsse‹ in 2.3 noch allgemein mit ›Gelehrsamkeit‹ assoziiert worden, nimmt der Text hier explizit »die *Lieder* und *Dokumente*« aufs Korn, zwei Textsammlungen, auf die sich vor allem konfuzianische Gelehrte beriefen. Bei den *Liedern* handelt es sich um Tempelhymnen, Hofgesänge und Volkslieder aus verschiedenen Regionen Nordchinas. In der Zhanguo-Zeit wurden sie überaus häufig in politischen Debatten zitiert, um Argumente mit der Auto-

rität der Tradition zu stützen. Beispielhaft mag die Verwendung von Lied 249 bei *Mengzi* sein: »Ein Lied besagt: ›Ihr fehlt nicht, vergesst nicht, folget den alten Geboten‹ [Üb. Simon 2015, 617] – noch nie ist einer fehlgegangen, der die Regeln der früheren Könige beachtet hat« (Meng 4A1). Die *Lieder* singen das Loblied der »früheren Könige« und ihrer »Regeln« – sie stehen für all das, was der Politische Realismus überwinden will. Das gleiche gilt für die *Dokumente*, die nichts anderes sind als Reden mythischer und historischer Herrscher: Wer sie zitiert, beruft sich auf eine Quelle der Autorität, die in Konkurrenz zu den Gesetzen des Politischen Realismus stand. Es nimmt nicht wunder, dass das SJS vehement gegen die *Lieder* und *Dokumente* polemisiert.

10 Kunsthandwerk] Handwerkliche Tätigkeiten erlebten in der Zhanguo-Zeit einen enormen Aufschwung. Spezialisierte Handwerker, die Bronzegefäße, Keramik, Textilien, Schnitzereien und andere Luxusgegenständen herstellten, arbeiteten meist an Höfen: Sie dürften dem Politischen Realismus ein Ärgernis gewesen sein, weil sie der Prachtentfaltung des Adels dienten. Zunehmend machten sich solche Handwerker aber auch selbständig, um ihre Erzeugnissen mit Profit zu verkaufen (vgl. Barbieri-Low 2007, v.a. Kap. 4). Solche kommerziellen Kunsthandwerker – nichts anderes als Höker in den Augen der Politischen Realisten – werden im SJS als Bauernfänger dargestellt, die das Volk dazu verführen, »leichtfertig und unstet« zu werden (6.6) und »Ackerbau und Kriegsdienst [zu] vernachlässigen« (3.4).

11 einheitlich ausgerichtet] D.h. einzig und allein auf den Ackerbau ausgerichtet.

12 verstetigen] Eine Verwaltung mit kontinuierlichem Amtsbetrieb bildet die Grundlage des Staates: Mehrfach wird daher im SJS die ›Stetigkeit‹ von Ämtern betont (vgl. 3.4). Diese aber kann nur auf abstrakten, standardisierten Entscheidungsroutinen basieren, nicht auf »raffinierten Worten und Sophisterei«.

13 sinnen … Eigennutz] Das ›Sinnen‹ oder ›Bedenken‹ (*lü*) ist Sache des Fürsten und seiner Berater (1.1). Er unterscheidet sich gerade durch »eigenständige Gedanken« vom unpolitischen Volk, mit dem »man nicht gemeinsam die Anfänge bedenken« kann (1.2). Wenn Adel oder Volk auf etwas »sinnen«, ist es immer schädlich. Mit »Eigennutz« (*si*) ist sicher nicht individueller Nutzen gemeint, sondern der Nutzen einer ganzen Familie. Das Private/Eigene meint vor allem die partikularen Eliten, deren Macht in Konkurrenz zu der des Staates steht (vgl. S. 41).

14 veräußern Einfluss] Gemeint ist wohl weniger die Käuflichkeit von Entscheidungen als von Ämtern: Die Unteren sind bestrebt, »Güter zu nehmen, um damit den Oberen zu dienen und auf diese Weise Beförderung anzustreben«.

15 Interessen des Staates] Dies ist die einzige Stelle im SJS, an der die Staatsräson explizit beim Namen genannt wird; implizit geht es immer um sie.

16 Folglich sagen sich …] Ganz ähnlich, nur mit anderen Vergleichen, findet sich dieser Passus in HFei 14: »Wenn die Umgebenden erkennen, dass sie mit Ehrlichkeit und Zuverlässigkeit weder Sicherheit noch Vorteile erlangen können, werden sie sich sagen: ›Wenn wir den Oberen mit Treue und Zuverlässigkeit dienen, Mühen und Verdienste anhäufen und dafür Sicherheit erwarten, wäre das, als wolle ein Blinder das Wesen von Schwarz und Weiß erkennen – völlig hoffnungslos! Wenn wir den Oberen aber dienen, indem wir gemäß der Wandlung des rechten Weges die korrekten Prinzipien befolgen, ohne nach Reichtum und Ansehen zu streben, und dafür Sicherheit erwarten, wäre das, als wolle ein Tauber die ›klaren‹ und ›trüben‹ Töne unterscheiden – noch hoffnungsloser! Wenn wir aber auf diese zwei Weisen keine Sicherheit erreichen können, was bleibt uns anderes, als uns zusammenzutun, den Herrscher zu verblenden, Korruption und Privatgeschäfte zu betreiben, um den wichtigen Menschen zu gefallen?‹«

17 Hundert Sippen] Auch hier ist wohl, wie in 1.2, nicht das Volk gemeint, sondern der Adel, denn der hat »Familie« (*jia*).

18 Ansehen des Herrschers … Sicherheit des Staates] Vgl. wiederum HFei 14, wo es von einem »Minister, der die Verfahren beherrscht«, heißt, er sorge für das »Ansehen des Herrschers und die Sicherheit des Staates.«

19 besser, ein Amt anzustreben] Der Zusammenhang ist aufschlussreich: Nicht, wenn der Herrscher stark, sondern wenn er schwach und »ohne Ansehen« ist, strebt man ein Amt an – und zwar, weil die »Familie arm« ist. Auch im Alten China, wie in allen vormodernen Gesellschaften, ging man in den Staatsdienst, um sich zu bereichern.

20 Verwaltungsgesetze] Abgesehen vom einleitenden Kapitel, fällt hier zum ersten Mal das Wort *fa*, ›Gesetze‹. Bezeichnenderweise bezieht es sich auf die Beamten: Mit *guanfa* dürften Verfahrensgesetze für die Verwaltung gemeint sein. Sofern sie »klar« sind, machen sie »Wissen und Überlegungen« für Beamte überflüssig,

denn beides ist die Prärogative der *politischen* Klasse, nicht der Verwaltung.

21 … Gewerbe nicht vernachlässigen] Wörtlich wie in 3.2, aber mit einer etwas anderen Wendung: Dort sorgt der Zugang zu Ämtern für »Einheitlichkeit«, hier die Verwaltungsgesetze.

22 Sicherheit … Ansehen] Deutlicher noch als in 3.3 wird hier gesagt, dass die *Legitimation* des Herrschers – sein »Ansehen« – auf Sicherheit und Prosperität beruht, nicht auf Herkunft oder göttlichem Willen. Seine Herrschaft rechtfertigt sich selbst indem sie funktioniert (vgl. S. 75). Vgl. ganz ähnlich Guan 28: »Für das Ansehen des Fürsten und die Sicherheit des Staates ist nichts wichtiger als das Militär.«

23 Verstetigt man …] Vgl. Anm. 12.

24 Prinzip des Souveräns] Vielleicht auch: ›Weg *zur* Souveränität‹. Der ›Souverän‹ (*wang*) erscheint hier zum ersten Mal als Begriff für einen idealen Herrscher. Er knüpft an das Vorbild der »früheren Könige« der »Drei Dynastien« (1.3) bzw. der »Gottherrscher und Könige« (1.4) an, verweist aber auch konkret auf den Titel – bis dahin den Zhou-Herrschern vorbehalten –, den sich im 4. Jahrhundert v. Chr. die Herrscher der sieben großen Staaten anmaßten. 325 v. Chr. nahm auch der Herrscher von Qin den Titel ›König‹ an. Im SJS meint der Begriff nicht den Herrscher alten Typs, den *primus inter pares*, sondern den neuen: den *Souverän*. Auch im Kapitel »Königliche Bestimmungen« der *Aufzeichnungen der Riten* wird unter dem alten Titel *wang* die neue Form von Herrschaft beschrieben, wenn es heißt: »Es gab kein unbebautes Land und kein vagabundierendes Volk, man aß frugal und arbeitete entsprechend der Jahreszeit; das Volk fand Ruhe an seinem Wohnort, erfreute sich an seinen Aufgaben und spornte sich zu Leistungen an; es verehrte den Fürsten und war der Obrigkeit verbunden – erst dann kam Gelehrsamkeit auf« (Li 5). Bis auf den letzten Satz entspricht diese Beschreibung exakt den Vorstellungen des SJS.

25 Sophisten sind … und gesetzlos] Hier fehlt mindestens ein Wort im Text.

26 Riten, Musik, Güte …] Damit sind, nach den »*Liedern* und *Dokumenten*« (Anm. 9), weitere Grundpfeiler der konfuzianischen Lehre angesprochen. Doch es geht nicht allein um die Konfuzianer; die Aussage des SJS lautet ganz grundsätzlich: Bildung und Moral haben in der Politik keinen Platz, mit ihnen kann man keine Macht ausüben (vgl. S. 30f.).

27 Truppen zum Angriff ...] Vgl. HFei 53, wo es darum geht, nicht »durch treffliche Worte die Gesetze zu beugen«, sondern Leistung zum alleinigen Kriterium für die Amtsvergabe zu machen. Tut der Herrscher das, wird er »wenn die Truppen ausrücken, gewiss Land erobern ... und wenn er sie ruhen lässt und nicht angreift, gewiss reich werden.«

28 mit Schwerem angreift ...] Die Auflösung dieses rätselhaften Spruchs folgt in 6.7. Es geht darum, einen Gegner mit seinen Schwächen – dem, was ihm schwerfällt – anzugreifen: »Ist das Volk dumm, dann lässt es sich mit Klugheit bezwingen; sind die Zeitgenossen klug, dann lassen sie sich mit Gewalt bezwingen. Ist das Volk dumm, dann fällt ihm Gewalt leicht und es hat Schwierigkeiten mit Raffinesse; sind die Zeitgenossen raffiniert, dann fällt ihnen Klugheit leicht, und Gewalt fällt ihnen schwer.«

29 Weise und erleuchtete Fürsten] Im SJS nur an dieser Stelle belegt, werden diese in Guan 38 als Universalherrscher beschrieben: »So, wie der Himmel nicht um eines einzigen Wesens willen die Jahreszeiten verbiegt, beugen erleuchtete Fürsten und Weise nicht um eines einzigen Menschen willen die Gesetze.« Die beiden Herrscherideale ergänzen sich: Der Weise »versteht, indem er hört« (Wen 3), der Erleuchtete durchschaut die Dinge; »einen Schöpfer nennt man weise, einen Fortführer erleuchtet« (Li 19). Beiden gemeinsam ist die *Vernunft*: die *perceptio*, welche Einsicht in den Zusammenhang der Dinge ermöglicht.

30 das Wesentliche] Fischer 2012, 204, hält »das Wesentliche« (*yao*) für den Kern des politischen Realismus: das ›Reale‹, an dem die Politik sich – im Gegensatz zum Ideellen – orientieren muss, »the essential [is] what is adequate to the reality of political life as opposed to the virtue ethics of the Confucians.« Mit anderen Worten: das »Wesentliche« ist die *Macht*. Nur um sie allein darf es in der Politik gehen, alles andere – Eloquenz, Gelehrsamkeit, Moral – muss aus ihrer Perspektive ausgeblendet werden (vgl. S. 29).

31 passt sich das Volk ... an] Wiederum wird der *Wandel* im Volk als Ursache allen Übels dargestellt, die bis zum »Untergang des Staates« führen kann. Der erwünschte Zustand des Volkes ist die *Stasis*.

32 vagabundierende Kostgänger] Deren Vorteil ist immer der Nachteil der »Ackerbauern«: so auch in 2.4, 3.9 und 23.4.

33 Heuschrecken, Raupen und Pflanzenläuse] Die Namen sind zoologisch nicht exakt; welche Schädlinge hier genau gemeint sind, lässt sich nicht feststellen.

34 ein einziger Mann …] Noch pointierter drückt es Guan 78 aus: »Wenn auch nur ein einziger Bauer nicht pflügt, dann werden Menschen seinetwegen hungern; und wenn nur eine einzige Frau nicht webt, dann werden Menschen ihretwegen frieren.« Derlei Szenarien reflektieren den demographischen Druck der Zhanguo-Zeit: Die zunehmende Bevölkerung musste entweder intensiven Ackerbau betreiben, um sich zu ernähren – oder im Krieg verheizt werden.

35 müßig] Auch in seiner Verachtung des Müßiggangs offenbart der Politische Realismus Züge, die mit dem Einzug der Moderne assoziiert sind. Auch »unsere christliche obrigkeit« wollte in der frühen Neuzeit »keinen müsziggang in der gemeinde leiden, dieweil sie wissen dasz müsziggang von gott verboten sei« (J.B. Schupp, zit. DWb 2, 1147).

36 … dass das Volk Ackerbau betreibe] In diesem Punkt waren sich die Denker des Alten China einig; allein die Mittel dazu waren unterschiedlich. Mengzi etwa riet: »Wenn der König dem Volk gütige Regierung angedeihen lässt, sparsam im Gebrauch von Strafen und Bußen ist und geringe Steuern und Abgaben erhebt, dann kann es tief pflügen und leicht jäten« (Meng 1A5).

37 Machtkampf mit den Landesfürsten] Für den Staat ist die Konkurrenz zu anderen Staaten entscheidend: Nur sie sind ihn ebenbürtig, durch sie definiert er sich selbst (vgl. S. 62).

38 Der Weise…] Ganz ähnlich argumentiert LSCC 26.3: »Wenn das Volk ackert, ist es simpel; und wenn es simpel ist, ist es leicht dienstbar zu machen; wenn es leicht dienstbar zu machen ist, dann sind die Grenzen sicher und die Position des Herrschers wird geachtet« (vgl. S. 69f). Das Volk soll verbauert werden, um es beherrschbar zu machen.

39 wertschätzen ihren Wohnort] D.h. sie ziehen nicht im Land herum, sondern bleiben *immobil* (vgl. Kap. 2, Anm. 8). Wenn die Leute hingegen »ihren Wohnort geringschätzen, dann werden sie nicht für die Obrigkeit Wehr- und Kriegsdienst leisten« (s.u.): dann werden sie zu Vagabunden und ›vaterlandslosen Gesellen‹.

40 Vagabunden] Gemeint sind die Gelehrten der ›Hundert Schulen‹: Männer wie Meng Ke, Xun Kuang, Mo Di u.a., die – ähnlich wie die fahrenden Scholaren des europäischen Mittelalters – durch die Staaten der Nordchinesischen Ebene reisten und ihre Lehren verbreiteten. Unter allem fahrenden Volk waren sie für den Staat die gefährlichsten Feinde, denn in ihnen vereinigten sich Mobilität und Meinungsvielfalt.

41 Wehr- und Kriegsdienst] Oder geht es nur um Landesverteidigung? So wird der Ausdruck *shouzhan* in 12.1 verwendet; an anderen Stellen scheint jedoch beides: Abwehr- und Angriffskrieg, gemeint zu sein.

42 auseinanderstrebt] Diese Befürchtung äußerte Sun Yatsen noch im frühen 20. Jahrhundert, als er das chinesische Volk als »einen Haufen losen Sands« bezeichnete. Während moderne Regierungen den Zusammenhalt im Namen der *Nation* einfordern konnten, stand dieser Begriff im Alten China noch nicht zur Verfügung. Stattdessen soll das Volk beim Ackerbau zusammenhalten, wie der letzte Satz in 3.9 spezifiziert. Das Wort ›zusammenhalten‹ (*tuan*) wird im SJS meist mit ›Kraft‹ als Objekt benutzt i.S.v. ›Kräfte bündeln‹. Ebendas ist auch hier impliziert: Das Volk macht die Kraft des Staates aus.

43 Wenn der Fürst ...] Ein merkwürdig unvermittelter Absatz, dem der Bezug zum Kontext fehlt. Gleich im nächsten Abschnitt heißt es, dass ein »souveräner Herrscher« keiner Belohnungen und Strafen bedarf! Vgl. den ›konfuzianischen‹ Einschub 13.6, in dem es heißt, der Fürst verwende »Belohnungen und Bußen, um die Einheitlichkeit abzusichern.«

44 souveräner Herrscher] *Wangzhe*, wörtlich: ›einer, der wie ein Souverän/König herrscht‹. Das Wort *wang* wird im SJS einerseits als Titel für Herrscher des Altertums wie Yao und Shun (vgl. 15.6) verwendet, andererseits im Sinne des souveränen Herrschers neuen Typs. Yuri Pines vermutet, dass die Bezeichnung *wangzhe* nur vor dem Jahr 325 v. Chr. opportun war: »after the Qin rulers adopted the title *wang* (»king« or »monarch«), it was no longer politically advisable to emphasize the ruler's need to become a *True* Monarch, which would imply that his current title was fraudulent« (Pines 2017, 43): Demnach seien die Kapitel 3, 4, 7 und andere, die den Ausdruck verwenden, auf die Mitte des 4. Jh.s v. Chr. zu datieren.

45 Ränge und Einkünfte] Ein bemerkenswerter Kontrast zum »Herrscher der Menschen«, denn der »spornt sein Volk durch Ämter und Ränge an« (3.1). Auch in dieser Hinsicht scheinen Teil A und C verschiedene Positionen zu vertreten.

46 in den Tod geht] Das Ideal, dass das Volk für seine Führer stirbt, ist aus dem Ehrenkodex der Adelsgesellschaft übernommen: »Ein Krieger stirbt für den, der ihm Anerkennung zollt« (SJ 86; vgl. S. 10). Es findet sich nicht nur im SJS, sondern auch bei einem Konfuzianer wie Mengzi: »Wenn der Herrscher eine

menschliche Regierung praktiziert, dann wird das Volk sich der Obrigkeit verbunden fühlen und für seine Führer sterben« (Meng 1B12).

47 Legionen von Schönrednern] Eigentlich ›Trupps‹: eine (ironische?) Anspielung auf die Fünfertrupps, welche die Grundeinheiten des Militärs ausmachten (vgl. 19.3). Im Ernstfall jedoch »wird das gelehrte Volk die Gesetze scheuen« (3.6) und keine Hilfe sein.

48 Souveränität erreicht] Dieser Absatz scheint zwei Herrschertypen zu kontrastieren: den ›Fürsten der Menschen‹ (*renjun*), der dem ›Herrscher der Menschen‹ äquivalent sein dürfte, und den ›Souverän‹ (*wang*): Jener ist militärisch unterlegen und muss erst »die Kräfte des Volkes bündeln«, bevor er Souverän werden kann.

49 erleuchteter Fürst] Wieder ein neuer Herrscherbegriff, *mingjun* (schon in 3.6 neben dem ›Weisen‹ genannt): vgl. dazu S. 39 und Anm. 29. Eine alternative Interpretation des ›erleuchteten Herrschers‹ bietet Bárcenas 2013.

50 Staat] Der Ausdruck *guojia* (sonst nur in 15.4 belegt) ist bemerkenswert, meint er doch ursprünglich ›Staat und Adelsfamilien‹. Letztere sind hier jedoch wohl kaum gemeint, d.h. der Ausdruck muss schon auf die Bedeutung ›Staat‹ eingeschmolzen sein.

51 gegenwärtigen Herrscher] Diese sind das negative Gegenstück zum gerade genannten ›erleuchteten Fürsten‹ (so auch in 7.3); vgl. ausführlich Kap. 6, Anm. 1.

52 realen Nutzen] Zum ersten Mal deutet sich das Credo der *Realpolitik* an: Nicht schöne Worte und Idealismus sollen den Herrscher leiten, sondern ›Realitäten‹.

53 verworren] Wie in 3.6 dürfte sich diese Beschreibung auf das Gerede beziehen, nicht auf das Volk.

54 falschen Urteilen] Ebensolche ›Urteile‹ bzw. ›Kritik‹ (*yi*) fürchtet auch Herzog Xiao (1.2): Die Entfaltung des Logos und die Pluralität der Meinungen bilden allemal eine Gefahr für die Autokratie.

55 Staat arm zu machen … Militär zu schwächen] Und damit genau das Gegenteil dessen, was der Politische Realismus anstrebt: »den Staat zu bereichern und das Militär zu stärken« (8.2).

4. Die Starken vertreiben

1 Yuri Pines hat gemutmaßt, dass die Kapitel 3 und 4 – warum auch immer – »entworfen wurden, um das Publikum zu schockieren und zu entfremden« (Pines 2012, 90), und dass Kapitel 5 und 20 geschrieben wurden, um die »unverhohlen beleidigenden Botschaften« jener Kapitel abzumildern (ebd., 96–102).

2 Wer mit Starken die Starken austreibt ...] In 20.1 heißt es dazu: »Schwaches Volk, starker Staat; starkes Volk, schwacher Staat«: Der Staat muss zunächst ein Machtgefälle gegenüber den Untertanen aufbauen, er muss sein Volk schwächen, um selbst stark zu werden. Erst dann kann er mit Hilfe des geschwächten Volkes – denn »Schwäche führt zu Dienstbarkeit« (20.1) die »Starken«, d.h. die anderen Fürsten, besiegen.

3 Wenn der Staat Gutes tut ...] Wiederum ein Satz, der sich nur mit der Auslegung in Kap. 20 verstehen lässt. Da heißt es: »Wenn die Obrigkeit *die Gesetze verwirft* und darauf vertraut, *was das Volk gutheißt*, dann werden Verbrechen zunehmen« (20.2). ›Güte‹ und andere moralische Werte haben in Politik und Verwaltung nichts verloren: Wer Gefälligkeit walten lässt, beugt das Gesetz – und das bedeutet »Verbrechen«.

4 wie ein armer regiert ...] D.h. frugal und sparsam. Das SJS will den demonstrativen Konsum der Eliten einschränken und das Volk ›schlicht‹ halten. Nur über die Prachtentfaltung des Herrschers sagt es nichts.

5 Wenn das Heer ...] Eine Episode aus Shang Yangs Biographie drängt sich als Kommentar zu dieser Stelle auf. Als Shang Yang 341 v. Chr. das Heer von Qin in den Krieg gegen Wei, sein Heimatland, führte, wurden die gegnerischen Truppen von seinem alten Kameraden, Gongzi Ang, geführt. Shang Yang schrieb Gongzi Ang daraufhin, dass er es nicht über sich bringe, ihn anzugreifen, und lud ihn zu Friedensverhandlungen ein. Doch als der arglose Gongzi Ang sein Heerlager aufsuchte, ließ Shang Yang ihn festnehmen und vernichtete daraufhin die führerlose Armee von Wei (SJ 68, LSCC 22.2). – Die Prinzipien der Klarheit und Zuverlässigkeit, die das SJS für die Politik einfordert, scheinen für das Militär nicht zu gelten.

6 viel Veränderung] Vgl. dazu Kap. 2, Anm. 5. Die Möglichkeit zur »Veränderung« (der Regeln), d.h. die Unabhängigkeit von äußeren Restriktionen, ist der Inbegriff politischer Autonomie (vgl. S. 96): sie wird dem Herrscher als Gesetzgeber zugerechnet.

Die übrigen staatlichen Institutionen – wenn *guo* hier denn so zu verstehen ist – hingegen sind an Gesetze gebunden: Gerade diese bürokratische Rigidität – »wenig Veränderung« – macht ihre Funktionsfähigkeit aus.

7 Staat von tausend Streitwagen] Ein kontextloses Einsprengsel, das wiederum nur mit Blick auf 20.6 verständlich wird, wo es heißt: »Wenn Nutzen aus einer Quelle kommt, dann hat der Staat viele Güter; wenn er aus zehn Quellen kommt, dann hat der Staat wenige Güter. Wer eines bewahrt, erreicht Ordnung; wer zehnerlei bewahrt, verfällt in Anarchie.« Ein »Staat von 1000 Streitwagen«, d.h. ein Staat, der nicht über sonderlich große Streitkräfte verfügt, darf sich nicht verzetteln, sondern muss an der ›einen Quelle‹ – dem Ackerbau – festhalten.

8 permanenten Organe] Der Ausdruck *changguan* – in 3.4 noch i.S.v. ›Ämter verstetigen‹ verwendet – meint hier die Sektoren Produktion, Handel und Verwaltung. Mag sein, dass der Begriff »drei Organe« aus dem Militär stammt: In Guan 17, einem militärtheoretischen Kapitel, werden die Signalgeber Trommeln, Gongs und Flaggen als ›drei Organe‹ bezeichnet. In einem breiteren Sinne verwendet findet sich der Begriff in Xun 21 und im LSCCC 26.1: Dort zählen Ackerbau, Handel und Handwerk dazu. Das SJS hingegen nennt statt des Handwerks bezeichnenderweise die Bürokratie – ein ›Organ‹ des Staates. Dass der Handel hier auch genannt wird, ist immerhin bemerkenswert.

9 parasitäre Organe] Die Metapher der ›Parasiten‹ (oder, zoologisch präziser: ›Läuse‹) für Menschen, die auf Kosten anderer Leben, aber auch für Schmeichler und Schönredner, ist universell (Musolff 2014). In HFei 49 werden »Gelehrte«, »Redner vom Altertum«, »Schwertträger«, »Deserteure« sowie »Händler und Handwerker« als »fünf Schädlinge des Staates« verunglimpft, die es »auszurotten« gelte: ein frühes Beispiel für rhetorische Entmenschlichung politischer Gegner. Im SJS gelten nicht nur ›unproduktive‹ Gruppen als parasitär, sondern, wie hier und in 13.4, auch ›unnütze‹ Tugenden, Gebräuche usw. (vgl. Dean/Massumi 1992, 12ff.).

10 dreierlei Menschen … einzigen Menschen] Die Sektoren Produktion, Handel und Verwaltung sind differenziert, so dass ein Mensch nur jeweils einem Bereich zugehört (Bauern sollen keinen Handel treiben, Beamte nicht hökern). Die menschlichen Leidenschaften hingegen können in jedem Einzelnen zusammenkommen.

11 Gesetzen … Regierungsmaßnahmen] Der Satz bleibt trotz Emendation (vgl. Zhang Jue 2012, 61, Anm. 7) unklar: Sollten mit »Regierungsmaßnahmen« (*zheng*) *ad-hoc*-Entscheidungen der Verwaltung gemeint sein, die nicht durch ein Gesetz gedeckt sind?

12 Organe entfernt] Oder: ›die Beamten befördert‹? Der gesamte Absatz, der auffälligerweise *keine* Parallele in Kap. 20 hat, ist alles andere als klar. Vor allem die drei Sätze ab »Wer aufgrund« sind offenbar verderbt: Die Übersetzung ist spekulativ.

13 Große Verwaltung, kleiner Staat] Ein kryptischer Satz, der auch durch den Kommentar in 20.9 nicht erhellt wird. Doch wenn der Satz zuvor: »wer aufgrund von Regierungsmaßnahmen verwaltet, zerfällt«, so richtig verstanden ist, zeichnet sich der Gedanke ab: Es scheint um den Unterschied zwischen *Verwaltung* – so ist *zhi* hier wohl zu verstehen – und *Politik* zu gehen (vgl. S. 73).

14 Wer es stärkt …] Gemeint ist wohl das Volk: Denn »wer mit Schwachen die Starken austreibt, ist stark« (4.1); vgl. die Parallele in 20.10, wo explizit vom Volk die Rede ist.

15 Wenn ein Staat keinen Krieg führt …] Der Staat des Politischen Realismus darf seine Untertanen nie zur Ruhe kommen lassen, denn daraus folgen Wohlstand, Dekadenz oder gar Rebellion. Er ist dazu verdammt, ständig Krieg führen, erobern und expandieren zu müssen: »There is always another state to conquer, and when they all fall there are still the seas to cross« (Dean/Massumi 1992, 19).

16 die Ehrwürdigen] Im Diskurs des Politischen Realismus meint *gui* nicht die Adligen, wie bei den Konfuzianern (vgl. S. 49), sondern die Beamten: »Als der Fürst eingesetzt war, … entstand die Ehrfurcht vor den Ehrwürdigen« (7.1). Die Bürokratie hatte die Aristokratie abgelöst.

17 Folgsamkeit und brüderliche Liebe] Dieser Missachtung familiärer Werte – die nicht rein konfuzianisch sind, sondern viel tiefer im Volk verwurzelt – haben spätere Gelehrte dem SJS besonders übel genommen. Doch im Sinne der Staatsräson ist es nur konsequent, den Zusammenhalt von Familien auch auf diese Weise zu untergraben. Zu vergleichbaren Listen vgl. Anm. 19.

18 treuloses Volk] Dieser verstörende Vorschlag wird ähnlich in Xun 9 gemacht: »Volk mit treulosen Worten, treulosen Lehren, treulosen Taten, treulosen Fähigkeiten, das sich entzieht und laviert: das stelle man in den Dienst und unterweise es; man

gebe ihm Zeit, sporne es durch Belohnungen an und züchtige es mit Strafen. Sind sie zufrieden mit ihrem Amt, so unterstütze man sie; sind sie es nicht, entlasse man sie.« Doch während *Xunzi* lediglich argumentiert, dass prinzipiell jeder – wenn er sich als fähig erweist – ein Amt führen kann, geht das SJS einen Schritt weiter: Gerade ›Treulose‹ sind dafür besonders geeignet, denn von ihnen sind keine Gefälligkeiten zu erwarten. Sie sind Parvenüs, die sich nicht auf Herkunft und Verwandtschaft stützen: Mit ihnen lassen sich alte Machtstrukturen am besten aufbrechen. Eine aufschlussreiche Parallele bietet eine Kritik an den Gesetzestexten, die Fan Xuanzi und Zhonghang Yin 513 v. Chr. in Eisen gegossen hatten (vgl. S. 49): »Zhonghang Yin hat als untergeordneter Minister gegen den Befehl von oben verstoßen, hat sich angemaßt, ein Gefäß mit Strafgesetzen herzustellen und es zur staatlichen Norm gemacht: das bedeutet, Treulosigkeit zur Norm zu machen« (Zuo 10.29). Ein Subalterner, der höheren Adligen im Sinne einer »staatlichen Norm« die Gefolgschaft verweigert: das ist die Art von ›Treulosigkeit‹, die auch die Autoren des SJS gutgeheißen hätten. Vgl. auch die Anm. unter 5.2, wo dieser Passus kommentiert wird.

19 *Liedern, Dokumenten* …] Die Liste unterscheidet sich leicht von der gerade angeführten. Insgesamt bietet das SJS sechs derartige Aufzählungen von verächtlichen Bildungsgütern und Tugenden. Der Vergleich zeigt, dass diese im Kern aus sechs Paaren bestehen, die in unterschiedlicher Auswahl und Anordnung wiederholt werden (s. Tabelle S. 301).

20 mit Schwerem angreift] Vgl. Kap. 3, Anm. 28.

21 das Zehnfache] »Zweckrational handelt« nach der Definition Max Webers, »wer sein Handeln nach Zweck, Mitteln und Nebenfolgen orientiert und dabei sowohl die Mittel gegen die Zwecke, wie die Zwecke gegen die Nebenfolgen, wie endlich auch die verschiedenen möglichen Zwecke gegeneinander rational abwägt« (Weber 1980, 13): genau das trifft auf diese und andere Kalkulationen des SJS zu.

22 sorgt … für das Volk] Vgl. 1.2: »Durch Gesetze sorgt man für das Volk«. Der Ausdruck *aimin* heißt sicher nicht »loves his people« (Duyvendak); es geht um eine andere Form der Zuwendung. Der entscheidende Punkt deutet sich in Xun 16 an, wo es heißt: »Ein Fürst der Menschen wird zum Souverän, indem er die Riten hochhält und den Würdigen Respekt zollt; und er wird zum Hegemonen, indem er Gesetze verschärft und für das

3.5	**4.3a**	**4.3b**	**5.1**	**13.3**	**17.4**
Lieder	Riten	*Lieder*	Eloquenz	Riten	Bildung
Dokumente	Musik	*Dokumente*	Klugheit	Musik	Eloquenz
Riten	*Lieder*	Riten	Riten	*Lieder*	Klugheit
Musik	*Dokumente*	Musik	Musik	*Dokumente*	Zuverlässigkeit
Güte	Güte	Folgsamkeit	Zärtlichkeit	Verfeinerung	Lauterkeit
Verfeinerung	Verfeinerung	brüderl. Liebe	Menschlichkeit	Güte	Riten
Menschlichkeit	Folgsamkeit	Güte	Vertrauen auf Ruhm	Folgsamkeit	Musik
Lauterkeit	brüderl. Liebe	Verfeinerung		brüderl. Liebe	Verfeinerung
Eloquenz	Lauterkeit			Aufrichtigkeit	Umgangsformen
Klugheit	Eloquenz			Zuverlässigkeit	Gruppen
				Ehrlichkeit	Seilschaften
				Lauterkeit	Vertrauen auf Ruhm
				Menschlichkeit	Bitten
				Anstand	Aufwartungen
				Anti-Militarismus	
				Scheu vor dem Krieg	

Volk sorgt.« Die ›Sorge für das Volk‹ steht im Gegensatz zum ›Respekt für die Würdigen‹, sie ist ein Kennzeichen des Zentralstaates, der unter Umgehung des Adels direkt auf das Volk zugreift im Gegensatz zum Adelssystem, in dem ein Landesfürst zunächst den Partikularfürsten ›Respekt zollen‹ muss.

23 schwere Bußen … geringe Belohnungen] Diese Aussage irritiert nur auf den ersten Blick. Bedenkt man, dass die Strenge des Gesetzes in der Regel nur eine Person trifft, auf diese Weise aber einen eskalierenden Kreislauf der Gewalt verhindert (vgl. S. 51f.), wird sie verständlich. In Guan 6 heißt es: »Güte bedeutet, vieles zu vergeben: das macht es anfangs einfach, aber später schwer, und auf Dauer wird man von Problemen überwältigt. Gesetze machen es anfangs schwer, aber später einfach, und auf Dauer wird man von Glück überwältigt.« Die Milde einer Regierung besteht in der Strenge der Gesetze (Greiner 1985, 420): Das war ein Gemeinplatz des Politischen Realismus.

24 Leichtes schwer ahndet] Schwere Strafen sind ein mehrfach wiederholtes Thema, nicht nur im SJS (vgl. 5.4, 7.6 und 13.5). Die Forderung erklärt sich vor dem Hintergrund blutiger Vergeltung und eskalierender Ehrenhändel, die in der Zhanguo-Zeit stets zu befürchten waren. Konfuzius wird eine ähnliche Position nachgesagt (vgl. S. 52), und auch das altehrwürdige *Buch der Dokumente* (*Shangshu*) empfiehlt, einen Straftäter »unbedingt hinzurichten selbst wenn sein Vergehen gering ist«, aber absichtlich begangen wurde (Shu 14). (Auch wenn das Kapitel angeblich aus dem 11. Jh. v. Chr. stammen soll, reflektiert diese Aussage gewiss das zentralisierte Rechtssystem der späten Zhanguo-Zeit.) Greiner 1985 nennt dies als einen der »prolegistischen Aspekte des Konfuzianismus« (S. 423; vgl. 416f.). Tatsächlich dürften schwere Körperstrafen eine Notwendigkeit gewesen sein, die aus dem »Durchsetzungsdefizit« (Wimmer 2009, 250) des Staates folgte: Da der Staat nur wenige Verbrechen tatsächlich ahnden konnte, musste er diese wenigen umso strenger bestrafen (vgl. S. 56).

25 die Armen reich … und die Reichen arm] Wie auch immer dieser Zusammenhang zu verstehen ist – es geht auch hier darum, den Adel zu schwächen und das einfache Volk zu stärken, mit anderen Worten: die Unterschiede im Volk zu nivellieren.

26 auf neun Strafen eine Belohnung] Diese Empfehlung, die man Shang Yang oft vorgehalten hat, dürfte auf der nüchternen Einsicht beruhen, dass Belohnungen wesentlicher kostspieliger sind

als Strafen. Der Politische Realismus zog Strafen wohl nicht aus Grausamkeit vor, sondern aus ökonomischen Gründen.

27 Mit Autorität ...] Ein kontextloses Fragment, das keine direkte Parallele hat; vgl. immerhin 4.3: »Ein Staat, der ›mit Schwerem angreift‹, erlangt für das, was er aufbietet, das Zehnfache«.

28 hervorbringen und aufbrauchen] Die Passage ist, für sich genommen, unverständlich. Erst die Parallele in 5.8 gönnt den Verben auch ein Objekt: Es geht um einen Staat, »der *Kräfte* hervorbringen, aber auch aufbrauchen kann«, also um die Kontrolle von Gewalt (vgl. Kap. 5, Anm. 17).

29 Organe ... Gewalttätigen ... Feinde] Die Formulierung ist keineswegs eindeutig; vermutlich sind die drei Konkurrenten des Staates gemeint: die parasitären Organe aus 4.2 (oder ist die Bürokratie – ebenfalls *guan* – gemeint, deren Eigendynamik die Politik blockiert?), die mächtigen Familien und feindliche Staaten.

30 im Rahmen von zehn Dörfern ...] Es geht offenbar um eine möglichst volksnahe Regierung. Der Staat soll bis auf die lokale Ebene durchherrschen und dort unmittelbar entscheiden: Das macht seine Stärke aus. Nur auf lokaler Ebene kann die Regierung schnell – »tags« – reagieren; der lange Dienstweg aber erfordert, dass man »die Regierung aufschiebt« – und das bedeutet Schwäche des Staates. An diesem Problem ist der vormoderne chinesische Staat schließlich gescheitert, denn auf lokaler Ebene blieb seine Präsenz stets schwach (vgl. S. 78).

31 Erhebung der Bevölkerungszahl] Der Abschnitt scheint ein Einsprengsel zu sein, das zu Teil 4C gehört: Auf die Bedeutung der »Bevölkerungszahl« hebt auch 4.10 ab.

32 Schafft man Strafen durch Strafen ab ...] Die Autoren des SJS kennen die Logik der Macht: Auch für den Machthaber sind Sanktionen die unerwünschte Alternative. Jede Vollstreckung einer Strafe ist letztlich ein *Versagen* staatlicher Macht, denn sie bedeutet, dass seine Anweisungen nicht befolgt wurden. Es kann nicht im Sinne des Staates sein, wenn es Strafen hagelt. Das Ziel des Politischen Realismus ist daher, durch bloße Drohmacht zu herrschen, ohne dass Sanktionsmittel je eingesetzt werden müssen: durch die *Androhung* von Strafen die *Anwendung* von Strafen überflüssig zu machen.

33 Daher heißt es ...] Der Merkvers ist gereimt. Die jeweils letzten Worte der Zeilen lauteten im Altchinesischen: *khe? / *de? / *ga? / *khe? / *sre? / *siauk(h) (Rekonstruktionen nach

Schuessler 2009). Das letzte Wort, »zerfällt«, durchbricht das Reimschema und setzt somit einen aufstörenden Schlusspunkt. Zu den schweren Strafen vgl. 4.4 und Anm. 24.

34 Güte wird aus Gewalt geboren] Ein Lieblingsparadox der SJS-Autoren (in 13.6 heißt es »Tugend wird aus Gewalt geboren«) und ein Grundsatz des Politischen Realismus: Ordnung kommt vor Moral. Erst wenn Gewalt – *durch* Gewalt, denn anders geht es nicht – abgeschafft ist, kann man Tugend und Güte walten lassen. Die konfuzianischen Werte sind sekundär gegenüber den Notwendigkeiten des Politischen Realismus.

35 Man wende Gewalt an …] Ein schleierhaftes Versatzstück, das in 13.2 und HFei 53 in anderem Zusammenhang steht; dort heißt es: »Wenn der Staat aufgrund von Verdiensten Ämter vergibt und Ränge verleiht, kann man sagen, dass es mit überlegenem Wissen Pläne macht und mit überlegenem Mut Krieg führt.«

36 Wo Getreide hereinkommt …] Ein kruder ökonomischer Zusammenhang, in unbedarften Worten ausgedrückt, wörtlich: »Wo Getreide geboren wird, stirbt Gold.« Die Ausdrucksweise erinnert an die Lehre der Fünf Wandelphasen, die einander ablösen, indem sie »geboren werden« und »sterben« (HNZ 4).

37 Wenn Grundnahrungsmittel billig sind …] Eine recht simple Deduktion, die wie ein nachträglicher Einschub wirkt: Erst der folgende Absatz schließt wieder direkt an den vorhergehenden an. Die Sorge dass das Militär schwach werde und der Staat zerfalle, gehört in den Diskurs der ›Wehrkraftzersetzung‹ durch ›Eloquenz‹ und andere zivile Tugenden (vgl. 4.3, 5.1). Die Wörter »Grundnahrungsmittel« (*benwu*) und »Produzenten« (*shizhe*) sind keine Fachtermini, sondern offenbar *ad-hoc*-Bildungen, die ansonsten kaum nachweisbar sind – ob die Übersetzung die Sache trifft, ist keinesfalls sicher.

38 Für jede Unze Gold …] Wie auch immer dieser Zusammenhang zu verstehen ist: Es geht um den Vorzug der Landwirtschaft gegenüber dem Handel.

39 13 Zahlen] Zum ersten Mal kommen Statistiken ins Spiel. Wie sie allerdings erhoben werden sollen, sagt uns der Text nicht. Er setzt offenbar eine etablierte Verwaltung voraus. Aus archäologischen Funden ist mittlerweile bekannt, dass die Qin (nach der Reichseinigung) nicht nur detaillierte Akten über Haushalte, inklusive Namen, Geschlecht, Alter und Rang aller Angehörigen, geführt und aggregiert (Hsing I-tien 2014, Sanft 2015), sondern auch Pferde und Vieh sorgfältig registriert haben (Hul-

sewé 1985 C 6, 18–19). Von solchen Details, geschweige denn von einer echten Kameralistik, ist das SJS noch weit entfernt.

40 erwachsenen Männer …] Diese Gruppen interessieren als Rekruten der ›drei Armeen‹: »Erwachsene Männer bilden eine Armee, erwachsene Frauen bilden eine Armee, und Alte und Kinder, männlich wie weiblich, bilden eine Armee« (SJS 12.3). Als ›erwachsen‹ (*zhuang*) galt man laut Li 1 mit 30 Jahren.

41 Dienstleute] »Dienstleute« (*shi*) waren Angehörige des niedrigen Adels, die Fürsten in der Chunqiu-Zeit in verschiedenen – v.a. auch militärischen – Funktionen dienten. In der Zhanguo-Zeit wandelte sich ihre Rolle: Nunmehr waren *shi* vor allem Angehörige einer intellektuellen Elite, die als Berater und Funktionäre an den Höfen der Regionalfürsten dienten. Konfuzius, Menzius und andere »schönrednerische Vagabunden« (3.7) gehörten ebenso dazu wie Shang Yang selbst. Aus den *shi* wurde die »politische Klasse« des kaiserlichen China (Stumpfeldt 2010, 25).

42 Profiteure] Wohl nicht: ›des nützlichen Volks‹, denn *li* kann als neutrales Verb i.S.v. ›nützlich sein‹ nicht attributiv stehen. Der Ausdruck ist ein *Hapax legomenon*, er meint wahrscheinlich Händler und Handwerker: Die »Dienstleute« waren schon genannt worden, und bei den »erwachsenen Männer und Frauen« dürfte vorausgesetzt sein, dass es sich um Bauern handelt. Damit wären die ›Vier Stände‹ des Volkes komplett erfasst.

43 verbittertes Volk] Damit dürfte nicht allein Groll gegen den Herrscher, sondern der allgemeine Hass und die Rachsucht der Clangesellschaft gemeint sein: Ebendiese ›Verbitterung‹, die zu unkontrollierten Gewaltausbrüchen führte, sollte durch den rationalen Staat abgeschafft werden. Zugleich ist ihre Abschaffung die Grundlage für den Staat, denn sie sichert sein Gewaltmonopol: Nur wenn ein Staat »kein verbittertes Volk hat«, kann er stark sein.

44 Ränge und Zuständigkeiten] Das System der Vergabe von Rängen aufgrund militärischer Verdienste wird in Kap. 19 beschrieben. Zu Beförderungen aufgrund von »Getreideabgaben« liefert das SJS keine Details.

5. Das Volk erklären

1 Eloquenz und Klugheit …] Eine Liste von acht ›Übeln‹, ebensovielen wie in 4.3. Dies ist die einzige derartige Aufzählung, in der »*Lieder* und *Dokumente*« fehlen; »Eloquenz und Klug-

heit« sowie »Menschlichkeit« hat sie mit der in 3.5 gemein; vgl. Kap. 4, Anm. 19. »Vertrauen auf Ruhm« ist deshalb von Übel, »weil man die Gesetze und Bestimmungen ignoriert und stattdessen auf Namen und Ruhm vertraut« (23.4); statt dessen rät das SJS, »die Treulosen« zu betrauen (5.2).

2 das Volk gegen die Regierung] Modern gesprochen hieße das »strong society – weak state« (Joel S. Migdal). Der Politische Realismus steht für das Gegenteil: dass »sich die Regierung gegen das Volk« durchsetzt, so wie das Heer einen Feind besiegt. Dasselbe Wort, *sheng*, wird für den Sieg des Heeres und die Durchsetzung der Regierung benutzt: Dieser Zusammenhang wird nicht zufällig im militärtheoretischen Abschnitt 10.1 aufgegriffen.

3 die Nahestehenden] Moralische Tugenden, das ist die Aussage, gehören der segmentären Clangesellschaft an, die durch Verwandtschaft strukturiert ist: Ihnen gegenüber hat man moralische Verpflichtungen. Die »Bestimmungen« hingegen gelten abstrakt und clanübergreifend, sie unterlaufen moralische Verpflichtungen und sind in diesem Sinne »treulos«.

4 Zusammenzuhalten ...] Die Stelle liest sich wie ein Kommentar zum Vorhergehenden. Sie spricht den Gegensatz zwischen der Loyalität zur Familie (»Zusammenzuhalten und einander zu decken«) und der zum Staat (»zu trennen und einander zu überwachen«) an. Loyal zum Staat zu halten, bedeutet »treulos« gegen die Familie zu sein (vgl. Einführung, Anm. 63): Denn dann bleiben »Verfehlungen« nicht »verborgen«, sondern werden »bestraft«.

5 die Gesetze gegen das Volk] Der Staat muss seine Interessen – kodifiziert durch »Gesetze« – gegenüber dem Volk durchsetzen, ebenso wie sich sein Heer gegen einen Feind durchsetzt. Die Alternative ist die feudale Anarchie (vgl. 7.6). Es geht dem SJS dezidiert *nicht* um das Wohl des Volkes, sondern um das des Staates: »Dictatorship is not an abuse of state power. It is the essence of the State Idea« (Dean/Massumi 1992, 84). Zu den »Treulosen« vgl. Kap. 4, Anm. 18.

6 mit Schwerem angreift ...] Vgl. Kap. 3, Anm. 28.

7 Wenn die staatlichen Gesetze ...] Ein kryptischer Satz, emendiert nach Gao Heng. Vgl. dagegen Duyvendak 1928, 208: »A state where, when the laws of the country are applied, conditions for the people are hard and by military service those conditions are eased, so that it attacks with force, will gain ten

points for every one it undertakes«, und Lévi 1981, 80: »Si le peuple n'ose braver les lois c'est que le prince fonde sa politique sur le recours à la force: il obtiendra beaucoup à peu de frais.«

8 wird die Obrigkeit geachtet] Oder: ›hat die Obrigkeit Gewicht‹ – das Eigenschaftsverb *zhong* ist dasselbe, das oben auf die Bußen bezogen wurde. Die Assoziation von schweren Bußen mit wichtiger Obrigkeit ist offensichtlich. Das positive Recht mit seinen positiven und negativen Sanktionen hat legitimatorische Funktion, es verleiht der Obrigkeit Respekt.

9 Gesetze detailliert] Ein Fragment, das auf Zustände in Qin anspielen mag. Vgl. die Kritik der Gelehrten YTL 55: »Einst nahmen in Qin die Gesetze stärker überhand als die Saudisteln im Herbst, und ihr Netz war dichter als geronnenes Fett – und dennoch betrogen Obrigkeit und Untertanen einander, Falsch und Untreu sprossen auf.« »Sparsam im Gebrauch von Strafen und Bußen« zu sein (Meng 1A5), war auch ein Anliegen der Konfuzianer – allerdings im Sinne der Menschlichkeit, nicht des Staates.

10 Ist das Volk geordnet ...] Der 2. Hauptsatz der Thermodynamik, auf die Politik angewendet. So, wie physikalische Systeme zur Entropie neigen, neigt das Volk zur Anarchie. Es muss daher immobilisiert, gleichsam auf dem absoluten Nullpunkt gehalten werden, um regierbar zu sein. Sobald »Handlungen« – gemeint sind wohl Handlungen außer Ackerbau und Kriegsdienst – ins Spiel kommen, entsteht Unordnung. Das Paradox von Ordnung/Herrschaft und Anarchie wird an mehreren Stellen des SJS diskutiert: vgl. 25.1 und vor allem 26.5, mit fast derselben Wortwahl.

11 Ahndet man Leichtes schwer] Zum Reimschema dieses Merkspruchs vgl. Kap. 4, Anm. 33.

12 Fördert man Arme ...] Eine Verlegenheitsübersetzung für einen Satz, der alles andere als klar ist: Die Antonyme ›vermehren‹, ›fördern‹ und ›vermindern > schröpfen‹ ergeben keinen rechten Sinn. Die Parallele in 4.4 hat jeweils ›führen‹.

13 drei Organen] Vgl. dazu 4.2.

14 wiegen Strafen schwer] Offensichtlich ein Plädoyer für »viele Strafen« und »wenige Belohnungen«. Die Logik des Satzes bleibt allerdings unerklärt.

15 sechs Laster ... vier Mühsale] Zwei numerisch determinierte Kategorien, wie die Autoren des SJS sie lieben. Was sie inhaltlich bedeuten, bleibt unklar: Sind die »sechs parasitären Orga-

ne« aus 4.2 gemeint? Sind die »vier Mühsale« »Schande und Entwürdigung, Anstrengung und Verdruss«, die in 6.9 genannt werden? Der wesentliche Punkt jedoch ist die spartanische Devise: Mühe und Entsagungen sind notwendig, um einen starken Staat aufzubauen.

16 das Eine] Gemeint ist wohl, dass »Nutzen aus einer Quelle kommt« (13.5), d.h. dass das Volk »im Ackerbau vereint« (3.8) und »einheitlich im Kriegsdienst« ist (6.8): Nur daraus entstehe Nutzen.

17 Kräfte hervorbringen, aber auch aufbrauchen] Der Staat muss die Kräfte, die er produziert, gegen äußere Feinde mobilisieren und somit »aufbrauchen« (wörtlich: ›töten‹) – sonst richten sie sich gegen ihn selbst, und er wird zu einem »Staat, der sich selbst angreift«. In anderen Worten: »Wenn ein Staat keinen Krieg führt, obwohl er stark ist, wird sich Verderben im Inneren verbreiten« (4.3).

18 Dinge …, die es verabscheut] Nämlich die in 5.7 genannten »vier Mühsale«. Eine Abwandlung dieses Arguments bietet 7.4: »wenn man das Volk mit den Dingen dirigiert, die es verabscheut, dann endet man bei den Dingen, die es liebt.« Das entspricht ziemlich exakt Max Webers klassischer Definition von *Macht* (vgl. S. 25).

19 souveräner Herrscher] Der ideale Herrscher, der hier und in 5.9 angesprochen wird, sorgt dafür, dass im Volk keine Gegenmacht zum Staat entsteht: Die »Kräfte« mobilisiert er im Kriegsdienst, und er zentralisiert die Ressourcen. In den Qin-Gesetzestexten von Shuihudi ist eine ganze Gruppe den Regularien für Getreidespeicher: Mengen, Kontrollen und Qualitäten, gewidmet (Hulsewé 1985 A10–A35). Was im SJS nur angedeutet wird, entwickelte sich im Staat der Qin zu einem komplexen System.

20 Ordnung des Staates …] Eine Abwandlung des Themas, das in 4.6 und weiter unten in diesem Abschnitt angesprochen wird: die Präsenz des Staates auf lokaler Ebene (vgl. Kap. 4, Anm. 30). Am stärksten ist er, wenn seine Ordnung bis in die Familien wirkt.

21 Wenn man Leichtes schwer ahndet …] Verkürztes Zitat von Themen, die an anderer Stelle angesprochen sind; vgl. 4.8 und dort Anm. 24 sowie 3.4.

22 Man spare Strafen …] Sehr verknappt wird hier ein zentraler Punkt des Qin-Regimes angesprochen: die gegenseitige Haftung. Sie bietet die Lösung für das Problem der Lokalregierung.

Indem die Untertanen für die Vergehen von anderen innerhalb ihrer Gruppe haftbar gemacht werden, werden sie zu gegenseitiger Kontrolle und Anzeige von »Verbrechen« gezwungen: Auf diese Weise entscheiden die »Menschen in ihren Herzen«, ohne dass der Staat seinen Beamtenapparat vergrößern muss.

23 Geräte] Damit dürften landwirtschaftliche Werkzeuge und militärisches Gerät (für den Kriegsdienst) gemeint sein; im folgenden Absatz werden beide – *qiyong* – denn auch ausdrücklich genannt. Aus den Fragmenten der Qin-Gesetze ist bekannt, dass lokale Behörden solche ›Geräte‹ an Haushalte ausliehen (z.B. Hulsewé 1985, 59f. [A 56–57]). Diese Passage scheint jedoch darauf abzuheben, dass diese Geräte zunächst in den Haushalten angefertigt werden – um dann von den Behörden verwaltet zu werden? Zhang Jue 2012, 85, Anm. 8, meint hingegen, es handele sich um Ritualgefäße für den Ahnenkult, die zugleich den Rang einer Familie anzeigten – das verträgt sich jedoch kaum mit dem Gesellschaftsentwurf des Politischen Realismus.

24 folgt nicht den Beamten] … sondern kommt ihnen in vorauseilendem Gehorsam zuvor, muss man wohl verstehen. Im gesamten Abschnitt geht es um die Entlastung der Verwaltung, indem deren Vorgaben vom Volk verinnerlicht werden. Das Volk folgt in erster Linie den Gesetzen, denn: »In einem Staat, der den rechten Weg verfolgt, werden Gesetze aufgestellt, und es wird nicht nach privatem Gutdünken verfahren, der Fürst ist etabliert, so dass Würdige kein Ansehen genießen« (Shen 77).

6. Berechnung von Land

1 gegenwärtigen Herrscher] Diese bilden – v.a. in Kapitel 6 und 7 – das negative Gegenstück zum idealen Herrscher, wie ihn das SJS beschreibt: Die »gegenwärtigen Herrscher« haben ein »Problem«, ihre Bemühungen sind »verfehlt«. Mit diesen Herrschern (der Plural erschließt sich aus 7.3: »*keiner der* gegenwärtigen Herrscher«) dürften keine konkreten Landesfürsten angesprochen sein, sondern ein Typus: der des traditionellen, rein ›erblich‹ legitimierten Herrschers. Denn auch das impliziert das Attribut *shi*: *shichen* etwa sind ›vererbte Ministerposten‹. Es geht also nicht darum, *andere* Fürsten zu kritisieren – um die müsste man sich kaum ›sorgen‹ (6.3) – als vielmehr den Herrscher von Qin, insofern er noch in herkömmlicher Weise regiert.

2 Anwerbung] »Volk anwerben« ist das Thema von Kap. 15.

3 Erschließung bringt Vermehrung] Der Text scheint hier unvollständig zu sein: Der Satz selbst ist in seiner Knappheit kaum verständlich, zudem wäre ein Parallelsatz zur »Anwerbung« zu erwarten.

4 Wenn die Bevölkerung ...] Der Wechsel im Vokabular – »übertrifft« (*guo*) statt »übersteigt« (*sheng*), »Ressourcen« u.a. – deutet darauf hin, dass das Ende dieses Abschnitts ein Kommentar zum Vorhergehenden sein könnte. Zu »Bergen und Sümpfen« vgl. Kap. 2, Anm. 17.

5 Insofern sie ...] Der Absatz ist nicht ganz klar. Er scheint v.a. ein Polemik gegen Anwerbung von Migranten zu sein, für die sich die gegenwärtigen Herrscher ›einsetzen‹ – mit dem Erfolg, dass »das Volk zahlreich, aber das Militär schwach« ist. Das wäre eine Gegenposition zu den Vorschlägen von Kapitel 15.

6 Berge und Wälder ...] Dass die »früheren Könige« solche »Verordnungen« kannten, darf bezweifelt werden. Ganz ähnliche Berechnungen soll aber im 5./4. Jh. v. Chr. Li Kui (vgl. S. 14) für das Fürstentum Wei vorgelegt haben: »Eine Landfläche von 100 Meilen im Quadrat [ca. 1720 km^2] hat rund 90.000 *qing* [ein Flächenmaß]; abzüglich Berge, Sümpfe, Siedlungen, die ein Drittel ausmachen, bleiben 6.000.000 *mu* [ein Flächenmaß]« (HS 24A, 1124). Ebensolche Angaben finden sich in Li 5: Auch dort bleiben 2/3 der Fläche für den Ackerbau. Pines 2014 hat darauf hingewiesen, dass der hohe Anteil der Ackerfläche in etwa den Verhältnissen im Lössplateau entsprach, wo der Staat Qin im 4. Jahrhundert lag.

7 Abmessungen] Hier wird das Ideal einer Landverteilung angesprochen, bei der viele steuerpflichtige Bauernfamilien kleine Parzellen bestellen, um so das Maximum an Erträgen für den Staat zu liefern. Die Situation, in der 500 *mu*, d.h. rund 23 ha, lediglich einen Soldaten versorgen, ist ungenügend; wenn aber 100 Meilen im Quadrat, also – eine chinesische ›Meile‹ entsprach ca. 415 m – rund 1720 km^2, 10.000 Soldaten ›hervorbringen‹, würden 17,2 ha einen Soldaten versorgen: eine bessere Nutzung des Landes. Diese Rechnung setzt voraus, dass ein *mu* nicht 193,8 m^2 misst, wie in anderen Zhanguo-Staaten, sondern 465 m^2, wie es in Qin spätestens seit 309 v. Chr. archäologisch bezeugt ist. Die Reform des *mu* sowie der Landverteilung wird Shang Yang zugeschrieben. – Vielleicht ist jedoch alle Rechnerei verfehlt, da die Größe von »100 Meilen im Quadrat« ein To-

pos ist: So groß soll die Domäne des Zhou-Königs Wen gewesen sein (vgl. 17.2), und in Meng 1A5 heißt es: »Ein Gebiet von 100 Meilen im Quadrat reicht aus, um souverän zu herrschen.«

8 Verordnungen] Solche »Verordnungen« (*lü*) dürften eine Abstraktionsstufe unter ›Gesetzen‹ (*fa*) gelegen haben: Sie legen nicht nur fest, dass »Boden zu nutzen« sei, sondern bestimmen auch konkrete Zahlen. Warum man sich indes an die »korrekten Verordnungen der früheren Könige« zu halten habe, obwohl deren *fa* ihre Orientierungsfunktion abgesprochen wird (1.4), bleibt schleierhaft.

9 Tausend Meilen im Quadrat] Das entspräche ca. 172.000 km² – ein Gebiet, wie es zu der Zeit nur die Staaten Qi, Chu und Qin besaßen (vgl. die Karte, S. XVIII).

10 ich, Euer Untertan] Hier spricht offensichtlich ein Minister, der sich – wie die Berater des Herzogs in Kap. 1 – bescheiden »Untertan« (*chen*) nennt. Dass dies Shang Yang sei, ist allerdings keineswegs ausgemacht. Und warum er sich um die »gegenwärtigen Herrscher« – anderer Staaten? – sorgen sollte, steht dahin.

11 einheitliche Belohnungen] Ähnlich argumentiert 9.2: »Ränge und Einkünfte sind das Wesentliche im Militär.« Die beiden folgenden Absätze erläutern die zwei Sätze dieses Absatzes.

12 außerhalb] Das Original ist ebenso uneindeutig wie die Übersetzung: »außerhalb« des Landes, des Ortes oder der Landwirtschaft?

13 Ackerbau] Die Stelle verdeutlicht, dass es dem SJS beim »Ackerbau« nicht in erster Linie um den ökonomischen Nutzen geht, sondern vor allem um den politischen: Ein bäurisches Volk ist dem Staat willfährig und daher leicht zu kontrollieren (vgl. S. 69).

14 private Belohnungen … Feind] Es soll nur »*eine* Quelle für Ämter und Ränge« geben, nämlich »Ackerbau und Kriegsdienst« (3.2): Wenn alle ›privaten‹ Wege zu Ruhm und Wohlstand versperrt sind, so das Argument, wird das Volk seine Meriten im Krieg suchen.

15 Woher weiß man …] Die rhetorische Frage – eine Seltenheit im SJS – leitet eine weitere Erklärung (eine Kommentarschicht?) ein: Erstmals wird hier explizit die ›Veranlagung‹ des Volkes angeführt; das Argument bleibt jedoch das gleiche wie in 3.7 u.a. Stellen: Ein simples, bäurisches Volk ist leicht zu beherrschen.

16 in den Tod zu gehen] Vgl. Kap. 3, Anm. 46.

17 Natur des Volkes] All diese Begehrlichkeiten – Muße, Freude und Ansehen – sind schädlich für den Staat; sogar die »Speise« (*shi*) wird im SJS oft im Zusammenhang mit ›Kostgängern‹ und anderen Dekadenzerscheinungen behandelt: ›Völlerei‹ (dasselbe Wort: *shi*) gilt als eine der »sechs parasitären Organe« (4.2). Die »Natur des Volkes« zu achten und zu schützen ist explizit *keine* Verpflichtung staatlicher Gewalt, sondern vielmehr, sie zu kontrollieren und zu ›bezwingen‹.

18 rituellen Regeln] Ein bemerkenswerter Ausdruck – nur hier belegt –, der zwei kontrastierende Grundbegriffe kombiniert: Die Riten (*li*), die im SJS mehrfach als ›parasitär‹ verunglimpft werden (4.2 u.ö.), sind ein Grundpfeiler der konfuzianischen Lehre, die »Regeln« (*fa*) haben den *fajia* ihren Namen gegeben. Hier dürfte das Wort jedoch nicht die ›Gesetze‹ meinen, sondern im herkömmlichen Sinne von ›Regeln‹ verwendet sein.

19 Dienstleute früherer Zeitalter] Vgl. 7.1, wo es heißt, dass »die frühesten Zeitalter Nähe zu den Nahestehenden gehalten und sich um das Eigene gesorgt« hätten: Gemeint ist offenbar die segmentäre Gesellschaft, die durch Verwandtschaft – und Ehre: »Ruhm« – geprägt war. Was das SJS hier beschreibt, sind keineswegs die »Anlagen des Volkes«, sondern die Werte der späten Adelsgesellschaft, die zur Ehrpusselei neigte und in der aufstrebende Händler die Möglichkeiten des ›Nutzens‹ erst voll zu Bewusstsein brachten.

20 Hebel zu Ruhm und Nutzen] Die Metapher der »Hebel« ist charakteristisch für den politischen Realismus. In Guan 45 etwa heißt es: »Der erleuchtete Souverän hat sechserlei Handhaben: sie leben oder sterben zu lassen, sie reich oder arm zu machen, sie zu ehren oder entehren: Diese sechs Hebel hält der Herrscher in der Hand.« Kürzer ist der Katalog in HFei 7: »Ein erleuchteter Herrscher dirigiert und reguliert seine Minister allein mit zwei Hebeln: das sind Strafen und Tugend« (vgl. auch SY 7). In die Begrifflichkeit des SJS übersetzt, wären das Strafen und Belohnungen bzw. die Gesetze, die deren Anwendung bestimmen: Auch von denen heißt es metaphorisch, dass Fürsten und Minister sie »in der Hand haben« (14.1).

21 Methoden] Ein Grundbegriff des Politischen Realismus: »die Verfahren der Minister und Herrscher und das Wesentliche im Staat«. Wörtlich heißt *shu* ›Zahl‹ – Duyvendak übersetzt hier sogar »statistical method« –, übertragen das Kalkül, die berechnende, planende Überlegung und das systematische Vorgehen.

Dazu heißt es in HFei 55: »Die Regierung durch Gesetze in ihrer erleuchtetsten Form vertraut auf Methoden, nicht auf Menschen«, und in Guan 45: »Ein weiser Fürst vertraut auf Gesetze statt auf Klugheit, auf Methoden statt auf Gerede, auf das Öffentliche statt auf das Private, auf die großen Prinzipien statt auf die kleinen Dinge: Auf diese Weise bleibt er gelassen, und das Reich ist geordnet.« ›Gesetze‹, ›Methoden‹, ›das Öffentliche‹, ›Prinzipien‹: All diese Begriffe verweisen auf das zentrale Prinzip der *Rationalität.*

22 Autorität] Dieser Begriff, *quan*, schillert in seiner Bedeutung. Zweifellos zum Begriffsfeld der ›Macht‹ gehörig, scheint er bald ›Einfluss‹ zu meinen (so etwa in 3.3), bald ›Autorität‹ (z.B. in 14.1), worin er sich wiederum mit *wei* (vgl. etwa 5.7) berührt. Es mag bezeichnend sein, dass dieser *persönlich* zurechenbare Aspekt der Macht im SJS diffus bleibt: Wichtiger sind die ›Amtsmacht‹ (*shi*) bzw., wie hier, die »Methoden«.

23 Yao und Shun … Tang und Wu] Yao und Shun, mythische Herrscher der vordynastischen Zeit, deren Taten in den *Dokumenten* (s.u.) gepriesen werden, waren Ikonen der konfuzianischen Lehre; Mencius etwa behauptete, dem Herrscher »nichts als die Prinzipien von Yao und Shun« (Meng 2B2) vorzutragen. Das SJS spielt sie bezeichnenderweise gegen die Dynastiegründer Tang und Wu aus (vgl. Kap. 1, Anm. 27), die nicht durch Weisheit und Güte an die Macht gelangten, sondern durch »Stärke« und »Gewalt« (7.2). Die »gegenwärtigen Herrscher« aber schwanken zwischen beiden Idealen, ohne einem davon gerecht zu werden (vgl. auch 7.3).

24 besprechen] *Yu*, im Ggs. zum verwerflichen »Geschwätz« (*tanshuo*), das im Folgenden kritisiert wird.

25 Privatgelehrte] Eigentlich amtlose Dienstleute (*chushi*), d.h. eitle Theoretiker, in denen auch Mengzi Symptome des Niedergangs erkennt: »Weise Könige gibt es nicht mehr, die Lehnsfürsten lassen ihren Launen freien Lauf, und Privatgelehrte verbreiten verquaste Urteile« (Meng 3B9).

26 fünf Arten Volks] Vgl. dagegen 2.11, wo die »fünf Arten Volks« etwas anders charakterisiert werden.

27 Sie häufen das Kapital …] Der Satz ist keineswegs klar; man vergleiche die Übersetzungen von Duyvendak 1928, 220: »If, for the people's capital, importance is attached to physical talents, and for their habitat they are dependent on the outside world, then those who carry considerable capital will become tempo-

rary sojourners«; Lévi 1981, 89: »Mais si ce précieux capital est attaché à leur personne, il a besoin du concours d'autrui pour fructifier; si bien qu'il finit toujours par revenir à quelque riche particulier.«

28 ringsum auf Familien verteilt] Auch diese Übersetzung ist spekulativ. Wenn – in welcher Form auch immer – »Familien« gestärkt werden, bedeutet das jedenfalls »Schwierigkeiten« für den Staat.

29 Wenn ein Weiser ...] Ein häufig wiederholter Gedanke, nicht nur im SJS (vgl. Kap. 3, Anm. 28). Ähnlich heißt es in HFei 26: »Wer sich im Altertum gut auf das Bewahren [des Staates] verstand, verbot mit dem, was [das Volk] ernst nahm, das, was es leicht nahm, und beendete mit dem, was ihm schwerfiel, das, was ihm leicht fiel.« Die Erklärung folgt hier: Es geht darum, die Schwächen des Gegners – in diesem Fall: des Volkes! – anzugreifen.

30 Volk dumm, ... Zeitgenossen klug] Der Unterschied zwischen »Volk« (*min*) und »Zeitgenossen« (*shi*) ist unklar: Jedenfalls wird nur letzteren die Fähigkeit zugebilligt, »klug« oder »raffiniert« zu sein (ebenso in 7.2). Sollten »Zeitgenossen« Angehörige der alten Elite, Mitglieder von ›Erbhäusern‹ (*shijia*) sein? Dazu passt, dass »Gewalt« nur »gegen die Lehnsfürsten« eingesetzt wurde. Vgl. die Überlegungen zu »gegenwärtigen Herrschern«, Anm. 1.

31 Shennong ... Tang und Wu] Die drei Gestalten, die im SJS wiederholt als Vorbilder bemüht werden. Zu Shennong vgl. Kap. 1, Anm. 23; zu Tang und Wu vgl. Kap. 1, Anm. 27. Interessanterweise wird in der ältesten Bibliographie Chinas, aus dem 1. Jh. n. Chr., ein Buch mit dem Titel *Shennong* angeführt, das ein späterer Kommentar dem Li Kui und Shang Yang zuordnet (HS 30). Mag sein, dass Teile dieses verschollenen Traktats zur Landwirtschaft im SJS überliefert sind.

32 Dinge, um die sie sich besonders bemühen] Gemeint sind »die gegenwärtigen Herrscher«; vgl. den Anfang von 6.6 sowie, ganz ähnlich, 6.1.

33 Potential des Volkes] Nur hier belegt. Modern gesprochen, geht es um die Vielfalt der Handlungsoptionen, die der Staat einschränken muss auf das ›eine‹, das ihm nützt: Ackerbau und Kriegsdienst.

34 Die Mittel des Staates ...] Die ungenügenden »Infrastrukturen der Macht« (Wimmer 2009, 250), die das SJS hier diagnostiziert,

betrafen keineswegs allein die Qin und ihre Nachfolger: Unter Mangel an leistungsfähigen Institutionen litten vormoderne Staaten auch in Europa (vgl. S. 56).

35 Gefahren … nach außen abgegeben] Wie man sich das vorzustellen hat, bleibt unklar. Deutlich ist immerhin der Gegensatz zu den o.g. »fünf Arten Volks«, die »Machtmittel nach außen« abgeben (6.6).

36 beachtet … die Gebräuche] Ein bemerkenswerter Kontrast zu der Position, die Shang Yang in 1.2 vertritt, dass »sich der Weise, wenn er den Staat stärken kann, nicht nach dem Althergebrachten« richtet. Der Verfasser dieses Abschnitts kannte die Logik der Macht: »Zur Politik der Macht gehört es daher auch, sich nicht allzuweit vom Gewohnten zu entfernen und das, was sowieso geschieht, als symbolische Bestätigung der Macht auszuweisen. Dies mag miterklären, weshalb Machthaber gern so tun, als ob sie sich im Bereich des schon Konsentierten bewegen; weshalb sie sich also ›demokratisch‹ geben« (Luhmann 2000, 48). Die Politischen Realisten konnten keineswegs mit allen Traditionen brechen, sondern mussten auf »die Gebräuche« achten, um den Widerstand gegen den Herrscher zu minimieren: Auch in diesem Sinne waren sie nicht außerhalb der Tradition, sondern fest darin verankert.

37 verfehlt] Vgl. den letzten Satz in 6.7.

38 einen Zugang] Nämlich den, den der Staat eröffnet; vgl. 5.8.

39 gemeine Leute … Ehrenmänner] Ein Begriffspaar aus der Lehre des Konfuzius: Der Ehrenmann (*junzi*) verkörpert dort das Ideal eines weltgewandten, kultivierten Mannes des öffentlichen Lebens, der für ein Amt qualifiziert ist, während der Kleingeist (*xiaoren*) in segmentären Strukturen verhaftet, engstirnig und egoistisch ist. Im SJS, zu dessen Lehre diese Kategorien nicht passen, taucht das Begriffspaar nur an dieser Stelle auf. Dass »Ehrenmänner« sogar mit »Machtpositionen« assoziiert werden und »Anweisungen durchsetzen« sollen, verträgt sich – wenn die Stelle denn richtig verstanden ist – ganz und gar nicht mit der Lehre des Politischen Realismus: eine ›konfuzianische‹ Einschaltung in den Text?

40 viele Verbrechen] Ganz ähnlich argumentiert Guan 53: »Wo zuerst keine Strafen waren und dann Strafen aufkommen, werden Strafen ausufern und Verbrechen sich vermehren.« Den Politischen Realisten scheint klar gewesen zu sein, dass die Norm erst die Abweichung schafft, dass Gesetze *Devianz* hervorbringen.

41 Straffällige keine Posten] Ein merkwürdiger Abschnitt, dessen Bezugsproblem nicht klar wird. Richtet er sich gegen 5.2, wo es heißt, man solle »mit treulosem Volk« regieren? Jedenfalls scheint auch dies nicht recht zum Rest des Kapitels zu passen.

42 Spaß] Auch im frühneuzeitlichen Europa wurde über Gesetze des Staates gespottet. Da heißt es etwa, »die kleider-ordnung sey / Von kirchen-thüren nur allein gehalten worden« (an denen sie aushing), und »viele von den öffentlich angeschlagenen Edikten würden ›gehalten‹ nur von dem Nagel, an dem sie hingen« (Schlumbohm 1997, 652f. und 659).

43 Gesetze und Verfahren] Während dieser Ausdruck (*fashu*) im SJS nur hier erscheint, ist im *Han Feizi* mehrfach von Spezialisten für »Gesetze und Verfahren« die Rede: In der Han-Zeit scheint er, neben *fajia*, für den Politischen Realismus gestanden zu haben (vgl. Balazs 1968, 91, Anm. 3).

44 Ausgewogenheit] Der Ausdruck (*chengping*) kommt nur an dieser Stelle vor – und dann mit Bezug auf »Obrigkeit und Untertanen«! Das will nicht recht passen zu einer Lehre, die für ihre »rigide Unterscheidung zwischen Fürst und Diener, Obrigkeit und Untertanen« (SJ 130) bekannt ist.

7. Öffnen der Blockaden

1 Die anderen finden sich in 18.1 und 23.1; eine kürzere in 7.6. Weitere Beispiele dieses Genres bieten Mo 11–13, Zhuang 9, 16, 29, Guan 31, 78, 79, 84, Xun 19, HFei 47, 49 und LSCC 20.1. Zu ihrer geschichtstheoretischen Einordnung vgl. Vogelsang 2007, 264–90.

2 ihre Mutter, aber nicht ihren Vater] Ein Topos, der ebenso in Zhuang 29 auftaucht: »In Shennongs Zeiten ruhten sie friedlich und erhoben sich vergnügt, die Leute kannten ihre Mutter, aber nicht ihren Vater. Sie lebten mit den Hirschen und Rehen, pflügten, um sich zu ernähren, woben, um sich zu kleiden, und es kam ihnen nicht in den Sinn, einander zu schaden: Das war die Blütezeit der höchsten Tugend.« Zu dieser Sozialgeschichte und ihren Varianten vgl. S. 23f. sowie Kap. 18, Anm. 2.

3 Nähe zu den Nahestehenden] Die früheste Stufe sozialer Entwicklung, die hier beschrieben wird, ist die segmentäre Gesellschaft, in der gleichartige Verwandtschaftsverbände ohne übergeordnete Organisationsform nebeneinander bestanden. Das

»Eigene« (*si*) ist die Verwandtschaft: Das Wort nimmt, wenn es im Gegensatz zum Staat steht, die Bedeutung ›privat‹ an.

4 Abgrenzungen] »Abgrenzungen« – so ist *xian* wohl zu übersetzen, nicht »insecurity« (Duyvendak) – korrespondieren mit »Partikularismen«. Sie verweisen zugleich auf das Titelwort des Kapitels: »Blockaden«.

5 Anarchie] Erst »als das Volk zahlreicher wurde«, entstand der Bedarf nach Herrschaft – und die Abwesenheit von Herrschaft konnte als Anarchie wahrgenommen werden. Das Bevölkerungswachstum der Zhanguo-Zeit ist in zeitgenössischen Texten eindringlich beschrieben worden: »Heutzutage gelten fünf Söhne nicht als viel«, berichtet HFei 49, »von denen wiederum jeder fünf Söhne bekommt, so dass ein Großvater noch zu Lebzeiten 25 Enkel hat.« Auch *Han Feizi* erkennt darin die Ursache von ›Streit‹ und ›Anarchie‹ (ebd.).

6 Mittler und Richter] Ob es sich bei *zhongzheng* um Funktionsbezeichnungen handelt, ist unklar; immerhin ist ein ›Richter‹ – *zheng* – inschriftlich belegt (vgl. S. 48), und auch in 26.2 wird *zheng* offenbar als Titel verwendet. Vielleicht sind aber Prinzipien – Duyvendak: »equity and justice« – gemeint. Jedenfalls geht es um ›unparteiliche‹ (*wusi*) Mechanismen und Normen, die unabhängig von Verwandtschaftsverbänden galten. Dazu gehört explizit auch die »Menschlichkeit«, also »die Fähigkeit, den anderen – das heißt in einer clanübergreifenden Gesellschaft: den Fremden – als einen gleichwertigen Menschen zu behandeln« (Vogelsang 2012, 94). Die nächste Entwicklungsstufe dieser Sozialgeschichte ist also die *stratifizierte* Gesellschaft, in der sich ein kommunikativer Zusammenhang unter Eliten bildete, der Verwandtschaftsgruppen transzendierte und daher neuer, abstrakter Normen bedurfte.

7 Hochachtung der Würdigen] Eine Kurzformel für die stratifizierte Gesellschaft: Jetzt differenzieren sich verschiedene Adelsränge heraus, und die »Würdigen« der neuen Ordnung verlangen clanübergreifend »Hochachtung«.

8 Menschlichen] Damit dürften die Mitglieder der clanübergreifenden Gesellschaft gemeint sein: Ein gezielter Seitenhieb gegen die konfuzianische Lehre, die Menschlichkeit zur höchsten Tugend machte, sich gegen »Nutzen« aber streng verwehrte (Meng 1A1).

9 Anarchie] Die ›feudale Anarchie‹, die herrscht, wenn es keine übergeordneten »Bestimmungen« gibt, die verbindlich für alle

Fürstentümer und Adelshäuser gelten. Durch »Menschlichkeit« allein, das ist der Subtext, entsteht keine politische Ordnung. Die Beschreibung trifft für die Chunqiu- und Zhanguo-Zeit zu.

10 die Weisen] Oder Singular? Der ›Weise‹, der im SJS an vielen Stellen den idealen Herrscher darstellt, ist deutlich unterschieden von den ›Würdigen‹ der Adelsgesellschaft: Er ist kein Partikularfürst, der dem Ehrenkodex des Adels und seinem eigenen Clan verpflichtet ist, sondern ein Souverän, der über allen Adligen steht. Er kann allgemeinverbindliche Ent- und »Unterscheidungen« treffen, »Bestimmungen« und »Verbote« erlassen, denen sich alle zu fügen haben. Er braucht »Beamte« und herrscht als »Fürst«: das ist die Beschreibung des bürokratischen Absolutismus, wie das SJS ihn vertritt; die Kurzformel dafür ist: »Ehrfurcht vor den Ehrwürdigen«.

11 frühesten Zeitalter … mittleren Zeitalter] In 15.6 wird das »Altertum« mit Yao und Shun assoziiert, während im »mittleren Zeitalter« Tang und Wu geherrscht hätten (zu allen vgl. 1.4). Die »späteren Zeitalter« dürften die Gegenwart der SJS-Autoren meinen.

12 … unterschieden sich auch die Wege] Das entspricht exakt der Position Shang Yangs in Kap. 1: Auch dort ist der Wandel in den »Aufgaben der Zeit« (1.1) Ausgangspunkt der Diskussion. Das lineare Geschichtsbild ist letztlich die Grundlage des Politischen Realismus: Denn ohne dieses käme kein grundlegender Wandel in den Blick, folglich entstünde kein Bedarf an politischen Entscheidungen.

13 Richtschnur] Das SJS kennt – im Gegensatz zu den Daoisten – keinen universalen »Weg« (*dao*); die Stelle der höchsten Abstraktion ist mit einem anderen Begriff besetzt: *fa*. Die »Richtschnur« dürfte hierfür eine Metapher sein, wie Wen 9 nahelegt: »Die Gesetze [*fa*] sind Norm und Richtschnur für das Reich, Maß und Gewicht für den Herrscher.«

14 Daher heißt es …] Dasselbe Versatzstück, das schon in 6.7 begegnet, ist hier eingebettet in den Kontext sich wandelnder Zeiten und Umstände. Zu Shennong vgl. Kap. 1, Anm. 23; zu Tang und Wu Kap. 1, Anm. 27 und Kap. 6, Anm. 23.

15 Der Weise …] Vgl., in etwas anderer Formulierung, die Worte von Shang Yang: »Daher richtet sich der Weise, wenn er den Staat stärken kann, nicht nach dem Althergebrachten« (1.2) – der zweite Teil des Satzes fällt dort allerdings nicht.

16 Drei Dynastien] Vgl. wiederum die Argumentation von Shang Yang in 1.3. Hier wird allerdings außer den »Drei Dynastien« auch Yu genannt, der Name der ›Dynastie‹ des Shun.

17 König Wu] Der Gründer der Dynastie Zhou (vgl. Kap. 1, Anm. 27) war nach dem Verständnis chinesischer Denker ein Vasall der Shang gewesen. Sein Feldzug, in dem er die Shang besiegte, sei demnach eine Rebellion gewesen. Zu den »Standesregeln« – dazu gehören wohl »Folgsamkeit« und »Nachgiebigkeit« – vgl. S. 37f.

18 Wege von Tang und Wu] Die »setzten Gewalt ein, um gegen die Lehnsfürsten zu Felde zu ziehen, und diese unterwarfen sich ihrer Gewalt« (6.7, 7.2). Diese ›Blockaden‹ zu öffnen, hieße also, das Reich zu unterwerfen.

19 erhören] Wohl: die Worte der Weisen, denn »es fällt schwer, auf die Weisen zu hören« (15.6).

20 Heute will man …] Eine spekulative Übersetzung: Das Subjekt des Satzes ist gar nicht genannt, das Objekt ein Pronomen mit uneindeutiger Referenz.

21 Volk des Altertums] Ebenso – als *gu zhi min* – beschreibt Xunzi das Volk von Qin nach den Reformen des Shang Yang: »sie sind folgsam, voll des tiefen Respekts vor den Amtsträgern: Das ist ein Volk vom alten Schlag« (Xun 16).

22 verwirrt] Denn statt sich »an den Zeiten von Tang und Wu [zu] orientieren … werden die Dinge wie bei Shennong durchgeführt, so dass die Staaten von 1000 Streitwagen in Wirren und Chaos geraten« (6.7).

23 anständig] Dasselbe Wort, das in 7.3. noch die »Standesregeln« meinte. Hier wird es polemisch im Verständnis der Konfuzianer verwendet, denen ›Anstand‹ als Leittugend galt. Diese haben Shang Yang denn auch ihrerseits zum Vorwurf gemacht, er habe »gegen Riten und Anstand verstoßen« (XS 3). Eine bezeichnende Abwandlung des Themas findet sich in einem Brief des Kanzlers Li Si an den Zweiten Kaiser der Qin: »Ein würdiger Herrscher wird allemal in der Lage sein, seine Zeitgenossen abzubürsten und ihre Gewohnheiten zu brechen, um die Dinge zu verwerfen, die er verabscheut, und die Dinge durchzusetzen, die er begehrt« (SJ 87). Gerade das ist im SJS nicht gemeint: Die Vorlieben des Herrschers spielen dort keine Rolle. Der Zweite Kaiser hat seinen Staat zugrundegerichtet, indem er *nicht* den Lehren des Politischen Realismus folgte.

24 Dinge …, die das Volk verabscheut] Was gemeint ist, präzisiert 6.9: »Schande und Entwürdigung, Anstrengung und Verdruss

verabscheut das Volk«; daher müssten die staatlichen Strafen »abscheulich« sein: Es geht also darum, dass »durch Strafgesetze regiert« wird.

25 Dinge, die es verabscheut] Vgl. die Variation des Themas in 5.8: »Wenn er das Volk dazu bringt, zunächst die Dinge zu tun, die es verabscheut, und dann erst seine Begierden zu erfüllen, dann hat es viel Kraft.«

26 hält es Maß] Oder ist ›Ermessen‹ gemeint, wie in 6.8: Das Volk ermisst seinen Nutzen und wird gerade dadurch für den Staat berechen- und beherrschbar? Duyvendaks »they invent various devices« hilft wenig weiter.

27 Was ich »Strafgesetze« nenne ...] Wer »ich« (*wu*) ist, bleibt rätselhaft. In einer Hofdebatte ziemt es sich nur für den Herrscher, das Pronomen der 1. Person benutzen (so in 1.5); ein Berater nennt sich ›Untertan‹ (*chen*). Jedenfalls hat dieses »ich« die Autorität, legitime Gewalt – die Strafgesetzen – und illegitime Gewalt (*bao*) zu definieren.

28 Strafen ... Verfehlung ... Untaten ... Verbrechen] Diese Begriffe sind keineswegs – weder im Original noch in der Übersetzung – terminologisch zu verstehen. Das SJS ist kein juristischer Text, und sein Sprachgebrauch unterscheidet sich deutlich von Gesetzestexten der Qin und Han.

29 höchste Tugend] Diese wird schon in 1.2 angesprochen: »Wer sich mit der höchsten Tugend befasst, harmoniert nicht mit den Gemeinen, und wer große Leistungen vollbringt, berät sich nicht mit der Masse.« In Zhuang 29 heißt es, »Shennongs Zeiten« seien »die Blütezeit der höchsten Tugend« gewesen: Das passt zur Verehrung von Shennong im SJS.

30 Im Altertum ...] Eine alternative Sozialgeschichte zu der in 7.1. Sie beginnt mit einer primitiven Urgesellschaft, die »in Horden« lebte, während jene mit der segmentären differenzierten Stammesgesellschaft begann. Hier entstand Anarchie als »das Volk dicht beieinander« lebte, dort, als es »auf seinen Partikularismen und Abgrenzungen beharrte«.

31 gegen dessen Gesetze durchzusetzen] Das Vollzugssdefizit des Staates wird mit ähnlichen Worten beschrieben wie in 5.2: »Setzt sich das Volk gegen die Gesetze durch, so stürzt der Staat in Anarchie«, und in 6.9, wo der Staat »Strafen schafft, aber das Volk sich einen Spaß daraus macht«.

32 durch Strafen Ansporn] Das steht im Gegensatz zu 6.9: »Strafen und Hinrichtungen sind Mittel, um Verbrechen zu verhindern;

Ämter und Ränge sind Mittel, um zu Leistungen anzuspornen.« Hier geht es offenbar darum, ›Verbote duchzusetzen‹, indem man »Belohnungen« für Denunziationen auslobt; umgekehrt sollen »strenge Strafen« dazu anspornen, sich den Gesetzen zu fügen: Das zugrundeliegende Problem ist in jedem Fall der schwache Staat, der auf gegenseitige Überwachung des Volkes und auf die Abschreckungswirkung von Strafen angewiesen ist.

8. Worte vereinheitlichen

1 Grundlagen der Aufgaben] Vgl. den Rat in 6.8: »Daher beachtet ein Weiser bei der Regierung des Staates die Gebräuche, um Gesetze aufzustellen, so dass Ordnung herrscht; und er achtet auf die Grundlagen staatlicher Aufgaben, so dass die Dinge angemessen sind.«

2 Gebräuche des Landes] Ein beständiges Problem für die Qin. Noch 223 v. Chr. klagte ein Lokalbeamter der Qin, dass das Volk »nach lokalen Bräuchen lebt, ausschweifend und zügellos« (vgl. S. 56). Welche »Gebräuche« konkret gemeint sind und wie weit der Staat der Qin in das Alltagsleben des Volkes einzugreifen beanspruchte, wird jedoch auch dort nicht klar.

3 … Kriegsdienst] Der zweite Absatz, ein Kommentar zum einleitenden Satz dieses Abschnitts, macht deutlich, dass hier die vier wesentlichen Pfeiler des Staates angesprochen sind: das Rechtswesen, die bürokratische Verwaltung, das Militär sowie die Ökonomie.

4 private Zugänge] Gemeint sind die Familien der Elite; die Metapher der »Zugänge« ist dieselbe wie in 5.8 und 6.9: Es geht dem SJS immer darum, dass der Staat den Zugang zu Ämtern, Titeln und anerkannten Leistungen kontrolliert, dass »der öffentliche Weg zum Ziel führt und private Zugänge blockiert werden, dass öffentliche Standesregeln verfügt werden und private Geschäfte aufhören« (HSWZ 6).

5 vagabundierende Gelehrte] Diese Vaganten waren keine anderen als die Philosophen der ›Hundert Schulen‹, die ihre Lehren an den Höfen der Regionalfürsten verbreiteten: Xun Kuang etwa »kam im Alter von 50 als fahrender Gelehrter nach Qi« (SJ 74). Sie verkörperten die intellektuelle Bewegung und Vielfalt der Zhanguo-Zeit, die dem Politischen Realismus ein Ärgernis war: »vagabundierende Gelehrte werden täglich zahlreicher:

Dadurch verfällt die Welt in Anarchie« (HFei 49). Dass es nicht nur bei Worten blieb, deuten die Gesetzfragmente der Qin aus dem 3. Jh. v. Chr. an, die Bußen für die Aufnahme von ›Vaganten‹ (*youshi*) ohne Ausweis vorsahen (Hulsewé 1985, 104 [C3]).

6 eröffnet … blockiert] Die Titelwörter von Kap. 7 (Duyvendak 1928, 149, hat daher spekuliert, dass der Titel sich ursprünglich auf dieses Kapitel beziehe), aber anders gebraucht: Dort ging es um »die Prinzipien von Tang und Wu«, nämlich gewaltsame Herrschaft, hier geht es um die Ausschaltung von Nepotismus und dem Einfluss des Adels.

7 über private Zugänge] Die Unterbindung ›privaten‹ Einflusses zugunsten des öffentlichen (sprich: staatlichen) Interesses, eines der Hauptthemen des Politischen Realismus, ist geradezu topisch geworden. So heißt es in HFei 13 von Shang Yang, er habe »private Zugänge für Gesuche blockiert und Bemühungen für das öffentliche Haus verfolgt«, während in ZGC 5.17 von Wu Qi gesagt wird, er habe »private Zugänge für Gesuche blockiert und die Gebräuche von Chu vereinheitlicht« (ebenso SJ 79). Vgl. auch schon 5.8: ein starker Staat »blockiert private Wege [*sidao*], auf denen [das Volk] seinen Willen auslebt«. Vgl. dazu S. 41.

8 Grundlagen … Nebensächliche] Wörtlich: ›Wurzeln … Zweige‹, metaphorisch für die Landwirtschaft, welche die ökonomische Grundlage des Staates bildet, und den Handel, der den meisten klassischen Denkern als nebensächlich, wenn nicht nachgerade schädlich galt.

9 Ein Weiser …] Der Abschnitt bietet eine Variation des Themas aus 4.5 und 5.8, das die (selbst-)zerstörerische Logik des Politischen Realismus verdeutlicht. Der Staat muss Kräfte im Sinne seines Gewaltmonopols »konzentrieren«, aber er muss sie auch einsetzen, damit sie sich nicht gegen ihn selbst richten (vgl. Kap. 5, Anm. 17): Er muss Krieg führen. Mehr noch, der Krieg muss erfolgreich sein, so dass »Reichtum entsteht« und das Volk für seine Leiden entschädigt wird – bis der Zyklus wieder von vorne beginnt.

10 den Staat zu bereichern und das Militär zu stärken] Dies dürfte der *locus classicus* der Formel *fuguo qiangbing* sein (vgl. Vandermeersch 1965, 74, Anm. 2). In HFei 13 heißt es, »Qin wurde reich und stark, indem es die Gesetze des Fürsten von Shang befolgte«, ganz ähnlich SJ 74: »Indem Qin den Fürsten von Shang einstellte, bereicherte es den Staat und stärkte das Militär« (vgl. auch YTL 2.7). Späterhin wurde der Ausdruck zum Schlagwort für

zentralstaatliche Reformen im kaiserzeitlichen China und sogar in Japan: *Fukoku kyōhei* war eine Maxime der Meiji-Reformen im 19. Jahrhundert. »Reichtum und Stärke« waren auch die Parole für die Modernisierung Chinas im 20. Jahrhundert (Schell/Delury 2013). Der Ursprung des Wortes gerät dabei oft in Vergessenheit: Es gilt nurmehr als »altes Sprichwort« (ebd., 5), aus der Chunqiu- oder Zhanguo-Zeit. Doch auch hier ist es der Politische Realismus, der die chinesische Tradition geprägt hat.

11 Parasiten] Das Argument ist dasselbe wie in 4.3: »Wenn ein Staat keinen Krieg führt, obwohl er stark ist, wird sich Verderben im Inneren verbreiten, Riten, Musik und andere parasitäre Organe entstehen, und er wird gewiss zerfallen.«

12 einheitlich … simpel … Ackerbau] Die Kausalität wird in 6.8 anders darstellt: »ist das Volk einheitlich, dann betreibt es Ackerbau; betreibt es Ackerbau, dann bleibt es simpel.«

13 Rängen … Strafen] Die beiden wesentlichen Machtmittel des Herrschers. Hier wird offenbar erstmals der *Verkauf* von Ämtern als Mittel, um privates Vermögen abzuschöpfen, angesprochen. Darin liegt in der Theorie des SJS kein Widerspruch zur Vergabe von Ämtern nach Leistung, denn die Leistung wurde zuvor im Ackerbau erbracht. Dass der Verkauf von Ämtern dem Patrimonialismus Vorschub leistet: dass Ämter, die wie ein Vermögenswert gekauft werden, auch als einträgliche Vermögensquelle betrachtet, also zur Korruption genutzt werden, wird im SJS nicht diskutiert. Dennoch hat die chinesische Geschichte gezeigt, dass Ämterverkauf stets sowohl Folge als auch Ursache staatlicher Schwäche war.

14 Anarchie … Untergang] Die doppelte Bedrohung des Staates von innen und von außen besteht gleichermaßen darin, dass er die Kräfte im Land nicht für seine eigenen Zwecke – Ackerbau und Kriegführung – nutzen kann.

15 Niedrigen] Gemeint sind wohl subalterne Beamte. Der hierarchische Unterschied zwischen dem ›angesehenen Fürsten‹ und den ›niedrigen Beamten‹ (SJ 130) ist ein Grundsatz des Politischen Realismus: Wer ihn missachtet, ›fördert Anarchie‹.

16 Autorität] »Autorität besitzt jede Kommunikation, die ohne Prüfung ihrer Richtigkeit als Entscheidungsprämisse übernommen wird« (Luhmann 1971, 103). Der Herrscher muss die unangefochtene Entscheidungsinstanz sein, die sich nicht »nach Niedrigen richtet« oder durch Abgabe von Entscheidungskompetenzen »Anarchie heranzieht«.

17 Geräte und Werkzeuge] Zu ›Geräten‹ vgl. Kap. 5, Anm. 23.

18 Gesellen aller Art finden Verwendung] Ein rätselhafter Satz; *luntu* (hier: »Gesellen aller Art«) ist ein *hapax legomenon*. Duyvendak verzichtet auf eine Übersetzung; Kandel 1985, 457, übersetzt: »die Massen schreiten voran.« Die hier vorgeschlagene Übersetzung orientiert sich an Zhang Jue 2012, 125.

19 viele Belohnungen … leichte Strafen] Eine Variation des Themas, dass dem Volk mit schweren Strafen und geringen Belohnungen am meisten gedient sei (vgl. Kap. 4, Anm. 23).

20 Belohnungen werden verbraucht] Hier deutet sich das Grundproblem der positiven Sanktionen an: Sie kosten staatliche Mittel, die nicht unbegrenzt zur Verfügung stehen. Vor allem »Belohnungen« in Form von offiziellen Posten waren schnell »verbraucht«, denn der Qin-Staat konnte es sich schlichtweg nicht leisten, seine Bürokratie beliebig zu vergrößern. Wenn das SJS »den Strafen Priorität geben und Belohnungen hintanstellen« will, dann weniger aus ideologischen als vielmehr aus rein praktischen Gründen.

21 Althergebrachten … Status quo] Ein Grundsatz, der Shang Yang selbst in den Mund gelegt wird (1.2); fast wörtlich wiederholt in 7.3 und dem Fragment »Sechs Gesetze«, das in QSZY 36 überliefert ist.

22 Einheitlichkeit] Vgl. 3.9: »Und ein Weiser regiert den Staat einzig und allein dadurch, dass er Einheitlichkeit schafft und [das Volk] im Ackerbau zusammenhält.« Auch hier wird ein Thema – der Weise schafft Einheitlichkeit – variiert: Von der Landwirtschaft ist keine Rede, sondern von Strafen, Belohnungen und dem Wandel der Zeiten.

9. Gesetze aufstellen

1 Ein weiterer offenbar eigenständiger Absatz innerhalb von 9.4 hat 66 (= 3 × 22) Zeichen (vgl. Anm. 11), und der letzte Satz in 9.8, nach einem Versatzstück, hat genau 22 Zeichen. Zu dieser Methode der ›isokolometrischen Analyse‹ vgl. Boltz 1990 und 2002. Boltz' Überlegungen beruhen auf zwei Prämissen: (1) dass Texte im Alten China in einheitlichem Layout geschrieben wurden, d.h. dass alle Bambusstreifen eines Textes jeweils dieselbe Anzahl von Zeichen enthielten und (2) dass syntaktische Einheiten jeweils mit dem Ende eines Bambusstreifens abge-

schlossen wurden. Eine dritte Prämisse wäre eine annähernd fehlerfreie Überlieferung des Textes, was beim SJS jedoch keineswegs der Fall ist. Auch daran mag es liegen, dass ›isokolometrische Analysen‹ des Textes kaum je zu ähnlich signifikanten Ergebnissen führen wie in diesem Kapitel.

2 Ich … habe gehört] Diese Formel (*chen wen*) kommt – abgesehen von Kapitel eins, wo die Diskutanten am Hof sie benutzen – nur noch einmal, in 23.4, vor. Sie ist typisch für Throneingaben, jedenfalls für Kommunikation, die an den Herrscher gerichtet ist. Wer der »Untertan« ist, der da spricht, lässt sich jedoch nicht sagen. Immerhin ist in SJ 79 eine Throneingabe des Kanzlers von Qin, Fan Sui (gest. 255 v. Chr.), überliefert, die ähnlich argumentiert: »Ich, Euer Untertan, habe gehört, dass, wenn ein erleuchteter Herrscher seine Regierung etabliert, die Verdienstvollen unbedingt belohnt werden, die Fähigen unbedingt ein Amt erhalten, und diejenigen, die große Anstrengungen unternommen haben, fette Einkünfte erhalten.«

3 Gesetze aufstellten] Derselbe Ausdruck, *cuofa*, wird in 1.2 im Sinne von ›Regeln durchsetzen‹ verwendet: Dort klingen noch die alten Regeln der Sippen an, die durchzusetzen Aufgabe der Minister sei. Hier dürften hingegen staatliche »Gesetze« gemeint sein, die ins Altertum zurückprojiziert werden.

4 Belohnungen] Auch Polybios rühmt den Effekt militärischer Belohnungen: »Durch derartige Ermunterungen spornen sie nicht bloß die Augen- und Ohrenzeugen zu enthusiastischem Wetteifer im Kampf an, sondern auch die zuhause Gebliebenen« (*Historien* 6.39, 386).

5 Wenn sie Belohnungen…] Der Absatz kommentiert den dritten Teil der einleitenden Feststellung; doch in Länge, Stil und Vokabular unterscheidet er sich deutlich vom vorhergehenden Absatz. Er hat einen anderen Herrscherbegriff, den ›Fürsten der Menschen‹ (*renjun*) und spricht im Gegensatz zu jenem auffällig viel von »Rängen und Einkünften« sowie dem rechten »Weg«. In dem Ausdruck »Gedeih und Verderb« (*cunwang*) sowie der Rede von den »Drei Königen und Fünf Hegemonen« weist der Absatz Parallelen zu 14.3 auf.

6 Ränge und Einkünfte] Ein Hinweis auf Besoldung von Soldaten, die erst seit der späten Chunqiu-Zeit nachzuweisen ist (Kolb 1991, 178). Sold dürfte im neuen Militär als Mittel zur Motivation (wie bei den »wohlbesoldeten« Soldaten Goujians, S. 12), vor allem aber zur Disziplinierung gedient haben:

Denn ohne ihn sind die Soldaten auf Plünderung angewiesen, um sich schadlos zu halten.

7 Gedeih und Verderb] In 14.3 heißt es: »Daher wurzeln Gedeih und Verderb im Verhältnis von Öffentlichem und Privatem.« Übertragen auf diesen Passus hieße das: Ränge und Einkünfte müssen nach allgemeinen Kriterien, nicht nach persönlichen Vorlieben vergeben werden.

8 Drei Könige und Fünf Hegemonen] Gemeint sind wohl die Gründerkönige der drei Dynastien Xia, Shang und Zhou: Yu, Tang und Wen, sowie die »Fünf Hegemonen« der Chunqiu-Zeit (vgl. Kap. 1, Anm. 19). Was indes über deren »Wege« gesagt wird, ist historisch nicht verbürgt: Die Behauptung dürfte – wie so viele historische Verweise in der klassischen chinesischen Literatur – schlicht erfunden sein.

9 Belohnungen für ihre Verdienste] Im *Shiji* zitiert Fan Sui (gest. 255 v. Chr.), der Kanzler von Qin, ein Sprichwort: »Ein mittelmäßiger Herrscher belohnt die, die er liebt, und sanktioniert die, die er hasst; ein erleuchteter Herrscher ist nicht so: Er vergibt Belohnungen nur für Verdienstvolle und erlässt Strafen nur für Schuldige« (SJ 79; vgl. ZGC 5.8). Auch das SJS scheint bisweilen solche Sprichwörter (*yu*) zu kommentieren.

10 Wenn einer …] Der Absatz liest sich wie ein Kommentar, dem der Bezugstext fehlt: ein Fremdkörper in diesem Kapitel.

11 Wo es den rechten Weg gibt …] Auch dieser Absatz erscheint als Fremdling im SJS: Nicht nur die Rede vom »rechten Weg« (*dao*) ist uncharakteristisch; auch dass »Waren und Güter angehäuft« werden sollen, widerspricht der anti-merkantilen Lehre des SJS; vom »Besitz des Volkes« ist nirgends sonst die Rede; und dass die »Tugend klar« sei, wird an keiner anderen Stelle empfohlen: Vielmehr sollen die Gesetze klar sein. Zudem verstößt die Verwendung eines passivierenden Hilfsverbs mit aktivem Verb – und umgekehrt – gegen die Syntax des Klassischen Chinesisch: ein nachklassischer Einschub?

12 Besitz, der nicht seiner ist] Im patrimonialen System der alten Gesellschaft gehörten Land und Menschen zu den Lehen der Adelsfamilien: Sie waren nicht im »Besitz« des Landesfürsten. Diese Verhältnisse will der Politische Realismus mit der Umstellung auf zentrale Herrschaft ändern: Der Fürst soll sich den Besitz der Adligen aneignen. Im *Guanzi* überträgt ein gewisser Yitian das Prinzip auf die Herrschaft im Reich: »Wer geschickt ist, nutzt Besitz, der nicht seiner ist, und führt Männer, die nicht

seine sind – warum nutzt ihr nicht den Einfluss der Lehnsfürsten, um das Reich zu regieren?« (Guan 71).

13 wirkliche Leistungen … belohnen] Also nicht ›standesgemäß‹ zu honorieren, wie es das System der Adelsgesellschaft erforderte.

14 Vorlieben und Abneigungen] Auch Hobbes weist auf Vorlieben und Abneigungen als Grundtriebe der Menschen hin: »By this it is manifest, that not onely actions that have their beginning from Covetousness, Ambition, Lust, or other Appetites to the thing propounded; but also those that have their beginning from Aversion, or Feare of those consequences that follow the omission, are Voluntary Actions« (*Leviathan* 1.6). Hier wie da interessiert an den Anlagen des Menschen nur, wie sie politisch genutzt werden können: »Vorlieben und Abneigungen müssen von der Obrigkeit kontrolliert werden« (HFei 55).

15 Belohnungen und Bußen] Ganz ähnlich folgert HFei 48: »Wer das Reich regiert, muss sich nach den Anlagen der Menschen richten. Menschen sind mit Liebe und Hass veranlagt, daher können Belohnungen und Bußen eingesetzt werden.«

16 was er wünscht] Doch wohl so, nicht: »what they desire« (Duyvendak).

17 Sonne und Mond] Die Metapher findet sich oft mit Bezug auf den Fürsten. Herzog Huan von Qi soll gesagt haben, er wolle »im Staate etwas unternehmen, das glanzvoll ist gleich Sonne und Mond« (SY 7; Üb. Stumpfeldt 2011, 256); und in YTL 55 heißt es, »ein souveräner Herrscher bestimmt Gesetze, so glanzvoll wie Sonne und Mond, daher geht das Volk nicht fehl.« Diese Vorstellung dürfte auch in der Rede vom ›erleuchteten Fürsten‹ mitschwingen: Er ist nicht nur geistig erleuchtet, sondern auch leuchtend wie Sonne und Mond (vgl. auch Kap. 3, Anm. 29).

18 drei Dinge] Im Gegensatz zu den in 9.1 genannten, welche »die Grundlage der Regierung« seien.

19 privaten Gunstbezeugungen … Anweisungen und Umformungen] Zwei *hapax legomena* im SJS: *De* meint hier wohl nicht private ›Tugend‹, sondern »Gunstbezeugungen« (vgl. HFei 33 und Zhuang 17): »Verdienste« sollen ohne Ansehen der Person belohnt werden. »Anweisungen und Umformungen« meinen in der klassischen Literatur meist die erzieherische Wirkung von ›Riten und Anstand‹ (z.B. Xun 15 und 33); sind aber auch mit dem Herrscher assoziiert: »Yao und Shun waren, was An-

weisung und Umformung anging, die Besten im Reich« (Xun 18). Im SJS wird meist das Volk ›angewiesen‹, indem die ›Riten abgewandelt‹ (1.3 u.ö.) bzw. die ›Gebräuche des Landes umgeformt‹ werden (8.1).

20 Tugend] Oder auch hier: ›Gunstbezeugungen‹? »Kraft« verweist hier wohl ebenso auf die Macht des Herrschers wie auf die Kraft, die das Volk »immer voll einsetzt«.

21 Li Zhu … Wu Huo] Li Zhu oder Li Lou ist eine legendäre Figur, angeblich ein Zeitgenosse des Gelben Kaisers (Meng 4A1, Komm. von Jiao Xun), über den nicht viel mehr als seine Scharfsichtigkeit bekannt ist (vgl. auch Shen 71). Der Muskelmann Wu Huo aus Qin, der ein Gewicht von fast 8 t stemmen kann, wird in mehreren Texten erwähnt; in *Shiji* 5 heißt es, er habe es unter König Wu von Qin (reg. 310–307 v. Chr.) zu hohen Ämtern gebracht. Dass diese Angabe ausreicht, um das Kapitel – oder auch nur diesen Abschnitt – auf das 3. Jahrhundert zu datieren, wie etwa Yuri Pines (2017, 52) meint, darf wohl bezweifelt werden: Die heterogene Struktur des Kapitels verbietet solche einfachen Datierungen.

22 … an den Gesetzen] Eine Variante des Grundthemas, dass individuelle Fähigkeiten oder *personal rule* im Politischen Realismus keine Rolle spielen: Nur durch Institutionen – ›Gesetze‹ – lässt sich Herrschaft auf Dauer stellen.

10. Regeln der Kriegsführung

1 Übermacht der Regierung] Denn »setzt sich die Regierung gegen das Volk durch, ist das Militär stark« (5.1). Der Gedanke wird auch im militärtheoretischen Kapitel 15 des *Huainan zi* aufgegriffen: »Die Grundlage für Sieg oder Niederlage des Militärs liegt in der Regierung. Setzt sich die Regierung gegen das Volk durch, halten sich die Untergebenen an die Obrigkeit: Dann ist das Militär stark; setzt sich das Volk gegen die Regierung durch, widersetzen sich die Untergebenen der Obrigkeit: Dann ist das Militär schwach.«

2 im Sinne der Obrigkeit] Die Lehre, dass das Volk sich nach der Obrigkeit richten solle, geht auf die Mohisten zurück, bei denen es heißt: »Was die Obrigkeit gutheißt, sollen alle gutheißen; was sie verurteilt, sollen alle verurteilen« (Mo 11). Aus naheliegenden Gründen findet sich diese »Regel für die Kriegsfüh-

rung« ganz ähnlich auch in einer militärtheoretischen Schrift: »Der rechte Weg bewirkt, dass das Volk mit der Obrigkeit gleichgesinnt ist und mit dieser auf Leben und Tod allen Gefahren trotzt« (Sun 1): Es geht um Befehl und Gehorsam.

3 lokale Fehden … Banditen] Oder: ›Fehden in den eigenen Reihen‹? Das Wort *yi* kann ganz unterschiedliche Lokale meinen: eine Stadt, eine Siedlung oder eine Verwaltungseinheit, die einer Führung untersteht (GY 6). Auch hier liegt die Assoziation zu militärischer Organisation nahe. In HFei 9 meint *yidou* offenbar »Streitigkeiten im eigenen Lager« (üb. Mögling 1994, 73). Den Gegensatz zu diesen »Fehden« im Inneren bildet der Kampf gegen äußere Feinde, »Banditen«: »Wenn sich Truppen im Inneren erheben, nennt man es Anarchie, außen nennt man sie Banditen« (Zuo 6.7).

4 mit Gewalt anzugreifen] Vgl. die Ausführungen in 5.3.

5 *Militärregeln*] Militärtheoretische Schriften entstanden in der Zhanguo-Zeit in großer Zahl, 53 sind namentlich bekannt, eine davon trägt sogar den Namen Gongsun Yangs (HS 30). Das Werk scheint allerdings früh verschollen zu sein, und auch das hier angeführte Zitat lässt sich nicht nachweisen. Ein *li* entsprach ca. 415 m, und 10 *li* – 4,15 km – galt als die äußerste Entfernung, die ein menschliches Auge überblicken konnte (HNZ 11).

6 Führung] Das Wort *zheng* meint hier nicht die Regierung im politischen Sinne; in diesem Kapitel scheint das Wort – bis auf den ersten Abschnitt – im engeren militärischen Kontext gebraucht zu sein. War auch hier das Militärwesen Stichwortgeber für die Politik? Vgl. auch das *Wuzi*-Zitat in der folgenden Anm.

7 ohne zu zaudern] So auch *Wuzi*: »Man achte sorgfältig auf des Feindes Führung [*zheng*]: wenn sie chaotisch ist, dann schlage man los, ohne zu zaudern« (Wu 5; vgl. auch Wu 2). Auch Shang Yang rät dem Herzog in 1.3: »Zaudert nicht länger, mein Fürst!«

8 nicht hochmütig … nicht verbittert] Es ist *diszipliniert*: Genau das unterscheidet es von den heißblütigen Schlachten der Adelsgesellschaft (vgl. S. 17). In ZGC 7.1 wird ein ungenannter Berater zitiert, der den König von Qin mit ganz ähnlichen Worten mahnt: »Das Heer eines Souveräns ist nach einem Sieg nicht hochmütig; ein Hegemon ist trotz Dezimierung nicht erzürnt.«

9 Berechnungen im Tempel] Divination spielt noch lange nach der Zhanguo-Zeit eine wichtige Rolle in der Kriegsführung:

In *dieser* Hinsicht hat das chinesische Militärwesen keine Autonomie erlangt, sondern blieb religiösen Einflüssen verhaftet (vgl. Sawyer 2011).

10 Der, dessen Führung …] In charakteristischer Weise bringt der Absatz wieder politische Aspekte ins Spiel: Es geht dem SJS nie allein um militärische Erwägungen, sondern letztlich immer um die Herrschaft als »Souverän«.

11 Truppen] *Min*, das gleiche Wort wie ›Volk‹. Diese Verwendung findet sich auch in Sun 9 u.a. militärtheoretischen Texten. Daher »führt ein General seine Truppen« ebenso, wie es Herzog Xiao darum geht, »das Volk zu führen« (1.1): Die Parallele von militärischer und ziviler Führung ist offensichtlich.

11. Grundlagen etablieren

1 Gesetze abgesichert] Nämlich durch »Belohnungen und Bußen« (3.7). Vgl. auch die Beschreibung der Politischen Realisten im *Hanshu*: »durch zuverlässige Belohnungen und zwangsläufige Bußen sichern sie die rituellen Bestimmungen ab« (HS 30). Allemal geht es um eine sanktionsbewehrte Ordnung.

2 Maßnahmen stets greifen] Was gemeint sei, ist nicht klar.

3 innerhalb der Meere] Der Ausdruck *hainei* meint nicht die Landesgrenzen eines Fürstentums, sondern die gesamte chinesische Ökumene: Es geht um die Herrschaft im Reich.

4 Güter anhäufen … Belohnungen hoch] Das steht im Widerspruch zu vielen anderen Stellen des SJS, besonders deutlich zu 4.4, wo »schwere Bußen« und »geringe Belohnungen« empfohlen, »hohe Belohnungen« hingegen als nachteilig eingeschätzt werden. Dass sich Güter »anhäufen« sollten, wird ansonsten nur in 9.4 vertreten.

5 Erwägung der Grundlagen] Sollte sich der Kapiteltitel, »Grundlagen etablieren«, auf diesen Satz beziehen?

12. Militärische Verteidigung

1 vier Fronten] Ein solcher war z.B. Zhao, Qins Nachbar im Osten, von dem es heißt: »Zhao ist ein Staat, der an vier Fronten kämpfen muss; sein Volk ist an den Militärdienst gewöhnt: Er kann nicht angegriffen werden« (SJ 34). Auf Qin selbst, am

westlichen Rand der chinesischen Welt gelegen, trifft die Beschreibung jedoch nicht zu.

2 am Meer] Das scheint auf Qi gemünzt zu sein: »Qi ist ein Staat, der am Meer liegt, sein Gebiet ist weit und sein Volk zahlreich, seine Armee ist stark und die Soldaten tapfer: Selbst wenn es hundert Qin gäbe – was könnten sie Qi anhaben?!« (SJ 70). Geht es hier um die Gegner, die Qin im letzten Jahrzehnt vor der Reichseinigung – 230–221 v. Chr. – ins Visier nahm? Der Satz über der »Angriff« hat, im Gegensatz zum ersten, keinen Kommentar.

3 Wenn ein Staat ...] Die beiden Absätze sind offenbar Kommentare zum vorhergehenden. Solche Kommentare, die hier direkt hinter ihrem Bezugstext erscheinen, können auch in ganz anderen Kapiteln auftauchen: So finden sich Kommentare zu Kapitel 4A in Kapitel 20A.

4 Bei der Verteidigung ...] Dies ist ein Ratschlag für den *Verteidigungs*krieg, wie ihn »ein Staat, der an vier Fronten kämpfen muss« bräuchte. Yuri Pines spekuliert daher, »that the chapter was written in the state of Wei« (2017, 38). Die Verteidigung der *Landesgrenzen*, die in der Zhanguo-Zeit immerhin z.T. auch mit Lehmwällen befestigt waren, wird im SJS nicht angesprochen; die Ratschläge zur Verteidigung beginnen mit der letzten defensiven Linie, der Stadtmauer.

5 Kraft der Todgeweihten] *Sunzi* definiert eine Position, »in der man nirgends hinziehen kann, als eine tödliche Position« (*sidi*), und rät: »in tödlicher Position muss man kämpfen«. Die »lebendige Kraft« hingegen ist beweglich, sie kann überall hinziehen.

6 Wenn die Stadtmauer ...] Sobald die Invasoren in die Stadt eingedrungen sind, ist die Situation umgekehrt, und sie stecken in der Falle: Sie sind »todgeweiht«, während die Belagerten an Beweglichkeit und somit »lebendige Kraft« gewonnen haben. Ich verdanke diese Interpretation der Stelle Herrn Stefan Christ, M.A.

7 Alle sagen ...] Diese beiden Sätze wirken wie Fragmente, die aus dem Zusammenhang gefallen sind. Sprachlich und inhaltlich sind sie alles andere als klar. Weder ist ersichtlich, wer mit »alle« gemeint ist, noch was die »drei Dinge« – dieselbe Wendung, die auch schon in Kap. 11 begegnet – sind.

8 Register] Der Ausdruck kommt in keinem der klassischen Militärhandbücher vor: Hier spricht offenbar kein Militär, sondern ein Bürokrat. Der Satz ist bezeichnend für die Autoren des SJS,

die nie die Eigenlogik des Militärs vertreten, sondern es bürokratischer Kontrolle unterwerfen wollen.

9 drei Armeen] Die großen Fürstentümer der Chunqiu- und Zhanguo-Zeit hatten in der Regel »drei Armeen«, die meist als ›obere‹, ›mittlere‹ und ›untere Armee‹ bezeichnet wurden. Ob sich damit verschiedene Waffengattungen verbanden – Infanterie, Kavallerie, Streitwagen? –, ist ungewiss; die Bedeutung, in der der Ausdruck »drei Armeen« hier verwendet wird, ist nur in diesem Kommentar bezeugt.

10 Frauen ... Alte und Kinder] Der Einsatz von Alten, Frauen und Kindern in der Kriegsführung der Zhanguo-Zeit ist auch anderweitig bezeugt. In Mozi 14.52 wird ein Bataillon von »1000 Männern, 2000 Frauen und 1000 Alten und Kindern« beschrieben, das für die Verteidigung von Städten einzusetzen sei. Bei der Verteidigung der Stadt Jimo in Qi wurden »Ehefrauen und Konkubinen in Fünfergruppen verteilt« und »Alte, Schwache, Frauen und Kinder auf die Stadtmauern geschickt« (SJ 82). Die Kriege der Zhanguo-Zeit forderten den Einsatz der gesamten Bevölkerung.

11 Brücken und Häuser abreißen] Eine Taktik der verbrannten Erde: Der Absatz vermittelt eine Ahnung vom Leid, das der Zivilbevölkerung – in diesem Fall: der eigenen! – in den Kriegen der Zhanguo-Zeit angetan wurde. Die Brücken vor den Städten scheinen z.T. mit ausgeklügelten Mechanismen versehen gewesen zu sein, die Angreifer ins Verderben stürzen sollten (Mo 14.52).

13. Befehle durchsetzen

1 Ähnliches lässt sich im *Laozi* beobachten. Während die Manuskripte aus Guodian (ca. 300 v. Chr.) konfuzianische Werte wie Menschlichkeit und Anstand kaum erwähnen, finden sich gut ein Jahrhundert später in den Manuskripten von Mawang dui (vor 168 v. Chr.) Polemiken gegen ebendiese Werte (Lao 38, 5, 18, 19; vgl. die Bemerkungen bei van Els 2005/6, 230).

2 Wenn Befehle ...] Der Absatz ist wortgleich mit HFei 53, bis auf den ersten Satz, der dort lautet: »Wenn Befehle ordnungsgemäß ergehen, dann werden die Gesetze nicht verändert.«

3 im Rahmen von fünf Dörfern] Vgl. hierzu Kap. 4, Anm. 30. Mögling 1994, 587, übersetzt die exakte Parallele in HFei 53

ganz anders: »Zur Entscheidung über richtig und falsch sollte man sich am Gesetz orientieren. Wer sich strikt daran hält, bringt es zum König, wer etwas abweicht, ist immer noch stark, wer aber die Ordnung ganz vernachlässigt, verliert sein Land.«

4 Krieg mit Belohnungen] In diesem Sinne heißt es in 9.1 von den »erleuchteten Fürsten des Altertums«, dass sie »Belohnungen gewährten und das Militär stark war«, und 9.2 präzisiert: »Ränge und Einkünfte sind das Wesentliche im Militär.« Dagegen schreibt 14.1 »Belohnungen zivilen und Strafen militärischen Charakter« zu.

5 Verfehlungen … Wohltaten] Zu einer Kontextualisierung dieses Versatzstücks vgl. 7.6: Es geht vermutlich darum, Denunziationen zu fördern.

6 dann sind sie deutlich … sich selbst] Die Stelle ist völlig unklar; in HFei 53 taucht sie nicht auf. Duyvendak 1928, 253, lässt sie in seiner Übersetzung aus und merkt an: »The text here is certainly corrupt.«

7 Ämter und Ränge zu erwerben] Ämterkauf wird auch an anderer Stelle im SJS andeutungsweise erwähnt (vgl. Kap. 8, Anm. 13), ohne jedoch so konkret beschrieben zu werden wie die Vergabe von Rängen aufgrund militärischer Leistungen. Ob es eine solche Praxis unter den Qin je in größerem Maße gegeben hat, ist nicht nachzuweisen. Immerhin erwähnt SJ 6, dass 243 v. Chr., nach einer Heuschreckenplage und einer Epidemie in Qin, Untertanen, die 1000 ›Zentner‹ (*shi*, eigentlich ca. 30 kg) Getreide abgaben, um einen Rang befördert wurden; auch zwei kürzlich gefundene Bambusstreifen aus einem Qin-Archiv in Liye (Hunan) geben mögliche Hinweise auf Ämterkauf (Yates 2012/13).

8 Fass ohne Boden] Ein Sprichwort, dass in ähnlicher Form auch in HNZ 17, Wen 4, YZCC 2.26 und HFei 53 belegt ist.

9 Wenn ein Staat eifrig Krieg führt …] Die Logik des Politischen Realismus führt zu einer Spirale von Reichtum und Stärke, Krieg, mehr Reichtum und Stärke, mehr Krieg … Es muss immer weitergehen, sonst kommt es zur negativen Spirale von »Parasiten«, Schwäche und Niederlage. Vgl. auch Kap. 4, Anm. 15.

10 Verwaltung schlank … wenig Gerede] Das hat positive Folgen: »ist die Verwaltung schlank, ist der Staat geordnet; hört das Gerede auf, ist das Heer stark« (20.9).

11 durch Gesetze die Gesetze abschafft] Eine Variation des Lieblingsparadoxons im SJS; vgl. 4.8: »Schafft man Strafen durch Strafen ab, so ist das Land geordnet« (dazu Kap. 4, Anm. 32).

12 Zehnerlei … Eines] Pluralität in jeder Form gilt den Autoren des SJS als gefährlich; vgl. dazu das Beharren auf »einer Quelle« der Macht und des Nutzens (13.5).

13 Außenkontakte] Das Gegenteil ist erstrebenswert, denn wenn das Volk »keine Außenkontakte hat, dann wird es sich um den Ackerbau bemühen, ohne zu faulenzen« (2.3). »Außenkontakte« (*waijiao* – das moderne Wort für ›Diplomatie‹) sind für den Politischen Realismus nur in Form des Kriegs akzeptabel.

14 Sitten eines untergehenden Staates] HFei 49 beschreibt diese u.a. wie folgt: »Gelehrte rühmen die Wege der früheren Könige, stützen sich auf Menschlichkeit und Anstand, putzen ihr Äußeres heraus und schmücken ihre Reden … Redner erschwindeln sich Ruhm und bedienen sich äußerer Macht, um ihr privates Wohl zu fördern und das Interesse der Staatsaltäre zu verwerfen …«. Diese und andere Gruppen nennt es »Ungeziefer des Staates« – so, wie das SJS von »Parasiten« spricht.

15 sechs Parasiten] Zu den Varianten dieser Liste vgl. Kap. 4, Anm. 19. Vgl. auch die »sechs parasitären Organe« in 4.2. »Zuverlässigkeit und Lauterkeit« werden auch in 17.4 als verwerflich bezeichnet. Dagegen heißt es in 3.7: »sind die Leute … zuverlässig, dann taugen sie zu Wehr- und Kriegsdienst« – das SJS ist nicht immer konsistent in seinen Begriffen. Auch die Zahlen dieses Abschnittes sind alles andere als schlüssig: Unter dem Titel »sechs Parasiten« werden *neun* Gruppen (mit insgesamt sechzehn Punkten) aufgeführt, auf die dann wiederum als »diese zwölf« verwiesen wird. Es fällt auf, dass das Paar »Menschlichkeit und Anstand« – Kernbegriffe des Konfuzianers Mencius – hier zum ersten Mal im SJS erscheint; auch »Anti-Militarismus« und »Scheu vor dem Krieg« sind neu in diesem Kontext. Wenn man diese Begriffe abzöge, käme man tatsächlich auf *sechs* Gruppen mit *zwölf* Punkten: Gut möglich, dass jene Begriffe nachträglich in den Text eingefügt wurden.

16 Regierung … nicht … durchsetzen] Das Horrorszenario des Politischen Realismus; vgl. Kap. 5, Anm. 2. Der letzte Satz ist fast wörtlich wie in 4.2, wo es über die »sechs parasitären Organe« heißt: »Wenn diese sechs Halt finden, wird [der Staat] gewiss zerfallen.«

17 Was die Amtleute am Hof betrifft …] Offenbar ein Einschub, der nicht recht zum Kontext passt. HFei 53 enthält ihn zwar, aber in 3.5 und 4.3 stehen der vorhergehende sowie der folgende Absatz jeweils direkt hintereinander, ohne Einschub. Der

erste Satz lautet in HFei 53: »Bei Hof sollen auch geringe Tätigkeiten nicht verachtet werden.« In beiden Versionen ist die logische Beziehung zur ›rationalen Ordnung‹ (*shuzhi*) der Beamtenrekrutierung schwer verständlich.

18 schwere Strafen … wenige Belohnung] Vgl. dazu Kap. 4, Anm. 23.

19 Nutzen aus einer Quelle] Die ausführlichste Variante eines Arguments, das auch in 3.2 und 20.6 auftaucht, ebenso wie in Guan 73: »Wo Nutzen aus einer Quelle kommt, da hat der Staat keinen ebenbürtigen Gegner; wo er aus zwei Quellen kommt, da wird das Heer niemanden unterwerfen; wo er aus drei Quellen kommt, da lässt sich kein Heer aufbieten; und wo er aus vier Quellen kommt, da wird der Staat gewiss untergehen.« Die Lösung des *Guanzi* liegt darin, alle Macht beim Herrscher zu konzentrieren.

20 Wird beim Verhängen …] Die Stelle hat nicht nur eine Parallele in HFei 53, sondern sie wird in HFei 30 ausdrücklich Gongsun Yang zugeschrieben: »Gemäß den Gesetzen des Gongsun Yang wurden geringe Vergehen schwer bestraft. Gegen schwere Strafen fällt es den Menschen schwer zu verstoßen, und kleine Vergehen zu unterlassen, fällt den Menschen leicht. Die Menschen dazu zu bringen, die Dinge zu unterlassen, bei denen es ihnen leichtfällt, und nicht von den Dingen abzulassen, bei denen es ihnen schwerfällt: Das ist der rechte Weg der Regierung. Wenn kleine Vergehen nicht vorkommen, dann kommt es auch nicht zu großen Verbrechen: So laden die Menschen keine Schuld auf sich, und Ordnungslosigkeit kommt nicht auf. Laut einer Quelle hat Gongsun Yang gesagt: ›Wird beim Verhängen von Strafen Leichtes schwer geahndet, dann wird Leichtes nicht aufkommen und Schweres sich nicht einstellen: Das nennt man mit Strafen die Strafen abschaffen‹« (vgl. Mögling 1994, 271).

21 Ein weiser Fürst …] Dieser Herrscherbegriff (*shengjun*) erscheint nur hier; die Parallelen in 3.6 und 17.5 haben »Weise und erleuchtete Fürsten« bzw. den ›Weisen‹. Vgl. auch 3.7: »Der Weise erkennt das Wesentliche bei der Regierung des Staates …« und »Wenn der Fürst Belohnungen und Bußen einsetzt, um seine einheitlichen Anweisungen abzusichern …« Der ›weise Fürst‹ taucht mehrmals in Guan 45 auf, wo es heißt, dass er »auf Gesetze vertraut«, aber auch: »Der weise Fürst … bewahrt das Wesentliche des rechten Weges, verweilt in Muße und Freude, reitet und geht zur Jagd, spielt Glocken, Trommeln, Flöten und

Zither, so dass die Freude im Palast keine Grenzen kennt. Er kennt weder Bedenken noch Sorgen, Trauer oder Pläne, pflegt seinen Körper macht es sich bequem und nährt seine Langlebigkeit: Er lässt die Ärmel baumeln, legt die Hände in den Schoß, und dennoch ist das Reich wohlgeordnet.«

22 Menschlichkeit und Anstand] Diese Begriffe, in 13.3 unter den »sechs Parasiten« aufgelistet, stehen geradezu konträr zur Lehre des Politischen Realismus. Vgl. etwa 18.8, wo es explizit heißt, dass »Wissen, Menschlichkeit und Anstand nicht dazu [taugen], das Reich zu regieren.« Wie der vorhergehende Absatz, der von »Menschlichkeit« und »Herzen« handelt, ist auch dies offenbar ein konfuzianischer Kommentar zu einem Versatzstück des SJS.

14. Autorität kultivieren

1 Gesetze haben ...] Ähnlich formuliert Guan 52: »Gesetze und Bestimmungen schaffen Fürst und Minister gemeinsam; Autorität und Amtsmacht bewahrt der Fürst allein.« »Autorität« (*quan*) ist das gleiche Wort, das in 14.2 für »Gewichte« steht: Die Metapher scheint dieselbe zu sein wie im Deutschen, wo ›Autorität‹ das »verbindliche Gewicht eines Zeugnisses« (Adelung, Bd. 1, Sp. 674) oder das Gewicht einer Persönlichkeit meint. Die Logik der Macht erfordert, dass der Fürst als alleinige ›Autorität‹ die letztverbindliche Entscheidungsinstanz ist: Armeen sowie autoritäre Staaten brauchen *eindeutige* Hierarchien und Befehlsstränge. Stanley Milgrams Experimente haben gezeigt, wie effektiv Autoritätsstrukturen wirken – solange es eine einzige Quelle der Autorität gibt. Sobald zwei Versuchsleiter in Erscheinung traten, die sich uneins waren, verschwand der sklavische Gehorsam der Probanden vollkommen (vgl. Bauman 1991, 164f.). Auch die Politischen Realisten haben verstanden, dass nichts die Macht stärker untergräbt als Pluralität.

2 wenn Fürst und Minister ...] Genau so soll es einst in Qin gewesen sein: Dort »verwarfen Fürsten und Minister die Gesetze und verfolgten Privatinteressen, worauf der Staat in Anarchie verfiel, das Militär geschwächt und der Herrscher erniedrigt war« (HFei 14). Ausdrücklich schreibt das SJS von den zeitgenössischen Herrschern, sie »ignorieren meist die Gesetze und vertrauen auf private Urteile« (14.2) bzw. »sie ignorieren die Gesetze und halten sich an Klugheit« (23.4). Wenn die Staatsrä-

son mit ihren abstrakten Regeln zugunsten von ›Privaturteilen‹ der Sippen vernachlässigt wird, ist Anarchie die unvermeidliche Folge (vgl. S. 45). Der Ausdruck ›Gesetze ignorieren‹ (*shifa*) ist kennzeichnend für den Politischen Realismus: Er ist nur in HFei, SJS und Guan belegt.

3 allein vom Fürsten entschieden] In Guan 52 heißt es ebenso: »Wird über Autorität allein vom Fürsten entschieden, dann genießt er Respekt«; und dann, leicht abweichend: »Wenn sich das Volk auf die Gesetze verlassen kann, dann hält es Nähe.« Die Eigenständigkeit politischer Entscheidungen ist ein wiederkehrendes Thema des Politischen Realismus. Schon in 1.2 werden dem Herrscher »eigenständige Gedanken« zugetraut; und in HFei 34 wird *Shenzi* wie folgt zitiert: »Wer eigenständig sieht, den nennt man ›erleuchtet‹; wer eigenständig hört, den nennt man ›hellhörig‹; wer eigenständig entscheiden kann, der kann Herrscher über das Reich werden.« In diesen Passagen dürfte nichts anderes als die Eigenlogik der Politik angesprochen sein, die autonom entscheidet, ohne sich von anderen Kontexten anfechten zu lassen.

4 Privatinteressen] Auch der Herrscher soll nicht *pro domo* regieren: Klüngel im Sinne der Herrscherfamilie wäre dem Interesse des Staates ebenso schädlich wie die Seilschaften der Minister. In Guan 52 heißt es: »Ein erleuchteter Souverän ist gewissenhaft mit den Gesetzen und sorgsam mit der Autorität, so dass Obrigkeit und Untertanen ihre Einteilungen haben. Wo immer Privatinteressen aufkommen, haben sie ihren Ursprung gewiss beim Herrscher.«

5 Belohnungen … Strafen] Dagegen heißt es in 13.1: »Regiert mit Strafgesetzen und führt Krieg mit Belohnungen« – dort scheinen die Zuordnungen zur zivilen bzw. militärischen Sphäre genau umgekehrt zu sein.

6 behandelt … die Gesetze sorgsam] Dieser Punkt wird in 23.5 weiter ausgeführt: »Auf Worte, die nicht den Gesetzen entsprechen, hört er nicht« usw., und Kap. 25 trägt das Thema sogar im Titel. Während die Sorge um Gesetze im SJS Sache des Herrschers ist, beschreibt *Han Feizi* sie als Aufgabe der Untertanen, denn: »Belohnungen kommen denjenigen zu, die die Gesetze sorgfältig beachten« (HFei 43).

7 nicht verblendet] Blind »hat eine doppelte bedeutung, unfähig zu sehen und unsichtbar, beide bedeutungen treten auch in verblenden hervor, unfähig zum sehen machen« (DWb 25, Sp. 138):

Ebenso ist der ›erleuchtete Herrscher‹ sowohl sichtbar als auch sehend. Dies ist das Gegenteil der anarchischen Verhältnisse, die in Xun 33 beschrieben werden: »Die hohen Fürsten waren verblendet und sahen nichts, fähige Männer blieben auf Distanz und wurden nicht empfangen.«

8 Belohnungen … Strafen] Genau das wird in HFei 43 über Shang Yangs Politik gesagt: »Als Gongsun Yang Qin regierte, schuf er ein System der Denunzierung und gegenseitigen Verantwortung sowie der Rechenschaft für Leistungen, in dem Zehner- und Fünfergruppen gemeinsam für Verbrechen einstanden, Belohnungen hoch und zuverlässig, Strafen schwer und zwangsläufig waren. Daher mühte sich das Volk nach Kräften, ohne zu rasten, und verfolgte den Feind trotz aller Gefahren, ohne zurückzuweichen: So wurde der Staat reich und das Heer stark« (vgl. auch HFei 37). Demnach wären speziell »Belohnungen« für die Denunzierung von Straftätern gemeint.

9 Fremde und Fernstehende …] Auch dieses Versatzstück wird direkt mit Shang Yangs Politik assoziiert, und zwar in ZGC 3.1: »Als der Fürst von Shang Qin regierte, wurden seine Gesetze und Bestimmungen überall angewendet, es herrschte allgemeine Gleichheit [*gongping*] ohne persönliche Begünstigungen; bei Bußen blieben Starke und Große nicht verschont, bei Belohnungen wurden Nahestehende und Verwandte nicht persönlich begünstigt. Die Gesetze erstreckten sich auch auf den Kronprinzen, dessen Tutor tätowiert und die Nase abgeschnitten wurde.« Auch in Guan 7 heißt es vom Herrscher, er »bevorzugt Nahestehende und Verwandte nicht persönlich und verachtet Fremde und Fernstehende nicht.«

10 verblenden die Minister den Herrscher nicht] In HFei 14 heißt es, Minister »lassen die Gesetze des Herrschers erleuchten und treiben treulose Minister in die Enge, um dem Herrscher Ansehen und dem Staat Sicherheit zu verschaffen.« Auch in SJS 1.2 wird »den Herrscher zu erleuchten« als Aufgabe der Minister dargestellt. Wenn die Passage richtig verstanden ist, geht es weniger um die Klarsicht des Herrschers als um sein *Ansehen* bzw. seine Legitimation. In der alten Gesellschaft war es die ›leuchtende Tugend‹ (*mingde*), die den Herrscher auszeichnete, jetzt sind es die ›Gesetze‹, die leuchten – und ihren Glanz auf den Herrscher werfen.

11 Gewichte … Waagbalken … Längenmaße] Ebensolche Standardisierungen soll Shang Yang in Qin eingeführt haben: »Der

Fürst von Shang eichte für Herzog Xiao die Gewichte und Waagbalken, korrigierte die Maße und passte die Gewichte an«, heißt es in ZGC 5.17, und ein Messgefäß aus dem Jahr 344, das im Besitz des Shanghai-Museums ist, trägt die Aufschrift: »Im 12. Monat, am Tag *yiyou* [= 22. Tag], ließ Yang, im Range eines *da liangzao* [= 16.Verdienstrang], die Pinte [*sheng*] einheitlich auf 16,5 Kubikzoll festlegen« (MWX 923). Auf der Unterseite des Gefäßes wurde nachträglich ein Edikt des Ersten Kaisers aus dem Jahr 221 v. Chr. eingraviert, das die Vereinheitlichung der Maße verkündet. Tatsächlich stimmt das Maß dieses Gefäßes – es fasst 202 ml – fast exakt mit standardisierten Hohlmaßen aus dem späten 3. Jh. v. Chr. überein, die archäologisch gefunden wurden: Die Einheitsmaße in Qin scheinen auf Shang Yang zurückzugehen.

12 Leicht und Schwer] Vgl. die metaphorische Verwendung in Shen 62: »Wenn der Fürst die Gesetze verwirft und nach eigenem Ermessen über Leicht und Schwer bestimmt, dann werden gleiche Verdienste unterschiedlich belohnt und gleiche Schuld wird unterschiedlich bestraft: So entsteht Groll.« Belohnungen und Strafen können ebenfalls »leicht« und »schwer« sein: Diese Assoziation schwingt auch im SJS stets mit.

13 Gewichte und Waagbalken] So auch Guan 6: »Längenmaße, Richtschnüre, Zirkel und Winkelmaß, Waagen, Hohlmaße und andere Maße: Die nennt man ›Normen‹ [*fa*]« – dasselbe Wort wie ›Gesetze‹. Allemal geht es um Objektivität und universelle Gültigkeit.

14 Yao] Der mythischer Herrscher Yao (vgl. Kap. 1, Anm. 25), der sein Amt an einen fähigen Mann aus dem Volk, Shun, weitergegeben haben soll, verkörpert das Prinzip der Qualifikation durch Leistung – »Verstand und Können, Würdigkeit und Untauglichkeit« – im Gegensatz zur Amtsvergabe qua Geburt. Auch den Konfuzianern gilt er als vorbildlicher Herrscher; im *Mengzi* heißt es – im Gegensatz zu dieser Stelle – jedoch, dass »alle Menschen ein Yao oder Shun werden können« (Meng 6B2). Diesen anthropologischen Optimismus teilt das SJS nicht.

15 Wer die Standards erfüllte …] Vgl. HFei 36, wo es im Zusammenhang mit Shuns Regierung heißt: »Wenn man dafür sorgt, dass Belohnungen und Bußen im Reich verbindlich durchgesetzt werden, und die Verordnung erlässt, dass, wer die Standards erfüllt, belohnt werde, und wer sie nicht erfüllt, bestraft werde«,

dann ändere sich alles über Nacht. – Eben das aber habe Shun *nicht* getan, heißt es dort weiter, sondern alle Aufgaben selbst auf sich genommen.

16 … stritt das Volk nicht] Die vornehmste Aufgabe des Staates ist die Pazifizierung der Gesellschaft; denn wenn das Volk »nicht streitet, dann … handelt [es] im Sinne der Obrigkeit« (10.1). Dazu auch sehr deutlich Shen 75: »Die größte Leistung von Gesetzen ist, dass sie das Verfolgen von Privatinteressen unterbinden; die größte Leistung des Fürsten ist, dass er Konflikte im Volk unterbindet.« Die Ausgabe von Zhang Jue (2012, 166 u. Anm. 7), fügt hier – gegen alle Textzeugen – 24 Zeichen nach QSZY 36 ein; in Übersetzung: »Sie begünstigten Nahestehende und Verwandte nicht mit Rängen und Pfründen, so dass Untertanen, die sich abmühten, keinen Groll hegten; sie bedrückten die Fernstehenden und Fremden nicht mit Strafen und Bußen, so dass die Untertanen Nähe der Obrigkeit verbunden blieben. Daher: …«

17 Wenn Ämter und Ränge …] Ähnlich argumentieren 13.2 und 17.5. Vgl. auch Guan 52: »Wenn die Obrigkeit sich an Güte erfreut und Belohnungen nicht auf Verdienste folgen, dann finden Dienstleute keine Verwendung.«

18 Minister] Eigentlich ›Minister der Menschen‹ (*renchen*), doch der Begriff wird im SJS nicht terminologisch – etwa als Pendant zum ›Herrscher der Menschen‹ (vgl. Kap. 3, Anm. 1) – verwendet; in 18.8 meint er einfach »jemandes Minister«.

19 Liebt der Fürst die Gesetze …] Auch dieser Satz steht ganz ähnlich in Guan 52: »Liebt der Herrscher die Grundlagen, so wird er aufrichtige Dienstleute vor sich haben; liebt er den Profit, so wird er Denunzianten und Schmeichler zur Seite haben.«

20 Yao und Shun] Wieder werden die mythischen Herrscher als Vorbilder für die Trennung von Staat und Herrscher zitiert: Der Herrscher hat »für das Reich« zu handeln, nicht für »persönlichen Gewinn«. Ob damit gemeint ist, dass sie es für das *Volk* taten, wie einige Kommentatoren meinen, ist keineswegs ausgemacht. Im Sinne des Politischen Realismus wäre wohl eher zu verstehen, dass sie es für den Staat taten.

21 Wege zu Ordnung und Anarchie] Ebenso heißt es in Guan 47: »Den Weisen waren die Wege zu Ordnung und Anarchie klar, und sie kannten die Angelegenheiten der Menschen von Anfang bis Ende.«

22 Drei Könige … Fünf Hegemonen] Hier wird am Beispiel der »Drei Könige« und »Fünf Hegemonen« (vgl. Kap. 9, Anm. 8)

wiederholt, was eben über Yao und Shun gesagt wurde: ein Hinweis auf konkurrierende Kommentarebenen?

23 Wenn man …] Fast derselbe Satz wie in 14.2 – aber mit anderer Folgerung.

24 Einfluss verhökern … ausbeuten] Was hier – ähnlich wie in 3.3 – als Auswuchs korrupter Praktiken dargestellt wird, wird in Xun 15 pikanterweise als Folge des Regierungssystems von Shang Yang beschrieben: »Die Leute von Qin lassen ihr Volk in Enge und Elend leben, führen es hart und grausam, beuten es aufgrund ihrer Machtposition aus, bedrücken es mit Elend, verlocken es mit Ehren und Belohnungen und schüchtern es durch Strafen und Bußen ein.« Ironie der Geschichte: Shang Yangs Reformen ersetzten willkürliche Grausamkeit durch systematische Grausamkeit.

25 Hundert Sippen] Der Begriff, der in 1.2 und 3.3 noch im Sinne des Adels gemeint sein dürfte, steht hier offenbar synonym für das ›Volk‹, das in derselben Formulierung weiter oben explizit genannt wird. Der Begriffswandel korrespondiert mit der Nivellierung der Adelsgesellschaft in der Zhanguo-Zeit. Von ›Würmern‹ (oder ›Schädlingen‹), einer Variante der entmenschlichenden Metaphorik des SJS (vgl. Kap. 4, Anm. 9), ist auch in HFei 49 die Rede.

15. Volk anwerben

1 50.000 Arbeitskräfte] Vgl. 6.2, wo es heißt, dass »ein Gebiet von 100 Meilen im Quadrat [= 1.720 km²] 10.000 Soldaten hervorbringt«. Während dort angenommen wird, dass jede Familie einen Soldaten abstellt, ist hier offenbar von allen Arbeitskräften der Familie – zwei Eltern und drei Kindern – die Rede. Yuri Pines (2017, 292f., Anm. 3) nimmt an, dass diese »Arbeitskräfte« durchschnittlich nur 60–70% eines Haushalts ausmachen und daher mit einer Gesamtbevölkerung von 70–80.000 auf 100 Meilen im Quadrat zu rechnen sei. Das wäre ein Bevölkerungszuwachs von 40–60% gegenüber den Angaben in SJS 6: Abbild des Bevölkerungswachstums in der Zhanguo-Zeit?

2 fünfmal 1000 Meilen im Quadrat] Das wären ca. 860.000 km² – weit mehr als die Stammlande der Qin im heutigen Shaanxi. Noch Mitte des 4. Jahrhunderts v. Chr. reichten diese im Osten nicht einmal bis an den Gelben Fluss, im Süden wohl

kaum 100 km südlich des Wei-Flusses; selbst wenn man die schwer definierbaren Grenzen im Norden und Westen großzügig bemisst, dürfte das Gebiet kaum mehr als 200.000 km² umfasst haben. Erst nach den Eroberungen des späten 4. Jahrhunderts, vor allem nach der Besetzung des heutigen Sichuan – ca. 485.000 km² – im Jahre 316 v. Chr. kann Qin eine Größe von »fünfmal 1000 Meilen im Quadrat« eingenommen haben.

3 Ressourcen und Schätze ...] Zu all diesen Ressourcen vgl. Kap. 2, Anm. 17.

4 drei Jin-Staaten] Das alte Fürstentum Jin war im 5. Jahrhundert, als mächtige Minister die Macht usurpierten, in die drei Herrschaften Wei, Han und Zhao aufgeteilt worden. In der unten erwähnten Schlacht von Changping (260 v. Chr.) hatte Qin Zhao eine vernichtende Niederlage zugefügt, woraufhin der Qin-General Bai Qi angeblich die gesamte Armee von Zhao – 400.000 Mann! – hatte ermorden lassen. Das mag erklären, warum nur Wei und Han als (verbleibende) Feinde genannt werden.

5 Ihr Gebiet ...] Eine problematische Passage, deren Bedeutung keineswegs klar ist (vgl. die Kommentare bei Zhang Jue 2012, 176f., Anm. 7). »Nebensächliche Gewerbe« meint Handwerk und Handel, gegen die das SJS durchweg polemisiert. Von Shang Yang heißt es, er haben »Denunzierung von Betrügern belohnt und nebensächliche Gewerbe erschwert, um die grundlegenden Aufgaben [d.h. Ackerbau] rentabel zu machen« (HFei 14).

6 Ich, Euer Untertan ...] Die Formel deutet auf eine Throneingabe hin; die Kritik an den ›königlichen Amtleuten‹ (*wangli*) – dieser Titel taucht nur hier auf – verweist auf den Kontext einer Hofdebatte. Die Qin-Herrscher führten seit dem Jahr 325 v. Chr. den Titel ›König‹ (*wang*): ein weiterer Hinweis darauf, dass dieses Kapitel aus dem 3. Jahrhundert v. Chr. stammt.

7 Mühsal] Gemeint ist die Landwirtschaft, denn in der Theorie des SJS »bereitet Ackerbau dem Volk Mühsal« (6.5) – im Gegensatz zum Volk von Jin, das »nebensächlichen Gewerben« nachgeht.

8 Verlangen] Nämlich »Haus und Hof«, vgl. oben.

9 *Militärregeln*] Dies sind die einzigen Schriften, die im SJS namentlich zitiert werden (vgl. Kap. 10, Anm. 5). Allerdings ist das Zitat in keinem überlieferten Text nachzuweisen.

10 seit vier Generationen] Unter »Xiang von Wei« – das SJS vermeidet den Titel ›König‹ – hatten Qi, Han, Wei, Zhao und Song im Jahr 296 v. Chr. Qin angegriffen und Gebiete am Mittellauf

des Gelben Flusses zurückerobert (SJ 5); kurz darauf erlitt Qin zudem eine verheerende Niederlage gegen Zhao. Damals regierte in Qin König Zhao (reg. 306–251 v. Chr.). Wenn man die »vier Generationen« – gemeint sind wohl Qin-Herrscher – mit ihm beginnen lässt, müsste die Passage unter König Zheng (reg. 246–210 v. Chr.) entstanden sein, dem Reichseiniger, der sich ab 221 ›Erster Erhabener Kaiser‹ von Qin nannte – und zwar bevor sich Han (230), Zhao (228) und Wei (225) »unterworfen haben«. Interessanterweise wird Li Si (ca. 280–208 v. Chr.), der nachmalige Kanzler, der seit 247 v. Chr. am Hof von Qin wirkte, in Xun 15 mit den Worten zitiert: »Qin ist seit vier Generationen siegreich, sein Militär ist das stärkste im Reich, es verbreitet Furcht unter den Lehnsfürsten.« – Sollte Li Si der Verfasser dieser Throneingabe sein?

11 eine Million Arbeitskräfte] Vgl. die »50.000 Arbeitskräfte«, die in 15.1 genannt werden: Die Zahl bezog sich auf ein Gebiet von »100 Meilen im Quadrat«, während es hier um eine Fläche von »fünfmal 1000 Meilen im Quadrat« geht. Große Kolonisierungen der Qin sind ab 219 v. Chr. belegt, als der erste Kaiser 30.000 Familien in Shandong ansiedeln ließ und ihnen dafür 12 Jahre Arbeitsdienst erließ. In den nächsten Jahren wurden viele weitere Kolonisten – oft Kriminelle – an die Qin-Grenzgebiete im Norden und Süden geschickt (CHC 1, 65f.).

12 Zuvor hatte ich gesagt …] Ein – bis auf zwei geringfügige Abweichungen – wörtliches Zitat aus 15.2: Man darf annehmen, dass es *schriftlich* vorgelegen hat.

13 Dinge …, die sie verabscheuen] Nämlich Kriegsdienst zu leisten: »Im Allgemeinen ist Krieg etwas, was das Volk verabscheut« (18.3). Dort fährt der Text allerdings fort: »Wer das Volk dazu bringt, sich am Krieg zu erfreuen, der ist Souverän.«

14 östlich der Berge] Gemeint ist wohl das Huashan-Gebirge, das ca. 120 km östlich von Xianyang, am Gelben Fluss, die Grenze von Qin und den drei Jin-Staaten markierte.

15 aufrichtigen Worte] Gemeint sind wohl die Meinungen der »königlichen Amtleute«, deren ›erleuchtete Ansichten‹ in 15.2 ähnlich höflich (oder ironisch?) angesprochen werden – um sie dann als »verfehlt« und »unzutreffend« zu kritisieren.

16 … den Grundlagen widmet] Nämlich der Landwirtschaft; vgl. Kap. 8, Anm. 8.

17 wenn es Truppen aufbietet … arm wird] Ganz im Gegensatz zu einem »starken Staat«, wie er in 4.11 beschrieben wird: »Bietet

er Truppen auf, um zu Felde zu ziehen, … so wird er gewiss siegen. Lässt er die Truppen ruhen, um Ackerbau zu betreiben, … so wird der Staat gewiss reich«. Der Topos ist so häufig im SJS (vgl. auch 3.5, 4.3 und 13.4), dass die ätzende Kritik dieses Satzes unmissverständlich ist: Qins Politik ist im Sinne des Politischen Realismus völlig verfehlt. Für »Staat« steht hier auffälligerweise nicht *guo*, sondern *guojia* (vgl. Kap. 3, Anm. 50).

18 neue Volk] Gemeint sind die anzuwerbenden Siedler aus der Nordchinesischen Ebene: Sie sollen ackern und so die kämpfenden Truppen des »alteingesessenen« Volks versorgen.

19 Soldaten, Streitwagen und Schlachtrössern] Die drei Waffengattungen sind u.a. in der Terracotta-Armee des ersten Kaisers von Qin bezeugt. Im SJS wird die Kavallerie nur an dieser Stelle erwähnt.

20 im Frühling …] Ein fast wörtliches Zitat aus dem Kapitel »Große Kriegsführung« (»Da wu«) des YZS. Dort wird eine Liste von »vier Jahreszeiten« mit ebendiesen Strategien für einen Angriff genannt.

21 »Große Kriegsführung« … »Weite Kultivierung«] Die »Große Kriegsführung« ist das Kapitel 8 des YZS, aus dem das vorstehende Zitat stammt. Das Kapitel unmittelbar davor heißt »Wahre Kultivierung« (»Yunwen«).

22 Zhou … Hua] 293 v. Chr. errang Qin bei Yique einen Sieg über die alliierten Truppen von Han, Wei und Zhou; 256 v. Chr. löschte es die Zhou endgültig aus – welcher »Sieg« hier gemeint sei, ist unklar. In der Schlacht von Hua, 273 v. Chr., siegte Qin über Zhao und Wei.

23 Changping] In der Schlacht von Changping, 260 v. Chr., vernichtete Qin die Armee von Zhao vollständig: 400.000 Kriegsgefangene sollen dabei abgeschlachtet worden sein.

24 Yao und Shun … Tang und Wu] Ganz ähnliche Argumente werden in 1.4 von Gongsun Yang vorgetragen.

17. Belohnungen und Strafen

1 Belohnungen … keinen ebenbürtigen Gegner] Damit wird das Thema von Kapitel neun aufgegriffen; vgl. etwa 9.5: »Wenn Verdienste erbracht werden, folgen darauf Belohnungen …, dann wird das Militär keinen ebenbürtigen Gegner mehr haben.«

2 stellt man Belohnungen klar ...] Der Ausspruch kommt auch in Guan 12, mit Bezug auf die ›früheren Könige‹, vor: »stellt man Belohnungen klar, entstehen keine Kosten; stellt man Strafen klar, folgt keine Gewalt. Wenn Belohnungen und Bußen klar sind, ist das die höchste Tugend: Darum legten die früheren Könige wert auf Klarheit.«

3 keine unterschiedlichen Gebräuche] Schon in Kap. 8, »Worte vereinheitlichen«, heißt es, man müsse die »Gebräuche des Landes umformen« (8.1), und das kann nur heißen: vereinheitlichen. Dem Politischen Realismus geht es allenthalben darum, Partikularismen durch einheitliche Ordnung zu ersetzen, deshalb sind ihm alle »unterschiedlichen Gebräuche« unerwünscht (vgl. Kap. 8, Anm. 2). Das Ziel schien erreicht, als der erste Kaiser verkünden konnte, er habe »die unterschiedlichen Gebräuche korrigiert« – doch kaum war er gestorben, »da wurde, was von seiner Autorität geblieben war, von den unterschiedlichen Gebräuchen erschüttert« (SJ 6).

4 Mittleren Ebene] Der Ausdruck kann allgemein eine Ebene bezeichnen, meint konkret aber die Nordchinesische Ebene, d.h. genau das Gebiet, das Qin im späten 3. Jh. v. Chr. erobern sollte.

5 Tang ... Wen ... 100 Meilen] Über das Lehen von Tang, dem Gründer der Dynastie Shang (vgl. Kap. 1, Anm. 27), ist nichts weiter bekannt; Qizhou, das Lehen des Königs Wen von Zhou (des Vaters von Wu, dem Dynastiegründer), lag am Fuße des Berges Qi, gut 130 km westlich des heutigen Xi'an. Tatsächlich sind in der Gegend viele Bronzegefäße aus der frühen Zhou-Zeit gefunden worden. Zum Maß von »100 Meilen« vgl. Kap. 6, Anm. 7.

6 Mingtiao ... Muye] Eine Fortführung der historischen Parallele: Während die Schlacht von Muye (ca. 1050 v. Chr.), in der König Wu von Zhou die Truppen der Shang schlug, historisch zumindest halbwegs belegt ist, dürfte die Schlacht von Mingtiao nicht mehr als ein Topos in dem traditionellen Geschichtsbild sein, das den verkommenen letzten Herrscher – hier: Jie der Xia – einem charismatischen Dynastiegründer – Tang der Shang – gegenüberstellt. Auch die »Neun Armeen« dürften eher in Zahlenkosmologie (neun als höchste Yang-Zahl) gründen als in historischen Tatsachen.

7 Belohnung] Obwohl die Freilassung von Pferden und Ochsen auch in Li 19 erwähnt wird, können diese Details kaum als historisch betrachtet werden: Es sind Fiktionen, die das Prinzip

von ›Belohnungen‹ illustrieren sollen. Diese ›Belohnungen‹ unterscheiden sich jedoch signifikant von denen, die im SJS ansonsten propagiert werden: Es geht nicht um zentral vergebene Ämter und Ränge, sondern um »registriertes Land«, also um Pfründe. Genau die aber wollte der Politische Realismus im Sinne des Zentralstaates abschaffen.

8 fünf Magazine … fünferlei Waffen] Solche Fünfergruppen beruhen auf der Lehre von den ›Fünf Wandelphasen‹ (*wuxing*), welche die gesamte Welt in Fünfergruppen einteilt: fünf Farben, fünf Ämter, fünf Himmelsrichtungen usw. Für das SJS und den Politischen Realismus ist der Einfluss dieser Kosmologie höchst untypisch.

9 kultivierte Lehren] Auch diese Beschreibung widerspricht allen Grundsätzen des Politischen Realismus. Der Kriegsdienst darf niemals ›ruhen‹, denn: »Wenn ein Staat keinen Krieg führt, obwohl er stark ist, wird sich Verderben im Inneren verbreiten, Riten, Musik und andere parasitäre Organe entstehen, und er wird gewiss zerfallen« (SJS 4.3). Nichts anderes als Riten und Musik dürfte mit »kultivierte Lehren« gemeint sein: ›parasitäre Organe‹, die das SJS an anderer Stelle verteufelt.

10 ohne Rücksicht auf Ränge oder Stufen] Dies ist die deutlichste Aussage im SJS zur Gleichheit vor dem Gesetz. Shang Yang wird ebendiese Haltung anekdotisch zugeschrieben. Als der Thronfolger von Qin gegen die Gesetze verstieß, sagte er: »Wenn Gesetze nicht befolgt werden, liegt es daran, dass die Oberen gegen sie verstoßen«, und ließ stellvertretend dem Tutor des Kronprinzen zur Strafe die Nase abschneiden (SJ 68, ZGC 3.1).

11 drei Generationen] Entweder die Linien seines Vaters, seiner Mutter und seiner Frau, oder die Generationen seines Vaters, seiner Kinder und seiner Enkel. Sippenhaft war keine Erfindung des Politischen Realismus; auch bei der Blutrache der Alten Gesellschaft war zu befürchten, dass »sich drei Generationen gegenseitig niedermachen« (vgl. S. 52). In Xun 24 werden exzessive Strafen ausdrücklich mit »anarchischen Zeiten« – also nicht mit einem Zentralstaat – und dem System erblicher Ämter in Verbindung gebracht: »Dann werden für die Schuld eines einzelnen gleich drei Generationen eliminiert.«

12 schwere Strafen … Schuld kollektiv] Diese Maßnahmen werden auch in 2.11 genannt – allerdings mit Blick auf den landwirtschaftlichen Nutzen. In 18.4 heißt es etwas anders: »Sind

dic Strafen schwer, so wird das Volk keine Verstöße wagen, dann braucht es keine Strafen.« Die »gegenseitige Haftung des gesamten Dorfes für ein begangenes Verbrechen« wird in HFei 55 beschrieben: »Wenn alle wissen, dass sie persönlich für jedes Verbrechen belangt werden, wird aus Angst vor der unvermeidbaren Strafe niemand im Dorf seinen Nachbarn nicht überwachen, und jene, die böse Absichten hegen, werden nie vergessen, dass sie von allen Seiten beobachtet werden« (Üb. Mögling 1994, 593f.). Der Politische Realismus will im ganzen Volk eine Blockwartmentalität kultivieren.

13 Herzog Wen von Jin …] Der zweite der »Fünf Hegemonen« (Kap. 1, Anm. 19), der von 636–628 v. Chr. regierte.

14 Dian Jie] Ein alter Weggefährte, der Herzog Wen ins Exil begleitet hatte. Varianten dieser Anekdote sind in Zuo 5.28, wo er wegen Brandstiftung hingerichtet wird, und in HFei 34 überliefert: Dort verspätet Dian Jie sich bei einer Jagdgesellschaft und wird daraufhin mit dem Tode bestraft. Der Topos der Verspätung, die mit dem Tode bestraft wird, steht auch in anderen Anekdoten für die strikte Anwendung von Gesetzen. So soll Yu, der legendäre Flutenbändiger und Gründer der Xia-Dynastie, einen Teilnehmer einer Versammlung von Fürsten (in einer anderen Version: Geistern) getötet haben, der verspätet erschien (HFei 19, GY 5). Vor allem die Qin sollen derartige Verstöße unerbittlich geahndet haben; eine vielzitierte Geschichte suggeriert, dass die Qin eben deshalb zu Fall gekommen seien: Der Führer einer Truppe von Strafarbeitern, Chen Sheng, war durch Regenfälle aufgehalten worden, so dass er einen befohlenen Treffpunkt nicht rechtzeitig erreichen konnte. Die Verspätung bedeutete für ihn die sichere Todesstrafe. Doch statt sich darein zu fügen, begann Chen Sheng eine Rebellion, die schließlich zum Untergang der Qin führte (SJ 48).

15 Chengpu] Die Siegeszüge des Herzogs Wen von Jin gipfelten in der Schlacht von Chengpu (632 v. Chr.), in der er Chu (hier »Jing« genannt), die aufstrebende Großmacht des Südens, besiegte.

16 Herzog von Zhou] Der Herzog von Zhou, der im 11. Jh. v. Chr. sieben Jahre die Regierung für den minderjährigen Thronfolger geführt haben soll, ist ein Säulenheiliger der konfuzianischen Tradition. Die Bestrafung seiner Brüder, die einen Aufstand gegen die Zhou geführt haben sollen, wird in konfuzianischen Texten allerdings nicht erwähnt; sie ist in SJ 35 belegt.

17 Messer und Sägen] Synekdochisch für die Folter- und Strafinstrumente des Staates. Das Messer diente zum Abschneiden der Nase, die Säge zum Abtrennen der Füße.

18 Anweisungen vereinheitlichen ...] Abermals weist das SJS die moralischen Tugenden der Adelsgesellschaft ab, ebenso wie deren »Gruppen und Seilschaften« sowie andere Arten persönlicher Verbindungen. Zu ähnlichen Katalogen inkriminierter ›Tugenden‹ vgl. Kap. 4, Anm. 19, und speziell zum »Vertrauen auf Ruhm«, dem »Nager der Untreue«, Kap. 5, Anm. 1.

19 Erwachsenen ... Alten und Kinder] Zu deren Rolle im Kriegsdienst vgl. 12.3.

20 das Wesentliche] Eine Variante des Themas, das auch in 3.5 und 13.6 angesprochen wird. Die Konzentration auf »das Wesentliche« entspricht der Ausdifferenzierung der Politik: Nur noch der Herrscher ist für politische Entscheidungen zuständig, zugleich ist er auch *nur noch dafür* zuständig. Seine Perspektive ist die politische, und sie überträgt er »auf die Zehntausend Dinge« (vgl. Kap. 3, Anm. 30).

21 keine Gewalttat ... keine Güte] Im Gegensatz zur alten Adelsgesellschaft funktionieren staatliche Gesetze *sine ira et studio*: frei von Willkür oder persönlichen Leidenschaften, insbesondere ohne Ansehen der Person (vgl. S. 50).

18. Pläne und Strategien

1 Haoying] Der Name wird in der klassischen Literatur nur an dieser Stelle erwähnt. Ein wesentlich späterer Text (*Diwang shiji*, 3. Jh. n. Chr.) beschreibt Haoying als Nachkommen des legendären Fuxi (vgl. Kap. 1, Anm. 23): Jedenfalls ist er eine mythische Gestalt der Urzeit.

2 wenige Menschen, aber viele Bäume und Tiere] Dies ist einer von drei Abrissen der Gesellschaftsgeschichte, die im SJS auftauchen, weitere finden sich in anderen Werken (vgl. Kap. 7, Anm. 1). Bei aller Vielfalt der Darstellungen lassen sich einige wiederkehrende Topoi erkennen, die vor allem in fünf Versionen auftauchen (s. Tabelle S. 349).

3 In den Zeiten von Huangdi ...] Die Zeiten hatten sich gewandelt: Es gab weder Holz noch Tiere mehr im Überfluss. Zu Huangdi vgl. Kap. 1, Anm. 24. Außensärge aus Holz galten als

SJS 7.1	SJS 18.1	SJS 23.1	Zhuang 29	HFei 49
	›Wenige Menschen, viele Bäume und Tiere‹		›Viele Tiere, wenige Menschen‹	›Wenige Menschen, viele Tiere‹
			›Menschen lebten in Nestern, um ihnen zu entkommen‹	›Menschen bauten Nester, um Gefahren zu entkommen‹
›Volk kennt Mütter, nicht Väter‹			›Volk kennt Mütter, nicht Väter‹	
	›Unter Shennong pflügten Männer, Frauen woben‹		›Unter Shennong wurde gepflügt und gewoben‹	
	›Starke besiegten die Schwachen, Viele vergewaltigten die Wenigen‹		›Starke bezwangen die Schwachen, Viele vergewaltigten die Wenigen‹	
	›Huangdi schuf Regeln für Herrscher und Minister, Obrigkeit und Untertanen‹	›Weise schufen Regeln für Herrscher und Minister, Obrigkeit und Untertanen‹		
›Das Volk wurde zahlreicher‹		›Das Volk wurde zahlreicher‹		

besonderes Statussymbol: Angeblich standen den Zhou-Herrschern sieben Särge zu, den Lehnsfürsten fünf, Würdenträgern drei und Dienstleuten zwei (Xun 19).

4 Shennong] Auch in 1.4 heißt es, »Fuxi und Shennong haben angeleitet, ohne zu richten«. Zur Person vgl. Kap. 1, Anm. 23.

5 Huangdi …] Huangdi wird hier zum zweiten Mal erwähnt: eine Kontamination zweier Überlieferungen? Parallelen zu diesem (aber nicht zum vorhergehenden) Absatz finden sich in 23.1 und Guan 10: »Im Altertum, als es weder die Unterscheidung zwischen Herrscher und Minister, Obrigkeit und Untertanen gab noch den Bund von Ehemann, Ehefrau, Gatte und Gemahlin …« Die zentral verordneten »Standesregeln« (vgl. S. 37), die klarer als zuvor zwischen »Herrscher und Minister, Obrigkeit und Untertanen« differenzieren, sind Instrumente des Staates, der seine Macht durch ein Gewaltmonopol – »Messer und Sägen« (vgl. Kap. 17, Anm. 17) – und das Militär – »Rüstungen und Waffen« – sichert.

6 der Zeit entsprach] Der Ausdruck (*shishi*) findet sich nur ein weiteres Mal in der klassischen Literatur: »Ein Weiser kann die Zeiten nicht gestalten, aber er kann ihnen mit seinen Maßnahmen entsprechen. Wer mit seinen Maßnahmen der Zeit entspricht, hat große Verdienste« (LSCC 20.4).

7 durch Krieg den Krieg abschaffen] *Si vis pacem, para bellum*: eine Variante der politischen Paradoxa des SJS (vgl. Kap. 4, Anm. 32). Im Vielstaatensystem des Zhanguo-Zeit, in dem es weder verbindliche Regeln noch Erwartungssicherheit gab, war dies die einzig rationale Devise der Sicherheitspolitik. Diese Einsicht wird auch in der Militärliteratur formuliert: »Wenn man die Menschen befrieden kann, indem man Menschen tötet, ist es zulässig, sie zu töten; wenn man ein Volk behüten kann, indem man sein Land angreift, ist es zulässig, es anzugreifen; und wenn man durch Krieg den Krieg beenden kann, ist selbst Krieg zulässig« (Sima 1).

8 Wer früher das Reich …] Der Satzbau ähnelt einem zentralen Text der konfuzianischen Tradition, dem *Daxue*, wo es heißt: »Wer im Altertum seine erleuchtete Tugend über dem Reich leuchten lassen wollte, hat zuerst sein Land geordnet; wer sein Land ordnen wollte, hat erst seine Familie ins Gleichmaß gebracht; wer seine Familie ins Gleichmaß bringen wollte, hat zuerst sich selbst kultiviert …« (Li 42). Die Unterschiede sind signifikant: Während im *Daxue* die feudale Ordnung (Reich –

Land – Familie) vorausgesetzt wird, geht es im SJS um die direkte Herrschaft des Staates über »sein« Volk; während dort persönliche Kultivierung die Basis der Ordnung bildet, ist es hier das Machtmonopol des Staates. Denn »setzt sich die Regierung gegen das Volk durch, ist das Militär stark« (5.1).

9 Grundlage des Volkes] Eine bemerkenswerte Aussage. Ohne den Staat und seine Gesetze gibt es kein Volk, sondern nur Verwandtschaftsverbände. Erst durch eine Gesetzgebung, die jedwede Partikularismen transzendiert und alle gleichermaßen als »Volk« anspricht, entsteht das Volk als solches.

10 Daran, dass man im Krieg gewinnt] Ergänzt nach einem Vorschlag von Yu Yue. Diese Sätze sind nicht nur parallel gebaut, sondern auch gereimt: »Souveränität« (*wang*) und »untergeht« (*wang*) reimen sich.

11 im Krieg verliert] Zu anderen Ursachen für Zerfall und Untergang vgl. 4.3 und 5.1.

12 Ist das Volk tapfer …] Diese verblüffend simplen Folgerungen scheinen weder zum Militärwesen der Zhanguo-Zeit zu passen – in Massenarmeen kam es nicht auf Tapferkeit an, sondern auf Logistik, Strategie, Disziplin – noch zum Kapiteltitel, der von »Strategien« spricht.

13 König … Souveränität] Das chinesische Wort ist das gleiche: *wang*. Im ersten Fall, im Sinne eines Titels, verweist es auf die vorbildlichen Herrscher des Altertums; im zweiten auf das Prinzip der Souveränität (vgl. Kap. 3, Anm. 44).

14 hungriger Wolf] Das mag erklären, warum Qin von Zeitgenossen als ein »Staat von Tigern und Wölfen« (ZGC 2.3) beschrieben wurde. Aber auch vom Südstaat Yue wurde gesagt, dass seine Soldaten »gegen Pfeile und Steine anrannten wie Dürstende zum Trunk« (SJ 129).

15 nichts erbeutest] Oder geradezu: ›Wenn Du keine Köpfe erbeutest‹? Vgl. 19.3, wo dieselbe Formulierung in diesem Sinne gebraucht wird.

16 Gesetze … durchgesetzt werden] Das Problem in bekannt: »was hilft gesetz, was helfen strafen, / wenn obrigkeit und fürsten schlafen?« (Lichtwer, zit. DWb 4, 844). Für die Politischen Realisten des Alten China war es das zentrale Problem: Der Staat muss seine Regeln und Gesetze flächendeckend und zuverlässig durchsetzen. Aber selbst der Staat Qin war dafür – wie alle vormodernen Staaten – zu schwach (vgl. S. 56). Die Lösung, die dieser Abschnitt vorschlägt besteht in schweren Strafen, de-

ren Abschreckungspotential allein genügen musste, um Gesetze durchzusetzen.

17 Zhi … Bo Yi] Hier wird eine der verkommensten mit einer der tugendhaftesten Gestalten der Tradition kontrastiert. Zhi war ein berüchtigter Räuber, der »mit 9.000 Kämpfern im Gefolge sein Unwesen im Reich trieb und die Lehnsfürsten mit Gewalt überzog« (Zhuang 29). Bo Yi hingegen soll ein treuer Untertan der Dynastie Shang gewesen sein, der sich nach deren Untergang weigerte, »das Brot der Zhou zu essen«, sich in die Berge zurückzog und Hungers starb.

18 obliegen die Gesetze …] Recht freie Übersetzung eines Satzes, der syntaktisch keinen Sinn ergibt (»obliegen« – wörtlich: ›liegen bei‹ (*zai*) – ist eigentlich passiviert). Auch inhaltlich gibt der Zusammenhang zwischen »Herrscher«, »Würdigen« und »Untertanen« Rätsel auf. SJS 7.1 behauptet noch: »Mit der Einsetzung eines Fürsten wurden Würdige nicht mehr gebraucht« – hier scheinen sie hingegen die entscheidende Mittlerposition für die Durchsetzung der Herrschaft zu besetzen.

19 klaren Gesetze] Das Pendant zum ›erleuchteten Herrscher‹: Das Attribut ist in beiden Fällen *ming*. Es drückt aus, dass Gesetze zum einen ›klar‹, d.h. allgemein verständlich und bekannt seien, zum anderen, dass sie ›leuchtend‹ und radial vom Zentrum ausgehend alle Partikularismen überstrahlten. Beides steht im Gegensatz zum ungeschriebenen, lokal beschränkten Gewohnheitsrecht der Sippen.

20 Reichtum und Ehre] Ein aufschlussreicher Kommentar: Sollten hier »Minister« die Einschränkung ihres Zugangs zu »Reichtum und Ehre« nachträglich relativiert haben?

21 uns zu töten] Der Satz verstößt gravierend gegen die Syntax des Klassischen Chinesisch: Stammt er aus nachklassischer Zeit? Auch die Verwendung des Personalpronomens »uns« (*wo*) ist irritierend: Während das gesamte Kapitel bisher traktathaft angelegt war, meldet sich jetzt ein Herrscher oder Berater zu Wort.

22 Betrüger] Vgl. dagegen die Behauptung, dass »ein Staat, in dem treuloses Volk [*jianmin*, daselbe Wort] das gute regiert,« geordnet und stark werde (4.3): Diese Positionen scheinen kaum kompatibel.

23 allein kein Unrecht …] Ein kontextloser Satz in einem kontextlosen Absatz. Auch die folgenden Absätze stehen unverbunden nebeneinander: Der Abschnitt wirkt wie eine Sammlung ausgemusterter Versatzstücke.

24 Bestimmungen für Kleidung] Gemeint sind offenbar Luxusgesetze, die demonstrativen Aufwand – vor allem für Begräbnisse – unter Adligen und Händlern einschränken sollten. Es heißt, unter Shang Yang seien »die Verdienstvollen ansehnlich und prachtvoll gewesen, während diejenigen ohne Verdienste, selbst wenn sie reich waren, ohne jeden Schmuck waren« (SJ 68). Bei solchen Luxusgesetzen, die in China bis in die späte Kaiserzeit galten, ging es nicht nur um Sparsamkeit, sondern darum, die Grenzen zwischen Beamten und anderen Ständen zu wahren. Die Langlebigkeit solcher Verordnungen deutet an, wie hartnäckig das Problem ›anmaßender‹ Reicher war, die die soziale Hierarchie untergruben. Aber auch der Herrscher selbst hatte sparsam zu sein. Li Si, Kanzler von Qin, verwies angesichts der Verschwendung des zweiten Kaisers ebenfalls auf Luxusgesetze: »Unter den weisen Königen des Altertums gab es Maße für Speisen, Zahlen für Wagen und Geräte, Abmessungen für Paläste und Häuser, und alle Befehle und Unternehmungen, die Kosten verursachten, ohne den Nutzen für das Volk zu vermehren, waren verboten: Daher konnten sie so lange für Ordnung und Sicherheit sorgen« (SJ 87).

25 Ruhebett] Ein geradezu daoistisches Idyll: »Das Reich erkennen, ohne aus der Tür zu treten, und die Wege des Himmels erblicken, ohne aus dem Fenster zu spähen«, heißt es in Lao 47; und auch in Guan 45 wird der Müßiggang des ›weisen Fürsten‹ gepriesen (Kap. 13, Anm. 21). Im SJS ist solches Lob herrscherlichen Wohllebens allerdings einzigartig: Muße und Luxus sind allen Untertanen untersagt – dass sie dem Herrscher hier zugebilligt werden, ist erstaunlich.

26 Wird sein Wille befriedigt …] Ein unverständlicher Satz.

27 starken Feind zu bezwingen] Vgl. 18.2: »wer einen starken Feind zu bezwingen vermochte, hat allemal zuerst sein Volk bezwungen«.

28 Menschlichkeit und Anstand] gehören nicht in die Politik, denn mit ihnen lässt sich keine Macht ausüben (vgl. S. 31) – im Gegensatz zu Gesetzen.

29 treu … folgsam] Vgl. 18.7: »Ein ordentlicher Herrscher hat keine treuen Minister, und ein liebevoller Vater hat keinen folgsamen Sohn.«

30 Anstand … Gesetze] Vgl. 7.4: »Was ich ›Strafgesetze‹ nenne, ist die Grundlage des Anstands.«

19. Innerhalb der Grenzen

1 registriert] Dieser Passus geht noch weiter als 4.10, wo nur von aggregierten Bevölkerungszahlen die Rede ist. Aus Gesetzestexten der Qin ist bekannt, dass der Staat alle Einwohner ab 15 Jahren für den Militärdienst registrierte (Hulsewé 1985, 32).

2 Militärische Ränge …] Eine schwer verständliche Passage: Selbst über die Satzgrenzen herrscht hier keine Einigkeit zwischen den Kommentatoren. Es geht um die unteren Ränge – 1. bis 4. Rang – der staatlichen Hierarchie, die Shang Yang geschaffen haben soll. Die Funktion der genannten Ränge, vor allem der unteren, ist allerdings weitgehend unklar. Bei den »Unteroffizieren« (*xiaofu*) scheint es sich um Gruppenführer gehandelt zu haben; die Übersetzung ›Mannschaften‹ fasst drei Titel zusammen, deren genaue Bedeutung unbekannt ist.

3 Fünfertrupp] Die militärischen Ursprünge des berüchtigten Systems kollektiver Verantwortung werden hier sehr knapp formuliert. Die Kritik an diesem System mag auch an den sprachlichen Unklarheiten des SJS liegen; man vergleiche die Übersetzungen von Duyvendak: »if one of them is killed, the other four are beheaded«, und Lévi: »si l'un d'entre eux déserte, les quatre autres ont la tête tranchée.« In jedem Fall ist drakonische Strenge das Prinzip, das militärischen Erfolg garantieren soll; von militärischer Ausbildung, Drill oder Kampftechnik ist im *Shangjun shu* kaum die Rede.

4 rehabilitiert] Der folgende Satz (»Wenn dabei … auferlegt.«) wurde, einem Vorschlag von Zhang Jue 2012, 227, Anm. 8, folgend, nach 19.5 transponiert.

5 50 Mann] Im Text ist eigentlich von »fünf Mann« die Rede, was angesichts der unten genannten »Quote« von 33 Köpfen jedoch höchst unwahrscheinlich ist; die Emendation folgt Yoshinami 1992, 312.

6 Köpfe erbeuten] Dieses System, das Verdienste an abgeschlagenen Köpfen misst, ist zum Inbegriff der kalten Rationalität des Politischen Realismus geworden. In HFei 43 werden die »Gesetze des Fürsten von Shang« wie folgt zitiert: »Wer einen Kopf abschlägt, wird um einen Rang befördert oder erhält auf Wunsch ein Amt von fünfzig Zentnern [Getreide]; Wer zwei Köpfe abschlägt, wird um zwei Ränge befördert oder erhält auf Wunsch ein Amt von hundert Zentnern [Getreide].« Ebenda findet sich auch eine ätzende Kritik an diesem System: »Wenn die Gesetze besagten, dass

jemand, der Köpfe abgeschlagen hat, Arzt oder Zimmermann wird, dann würden keine Häuser gebaut, und die Krankheiten nähmen kein Ende. ... Nun erfordert die Ausübung eines Amtes Wissen und Tüchtigkeit, das Abschlagen von Köpfen aber Mut und Kraft. Aufgrund dessen, was man mit Mut und Kraft erreicht hat, ein Amt auszuüben, das Wissen und Tüchtigkeit erfordert: Das ist, als ob man mit dem Verdienst abgeschlagener Köpfe zum Arzt oder Zimmermann würde.« Allerdings scheint auch dieses System nicht in Qin erfunden worden zu sein; Xun 15 berichtet: »Die Leute von Qi schätzen die Kampftechnik hoch. Ihre Technik ist so, dass jeder, der einen Kopf erbeutet, acht Unzen Gold als Preis erhält; dafür gibt es keinen Grundlohn,« und urteilt dazu: »Das ist das Militärwesen eines untergehenden Staates. Kein Militär wäre schwächer als dieses: Das ist fast so, als ginge man auf den Markt, um Tagelöhner anzuheuern und sie in den Krieg zu schicken.« Tatsächlich ist von einem regelmäßigen *Sold* auch hier nicht die Rede: Das Wort *lu*, ›Einkünfte‹, taucht ausgerechnet in diesem Kapitel nicht auf.

7 Magistrat] Dies ist ein ziviler Rang. In der Chunqiu-Zeit begannen einige Fürstentümer, zentral verwaltete Landkreise zu schaffen (vgl. Einf., Anm. 55). Shang Yang soll dieses System in Qin ausgebaut haben: »Er fasste die kleinen Städte, Gemeinden und Siedlungen zu Landkreisen zusammen und setzte dort Magistrate nebst Assistenten ein. Insgesamt gab es 31 Landkreise« (SJ 68). Die Magistrate wurden, wie andere Beamte auch, in Naturalien bezahlt: 1000 ›Zentner‹ (*shi*, ca. 30 kg) pro Jahr waren die höchste Gehaltsstufe. Diese rund 30.000 kg Getreide dürften zugleich der *Etat* dieser Magistrate gewesen sein, aus dem sie alle amtlichen Ausgaben bestreiten mussten.

8 staatlich belehnter Inspekteur] Ein militärischer Titel, vergleichbar einem ›Heeresinspekteur‹. Unklar ist, ob der Inhaber tatsächlich mit Land ›belehnt‹ wurde.

9 feindlichen Kopf ... Begünstigungen] Vgl. Polybios' Beschreibung des römischen Militärs: Dort beschenkte der Feldherr »den, der einen Feind verwundet hat, mit einem Speer und den, der einen Feind getötet und ihm die Rüstung ausgezogen hat, wenn er zu Fuß dient, mit einer Opferschale, wenn zu Pferd, mit einem Pferdeschmuck« (*Historien* 6.39, 385).

10 sechs Sklaven] Auch wenn man das Alte China kaum als ›Sklavenhaltergesellschaft‹ charakterisieren kann, war Sklaverei schon in der Zhanguo- und Qin-Zeit weit verbreitet. Kriegsgefange-

ne, Schuldner und Verbrecher konnten versklavt, als Eigentum behandelt und auf Märkten verkauft werden: ihr Preis lag bei ca. 4000 Münzen. In der Han-Zeit wurde auch dies dem Ungeist der Qin zugeschrieben: »Sie schufen Märkte für Sklaven, die zusammen mit Pferden und Rindern eingepfercht wurden, und Menschen ausgeliefert waren, die willkürlich über ihr Leben bestimmen konnten« (HS 99B). Doch Sklaverei hatte es vor Shang Yang gegeben, und sie überdauerte die Qin um Jahrtausende: Erst am Ende der Kaiserzeit wurde sie offiziell verboten.

11 Steuern einer Siedlung] Auch Shang Yang hatte sein Lehen für einen militärischen Erfolg, nämlich den Sieg über Wei erhalten (SJ 68).

12 wird befördert … *da liangzao*] Dieser Satz – 22 Zeichen lang – ist, einem Vorschlag von Yu Yue folgend, transponiert vom Ende des Abschnitts. *Da liangzao* ist der Rang, den Shang Yang selbst einmal innehatte (vgl. Kap. 14, Anm. 11).

13 Klienten] Auch dies eine Institution der alten Gesellschaft, in der reiche Familien bisweilen Hunderte von »Klienten« (*ke*) hatten, denen sie gegen Treuedienste Unterhalt und Protektion boten (vgl. Kap. 2, Anm. 10). Der Zentralstaat kam offenbar nicht umhin, an solche Institutionen anzuknüpfen und damit – entgegen seinen eigentlichen Interessen – die Bildung lokaler Machtbasen zu stärken.

14 Wagenlenker] Wiewohl sie längst nicht mehr die Hauptwaffe waren, wurden Streitwagen auch in den Kriegen der Zhanguo-Zeit eingesetzt. Zu ihrer Besatzung gehörten neben dem Wagenführer ein Wagenlenker und ein weiterer Mitstreiter.

15 Gastminister] Ein Titel der Qin-Bürokratie für Berater, die aus anderen Fürstentümern nach Qin zugereist waren und es zum Minister gebracht hatten: Männer wie Shang Yang, Lü Buwei oder Li Si. Das Odium dieses ›Migrationshintergrunds‹ – das Wort ›Gast‹ (*ke*) bedeutet im militärischen Kontext ›Feind‹ – haftete ihnen lange an: Sie rangierten offenbar unterhalb der ›regulären Minister‹, und noch 237 v. Chr. wollte König Zheng von Qin, der nachmalige erste Kaiser, alle ausländischen Amtsträger aus Qin ausweisen.

16 Dienstleuten und Offizieren] Diese Titel (*shi dafu*) bezeichneten in der alten Gesellschaft noch Adelsränge. Hier sind die von der Zentralregierung verliehenen Verdienstränge gemeint: Die Kontinuität der Terminologie symbolisiert die Vereinnahmung des alten Adels durch die staatliche Bürokratie (vgl. S. 59).

17 Wenn dabei …] Der Satz, inhaltlich keineswegs deutlich, ist transponiert von 19.3 (vgl. Anm. 4).

18 *qing … mu*] Ein *mu* entsprach in Qin ca. 465 m^2, ein *qing* entsprach 100 *mu*, also 46.500 m^2.

19 Verfahrensregel …] Hier deutet sich an, was in Gesetzestexten der Han bereits voll ausgebildet ist: Je nach Rang können bei gleichen Vergehen *unterschiedliche* Strafen verhängt werden. Das Prinzip der Gleichheit vor dem Gesetz, das der Logik des Politischen Realismus entspricht, wurde spätestens im 3. Jh. v. Chr. auch in Qin unterlaufen. Die Gesetzestexte von Shuihu di zeigen, dass Rangträger leichter bestraft wurden als einfache Leute (Hulsewé 1985, 8, D 40), schon in der frühen Han-Zeit mussten zudem Urteile gegen Rangträger z.T. vom Kaiser bestätigt werden (Lau/Lüdke 2012). Hier schlägt die Ethik der stratifizierten Gesellschaft wieder durch: ein Beleg dafür, dass sich die Eigenlogik des Rechts im Alten China nicht voll entwickelt hat.

20 Minister für Öffentliche Arbeiten … staatliche Inspekteur] Das SJS vertritt auch in militärischen Belangen die *politische* – nicht die militärische – Perspektive: Ebenso wie der Staat, nicht das Militär, Ränge vergibt, sind es zivile Beamte, denen die Planung für militärische Operationen obliegt. In einem genuin militärischen Text, dem *Liutao*, werden die Zuständigkeiten anders dargestellt: Dort »bestimmt zunächst der Generaloberst Ort und Tag der Schlacht« (LT 6). Ob sich dieser Übergriff auf die Autonomie des Militärs (vgl. S. 19) in der Realität durchsetzen ließ, erscheint fraglich.

21 Wer zuerst fertig ist …] Ganz ähnlich war es im römischen Militär, wo laut Polybios diejenigen, »die bei der Erstürmung einer Stadt zuerst die Mauer erstiegen, … einen goldenen Kranz« erhielten (*Historien* 6.39, 385).

22 … zünde dann die Balken an] Offenbar wird hier eine Belagerungstechnik beschrieben, die auch aus dem europäischen Mittelalter bekannt ist. Dabei wurde ein Stollen bis unter die Grundfesten der Stadtmauer getrieben, »diese stützte man mit Balken, damit sie die Grabenden nicht erdrückte, füllte dann die Höhle mit Torf und langsam brennenden Stoffen, zündete diese an und wartete, bis die verkohlten Stützbalken vom Gewichte der Mauer zusammenbrachen; natürlich stürzte die Mauer nach, und die Bresche oder Sturmlücke war geöffnet« (Böe 1904).

23 … folgt ihm einer] Vielleicht: einer seiner Verwandten auf seinem Rang?

24 Wenn einer …] Obwohl die Sätze im Detail unklar sind, wird deutlich, dass es um öffentliche Bestrafungen für Feigheit vor dem Feind geht. Auch Polybios beschreibt solche Szenen, in denen Verurteilte von der versammelten Legion totgeprügelt werden: »Darum kommt es bisweilen vor, dass sich Leute … dem sicheren Tod überliefern, indem sie aus Furcht vor der Strafe, die sie nach ihrer Rückkehr treffen würde, selbst gegenüber einer stark überlegenen Zahl von Feinden ihren Platz nicht verlassen wollen« (*Historien* 6.37, 384).

25 hölzerne Plattform] »A fascinating account«, kommentiert Yuri Pines, Krieg werde dargestellt als »primarily a bureaucratic procedure. The officers (from both the military and civilian arms of the government) meticulously assign duties to every unit and then assess their performance. The commander, sitting on the observation platform, appears more concerned with calculating rewards and punishments than with managing the purely military aspects of the assault« (2017, 222). – Auf diese Weise dürften die Qin wohl kaum eine einzige Schlacht gewonnen haben.

20. Das Volk schwächen

1 Staat, der den rechten Weg verfolgt] Vgl. 5.9 und Kap. 5, Anm. 24.

2 Einfachheit führt zu Stärke …] Diese lakonischen Sentenzen sind wohl wie folgt zu verstehen:

Volk				Staat
einfach			>	stark
maßlos			>	schwach
schwach	>	regeltreu	>	[stark]
maßlos	>	übermütig	>	[schwach]
schwach	>	dienstbar	>	[stark]
übermütig	>	stark	>	[schwach]

3 reich in der Regierung] Dass auch das Volk – durch Dienst für den Staat – »reich« werden könne, wird im SJS mehrfach gesagt; vgl. etwa 17.4, 18.6. Der Zusammenhang mit dem folgenden Satz, der ähnlich in 4.1 auftaucht, ist allerdings nicht ersichtlich: Er scheint geradezu das Gegenteil zu behaupten.

4 Sechs Parasiten] Der einzige Satz in diesem Abschnitt, der nicht zu einem Versatzstück gehört; die »Sechs Parasiten« verweisen jedoch klar auf 13.2–4.

5 … und das Volk geordnet] Oder: »… und wird wie ein armer regiert«? Vgl. die Parallele in 4.1.

6 Aufgaben …, deren man sich schämt] Auch dieser rätselhafte Satz lässt sich mit Blick auf 4.1 etwas aufhellen. Dort heißt es: »wenn es [das Militär] Dinge unternimmt, die der Gegner sich zu tun schämt, ist es im Vorteil.« Offenbar wird hier wieder mit der Parallele von Militär und Zivilverwaltung gespielt: Das Volk muss ›bezwungen‹ werden wie ein Feind – und in beiden Fällen darf es keine falsche Scham geben.

7 vorteilhaft] Die Ausdrucksweise erinnert an die Sprüche des *Yijing*: Sollten dies Orakelsprüche aus einem militärischen Kontext sein (vgl. Kap. 10, Anm. 9)?

8 Veränderung] Vgl. dazu Kap. 2, Anm. 5 und Kap. 4, Anm. 6.

9 einer Quelle] Es geht darum, dass »Ämter und Ränge durch nichts als Ackerbau und Kriegsdienst zu erlangen« seien (3.2, vgl. auch 13.5).

10 Strafen] Erstmals fällt das Wort in diesem Kapitel; wie in Kapitel 4A stehen Strafen als Herrschaftsinstrument nicht im Mittelpunkt dieses Kapitels. Von ›Bußen‹ (*fa*) ist in beiden überhaupt nicht die Rede.

11 sechs Parasiten] Ab hier greift das Kapitel Versatzstücke aus 4.2 auf; zum letzten Satz vgl. 13.3 »Wenn diese zwölf Halt erlangen, wird [der Staat] gewiss zerfallen.«

12 Gebrauchsgeräte] Wohl: indem sie Handel mit und Produktion von landwirtschaftlichen und militärischen Geräten (vgl. Kap. 5, Anm. 23) vernachlässigen.

13 viel Gerede] Und zwar im Volk; vgl. 13.1 und HFei 53: »Wenn man auf Geschicklichkeit baut, dann gibt es viel Gerede im Volk.«

14 Verwaltung schlank] Einen zusätzlichen Aspekt nennt 13.2: »Wenn der Staat aufgrund von Verdiensten Ämter vergibt und Ränge verleiht, dann ist seine Verwaltung schlank, und es gibt wenig Gerede.«

15 Große Verwaltung …] Auch hier dürfte die Unterscheidung von Verwaltung und Politik gemeint sein (vgl. Kap. 4, Anm. 13), nicht die zwischen »a great country« und »small country« (Duyvendak).

16 Dinge …, die das Volk verabscheut] Nämlich: »Schande und Entwürdigung, Anstrengung und Verdruss« (6.9) und vor allem: Krieg (18.3).

17 [Wenn die Regierung …] Emendiert nach einem Vorschlag von Wang Shirun (Zhang Jue 2012, 246, Anm. 5). Der gesamte

Absatz scheint ein – etwas redundanter – Kommentar zum Vorhergehenden zu sein. Er nimmt keine Formulierung aus Kap. 4 auf; vgl. aber lose die Aussagen in 18.5.

18 … die Starken verschwinden] Nur der Vergleich mit Kap. 4 mag diesen Satz erhellen: Indem er das Volk schwächt, wird der Staat stark, und nur mit dem geschwächten Volk kann er andere ›Starke‹ – Partikularfürsten und andere Staaten – überwältigen. Wer aber auf Starke vertraut, schwächt sich selbst.

19 Li Lou] Zu Li Lou und Wu Huo vgl. Kap. 9, Anm. 21.

20 Gottherrscher und Könige] Der Ausdruck (*diwang*) begegnet sonst nur in Kap. 1.4, in der Rede des Shang Yang.

21 Truppen des Staates Chu …] Die folgende Passage taucht weitgehend identisch in Xun 15 auf; in der Übersetzung von Köster: »Die Leute von Chu machten sich Rüstungshemden aus der gegerbten Haut des Schuppendrachens oder des Rhinozeros, welche fest waren wie Metall und Stein. Aus dem Metall von Yüan machten sie sich Hellebarden und Lanzen, welche so scharf eindrangen wie die Stachel der Wespen und Skorpione. Ihre Soldaten waren gewandt und schneidig, flink und rasch und überraschten den Feind wie ein Wirbelwind. Und doch kam ihre Armee bei Qiusha hart an den Rand der Vernichtung und Tang Mei kam dabei um; und als Zhuang Qiao seinen Aufstand machte, wurde Chu in mehrere Teile getrennt. Das alles geschah keineswegs, weil keine starken Rüstungen oder scharfe Waffen vorhanden gewesen wären! Der Grund dafür war vielmehr, daß die Heerführer nicht den rechten Weg (die Befolgung der Tradition) einhielten. Chu erfreut sich der Flüsse Ru und Hua als natürliche Sperren, der Flüsse Jiang und Han als natürliche Wallgräben, der Deng-Wälder als natürlichen Sperriegel und des Fangcheng-Gebirges als natürliche Demarkationslinie. Und doch konnte die Armee von Qin eindringen und so leicht wie man trockenes Laub von den Bäumen schüttelt die Plätze Yen und Ying einnehmen. Auch das geschah keineswegs, weil keine soliden Festungen und natürliche Sperriegel dagewesen wären! Der Grund war wiederum, weil die Heerführer nicht den rechten Weg einhielten« (Köster 1967, 196). – Was im *Xunzi* der ›rechte Weg‹ (*dao*) ist, sind im SJS die »Gesetze«!

22 der Jiang und der Han …] Chu, die Großmacht des Südens, war in der Chunqiu- und Zhanguo-Zeit zunehmend nach Norden expandiert und war zum mächtigsten Konkurrenten von Qin geworden. Seine Stammlande lagen südlich des Yangzi und des

Han, Ru und Ying waren seine Grenzflüsse im Nordwesten und Norden, wo »die Wälder von Deng« ebenfalls das Grenzgebiet markierten. Entlang dieser nördlichen Grenze hatte Chu bereits in der Chunqiu-Zeit die »Rechteckige Mauer« (*fangcheng*) als Grenzbefestigung erbaut.

23 Yan und Ying] Qin-Truppen unter der Führung von Bai Qi eroberten 279 v. Chr. die Stadt Yan und 278 v. Chr. Ying, die Hauptstadt von Chu (beide im heutigen Hubei gelegen; vgl. SJ 5). Die Daten dieser Schlachten bilden mithin den *Terminus post quem* für Abschnitt 20.11 – nicht aber für die vorhergehenden Abschnitte dieses Kapitels.

24 Tang Mie … Zhuang Qiao] Tang Mie, ein Chu-General, wurde nach Angaben von SJ 40 schon 301 v. Chr. getötet, als Qin zusammen mit Qi, Han und Wei Chu angriff. Über Zhuang Qiao und seine Rebellion ist, abgesehen von der Darstellung im *Xunzi* (vgl. Anm. 21), nichts weiter bekannt.

25 Gesetze] Abermals wird die Bedeutung von Gesetzen für das Militär betont: Sie disziplinieren die Truppen – ebenso wie sie das zivile Volk disziplinieren.

26 Wenn man …] Diese acht Zeichen sind offenkundig deplatziert: eine Transposition aus 14.2?

22. Außen und Innen

1 ausschweifende Wege nicht blockiert] Dieselbe Metaphorik wie in Kap. 7, wo u.a. beklagt wird, dass »die Wege von Tang und Wu blockiert sind« (7.3). Dort heißt es über das Volk: »Freut es sich, dann wird es ausschweifend, und Ausschweifung führt zu Müßiggang« (7.4).

2 vagabundierende Dienstleute] In HFei 13 heißt es über Shang Yang, er habe »vagabundierende Dienstleute unterdrückt und statt dessen Ackerbauern und Krieger geehrt.« Vgl. auch Kap. 8, Anm. 5.

3 Belohnungen gering] Die Position steht im deutlichen Gegensatz etwa zu 7.5, wo »viele Strafen und wenige Belohnungen« empfohlen werden.

4 nebensächliche Geschäfte] Gemeint sind Handel und Handwerk; vgl. Kap. 15, Anm. 5.

5 Steuern … hoch] Vgl. den Vorschlag in 2.10. Auch hier werden Steuern nicht primär als fiskalisches Instrument angesehen, sondern als politisches Mittel zur Kontrolle des Volkes.

6 im Tausch erwerben] Qin war das letzte große Fürstentum der Zhanguo-Zeit, das Metallgeld einführte: Erst im Jahr 336 v. Chr. soll König Huiwen Münzen in Umlauf gebracht haben (SJ 6). Aber auch danach dürfte der Tauschhandel auf regionalen Märkten noch lange vorgeherrscht haben, während Münzen vor allem im Handel mit Luxusgütern verwendet wurden: »Sind Münzen teuer, dann werden Händler reich«.

7 Daher sollte ein Staatsführer …] In jedem Fall geht es darum, den Händlern die Geschäfte zu verderben: Nur die Eroberungen des Militärs und die Ernten der Bauern sollen Erträge bringen. Zum »Staatsführer« vgl. Kap. 3, Anm. 5.

23. Fürst und Minister

1 Standesregeln] In 18.1 heißt es konkret: »Daher schuf Huangdi Standesregeln für Fürst und Minister, Obrigkeit und Untertanen …«

2 Fünf Ämter] Nach der Lehre der Fünf Wandelphasen (vgl. Kap. 17, Anm. 8) waren auch die Regierungsämter fünf an der Zahl; Li 2 nennt die Minister für Bildung (*situ*), Krieg (*sima*), Öffentliche Arbeiten (*sikong*), Personal (*sishi*) und Justiz (*sikou*), was sicher lediglich eine Idealisierung Zhou-zeitlicher Zustände ist. Im SJS werden die »Fünf Ämter« nur hier genannt.

3 Menschen zahlreicher] Vgl. 7.1 und dort Anm. 5.

4 privatem Gutdünken] Vgl. dazu Shen 77: »In einem Staat, der den rechten Weg verfolgt, werden Gesetze aufgestellt, und es wird nicht nach privatem Gutdünken verfahren, der Fürst ist etabliert, so dass Würdige kein Ansehen genießen.« Auch hier steht ›privat‹ parallel zu den ›Würdigen‹, d.h. den Eliten: Es geht nicht um Individuen, sondern um Familien.

5 Genießt der Fürst Ansehen …] Oder umgekehrt: »Haben die Verordnungen Gewicht, so genießt der Fürst Ansehen, und genießt der Fürst Ansehen, so hat der Staat Sicherheit« (Guan 15). Legitimität und politische Durchsetzungskraft steigern sich gegenseitig.

6 Yao oder Shun] Ein Topos, der in vielen Texten vorkommt, vgl. etwa HFei 14: »Ohne Machtposition, die Respekt und Ehrfurcht genießt, ohne Gesetze, die mit Sanktionen bewehrt sind, könnte selbst ein Yao oder Shun nicht für Ordnung sorgen.«

7 Einkünfte, von denen sie leben können] Ausdrücklich wird hier auskömmliche Bezahlung verlangt – ein Kriterium, das auch Max Weber als Charakteristikum des bürokratischen Verwaltungsstabs genannt hat (Weber 1980, 126f.). Realisiert wurde dieses Ziel indes erst im modernen Staat (Finer 1997, Bd. 3, 1616).

8 Eltern ... häuslichen Angelegenheiten] Erstmals werden hier – wenn die Stelle richtig verstanden ist – familiäre Bedürfnisse des Volkes bedacht. Im überlieferten Text steht allerdings »militärischen Angelegenheiten« (*junshi*), nicht »häuslichen Angelegenheiten« (*jiashi*), was aber von einigen Kommentatoren plausibel als Verschreibung aufgrund des folgenden »Soldaten« (*junshi*) erklärt wird.

9 Fürsten ... ignorieren die Gesetze] Das ist ein kleiner, aber signifikanter Unterschied zu 14.1, wo es heißt: »wenn Fürst *und Minister* die Gesetze ignorieren und auf Privaturteile vertrauen, kommt es gewiss zu Anarchie.« Obwohl der Titel dieses Kapitels »Fürst und Minister« (*junchen*) lautet, ist hier nur von »Fürsten« (*jun*) die Rede. Dies ist die Perspektive eines Ministers (der sich sogleich als »Euer Untertan« [*chen*] zu Wort meldet), der alle politische Verantwortung beim Fürsten verortet.

10 Ich habe gehört ...] Der Spruch erscheint in ausführlicher Fassung in Guan 1: »Die Zügel, mit denen das Volk gelenkt wird, bestehen in dem, was die Obrigkeit wertschätzt; das Tor, durch das das Volk geführt wird, liegt in dem, was die Obrigkeit vorgibt; der Weg, auf den das Volk gewiesen wird, liegt in dem, was die Obrigkeit liebt oder verabscheut.«

11 Das Volk ...] Zum Problem ›vagabundierender Dienstleute‹ und ›literarischer Gelehrsamkeit‹ vgl. 22.1. Auch dort werden Gesetze und Belohnungen als Lösung genannt.

12 Wasser ... Gefälle] Dieselbe Metaphorik, die auch schon in 18.8 anklingt, begegnet sehr ähnlich bei Guan 63: »Das Volk folgt dem Vorteil, so wie Wasser dem Gefälle nachgeht; es macht keinen Unterschied, in welcher Richtung er liegt«, und an prominenter Stelle in Meng 6A2. Dort behauptet Gaozi, dass die menschliche Natur sich zu Gut und Böse neutral verhalte, ebenso wie das Wasser gegenüber den vier Himmelsrichtungen neutral sei; Mengzi entgegnet, dass das Wasser jedoch keineswegs neutral gegenüber dem Gefälle sei: Es strebe nach unten, so wie die menschliche Natur zum Guten strebe. Das SJS bietet eine Synthese dieses Arguments: Das Wasser strebt nach unten,

egal in welcher Richtung das Gefälle liegt – und das Volk strebt nach Vorteil, egal auf welche Weise.

13 Staat in Anarchie] Genau diese Zustände beschreibt HFei 14 in Qin (Kap. 14, Anm. 2): Dieser Abschnitt – ursprünglich eine Throneingabe? – scheint keineswegs allgemein zu argumentieren, sondern auf zeitgenössische Probleme zu zielen.

14 Worte, die nicht den Gesetzen entsprechen] Ein Merkspruch, der abgewandelt auch in dem Abschnitt des *Shenzi* erscheint, der ebenfalls »Fürst und Minister« betitelt ist: »Ungesetzlichen Worten leihe man kein Ohr; ungesetzlichen Mühen rechne man keine Verdienste an; Verwandte, die sich nicht bemühen, betraue man nicht mit Ämtern« (Shen 67).

24. Verbieten und Gebieten

1 Amtsmacht und Methoden] Erstmals werden diese beiden Begriffe, die neben *fa* als Grundbegriffe des Politischen Realismus gelten, im SJS zusammen genannt. Zur »Amtsmacht« (*shi*) vgl. S. 32, zu »Methoden« (*shu*) Kap. 6, Anm. 21.

2 Li Lou] Zur Person vgl. Kap. 9, Anm. 21. Auch im *Shenzi* dient das Motiv dazu, die Bedeutung der »Position« – übertragen: der Amtsmacht – zu verdeutlichen: »Li Zhu war so scharfsichtig, dass er die Enden von Sommerfäden auf über hundert Fuß Entfernung ausmachen konnte, aber unter Wasser konnte er selbst auf einen Fuß die Tiefe nicht erkennen. Nicht, weil seine Augen nicht scharfsichtig wären, sondern weil die Position (*shi*) das Sehen erschwerte« (Shen 71).

3 Stellvertreter und Kontrolleure] Hier wird ein Grundproblem der Verwaltung angesprochen, das sich auch durch die gesamte Geschichte des chinesischen Kaiserreiches ziehen sollte: Die Bürokratie unterlag keiner externen Kontrolle. Untertanen besaßen keine einklagbaren Rechte, und mangels Verwaltungsgerichtsbarkeit musste die Bürokratie die Kontrolle ihres Handelns selbst übernehmen: durch Zensoren, »Stellvertreter und Kontrolleure« – die aber denselben sozialen Hintergrund hatten wie die Beamten, die sie kontrollierten (vgl. Finer 1997, Bd. 2, 759f.).

4 verbergen] Ein ähnliches Argument bietet 2.16: »Wenn verfehlte Handlungen nicht verborgen werden, dann wird es unter den Beamten keine korrupten Menschen geben.« Zum Räuber Zhi vgl. Kap. 18, Anm. 17.

5 Amtmänner] Im Unterschied zu den ›Beamten‹ (*guan*) hatten »Amtmänner« (*li*) zwar keinen offiziellen Beamtenstatus (vgl. Kap. 2, Anm. 33), scheinen aber weitreichende ›eigenständige‹ Befugnisse, v.a. in der Rechtsprechung, gehabt zu haben.

6 im zwölften Monat ihre Berechnungen und Berichte] Geschäftsberichte am Jahresende sind auch in den Qin-Gesetzestexten von Shuihu di als Maßnahme zur Amtskontrolle belegt (z.B. Hulsewé 1985, A86).

7 Wenn einem Dinge …] Der ganze Absatz ist recht unklar. Es scheint um möglichst direkte Herrschaft zu gehen, die nicht auf Vermittlung und lange Dienstwege angewiesen ist.

8 Vielzahl von Beamten] Der Satz greift das in 24.2 formulierte Problem wieder auf.

9 Obrigkeit und die Amtmänner] In verklausulierter Form wird hier das System kollektiver Verantwortung beschrieben, welches erschwert, Unrecht zu »verbergen«. Offenbar zielt das Argument darauf, dass bei diesem System das Volk selbst zu Polizeidiensten gezwungen wird. Die (aus dem Volk rekrutierten?) »Amtmänner« aber haben andere »Interessen« als die »Obrigkeit«, d.h. die staatlichen Beamten, so wie Tiere andere Interessen haben als ihre Hirten (s.u.): Sie würden also mit diesen keine Klüngel bilden. Aus der Not, dass der Staat sich keinen ausreichend großen Verwaltungsapparat leisten kann, wird hier eine Tugend gemacht.

10 Würde zurückzulassen und Klugheit abzuschaffen] Mit anderen Worten: Institutionen sind wichtiger als Personen.

25. Sorge um die Gesetze

1 wodurch Anarchie entsteht] Das wird in 14.2 beschrieben: »Diejenigen, die in der heutigen Generation regieren, ignorieren meist die Gesetze und vertrauen auf private Urteile: Dadurch geraten Staaten in Anarchie.« Pointierter noch Guan 46: »In einem ›wohlregierten Staat‹ erstrahlt der Weg des Herrschers, in einem ›anarchischen Staat‹ setzen sich die Methoden der Minister durch.«

2 viel Regierung, viel Anarchie] Wie in 4.2 und 20.9 – »Große Verwaltung, kleiner Staat; kleine Verwaltung, großer Staat« – dürfte auch hier speziell die bürokratische Verwaltung gemeint

sein. Die Paradoxie von Regierungsordnung und Anarchie besteht darin, dass der Herrscher sich auf Beamte stützen muss, die wiederum ihren Seilschaften verpflichtet sind – und damit partikularen, ›anarchischen‹ Interessen. ›Big government‹ bedeutet daher auch immer viel Korruption.

3 Daher schätzt man manche …] In aller Deutlichkeit werden hier *face-to-face*-Beziehungen gegen abstrakte Normen ausgespielt: Wo persönliche Verbindungen und »Anhänger« maßgeblich sind, herrscht Willkür und Anarchie. Zentrale Herrschaft hingegen setzt objektive Maßstäbe für »Schuld« und »Verdienste« voraus, die ohne Ansehen der Person gelten.

4 selbst ein Yu] Ähnlich wird der Gedanke in 14.2 formuliert: »Ohne Rückgriff auf Gesetze über Verstand und Können, Würdigkeit und Untauglichkeit zu urteilen, vermag nur ein Yao; aber nicht alle in der Welt sind Yaos« (vgl. auch 26.5). Hier werden allerdings nicht Yao und Shun bemüht, sondern – erstmals im SJS – der dritte der mythischen Herrscher, Yu, der als Flutenbändiger und Gründer der Dynastie Xia verehrt wurde. Aber nicht er, sondern der ›mittelmäßige Herrscher‹ steht im Fokus des SJS: Er ist der Normalfall, auf den ein funktionierendes Regierungssystem eingestellt sein muss (vgl. S. 33).

5 brauchen uns nicht] Wie in 18.6 wird das Personalpronomen ›wir‹ (*wo*) im Sinne des Herrschers (und seiner Entourage?) verwendet – und wie dort entspricht der Satz nicht der Syntax des klassischen Chinesisch (vgl. Kap. 18, Anm. 21).

6 von der Position des Herrschers ab-] Vgl. wiederum 14.2, wo kritisiert wird, dass manche »sich von gesetzlichen Normen abwenden und auf private Urteile vertrauen«. – Wiederum ist dort von Gesetzen die Rede, wo hier der Herrscher im Blickpunkt steht.

7 von den Hundert Sippen ausgeraubt] Die Machtstellung des Fürsten ist nach wie vor prekär. In 1.2 formuliert Herzog Xiao als eines seiner ersten Ziele, »die Hundert Sippen anzuweisen«, doch auch im bürokratischen Staat bleiben diese eine ständige Bedrohung der Zentralherrschaft, indem sie die Beamtenschaft infiltrieren.

8 nichts als die Gesetze] Mit anderen Worten: ›Dienst nach Vorschrift‹ – wie man heute weiß, die sicherste Methode, um eine Organisation lahmzulegen. Wenn es heißt, die Qin seien an der Rigidität ihrer Gesetze gescheitert, dann wohl nicht, weil diese so grausam waren, sondern weil sie keinen Raum für infor-

melle Strukturen ließen, die jede Organisation braucht, um zu funktionieren (vgl. Kühl 2011, 117f.).

9 dann … nicht nützen] Ergänzt nach einem Vorschlag von Zhang Jue 2012, 274f., Anm. 6.

10 dann … begünstigen] Emendiert nach einem Vorschlag von Wang Shirun (vgl. Zhang Jue 2012, 275, Anm. 8): vgl. die Parallele im nächsten Satz.

11 Wenn man sich auf Gesetze stützt …] Wahrscheinlich mit Bezug auf oben: »Er sollte … gestützt auf Gesetze regieren.«

12 Krieg führen] Der Gedanke erinnert an Carl Schmitts Definition des Staates durch das Recht auf Krieg, das ihm erlaubte, »im gegebenen Fall kraft eigener Entscheidung den Feind zu bestimmen und ihn zu bekämpfen« (Schmitt 1963, 45). Auch für das SJS ist die Fähigkeit, Krieg zu führen, eine *conditio sine qua non* für Staatlichkeit.

13 Selbst ein Herrscher …] Eine vage Übersetzung für zwei unklare Sätze, deren allgemeiner Sinn jedoch deutlich ist: vgl. die vorhergehende Anm. Jie soll der verkommene letzte Herrscher der Dynastie Xia gewesen sein; zu Yao vgl. Kap. 1, Anm. 25.

14 Stärke] Vgl. 4.8: »Strafen gebären Gewalt; Gewalt gebiert Stärke [*li*]; Stärke gebiert Autorität«. *Han Feizi* schreibt dem Herrscher in einer ganz ähnlichen Formulierung denn auch ›Autorität‹ statt ›Stärke‹ zu: »Das, wodurch ein Staat Stärke [*qiang*] erlangt, ist die Regierung, und das, wodurch ein Herrscher Ansehen erlangt, ist Autorität« (HFei 54).

15 folgsame Söhne … treue Minister] Ähnliche Wendungen finden sich in Zhuang 12 und Mo 5.18. Die Pointe des SJS ist, dass der Staat ebendiese gar nicht braucht: »Ein ordentlicher Herrscher hat keine treuen Minister, und ein liebevoller Vater hat keinen folgsamen Sohn« (18.7).

16 gesetzlichen Normen ignoriert …] Vgl. dazu auch 14.2, 14.4 und 23.4.

17 meine Anweisung] Auf wen sich »meine« bezieht, bleibt unklar. ›Anweisungen‹ sind eigentlich Sache des Herrschers (z.B. 1.2, 3.2, 3.7); vgl. aber die »drei Anweisungen« in 17.5, die offensichtlich von einem Minister (*chen*) vorgebracht werden: Ein solcher war auch in 25.3 aufgetreten.

18 Hegemonie und Souveränität] Dieser Ausdruck (*bawang*) kommt nur an dieser Stelle im SJS vor. Immerhin werden die »Fünf Hegemonen« (vgl. Kap. 1, Anm. 19) in 1.3 schon von Shang Yang zum Vorbild erhoben.

26. Zuweisungen festlegen

1 Der Herzog fragte …] Die Frage knüpft an den Dialog am Anfang des Buches an, in dem Shang Yang gesagt hatte: »Erst Wen und Wu stellten, jeder seiner Zeit entsprechend, Gesetze auf und bestimmten gemäß den Aufgaben Riten« (1.4); vgl. auch 15.6, wo Ähnliches von Yao und Shun gesagt wird. Die Formulierung der Frage selbst, »wie geht das?« (*naihe*), deutet auf die Sprache des 3. bzw. 2. Jh.s v. Chr.

2 Amtleuten und Volk] Der Ausdruck (*limin*), ansonsten nur in 25.1 belegt, kommt in diesem Kapitel gleich achtmal vor. Der Zusammenhang mit »Verordnungen« wird auch in Guan 52 erläutert: »Recht, Statuten und Regierungsverordnungen sind der Kompass für Amtleute und die Richtschnur für das Volk.«

3 Richter] Was immer mit dem Titel *zheng*, der hier etymologisierend als »Richter« übersetzt ist (vgl. auch Kap. 7, Anm. 6), konkret gemeint sei: An professionelle Juristen oder institutionell unabhängige Gerichte ist dabei nicht zu denken. Lokalbeamte der Qin waren lediglich schriftkundig, und sie waren nicht nur zuständig für Rechtsprechung, sondern auch für Steuereintreibung, Polizei und alle anderen Verwaltungsaufgaben.

4 Himmelssohn] Der Titel, der hier zum ersten Mal im SJS auftaucht, meint den Herrscher über das gesamte Reich ›unter dem Himmel‹. Er war vor der Reichseinigung den Zhou-Herrschern vorbehalten; die Qin haben den Titel offenbar nicht verwendet (vgl. aber SJ 6, wo von einem »Siegel des Himmelssohns« die Rede ist), erst die Han haben ihre Kaiser wieder so genannt (vgl. CHC 1, 710).

5 Der Himmelssohn …] Ein syntaktisch haarsträubender Satz, dessen ungeschönte Übersetzung lauten müsste: »Der Himmelssohn wiederum jeweils herrscht über gesetzliche Verordnungen sie.« Die Sprache wirkt ab hier bürokratisch und oft sehr holprig.

6 Titel] Was mit dem Allerweltswort *ming* – ›Name, Titel‹ – gemeint ist, bleibt unklar: ein ›Rechtstitel‹ im Sinne eines Rechtsgrundsatzes? Oder einfach ein Paragraph?

7 verscheiden] Das Wort, *wugu*, ist offenbar Han-zeitlich (vgl. Zhang Jue 2012, 281, Anm. 10).

8 Verordnungen zu lesen] Erstmals wird hier auf Schriftlichkeit hingewiesen. Gesetze liegen schriftlich vor, und damit werden sie zum Gegenstand der Bürokratie. Mit der Literalität trennen

sich Politik und Verwaltung: diese funktioniert schriftlich, jene mündlich. Während der Herrscher »sich all das einmal anhört« (24.3), dürfte er in der Regel mit der Lektüre der Gesetze überfordert gewesen sein (vgl. S. 74).

9 Bambustafel] Die Längenangabe entspricht ca. 37 cm: Damit wären diese Bambusstreifen deutlich länger als die der Qin-Gesetzestexte aus Shuihu di, welche zwischen 23,1 und 27,8 cm lang sind. Interessanterweise findet sich unter den Grabtexten aus Shuihudi auch ein Text mit »Fragen und Antworten zu den Gesetzen« (Hulsewé 1985, D1–D190): ein möglicher Hinweis auf die Praxis, Rechenschaft über die Gesetze zu geben.

10 archivieren] Dies ist die zweite Voraussetzung für den Aufbau einer Verwaltung: »Ohne Archive gibt es keine Bürokratie« (Wimmer 1996, 226). Nur durch die Archivierung von Akten können bürokratische Routinen entwickelt werden, die unabhängig von individuellen Gedächtnisleistungen wiederholbar sind: Geschäfte werden dann »aufgrund dieser Dokumente geführt«. Während in den Jahrhunderten zuvor Schriftstücke (für die Unterwelt?) vergraben wurden – z.B. die Orakelknochen der Shang und die Schwurtexte der Chunqiu-Zeit –, scheinen sich Archive erst mit der Manuskriptkultur und dem *state building* der Zhanguo-Zeit entwickelt zu haben.

11 Zensor … Kanzler] Hier werden die zwei höchsten Ämter der Qin-Verwaltung genannt, die sich in der späten Zhanguo-Zeit herausbildete: Der Kanzler (*chengxiang*) stand an der Spitze der regulären Bürokratie, während der Zensor (*yushi*) der oberste Kontrollbeamte war, zuständig für die Aufsicht der Bürokratie.

12 Lehnsfürsten … Kommandanturen und Kreisen] Während ›Kommandanturen und Kreise‹ Verwaltungseinheiten des Zentralstaates waren, waren die »Lehnsfürsten« eigenständige Landesherren, denen kaum zentral bestallte ›Gesetzesbeamte‹ zugeordnet werden konnten. Allerdings trugen die Prinzensöhne der Han-Zeit den Titel ›Lehnsfürst‹: Nur für diese Zeit scheint die Verordnung des SJS Sinn zu ergeben.

13 Gesetzesbeamten] Vgl. dagegen 26.2, wo nicht die »Gesetzesbeamten«, sondern die Amtmänner für solche Auskünfte zuständig sind. Hier dagegen werden diese gegen jene ausgespielt.

14 Worte des Gesetzesbeamten] All das läuft offenbar mündlich. Die Kontrolle der Verwaltung soll auf dieser Ebene nicht behördenintern – das hieße: schriftlich – stattfinden, sondern au-

ßerbürokratisch: Das Volk selbst soll die »Worte des Gesetzesbeamten« überbringen!

15 würdig, gut, eloquent und klug] Das sind im SJS, wohlgemerkt, *schlechte* Eigenschaften: vgl. Kap. 4, Anm. 19.

16 dass das nicht angeht] Der gleiche Ausdruck und der gleiche argumentative Stil begegnen schon in 22.1.

17 Wenn ein Hase daherläuft …] Diese Parabel erscheint auch in Shen 82: »Wenn ein Hase auf der Straße daherläuft und hundert Menschen ihn jagen, geschieht es nicht, weil der eine Hase unter hundert Leuten aufgeteilt werden könnte – es rührt daher, dass seine Zuweisung noch nicht festgelegt ist. Wenn die Zuweisung noch nicht festgelegt ist, würde selbst ein Yao sich um ihn bemühen – um wieviel mehr die Massenmenschen?! Wenn sich aber die Hasen auf dem Marktplatz stapeln, und die Passanten sich nicht nach ihnen umdrehen, dann geschieht das nicht, weil sie keine Hasen begehren, sondern weil die Zuweisungen festgelegt sind. Wenn Zuweisungen festgelegt sind, würden auch selbst Flegel nicht darum streiten. Daher: Die Regierung des Reiches sowie eines Staates beruht einzig und allein auf der Festlegung der Zuweisungen.« Vgl. auch, fast wortgleich, LSCC 17.6.

18 Titel und Zuweisungen] Zwei zentrale Begriffe dieses Kapitels. »Titel« (*ming*) war bereits im Sinne von ›Rechtstitel‹ o.Ä. erschienen (26.2); auch hier meint das Wort nicht einfach einen ›Namen‹, sondern zugleich die Ansprüche, die sich mit diesem Namen verbinden: Besitzansprüche (z.B. auf den Hasen), vor allem aber Ansprüche auf Pflichterfüllung. Eben diese Aufgaben, Pflichten und sozialen Rollen, die sich mit einem »Titel« verbinden, drückt der Begriff »Zuweisungen« aus: das Wort, das schon im Kapiteltitel erscheint.

19 Altäre der Domäne] Der Begriff schlägt den Bogen zum Anfang des Buches: Dort hatte der Herzog gelobt, »bei der Thronbesteigung nicht die Altäre der Domäne zu vergessen« (1.2).

20 Schriften] Auch diese Aussage über die »früheren Weisen« dürfte rein fiktiv sein: Sie spiegelt Verhältnisse der Zhanguo-Zeit wider sowie den Anspruch einer neuen Gelehrtenschicht, als Hüter und Interpreten des geschriebenen Wortes »Lehrer für das Reich« zu sein.

21 ehrlich und zuverlässig] Diese Eigenschaften werden in 13.4 noch zu den »sechs Parasiten« gezählt – hier gelten sie dagegen als erstrebenswert. In HFei 49 wird beides mit den ›Würdigen‹

assoziiert: »Die Welt nennt ›Würdige‹ so wegen ihres herrlichen und zuverlässigen Verhaltens.« Vgl. 26.4, wo die Würdigen mit den »Schlauen und Verschlagenen« kontrastiert werden – so wie hier »die Verschlagensten ehrlich und zuverlässig« werden.

22 Wenn die Umstände …] Vgl. HFei 40, wo dieser Spruch ebenfalls zitiert wird – dort allerdings ist die Lehre eine andere: »Wenn ein Yao oder Shun auf dem Thron ist, könnten selbst zehn Jies und Zhous keine Anarchie stiften.« Nicht abstrakte »Zuweisungen«, sondern tugendhafte Herrscher verbürgen im *Han Feizi* die Ordnung.

23 Worte …] Auch dieser Satz findet sich in HFei 49, unmittelbar nach dem in Anm. 21 zitierten Satz: Die Welt »nennt ›Kluge‹ so wegen ihrer subtilen, mysteriösen Worte; subtile, mysteriöse Worte sind auch für die Klügsten schwierig zu verstehen.« Die Implikation im *Hanfei zi* lautet: Gesetze müssen einfach und verständlich sein.

24 Richtschnur der gesetzlichen Verordnungen] Dieselbe Metapher wird auch in Guan 52 verwendet (vgl. Anm. 2): Deutlich wird auch hier der Grundgedanke der Abstraktion, der Maßen und (Gesetzes-)Normen gleichermaßen zugrundeliegt (vgl. S. 45).

25 Was nur die Klugen …] Vgl. wiederum *Han Feizi*: »Was nur scharfsinnige Dienstleute verstehen können, taugt nicht als Verordnung, denn die Menschen sind nicht alle scharfsinnig; und was nur Würdige durchführen können, taugt nicht als Gesetz, denn die Menschen sind nicht alle würdig« (HFei 47).

26 Bezeichnungen korrekt] Die ›Korrektur der Bezeichnungen‹ (*zhengming*) gilt als wichtiges Thema im konfuzianischen Diskurs. Konfuzius selbst soll gesagt haben, er würde als Amtsinhaber als erstes die Bezeichnungen korrigieren – unter anderem, weil sonst »die Strafen und Bußen nicht zuträfen« (LY 13.3), und *Xunzi* widmet dem Thema ein ganzes Kapitel. Darin heißt es: »Als die früheren Könige die Bezeichnungen bestimmt hatten, waren sie festgelegt, und die Realitäten unterschieden, der rechte Weg wurde befolgt, und ihr Wille setzte sich durch: Auf diese Weise führten sie das Volk sorgsam zur Einheitlichkeit. … Niemand im Volk wagte, merkwürdige Bezeichnungen vorzubringen, um die korrekten Bezeichnungen durcheinanderzubringen: Daher war das Volk brav, also leicht zu führen, und diente somit der Öffentlichkeit. … Daher war es einheitlich auf die Gesetze ausgerichtet und folgte beflissen den Anweisun-

gen« (Xun 22). Die ›Korrektur der Bezeichnungen‹ erscheint hier weniger konfuzianisch als realistisch. Sie bewirkt alles, was das SJS anstrebt: Einheitlichkeit, Gehorsam (»brav und ergeben« heißt es auch in 26.5), Verdrängung von Silbenstecherei und Privatinteressen. In diesen Zusammenhang gehört auch das Prinzip der Übereinstimmung von »Leistung und Titel« (*xingming*, vgl. S. 77), einer Grundlehre des Politischen Realismus.

27 Lehrer für das Reich] Vgl. schon 26.5: »Gesetzesbeamte und Amtmänner« besetzen damit die zentrale Position im »Reich«. Während in 1.2 noch der Herzog die Ambition hatte, »die Hundert Sippen anzuweisen«, hat jetzt die Bürokratie die Kontrolle übernommen.

28 Ordnung … Ordnung … geordnet] Der Schlussakkord des SJS: Die dreifache »Ordnung« verkündet das Ziel aller Bemühungen des Politischen Realismus.

Bibliographie

Auflösung der Siglen

CCFL *Chunqiu fanlu yizheng* 春秋繁露義證. Hg. von Su Yu 蘇輿. Beijing: Zhonghua shuju 2010.

CHAC *The Cambridge History of Ancient China: From the Origins of Civilization to 221 B.C.* Hg. von Michael Loewe und Edward L. Shaughnessy. Cambridge: Cambridge Univ. Press 1999.

CHC 1 *The Cambridge History of China, Vol. 1: The Ch'in and Han Empires, 221 BC–AD 220*. Hg. von Denis Twitchett und Michael Loewe. Cambridge: Cambridge Univ. Press 1986.

DWb *Deutsches Wörterbuch*. Von Jacob und Wilhelm Grimm u.a. 33 Bde., Nachdr. München: dtv 1991.

DXi *Deng Xizi* 鄧析子. Hg. von Zhong Changtong 仲長統. Shanghai: Shanghai guji chubanshe 1990.

GLZ *Chunqiu Guliang jingzhuan buzhu* 春秋穀梁經傳補注. Hg. von Zhong Wenzheng 鍾文烝. 2 Bde., Beijing: Zhonghua shuju 2009.

Guan *Guanzi jiaoshi* 管子校釋. Hg. von Yan Changyao 顏昌嶢. Changsha: Yuelu shushe 1996.

GY *Guoyu jijie* 國語集解. Hg. von Xu Yuangao 徐元誥. Beijing: Zhonghua shuju 2002.

HFei *Han Feizi jijie* 韓非子集解. Hg. von Wang Xianshen 王先慎. Beijing: Zhonghua shuju 1998.

HNZ *Huainan zi jishi* 淮南子集釋. Hg. von He Ning 何寧. 3 Bde., Beijing: Zhonghua shuju 1998.

HS *Hanshu* 漢書. Von Ban Gu 班固. Beijing: Zhonghua shuju 1997.

HWdPh *Historisches Wörterbuch der Philosophie*. Hg. von Joachim Ritter und Karlfried Gründer. 13 Bde, Basel: Schwabe 1971–2007.

Lao *Laozi jiaoshi* 老子校釋. Hg. von Zhu Qianzhi 朱謙之. Beijing: Zhonghua shuju 1984.

LH *Lunheng jiaozhu* 論衡校注. Von Wang Chong 王充. Hg. von Zhang Zongxiang 張宗祥. Shanghai: Shanghai guji chubanshe 2013.

Li *Liji jijie* 禮記集解. Hg. von Sun Xidan 孫希旦. 3 Bde., Beijing: Zhonghua shuju 1998.

LSCC *Lüshi chunqiu jiaoshi* 呂氏春秋校釋. Hg. von Chen Qiyou 陳奇猷. 2 Bde., Shanghai: Xuelin chubanshe 1984.

LT *Liutao* 六韜. Hg. von Chen Xi 陳曦. Beijing: Zhonghua shuju 2016.

LY *Lunyu zhengyi* 論語正義. Hg. von Liu Baonan 劉寶楠. 2 Bde., Beijing: Zhonghua shuju 1998.

Meng *Mengzi zhengyi* 孟子正義. Hg. von Jiao Xun 焦循. 2 Bde., Beijing: Zhonghua shuju 1998.

Mo *Mozi xiangu* 墨子閒詁. Hg. von Sun Yirang 孫詒讓. 2 Bde., Beijing: Zhonghua shuju 2001.

MWX *Shang Zhou qingtongqi mingwen xuan* 商周青銅器銘文選. Hg. von Ma Chengyuan 馬承源. 4 Bde., Beijing: Wenwu chubanshe 1986–90.

QSZY *Qunshu zhiyao yizhu* 群書治要譯注. Beijing: Zhongguo shudian 2012.

Sima *Sima Fa, Shangjun shu, Xinshu* 司馬法, 商君書, 新書. Taiwan: Zhonghua shuju 1966.

SHD *Shuihu di Qinmu zhujian* 睡虎地秦墓竹簡. Hg. von Shuihu di Qinmu zhujian zhengli xiaozu 睡虎地秦墓竹簡整理小組. Beijing: Wenwu chubanshe 1978.

Shen *The Shen Tzu Fragments*. Hg. von P. M. Thompson. Oxford: Oxford University Press 1979.

Shi *Xinyi Shizi duben* 新譯尸子讀本. Hg. von Shui Weisong 水渭松. Taipeh: Sanmin shuju 1997.

SJ *Shiji* 史記. Von Sima Qian 司馬遷. Beijing: Zhonghua shuju 1997.

SJS *Shangjun shu jiaoshu* 商君書校疏. Hg. von Zhang Jue 張覺. Beijing: Zhishi chanquan chubanshe 2012.

Sun *Shiyi jia zhu Sunzi bingfa jiaoli* 十一家注孫子校理. Hg. von Yang Bing'an 楊丙安. Beijing: Zhonghua shuju 1999.

SY *Shuoyuan jiaozheng* 說苑校證. Hg. von Xiang Zonglu 向宗魯. Beijing: Zhonghua shuju 1987.

Wen *Wenzi shuyi* 文子疏義. Hg. von Wang Liqi 王利器. Beijing: Zhonghua shuju 2000.

WLZ *Wei Liaozi* 尉繚子. Hg. von Xu Yong 徐勇. Zhengzhou: Zhongzhou guji chubanshe 2010.

Wu *Wuzi* 吳子. Hg. von Xu Yong 徐勇. Zhengzhou: Zhongzhou guji chubanshe 2010.

Xun *Xunzi jijie* 荀子集解. Hg. von Wang Xianqian 王先謙. 2 Bde., Beijing: Zhonghua shuju 1996.

XS *Xinshu jiaozhu* 新書校注. Von Jia Yi 賈誼, hg. von Yan Zhenyi 閻振益 und Zhong Xia 鐘夏. Beijing: Zhonghua shuju 2000.

XX *Xinxu jiaoshi* 新序校釋. Hg. von Shi Guangying 石光瑛 und Chen Xin 陳新. 2 Bde., Beijing: Zhonghua shuju 2001.

YDan *Xinyi Yan Danzi* 新譯燕丹子. Hg. von Cao Haidong 曹海東. Taipeh: Sanmin shuju 1995.

YTL *Yantie lun jiaozhu* 鹽鐵論校注. Hg. von Wang Liqi 王利器. 2 Bde., Beijing: Zhonghua shuju 1992.

YZJC *Yin Zhou jinwen jicheng shiwen* 殷周金文集成釋文. Hg. von Zhongguo shehui kexue yuan kaogu yanjiusuo 中國社會科學院考古研究所. 6 Bde., Hong Kong: Chinese University Press 2001.

YZS *Yi Zhoushu* 逸周書. Taipeh: Zhonghua shuju 1966.

ZDC *Zhongwen da cidian* 中文大辭典. Hg. von Zhang Qiyun 張其昀 u.a. 10 Bde., Taipeh: Zhongguo wenhua daxue 1990.

ZGC *Zhanguo ce* 戰國策. Hg. von Liu Xiang 劉向. 3 Bde., Shanghai: Shanghai guji chubanshe 1985.

Zhuang *Zhuangzi jishi* 莊子集釋. Hg. von Guo Qingfan 郭慶藩. 4 Bde., Beijing: Zhonghua shuju 1997.

ZSJN *Zhushu jinian* 竹書紀年. Taipeh: Zhonghua shuju 1966.

Zuo *Chunqiu Zuozhuan zhu* 春秋左傳注. Hg. von Yang Bojun 楊伯峻. 4 Bde., Beijing: Zhonghua shuju 1981.

Adelung, Johann Christoph. *Grammatisch-Kritisches Wörterbuch der Hochdeutschen Mundart mit beständiger Vergleichung der übrigen Mundarten, besonders aber der Oberdeutschen*. Nachdr., Hildesheim: Georg Olms Verlag 1970.

Ames, Roger T. *The Art of Rulership: A Study of Ancient Chinese Political Thought*. Albany, NY: SUNY 1994.

Barbieri-Low, Anthony. *Artisans in Early Imperial China*. Seattle: University of Washington Press 2007.

Balazs, Étienne. *La bureaucratie céleste*. Paris: Gallimard 1968.

Bárcenas, Alejandro. »Han Fei's Enlightened Ruler«. *Asian Philosophy* 23.3 (2013), 236–59.

Bauman, Zygmunt. *Modernity and the Holocaust*. Cambridge: Polity Press 1991.

Böe, August. *Kulturbilder aus Deutschlands Vergangenheit*. Leipzig: Gustav Gräbner 1904.

Boltz, William G. »Notes on the Textual Relation Between the *Kuo Yü* and the *Tso Chuan*«. *Bulletin of the School of Oriental and African Studies* 53.3 (1990), 491–502.

Ders., »Myth and the Structure of the Shyy Jih«. *Asiatische Studien/Etudes Asiatiques* 56.3 (2002), 573–85.

Brindley, Erica. »The Polarization of the Concepts *Si* (Private Interest) and *Gong* (Public Interest) in Early Chinese Thought«. *Asia Major* 26.2 (2013), 1–31.

Chang Kwang-chih. *Art, Myth, and Ritual. The Path to Political Authority in Ancient China*. Cambridge: Harvard University Press 1983.

Creel, Herrlee G. »The Fa-Chia: ›Legalists‹ or ›administrators‹?«. In: *What is Taoism? And Other Studies in Chinese Cultural History*, 92–120. Chicago: University of Chicago Press 1970.

Ders., Shen Pu-Hai: *A Chinese Political Philosopher of the Fourth Century B.C.* Chicago: University of Chicago Press 1974.

Ch'ü T'ung-tsu. *Law and Society in Traditional China.* Paris: Mouton & Co. 1965.

Dean, Kenneth und Brian Massumi. *First & Last Emperors: The Absolute State and the Body of the Despot.* New York: Autonomedia 1992.

Doty, Darrel Paul. *The Bronze Inscriptions of Ch'i: An Interpretation.* Diss., University of Washington 1982.

Dülmen, Richard van. *Theater des Schreckens: Gerichtspraxis und Strafrituale in der frühen Neuzeit.* München: Beck 1985.

Duyvendak, J.J.L. *The Book of Lord Shang.* London: Arthur Probsthain 1928.

El Amine, Loubna. *Classical Confucian Political Thought: A New Interpretation.* Princeton, NJ: Princeton University Press 2015.

Els, Paul van. »Persuasion Through Definition: Argumentative Features of the Ancient *Wenzi.*« *Oriens Extremus* 45 (2005), 211–34.

Falkenhausen, Lothar von. *Chinese Society in the Age of Confucius: (1000–250 BC).* Los Angeles: Cotsen Institute of Archaeology, Univ. of California 2006.

Finer, Samuel E. *The History of Government: From the Earliest Times.* Oxford: Oxford University Press 1997.

Fischer, Markus. »The Book of Lord Shang Compared With Machiavelli and Hobbes«. *Dao* 11 (2012), 201–21.

Friedrich der Große. *Œuvres de Frédéric le Grand.* Hg. von Johann David Erdmann Preuß. 30 Bde., Berlin: Decker 1846–1856 [digital unter: http://friedrich.uni-trier.de].

Fu Zhengyuan. *China's Legalists: The Earliest Totalitarians and Their Art of Ruling.* Armonk, NY: Sharpe 1996.

Georges, Karl Ernst. *Ausführliches lateinisch-deutsches Handwörterbuch.* 2 Bde., Nachdr. Darmstadt: Wissenschaftliche Buchgesellschaft 1998.

Goldin, Paul R. »Persistent Misconceptions About Chinese ›Legalism‹«. *Journal of Chinese Philosophy* 38.1 (2011), 88–104.

Goldstein, Joshua S. und Jon C. Pevehouse. *International Relations.* Boston: Pearson Longman 2013.

Graham, A. C. *Disputers of the Tao: Philosophical Argument in Ancient China.* Chicago/LaSalle: Open Court 1989.

Greiner, Peter. »Der Herrscher und das Gesetz – Gemeinsamkeiten im Konfuzianischen und legistischen Staatsdenken«. In: Naundorf/Pohl/Schmidt 1985, 415–24.

Groebner, Valentin und Pamela Selwyn. »Losing Face, Saving Face: Noses and Honour in the Late Medieval Town«. *History Workshop Journal* 40 (1995), 1–15.

Halverson, John. »Social Order in the ›Odyssey‹«. *Hermes* 113.2 (1985), 129–45.

Hayek, Friederick. *The Road to Serfdom*. Chicago: University of Chicago Press 1944.

Heinsohn, Gunnar. *Söhne und Weltmacht: Terror im Aufstieg und Fall der Nationen*. Zürich: Orell Füssli Verlag 2003.

Hobbes, Thomas. *Leviathan*. Üb. von J. P. Mayer. Zürich: Rascher 1936.

Hsiao Kung-chuan. *A History of Chinese Political Thought. Volume One: From the Beginnings to the Sixth Century A.D.* Üb. von F.W. Mote. Princeton, NJ: Princeton University Press 1979.

Hsing I-tien. »Qin-Han Census and Tax and Corvée Administration: Notes on Newly Discovered Materials«. In: *Birth of an Empire: The State of Qin Revisited*. Hg. von Yuri Pines, Gideon Shelach, Lothar von Falkenhausen und Robin D.S. Yates, Berkeley u.a.: University of California Press 2014, S. 155–86.

Hui, Victoria Tin-Bor. *War and State Formation in Ancient China and Early Modern Europe*. Cambridge: Cambridge University Press 2005.

Hulsewé, A.F.P. »The Ch'in Documents Discovered in Hupei in 1975«. *T'oung Pao* 64.4–5 (1978), 175–217.

Hulsewé, A.F.P. *Remnants of Ch'in Law: An Annotated Translation of the Ch'in Legal and Administrative Rules of the 3rd Century BC*. Leiden: Brill 1985.

Kandel, Jochen. »Das Buch des Fürsten Shang und die Einführung der Monodoxie. Eine annotierte Übersetzung der Kapitel III und VIII des *Shang-chün shu*«. In: Naundorf/Pohl/Schmidt 1985, 445–58.

Kant, Immanuel. »Zum ewigen Frieden. Ein philosophischer Entwurf«. In: *Werke in sechs Bänden*. Hg. von Wilhelm Weischedel, Bd. 6, 191–251, Darmstadt: Wissenschaftliche Buchgesellschaft 1998.

Khayutina, Maria (Hg.). *Qin. Der unsterbliche Kaiser und seine Terrakottakrieger*. Bern: Bernisches Historisches Museum 2013.

Kieserling, André. *Kommunikation unter Anwesenden: Studien über Interaktionssysteme*. Frankfurt/M.: Suhrkamp 1999.

Kiser, Edgar und Cai Yong. »War and Bureaucratization in Qin China: Exploring an Anomalous Case«. *American Sociological Review* 68 (2003), 511–39.

Kolb, Raimund. *Die Infanterie im Alten China: Ein Beitrag zur Militärgeschichte der Vor-Zhanguo-Zeit*. Mainz: Philipp von Zabern 1991.

Köster, Hermann (Üb.). *Hsün-Tzu*. Kaldenkirchen: Steyler Verlag 1967.

Kroker, Eduard Josef. *Der Gedanke der Macht im Shang-Kün-shu*. Diss., Universität Zürich 1950.

Stefan Kühl. *Organisationen. Eine sehr kurze Einführung*. Wiesbaden: VS Verlag für Sozialwissenschaften 2011.

Lau, Ulrich. *Quellenstudien zur Landvergabe und Bodenübertragung in der Westlichen Zhou-Dynastie (1045?–771 v. Chr.)*. Nettetal: Steyler-Verlag 1999.

Lau, Ulrich und Michael Lüdke. *Exemplarische Rechtsfälle vom Beginn der Han-Dynastie: Eine kommentierte Übersetzung des Zouyanshu aus Zhangjiashan / Provinz Hubei*. Tokyo: Research Institute for Languages and Cultures of Asia and Africa (ILCAA), Tokyo University of Foreign Languages 2012.

Lévi, Jean (Üb.). *Le livre du prince Shang*. Paris: Flammarion 1981.

Lewis, Mark Edward. *Sanctioned Violence in Early China*. Albany, NY: SUNY 1990.

Li Jingrong. *The Ernian Lüling Manuscript*. Diss., Universität Hamburg 2014.

Liu Yongping. *Origins of Chinese Law: Penal and Administrative Law in Its Early Development*. Hong Kong: Oxford University Press 1998.

Loewe, Michael. *Early Chinese Texts: A Bibliographical Guide*. Berkeley: Institute of East Asian Studies 1994.

Luhmann, Niklas. *Politische Planung: Aufsätze zur Soziologie von Politik und Verwaltung*. Opladen: Westdeutscher Verlag 1971.

Ders., *Das Recht der Gesellschaft*. Frankfurt/M.: Suhrkamp 1993.

Ders., *Die Politik der Gesellschaft*. Frankfurt/M.: Suhrkamp 2000.

Ders., *Macht im System*. Frankfurt/M.: Suhrkamp 2012.

Machiavelli, Niccolò. *Der Fürst*. Üb. von Rudolf Zürn. Stuttgart: Alfred Kröner Verlag [7]2016.

Meier, Christian. *Die Entstehung des Politischen bei den Griechen*. Frankfurt/M.: Suhrkamp 1980.

Meyer, Andrew. »›The Altars of the Soil and Grain Are Closer Than Kin‹: The Qi Model of Intellectual Participation and the Jixia Patronage Community«. *Early China* 33/34 (2010), 37–99.

Mögling, Wilmar (Üb.). *Die Kunst der Staatsführung. Die Schriften des Meisters Han Fei*. Leipzig: Gustav Kiepenheuer 1994.

Morgenthau, Hans J. *Politics Among Nations: The Struggle for Power and Peace*. New York: Alfred A. Knopf 1978.

Moriya, Hiroshi 守屋洋. *Shôkun sho – Chûgokuryû tôchi no gaku* 商君書—中国流統治の学. Tokyo: Tokuma shoten 1995.

Morris, Ian. *Krieg: Wozu er gut ist*. Üb. von Ulrike Bischoff. Frankfurt/M.: Campus Verlag 2013.

Musolff, Andreas. »From Social to Biological Parasites and Back: The Conceptual Career of a Metaphor«. *Contributions to the History of Concepts* 9.2 (2014), 18–32.

Naundorf, Gert, Karl-Heinz Pohl und Hans-Hermann Schmidt (Hg.). *Religion und Philosophie in Ostasien: Festschrift für Hans Steininger*. Würzburg: Königshausen + Neumann 1985.

Ottmann, Henning. *Geschichte des Politischen Denkens. Band 1/1: Die Griechen. Von Homer bis Sokrates*. Stuttgart/Weimar: J.B. Metzler 2001.

Ders. *Geschichte des Politischen Denkens. Band 3/1: Die Neuzeit. Von Machiavelli bis zu den großen Revolutionen*. Stuttgart: J.B. Metzler 2006.

Parker, Geoffrey. *Die militärische Revolution: Die Kriegskunst und der Aufstieg des Westens 1500–1800*. Frankfurt/M.: Campus Verlag 1990.

Patzelt, Werner J. *Einführung in die Politikwissenschaft: Grundriss des Fachs und studiumbegleitende Orientierung*. Passau: wissenschaftsverlag richard rothe 2013.

Perelomov, Leonard S. (Üb.). *Kniga pravitelja oblasti Šan (Šan Czjuń Šu)*. Moskau: Nauka 1968.

Pines, Yuri. »Legalism, Ancient China«. In: *New Dictionary of the History of Ideas*. Hg. von Maryanne Cline Horowitz. Bd. 3, Detroit: Thomson Gale 2005.

Ders., »Alienating Rhetoric in the Book of Lord Shang and Its Moderation«. *Extrême-Orient, Extrême-Occident* 34 (2012), 79–110.

Ders., »Agriculturalism and Beyond: Economic Thought of the Book of Lord Shang«. Vortrags-Manuskript, EACS-Konferenz: Braga 2014.

Pines, Yuri, Gideon Shelach, Lothar von Falkenhausen und Robin D.S. Yates (Hg). *Birth of an Empire: The State of Qin Revisited*. Berkeley: University of California Press 2014.

Ders., *The Book of Lord Shang: Apologetics of State Power in Early China*, New York: Columbia University Press 2017.

Polybios. *Der Aufstieg Roms: Historien*. Hg. von Lenelotte Möller. Wiesbaden: marix 2010.

Popper, Karl. *Die offene Gesellschaft und ihre Feinde, Band I: Der Zauber Platons.* Tübingen: Mohr Siebeck 1992.

Posner, Eric A. *The Perils of Global Legalism*. Chicago: The University of Chicago Press 2009.

Qian Mu 錢穆. *Xian Qin Zhuzi Xinian* 先秦諸子繫年. Beijing: Zhonghua shuju 1985.

Rickett, Walter Allyn (Üb.). *Guanzi: Political, Economic, and Philosophical Essays from Early China*. Princeton, NJ: Princeton University Press 1985.

Rubin, Vitalij A. *Individual and State in Ancient China: Essays on Four Chinese Philosophers.* New York: Columbia University Press 1976.

Sanft, Charles. »Population Records From Liye: Ideology in Practice«. In: *Ideology of Power and Power of Ideology in Early China*. Hg. von Yuri Pines, Paul Rakita Goldin und Martin Kern, 249–69. Leiden: Brill 2015.

Sawyer, Ralph D. *The Seven Military Classics of Ancient China*. Boulder: Westview Press 1993.

Ders., »Martial Prognostication«. In: *Military Culture in Imperial China.* Hg. von Nicola Di Cosmo, 45–64. Cambridge, MA: Harvard University Press 2011.

Schell, Orville und John Delury. *Wealth and Power: China's Long March to the Twenty-First Century.* New York: Random House 2013.

Schlumbohm, Jürgen. »Gesetze, die nicht durchgesetzt werden – ein Strukturmerkmal des frühneuzeitlichen Staates?« *Geschichte und Gesellschaft* 23 (1997), 647–63.

Schmidt-Glintzer, Helwig (Üb.). *Mo Ti: Solidarität und allgemeine Menschlichkeit.* Düsseldorf/Köln: Diederichs 1975.

Schmitt, Carl. *Der Begriff des Politischen.* Berlin: Duncker & Humblot 1963.

Schöne, Albrecht (Hg.). *Faust.* Frankfurt/M.: Deutscher Klassiker Verlag 1994.

Schreibweis, Maria. *Blutrache im Alten China am Beispiel ausgesuchter Quellen.* Magister-Arbeit, Universität Hamburg 2001.

Schuessler, Axel. *Minimal Old Chinese and Later Han Chinese: A Companion to Grammata Serica Recensa.* Honolulu: University of Hawaii Press 2009.

Shaughnessy, Edward L. *Sources of Western Zhou History: Inscribed Bronze Vessels.* Berkeley: University of California Press 1991.

Ders., *Before Confucius: Studies in the Creation of the Chinese Classics.* Albany, NY: SUNY 1997.

Simon, Rainald (Üb.). *Shijing/Das altchinesische Buch der Lieder.* Stuttgart: Reclam 2015.

Sternberger, Dolf. »Machiavelli's ›Principe‹ und der Begriff des Politischen«. In: *Freiheit und Verantwortung in der Wissenschaft.* Hg. von Hansjürgen Staudinger, 29–100. Wiesbaden: Steiner 1974.

Stumpfeldt, Hans. *Staatsverfassung und Territorium im antiken China.* Düsseldorf: Bertelsmann-Universitätsverlag 1970.

Ders., *Ein Garten der Sprüche: Das Shuo-yüan des Liu Hsiang (79–8 v. Chr.), Teil II.* Gossenberg: Ostasien Verlag 2011.

ter Haar, Barend J. »Rethinking ›violence‹ in Chinese Culture«. In: *Meanings of Violence: A Cross Cultural Perspective.* Hg. von Göran Aijmer und Jon Abbink, 123–40. Oxford/New York: Berg 2000.

Tilly, Charles. »Reflections on the History of European State-Making«. In: *The Formation of the National States in Western Europe.* Hg. von Charles Tilly, 3–83. Princeton: Princeton University Press 1975.

Tsien Tsuen-hsuin. *Written on Bamboo and Silk: The Beginnings of Chinese Books and Inscriptions.* Chicago: University of Chicago Press 2004.

Vandermeersch, Léon. *La formation du Légisme. Recherche sur la constitution d'une philosophie politique caractéristique de la Chine ancienne.* Paris: Ecole Française d'Extrême-Orient 1965.

Vernant, Jean-Pierre. *Die Entstehung des griechischen Denkens*. Üb. von Edmund Jacoby. Frankfurt/M.: Suhrkamp 1982.

Vogelsang, Kai. *Geschichte als Problem. Entstehung, Formen und Funktionen von Geschichtsschreibung im Alten China*. Wiesbaden: Harrassowitz 2007.

Ders., *Geschichte Chinas*. Stuttgart: Philipp Reclam Verlag 2012.

Ders., »Chinese ›Society‹: History of a Troublesome Concept«. *Oriens Extremus* 51 (2012), 155–92.

Waley, Arthur. *Three Ways of Thought in Ancient China*. New York: Doubleday 1959.

Waltz, Kenneth N. *Theory of International Politics*. Reading: Addison-Wesley 1979.

Weber, Max. *Wirtschaft und Gesellschaft*. Tübingen: Mohr 1980.

Ders., *Schriften 1894–1922*. Hg. von Dirk Kaesler. Stuttgart: Alfred Kröner Verlag 2002.

Weld, Susan. *Covenant in Jin's walled cities: The discoveries at Houma and Wenxian*. Diss., Harvard University 1990.

Wimmer, Hannes. *Evolution der Politik: Von der Stammesgesellschaft zur modernen Demokratie*. Wien: WUV-Universitätsverlag 1996.

Ders., *Die Modernisierung politischer Systeme*. Wien: Böhlau 2000.

Ders., *Gewalt und das Gewaltmonopol des Staates*. Wien: LIT Verlag 2009.

Yates, Robin D.S. »State Control of Bureaucrats under the Qin: Techniques and Procedures«. *Early China* 20 (1995), 331–65.

Ders., »The Qin Slips and Boards from Well No. 1, Liye, Hunan: A Brief Introduction to the Qin Qianling County Archives«. *Early China* 35–36 (2012), 291–330.

Yoshinami Takashi 好並隆司. *Shôkunsho kenkyû* 商君書研究. Hiroshima: Keisuisha 1992.

Zhang Jue 張覺. *Shangjun shu jiaoshu* 商君書校疏. Beijing: Zhishi chanquan chubanshe 2012.

Zhang Linxiang 張林祥. *»Shangjun shu« de chengshu yu sixiang* yanjiu 商君書的成書與思想研究. Beijing: Renmin chubanshe 2008.

Zheng Liangshu 鄭良樹. *Shang Yang ji qi xuepai* 商鞅及其學派. Shanghai: Shanghai guji chubanshe 1989.

Dank

Ebenso wie das *Shangjun shu* selbst ist auch das vorliegende Buch ein Kind seiner Zeit. Während es geschrieben wurde, wucherten in Europa unduldsame Nationalismen, vor seinen Toren verfestigten sich autoritäre Regime, in den USA gerieten freiheitlich-demokratische Werte unter Beschuss, und in China näherte die Diktatur sich ihrer technologischen Perfektion: Das Nachdenken über autoritäre Herrschaft erscheint heute so dringend wie lange nicht.

Zugleich hält sich beharrlich das allzu einseitige Bild einer chinesischen Kultur, die im Kern ›konfuzianisch‹ sei, geprägt von Weisheit, Menschenliebe und tiefem Pazifismus. Revolution, Maoismus und Einparteienherrschaft zum Trotz, konzentriert sich die klassische Sinologie nach wie vor auf die ›humanistische Tradition‹ Chinas, die von Macht, Strafgesetzen und Militarismus nie etwas wissen wollte. Die Konfuzianer des 21. Jahrhunderts stilisieren chinesische ›Spiritualität‹ und ›moralischen Idealismus‹ nachgerade zu Allheilmitteln für die Folgeschäden der Moderne – und die KPCh hat diesen Diskurs längst für sich vereinnahmt: Auch über diese erfundene Tradition nachzudenken, erscheint heute dringender denn je.

Dieses Buch zu schreiben, war ein Wagnis. Umso dankbarer bin ich all denen, die zu seinem Entstehen beigetragen haben: den Studenten des Asien-Afrika-Instituts, die Teile davon mit mir diskutierten, meinen Hamburger Kollegen, Prof. Hans Stumpfeldt, der die gesamte Einführung gelesen und kommentiert hat, und Prof. Thomas Fröhlich, dem ich zahlreiche Anregungen und kritische Anmerkungen verdanke, Prof. Yuri Pines (Jerusalem), der mit mir über die großen Linien ebenso wie über die kleinsten Details des *Shangjun shu* diskutiert hat, Prof. Sun Jiang, der es mir in Nanjing ermöglichte, die letzten Seiten in der nötigen Ruhe zu Papier zu bringen, sowie Stefan Christ, M.A., und den Verlagslektoren, die das Manuskript von unzähligen Schwächen und Fehlern befreit haben. Nicht zuletzt danke ich Alfred Klemm vom Kröner Verlag, der sich auf dieses Wagnis eingelassen und die Vollendung des Buches mit großer Umsicht begleitet hat.